# 宗泽李纲评传

史泠歌　王曾瑜 —— 著

中国书籍出版社
CHINA BOOK PRESS

图书在版编目（CIP）数据

宗泽李纲评传 / 史泠歌, 王曾瑜著. -- 北京：中国书籍出版社, 2020.9
ISBN 978-7-5068-8007-7

Ⅰ.①宗… Ⅱ.①史… ②王… Ⅲ.①宗泽（1060-1128）—评传②李纲（1083-1140）—评传 Ⅳ.①K827=44

中国版本图书馆CIP数据核字（2020）第183746号

## 宗泽李纲评传

史泠歌，王曾瑜　著

| 责任编辑 | 王志刚 |
|---|---|
| 责任印制 | 孙马飞　马　芝 |
| 版式设计 | 添翼图文 |
| 出版发行 | 中国书籍出版社 |
| 地　　址 | 北京市丰台区三路居路 97 号（邮编：100073） |
| 电　　话 | （010）52257143（总编室）（010）52257140（发行部） |
| 电子邮箱 | chinabp@vip.sina.com |
| 经　　销 | 全国新华书店 |
| 印　　刷 | 北京温林源印刷有限公司 |
| 开　　本 | 710毫米×1000毫米　1/16 |
| 字　　数 | 480千字 |
| 印　　张 | 26.25 |
| 版　　次 | 2020年9月第1版　2021年1月第1次印刷 |
| 书　　号 | ISBN 978-7-5068-8007-7 |
| 定　　价 | 78.00元 |

版权所有　翻印必究

(镇江博物馆提供)

## 宗泽像

  该"存像"裱于明崇祯年间镇江宗氏卷轴族谱上,可能是宗泽去世不久绘制的,至少是为今存世的最早的宗泽画像。

二月廿八日澤再拜獻書
東萊先生足下 古人言人莫不自知六十年來
藉顏公為樑因自忘其不肖遂復進知於
先生沒奉典範所及復而悟益其所已能故
已知先之度而已敬聆之減上有五矣六年
七月十九日償罪大福蒙枉完始逸敎益分當
而別其於誼逮逃港之情為何如也繼蒙音問不絕
轂筋奢摩信加千勖貧賤之知何以勤
武蒙如此我用是星慨苦已僕本非變 鄉土有但
家貧無昌事故不克進而來用達知之 德鈍誅
兄善信人也為同道藉於越也為同郡交十數年為
故人推其行也又相與達擱信次為而可以一言
進於左右千里天素情達而已未聞寓祈
金玉其郭以蘇老質
聖天子政諭之壽昂奉之不具
澤再拜俊日

宋丞相李忠定公遗像

李纲像

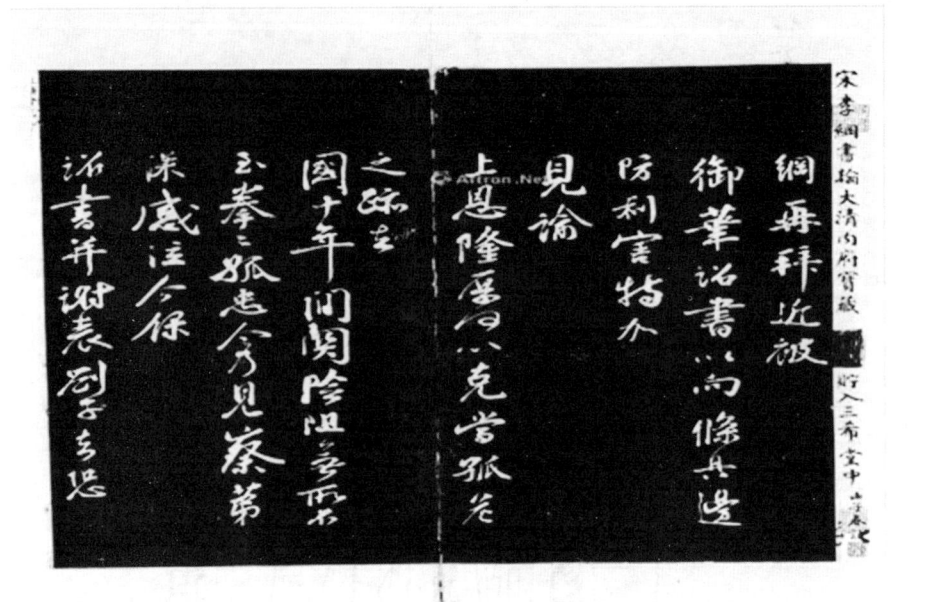

李纲墨迹

梁溪真贊

梁溪了無差別行年之化三十有八逮觀其前畣脥色悅澤豈以往蒼顔華髮本來面目不生不滅遊戲仕途天付之拙順天而行一無敢設獨知其天竇有他訣萬里清風一輪明月有來問者默然無說

忠定自題

## 梁溪真赞

淳熙十六年（1189），宋孝宗下令下令"谥李曰纲忠定"，《梁溪真赞》既有"忠定自题"四字，可推知非李纲墨迹。

# 自 序

个人在近年来，逐渐体会到史学有两项最重要的功能：一是理解过去，透视现在，指点未来；二是歌颂正义，批判邪恶，成为维系社会良知和正义的重要舆论力量。两者都需要有客观而公正的历史记载和研究。

个人研究宋史积年，认为"在两宋的三百二十年间，也有如范仲淹、李纲、宗泽、岳飞、文天祥等一大批人，他们无疑是好的政治传统的代表"。[1]宋代的优秀历史人物肯定不止以上五位。例如王安石和司马光，两人政见相左，其从政经历的是非功过，至今议论纷纭，但无疑都是人品卓绝，以天下为己任者。但我以为最有代表性者，只怕还是以上列举的五位。

宗泽、李纲和岳飞都是在朝廷遭受大劫难时脱颖而出的，是南宋抗金战争中最有代表性的历史名臣。宗泽和李纲是文官，最初官位都不高，在当时的官场受排挤、冷落和贬黜，危难时节，方显英雄本色。大敌当前，李纲组织开封保卫战，南宋初任相。宗泽出任河北兵马副元帅和东京留守。一个原先并不知兵的七旬老人，居然成了速成的军事家，两宋最优秀的统兵文臣。岳飞是武将，由兵士、偏裨而超升为节度使、大战区统帅。宗泽比李纲大二十四岁，李纲又比岳飞大二十岁，论年龄，正好是三代人。宗泽和李纲会见，还是国难当头之际，相识颇晚，却一见如故，情深

---

[1]. 《中国古代主流政治传统浅谈——以宋代为中心》，见《丝毫编》第3页，河北大学出版社，2009年。

意笃。宋朝官场崇文抑武，但作为文官的宗泽和李纲都能摈弃陋习，十分器重身为武将的岳飞。

近年来，所谓士大夫群体精英论，将所谓"士大夫政治"定格为中华古代良性政治的标本，风靡史界内外，并糊弄了颇多的初学者。宋时所谓官宦士大夫，是指科举出身的文官，当然是统治阶级的重要部分。按照马克思主义阶级论，剥削和统治阶级的大多数不可能是好人，这是由其阶级地位决定的，此说完全经得起古今中外的史实检验。宋时的官宦士大夫大多正是贪官，故有人写诗说："正直士流少，倾邪朋类多。"[1]或称"天下君子寡，而小人众"[2]。但另一方面，也须承认，历史上的杰出人物也往往出自统治和剥削阶级。恩格斯本人就是工厂主之子，却全心全意为工人阶级的利益而奋斗。

在两宋之交的大劫难中，一方面是大多数士大夫无非是贪官和马屁精，临难更显鼠辈之本色，而最为突出地表现其虎气者正是宗泽和李纲。北宋晚期，士大夫中对时政有所非议而深表忧虑者，尽管比例很小，尚不乏其人。在北宋灭亡的浩劫，南宋初立的艰虞中，真正表现出大勇敢、大气魄、大器局和大智慧者，也只有宗泽和李纲两人。但是，在荒唐的帝制下，两人却只能受扼于一意屈辱偷安的宋高宗，不得不成为失败的英雄。然而他们的爱国正气却足以彪炳千古，值得中华民族的后代继承和发扬光大。宋人说，"宗泽、李纲，伟人也，不尽其才，而上下不一心矣"[3]。"宗汝霖、李伯纪不见沮于耿（南仲）、汪（伯彦）、黄（潜善）三奸，则中原可复，雠耻可雪"[4]。说来说去，都只能半吞半吐，话到嘴边留一句，为尊者讳，不能涉及皇帝的罪恶。

宗泽和李纲都是卓越的文士，有文集传世。李纲的传世文字尤多，王瑞明先生深刻地评论说："围绕宋金战争，李纲对投降派的罪恶进行了揭发和清算，其严肃锐利的笔触，深恶痛绝的言词，势不两立的态度，坚忍

---

1. 《吴郡志》卷12，《中吴纪闻》卷5《贾表之》。
2. 《续资治通鉴长编》，以后简称《长编》，卷394，元祐二年正月甲戌孙升奏。
3. 《涧泉日记》卷中。
4. 《困学纪闻》卷15。

不拔的意志,为同时代的人所望尘莫及。"[1]可稍作一点儿修正者,此段评论也完全适用于宗泽。但两人的文字也有不同风范,李纲的文字表现他是个具备远见卓识、能够安邦兴国的相才,宗泽的文字则更表现他是个忠愤激烈、鞠躬尽瘁的荩臣。除此两人外,则另有胡寅和胡铨,其文字慷慨激昂,也可继踵宗李。

宋词的曲谱一般是"浅斟低唱""绸缪宛转"的"艳词"。但从苏轼开始,出现了所谓豪放派,"铁板铜琶",唱"大江东去"。李纲的词作属豪放派。人们谈论南宋初的爱国词作,往往举例张元幹的《贺新郎》,他是李纲同道,自称"门生",还有稍晚的张孝祥的《六州歌头》。其实,李纲的若干爱国词作,如《苏武令》、《喜迁莺》(塞上词)、数阕咏史词等,也不比两人逊色。

鲁迅先生在《华盖集·这个与那个》(三)《最先与最后》中感慨地说:"所以中国一向就少有失败的英雄,少有韧性的反抗,少有敢单身鏖战的武人,少有敢抚哭叛徒的吊客;见胜兆则纷纷聚集,见败兆则纷纷逃亡。"一个伟大民族不时遭受一小撮小丑的侮弄和折磨,这是显而易见的史实。一位西方哲学家说:"产生英雄的民族是不幸的。"我们岂不可以补充说:"不时产生小丑的民族更是可悲的。"历史的造物主似乎就是如此无情,如此捉弄人,真正不幸的民族,迫切需要英雄,却往往没有英雄,或是用各种手段磨灭或扼杀英雄。

意大利史学家克罗齐提出"一切真历史都是当代史"的命题,[2]这是十分深刻的。因为任何一代史家必然会重新研究,甚至改写历史,而其研究或改写的基点无非是当代性。他们必然依据自己对当代史的某些体会,同时,也必然按史家个人的人生观,即人生哲学,去重新认识悠远的历史,发掘某些当代史提出的新课题。

今天,必须准确地强调和宣传爱国主义。祖国和国家,乃是现代人的不同概念,在概念上自然有重大差异,不能混淆。恩格斯说,"恰巧在德国,对国家的迷信,已经从哲学方面转到资产阶级甚至很多工人的一般意

---

1. 王瑞明:《李纲全集》的《前言》第15页,岳麓出版社,2004年版。
2. 何兆武、陈启能主编:《当代西方史学理论》第139页,台北,五南图书出版股份有限公司,2002年。

识中去了。按照哲学家的学说，国家是'观念的实现'，或是译成了哲学语言的尘世的上帝王国，也就是永恒真理和正义所借以实现或应当借以实现的场所。由此就产生了对国家以及一切有关国家的事物的崇拜，由于人们自小就习惯于认为全社会的公共事业和公共利益只能用旧的方法来处理和保护，即通过国家及其收入极多的官吏来处理和保护，这种崇拜就更容易生根"。"实际上，国家无非是一个阶级镇压另一个阶级的机器，这一点即使在民主共和制下也丝毫不比君主制下差"。[1]马克思主义强调国家是阶级统治的工具，这是科学的、准确的定性，是经典性的科学结论。中国传统文化讲究忠孝，忠的本质是忠于祖国，孝是敬祖宗，孝父母。如果说中华古代爱国主义的缺点，是祖国、皇朝和君主三种概念，难于作严格区分。作为现代人，就应当按照马克思主义的科学结论，将国家与祖国两个概念区分清楚，爱祖国决不能等同于爱国家。

在宋代，最喜欢虚夸盛世者，是宋真宗和宋徽宗两个皇帝，而大刮奢靡之风者，则是宋徽宗。宋徽宗也并非不惩治贪官，但在其卵翼下的宠臣辈则是清一色巨贪，官场中贪腐炽盛，愈演愈烈。

在中国专制主义中央集权的等级授职制下的历朝贪腐黑暗政治中，宋徽宗时的政治自然是典型之一。《朱子语类》卷127记载朱熹感慨地说："今看著徽宗朝事，更无一著下得是。古之大国之君犹有一二著下得是，而大势不可支吾。那时更无一小著下得是。使无房人之猖獗，亦不能安。以当时之势，不知有伊、吕之才，能转得否？恐也不可转。"朱熹只是从当时的政治措置而论，用马克思主义的观点看，中国历朝专制主义中央集权的等级授职制的体制，当贪腐积累到极致，必然会从量变转向质变，国势如同到了雪崩的尽头，不偾不止，就是"有伊、吕之才"，"也不可转"。面对着被贪腐之风浸淫而糜烂的国家政权，任何主观上欲励精图治者，如明朝末年的崇祯帝、杨嗣昌等，在根本上也不可能拿出什么修补之术，挽救之方，更何况是宋徽宗君臣，又错认为是他们醉生梦死般及时行乐、恣意享受的大好时机。皇朝的灭亡，一小撮统治阶级不必论，而极其可悲可痛者则是给全民族带来大浩劫。史家研究中国历史，一般都会

---

1. 《〈法兰西内战〉1891年单行本导言》，《马克思恩格斯选集》第2卷第336页。

在个人的史观指导之下,而史观又往往是个人人生哲学的延伸。史家应当有正义感,有良知,面对当时横暴的、残酷的、腐败的专制统治,治史者的良心理应受到震撼。然而现实状况,却是有人对古代专制政治史取美化态度,力图涂抹以玫瑰色、金色之类。在我看来,此种态度和思维,似不足取。

本传力求挖掘、解读和剖析两位爱国英雄传主的人生困厄旅程和酸苦心迹,特别是他们在任何情况下,对祖国的忠诚,始终如一,鞠躬尽瘁,死而后已。

史家的癖好是考证,而作家的癖好是编故事。我过去以为报告文学就是纪实,同历史传记大致相似,只是富有文学气息。实则不然,看来至少相当比例不是信史。作家写历史传记,就不能指望他们的文笔纪实,总会编造点儿虚构的故事。我曾看了几部作家描写中国古代文人的传记,由于缺乏历史素养,出现离奇的虚构。诸如元代施耐庵时使用银圆,王安石与人饮龙井茶,宋代的大内称紫禁城之类,至于称呼更是撷拾目前戏曲和流行历史电视剧的现成套路,哪个朝代都可通用,根本不懂得各个时代,前后称谓有很大变迁,不能乱用。若欲伸张此类"创作自由",无异于胡乱说史。

我的理解,所谓评传,是不过分追求叙事情节的生动,而是尽可能多援引史料,多作考证,也适当多发些议论。岳飞和宋高宗的今存史料似宜于写传,而宗泽和李纲的今存史料似宜于写评传。

史泠歌先生和我合写评传,她为此付出了很大的心血,我年老力衰,特别是最繁难的审读校样工作,全由她承担。我们的评传绝不可能是完善的,至于此书的成败得失,则有待于广大读者和史学界的品藻和鉴裁。

王曾瑜
2015年9月3日 抗战胜利70周年纪念日

# 目 录

**第一章 涉世多龃龉 失官久龙钟（宗泽）** ······ 1
    第一节 苦攻儒业 蹭蹬科场 ······ 2
    第二节 屈沉下僚三十五年 ······ 9

**第二章 谋身性虽拙 许国心独苦（李纲）** ······ 21
    第一节 早游文翰圃 励志敢跰蹰 ······ 22
    第二节 囊封论水谪天涯 ······ 27

**第三章 见危思致命 愧乏涓埃补（李纲）** ······ 47
    第一节 刺臂血上奏救国 ······ 48
    第二节 铁骑凌天阙 扶持极艰难 ······ 52
    第三节 奉迎太上皇回官 ······ 77
    第四节 乃尔艰国步 著力事撑拄 ······ 81
    第五节 太原之殇 ······ 86

**第四章 卿士辱多垒 勤王羞尺柄（宗泽）** ······ 109
    第一节 力陈盟赂损国威 ······ 110
    第二节 团结军民卫磁州 ······ 115
    第三节 初会康王 不欢而散 ······ 119
    第四节 孤军南下救开封 ······ 124

**第五章 恨无回天力 时危敢尸禄（李纲、宗泽）** ······ 141
    第一节 血诚痛切进谏言（宗泽） ······ 142
    第二节 整顿就规矩 居然听颓覆（李纲、宗泽） ······ 147

**第六章 泣涕收横溃 鏖兵京洛间（宗泽）** ······ 189
    第一节 山河破碎下的浩劫与抗争 ······ 190
    第二节 惠政拊疲瘵 金汤治城堑 ······ 198

第三节 "宗爷爷"威名震天下 …………………………………… 222

## 第七章 大呼过河身已僵（宗泽） …………………………………… 241
第一节 谋划大举北伐 ……………………………………………… 242
第二节 生命垂尽 三呼"过河" …………………………………… 250

## 第八章 贬谪流离路修长（李纲） …………………………………… 261
第一节 此身飘坠到沧溟 北望凄然欲断肠 ……………………… 262
第二节 兵戈满眼栖何地 海上归来路更长 ……………………… 284

## 第九章 忧国维知重 谋身只觉轻（李纲） ………………………… 295
第一节 出镇荆湖 ………………………………………………… 296
第二节 衰年万事懒 此志有谁知 ………………………………… 312
第三节 老病上长策 孤忠尚握拳 ………………………………… 320
第四节 经营江西 ………………………………………………… 332
第五节 朝政变故与李纲议论 …………………………………… 360

## 第十章 英风成昨梦 遗恨在燕山（李纲） ………………………… 375
第一节 壮志深忧国 正论薄云天 ………………………………… 376
第二节 独立三朝属望深 忽摧忠义泪沾襟 ……………………… 386

附录一 宗泽年表 ……………………………………………………… 399
附录二 李纲年表 ……………………………………………………… 403

# 第一章

## 涉世多龃龉　失官久龙钟
### （宗泽）

## 第一节　苦攻儒业　蹭蹬科场

宗泽，字汝霖，诞生于宋仁宗在位末期的嘉祐四年十二月十四日巳时。按西元推算，则是1060年1月20日。他的祖贯是两浙路婺州义乌县。

婺州即今浙江省金华市，名特产是金华火腿。但在宋时，婺州不算是两浙路经济发达的州，却是个山水佳地，"俗勤耕织"，文化上也是"名士辈出"，"士知所学"。[1] 义乌县"川明山秀"，[2] 向来并不出名，但依靠义乌人的勤劳、智慧和善于经商，义乌市近年来不仅成了国内，也成了国际上著名的小商品物流中心。

据称义乌宗氏家族是东汉汝南太守宗资的后裔。五代时，宗泽的七世祖为逃避战乱，徙居义乌。曾祖父宗惠，祖父宗拱之，父亲宗舜卿"隐居不仕"，母亲是刘氏。宗舜卿和刘氏共生四个儿子，依齿序为宗沃、宗泽、宗崟和宗灏，但宗泽的两个弟弟"皆少亡"。宗泽是否另有姐妹，则并不清楚。[3] 宗泽至少有一个堂妹，堂妹夫黄琳。[4] 宗氏家族的成员显然相当多，从宗泽六十九岁至七十岁时给其侄子的信中看来，有"民师四一侄""姨姨、太孺人""嫂嫂（宗沃妻）""十六娘、四一亲妇、七二秀才""七二侄、五一哥""七五""五三"等，按当时习惯，[5] 亲属间都是

---

1. 《方舆胜览》卷7《婺州》。
2. 《万历金华府志》卷2。
3. 关于宗泽家世，参据《宗忠简公墓志铭》，《宗忠简公集》卷3《宗汝贤墓志铭》。
4. 《金华黄先生文集》卷3《记先世墓志铭》，附录《金华黄先生行状》，《日损斋笔记》附录黄溍神道碑。
5. 《宝真斋法书赞》卷22《宗忠简留守司二札家书吾友三帖》。

以排行称呼。

有的记载称宗泽为"婺州农家子"[1]，按宋时称"农"有时或指乡村户，并非都是胼手胝足的底层农民。特别是在科举制发达和成熟的宋朝，王安石进行科举改革，实行儒家经义取士，经学、教育和科举遂成三位一体。科举制对中国古代社会、文化等产生重大影响。在宋人的时尚观念中，"人若不曾读书，虽田连阡陌，家赀巨万，亦只与耕种负贩者同是一等齐民"[2]。许多富人，即剥削阶级的目标，就是由富族转变为士族。"首先成为富族，然后再投资于文教，使自己士人化"。"很多士族从富族转化而来"[3]。后世则总结为"诗礼传家居贵位"[4]，士族们往往以所谓"奕世诗礼"[5]"诗书传家"[6]"家世儒业"[7]"家世诗书"[8]之类而自豪。宗泽的祖先虽非累世仕宦，而显然是走着通过读书，争取通过科考，走向仕宦之途。

从今存的史料看来，宗家不在当地的"著姓""大族"之列。宗舜卿本人是士人，曾"得幕金陵"[9]，即赴江宁府（今江苏省南京）当幕僚。他所结交的几个挚友，包括处士叶桐，宗泽的岳父"陈八评事"，处州丽水县的陈允昌，也都是士人。"陈八评事"排行为八，《盘溪宗氏宗谱》说他名裕。他任大理评事，却无仕历，估计是买官所得的低等文官。他有三个女儿，次女嫁胞弟宗峄，而三女嫁亲兄宗泽。[10]宗舜卿对两个儿子，大约依其资质，又依家庭经济状况，而有所分工。宗沃字汝贤，一直在家"服勤力穑，肯播肯获，以克幹裕厥家"，须经营农务以维生，当然也不排除出租田地和雇工耕作。在宋代以租佃制为主的农业社会中，手工生产，南

---

1. 《泊宅编》卷上。
2. 《黄氏日抄》卷78《又晓谕假手代笔榜》。
3. 廖寅：《宋代两湖地区民间强势力量与地域秩序》第13、19页，人民出版社，2011年。
4. 明代万民英：《星学大成》卷14《木星躔宿俱出玉关经玉关歌》。
5. 《芸庵类稿》卷6《除左帑谢庙堂启》。
6. 《浮溪集》卷27《徽猷阁待制致仕蒋公墓志铭》。
7. 《宋史》卷416《胡颖传》。
8. 《巽斋文集》卷11《黄师董族谱序》。
9. 《宗忠简公集》卷4《上郑龙图求船书》。
10. 《宗忠简公集》卷3《叶处士墓志铭》，《陈公墓志铭》，《陈（八）评事墓志铭》。

方一个男劳力的可耕田约二三十宋亩,"一个农户拥有的耕地面积,如若超出,甚至大大超出本户劳动力的可耕地面积,其出路无非有二:一是出租,二是雇工"[1]。宗泽称其兄"喜宾客,曾不顾供具有无。朋游中有倚豪富,作气势,陵轹贫下,或掩其不善,而见其善者,兄于广坐中,直以理折之。彼虽暴戾,心自愧服。乡人欲作一不义事,必先畏缩曰:'宗汝贤知之,定众辱我矣!'以是俗多敬慕"[2]。这也反映了宗氏家族在当地有乡绅的地位。

宗泽曾自述其求学经历说:"某未冠时,持先人遗书一车,他无所携,悲吟梗概,懔然去国,求师承于四方。阅十余年矣,崇筵绛帐,所历数十,取道一无所得。莫悟其繇,因怅然以归。"后来才找到一位名师。[3]他家有祖传"先人遗书一车",表明是后人所谓的书香门第。

宗泽"自为儿时,趣向不凡,诵书过目辄不忘,逮长游学四方,籍籍有声",成为博学强记的儒生。他"于书无所不读,尤邃于《左氏》","少尝尽以《左氏》事缀粘壁间,以便朝夕观览"。"其为文不事彫琢,浑然天成","直写其肺腑,无饰辞"[4]。从今存的遗文看,他的文字说理透彻,满腔忠义之气,流出肺腑,极富感染力。

宋朝科考的规矩是,上一年各地方等先进行解试,解试及格的贡士,再于翌年参加中央的省试和殿试。青年的宗泽也曾"久连蹇场屋"[5]。按省试前一年为各地解试之年推算,他在宋神宗熙宁五年(公元1072年)十四岁时,年龄可能小一点儿。但往后熙宁八年(公元1075年)十七岁时,元丰元年(公元1078年)二十岁时,元丰四年(公元1081年)二十三岁时,元丰七年(公元1084年)二十六岁时,宋哲宗元祐二年(公元1087年)二十九岁时,五次解试,他都有参加的可能,解试的地点就在乡贯婺州,而屡遭失落和挫败。科考的屡次失意者,无疑占了士子的绝大多数,倒不是稀罕的事。他在元祐五年(公元1090年)解试及格,成为贡士,而取得

---

1. 王曾瑜:《宋朝阶级结构》(增订版)第四章第48—49页,中国人民大学出版社,2010年。
2. 《宗忠简公集》卷3《宗汝贤墓志铭》。
3. 《宗忠简公集》卷4《求教书》。
4. 《宗忠简公墓志铭》,《敬乡录》卷10陈炳《宗忠简公画像赞》。
5. 《敬乡录》卷10陈炳《宗忠简公画像赞》。

前往都城东京开封府参加中央省试的资格，时年三十二岁。

他应于元祐六年（公元1091年）春，即三十三岁时，到东京开封城赶考。按宋时的地理测量，婺州距离东京"二千九百三十（宋）里"，[1]大约须走好几个月，故他须于元祐五年（公元1090年）冬即启程。已过而立之年的宗泽，应是第一次与故乡、父母和妻儿等亲人依依惜别，前往遥远的北方。光是行程旅费，就是家庭一笔极大的经济负担和支出。此行吉凶祸福，难以预卜，种种酸苦的心迹，非九百年后的今人所能体会。沿途固然也会有流连好山好水的佳境，更多的应是期盼、紧张、孤寂之类，精神负担绝不可能轻松。年关将尽，他肯定能体会到唐诗中"旅馆谁相问？寒灯独可亲。一年将尽夜，万里未归人"[2]的滋味。

一个偏僻小县出来的书生，乍然来到当时世界上最繁华的都会，各种新鲜的感受，自不必论。开封城每隔三年，就须接待一次来自四面八方的贡士，供应他们食宿。大约有一万数千名贡士，而最终登科者，约占总数的3.4%～5%。[3]人们至今仍感觉难以掌握自己的命运，故全世界范围的求神问卜活动一直不绝。在自然科学不发达的中国古代当然更甚。开封有"二相公庙在城西内城脚下，举人入京者，必往谒祈梦，率以钱置左右童子手中，云最有神灵"，二相公相传是孔子弟子子游与子夏。[4]至于占卜者们，更是骗钱有术。[5]这无非是当时开封城中因科场而伴生的产业。

九百年后的今人，也并非不可以领会九百年前贡士们的赴考心态，现成的就是目今一年一度的高考。我们设想，最贴近当时贡士们心态者，大约还是"文革"刚结束后最初恢复的几次高考。蕴藉多年而如此强烈的渴望、焦灼、紧张、不安之类，谁也很难说出竟有多少种滋味在心头。只有3.4%～5%的录取率，意味着如成千上万人走上狭窄的独木桥，荣辱成败在此一举，而绝大多数人又必然从桥上跌落下来。

当年正月，宋哲宗，其实是掌政的高太后，"命翰林学士兼侍讲范

---

1. 《元丰九域志》卷5。
2. 《文苑英华》卷158戴叔伦《除夜宿石桥馆》。
3. 王曾瑜：《宋朝的贡士——兼评士大夫群体精英论》五、贡士的人数，《首都师大学报》2014年第1期。
4. 《夷坚乙志》卷19《二相公庙》，《梁溪漫志》卷10《二相公庙乞梦》。
5. 《梦溪笔谈》卷22，《夷坚支丁》卷7《丁湜科名》。

百禄权知贡举，天章阁待制、吏部侍郎兼侍读顾临，国子司业兼侍讲孔武仲同权知贡举"[1]。三名考官都是当时饱学的宿儒和名士。宗泽凭借自己的饱学和文采，"程文有'心不可欺'之说，有司喜曰：'吾为朝廷得人矣！'"[2]可知考官们最初还是相当欣赏宗泽的。省试合格，就有资格参加殿试。按照惯例，只消省试合格，殿试不再黜落，只是名次可能会有调整。故当时宗泽已是成功在望，其兴奋的心情可想而知。依照制度，殿试由考官代皇帝拟"殿试策问"，[3]或称"御试策问"[4]"殿试策题"[5]等，而贡士们就依策问撰写"殿试策"，[6]或称"御试策"[7]"廷对策"等，作为考卷。

下面就必须交代一下北宋后期的政局。宗泽十一岁时，宋神宗开始任用王安石，以富国强兵为目标，推行变法。围绕着变法与反对变法的政争，朝野士大夫们很快分成两派，在整个士大夫群体中，两派的人数看来只占较小的比例，但其政治影响和能量却很大。王安石为推行变法，力主"一道德"[8]，宋神宗还是按所谓"异论相搅"的祖宗家法，[9]他在维护新政的同时，还尽量参用反变法派。

但到年幼的宋哲宗即位之初，祖母高太后主持所谓"元祐更化"，就开始了宋朝第一次大规模的贬窜士大夫的运动。变法派深受打击，其中最突出的事件，就是前任宰相蔡确的"车盖亭诗案"。蔡确被贬后，被挟私怨的吴处厚告发，说他"尝游车盖亭，赋诗十章"，以为"皆涉讥讪"，"以斥东朝，语尤切害"[10]，其实全是捕风捉影之事。但高太后不听一些臣僚的劝告，在另一批臣僚的鼓噪下，将蔡确流放岭南致死。此事发

---

1. 《长编》卷454元祐六年正月己巳。《宋会要辑稿》，以后简称《宋会要》，选举1之12—13载三人官名稍异。
2. 《鲁斋王文宪公文集》卷14《宗忠简公传》。
3. 《宋史》卷314《范纯仁传》。
4. 《攻媿集》卷69《恭题徽宗赐沈晦御诗》。
5. 《盘洲文集》卷64《乾道二年殿试策题》。
6. 《宋史》卷156《选举志》。
7. 《文山先生全集》卷3《御试策一道》。
8. 《宋史》卷155《选举志》。
9. 《长编》卷213熙宁三年七月壬辰。
10. 《宋史》卷471《蔡确传》。

生在元祐四年（公元1089年）。关于宗泽如何撰写廷试策文及其后果，《宗忠简公集》卷7《遗事》和《宋宗忠简公全集》卷9《宗忠简公事状》的记载近乎全同：

> 时宣仁圣烈皇后垂帘，诏廷对策限以字数。同辈相告曰："必如诏，可以中程。"公曰："事君尽忠，自今日始。岂可图前列，而效寒蝉乎？"遂力陈时病，几万余言，且及吴处厚、蔡确事，曰："自古兴衰治乱，悉由人才，人才之困，厄于朋党。今处厚笺注诗章，臣恐朋党之祸自此始。"主文者以其言直，恐忤旨，置公末科？（赐同进士出身）。

宋时的御试策时或有字数限制，不准多写，而宗泽宁愿犯规，竟写了万余字，策文中特别敢于涉及时政的要害，指斥士大夫辈不应分朋植党，不应制造文字狱。他在殿试中被降为"末科"，即第五甲，只得到最低等的同进士出身的头衔。

按宋时殿试合格，统称"正奏名"，"正奏名，五甲也，吏部谓之黄甲"[1]。正奏名者分第一甲至第五甲。第一甲的第一名沿用唐制，称状元，到北宋后期，榜眼和探花也逐步定型为第一甲第二名与第三名的俗称。[2] 北宋自真宗时规定："上二等曰及第，三等曰出身，四等、五等曰同出身"[3]。按宋人习惯用语，头衔上加一"同"字，以示副衔之义。但仍有"副"字衔，位于"同"之下，如统兵官有"统制、同统制、副统制、统领、同统领、副统领"[4]。

当年三月，宋哲宗"御集英殿，赐进士、诸科马涓以下及第、出身、

---

1. 《朝野类要》卷2《黄甲》。
2. 龚延明：《状元、榜眼、探花之起源》，载《中国古代职官科举研究》，中华书局，2006年。
3. 《宋史》卷157《选举志》。但南宋《梦粱录》卷3《士人赴殿试唱名》作"第一甲举人赐进士及第，第二甲赐进士出身，第三至第五甲并赐同进士出身"，而《钱塘遗事》卷10《择日唱第》又作"状元至第二甲终皆曰宜赐进士及第，第三甲、第四甲终皆曰宜赐进士出身，第五甲则曰宜赐同进士出身"。看来从北宋到南宋，有所变化与调整。
4. 《宋史》卷167《职官志》。

同出身假承务郎、文学，总六百有二人"[1]。新科进士们不论是老、是长，是少，经历殿试，就都算是"御前及第，天子门生"[2]，自有一番礼仪和荣耀。在穿着上，帽子有所谓"重戴"，"以皂罗为之。方而垂檐。紫里，两紫丝组为缨，垂而结之颔下。所谓重戴者，盖折上巾，又加以帽焉"。"新进士亦戴，至释褐则止"。此外，南宋进士还特赐"幞头簪花，谓之簪戴"，"花"不是真花，是绢花，但尚不知是否是北宋的遗制。[3]进士们"发榜唱名。既谢恩，诣国学，谒先圣先师，进士过堂阁下，告名。闻喜宴分为两日，宴进士"[4]。在此类欢快的礼仪中，作为第五甲、同进士出身的宗泽，只能敬陪末座。

用世俗的眼光看来，宗泽岂非是自讨没趣的大傻瓜！但从另一个角度看，这又正是他的可敬和可贵之处。宗泽"为人端方质直，平居不妄笑语，律己甚严，苟悖于礼，虽毫发不犯，义所当为，鼎镬在前不恤"[5]。他那种只问是非，不计利害，宁为玉碎，不作瓦全，不"效寒蝉"的耿直刚正之气，在廷试中初露锋芒，而不恤流俗。在当时的数以万计的贡士中，也许是绝无仅有者。只消观察一下目前不少以高明自诩的知识分子，就知宗泽的人品有多么难得。虽然此份试卷未能传世，却无疑是他步入仕途的第一份真正合格的人生答卷。今存的宋代史书，其实是依南宋时的政治倾向，偏袒反变法派，指为君子，而贬责变法派，视为小人。宗泽对待党争的态度是超脱的，站在党争漩涡之上，强调"恐朋党之祸自此始"，正是表明这个已届而立之年的人，有着不同凡响的远见卓识。正是自此次殿试始，他一直走着特立独行的人生之旅，不变初衷，至老而更加固执。

---

1. 《长编》卷456元祐六年三月壬午。《宋会要》选举1之12—13作"合格奏名进士五百一十九人"。
2. 《长编》卷23太平兴国七年八月，《名贤氏族言行类稿》卷24载宋真宗时王奇诗："不拜春官为座主，亲逢天子作门生。"
3. 《宋史》卷153《舆服志》。
4. 《宋史》卷155《选举志》。
5. 《宗忠简公墓志铭》。

## 第二节　屈沉下僚三十五年

唐朝进士及第，须经吏部试后，方可授官。然而从宋太宗时开始，科举及第后就可直接授官。[1]如前所述，当年通过科考的进士授"假承务郎、文学"有差。此处的"假"有假借之义，即位次尚非正式的从九品承务郎，大致从宋神宗元丰改官制以后，进士们"释褐授官"，[2]最高者就是假承务郎。[3]"文学"是某州文学，[4]也是从九品。[5]

授官不等于担任实职"差遣"，宗泽于两年后，即元祐八年（公元1093年），时年三十五岁，方"以将仕郎调大名府馆陶县尉，摄邑事"[6]。馆陶县今与大名县同属河北省。将仕郎应是从九品文官中最低一级。县尉可以比附为如今的本县警察局长，但因县令暂缺，由他代任暂署，宋时名之为"摄"。宗泽从政之始，即显示其英锐强明的才干，"吏多以年少，易之，及牒诉沓至，剖析曲直，迎刃而解，不奄月，讼庭阒然"。[7]

元祐末最大的变故，当然是高太后去世，宋哲宗亲政，翌年改元"绍圣"，排黜反变法派，重新起用变法派，并推行宋朝第二次更大规模的贬窜士大夫的运动。在此形势下，宗泽迎来了新的顶头上司，正好是著名的变法派吕惠卿。吕惠卿在元祐时受到迫害。绍圣元年（公元1094年）十月，"资政殿学士、知江宁府吕惠卿知大名府"。绍圣二年（公元1095

---

1. 据《长编》卷16开宝八年二月戊辰，卷18太平兴国二年正月戊辰和《宋史》卷155《选举志》，宋太祖在位时的最后一榜，开始实行殿试，而进士及第尚未直接授官。至宋太宗即位后的第一榜，即直接授官，因而废除了自唐朝旧制。
2. 《江南野史》卷8《孟贯》，《经幄管见》卷1。
3. 《长编》卷324元丰五年三月丙午。
4. 《京口耆旧传》卷8载，刘公彦"敕授嘉州文学"。
5. 《宋史》卷168《职官志》。
6. 《宗忠简公集》卷7《遗事》。
7. 《宗忠简公集》卷7《遗事》。

年)十月,"资政殿学士、知大名府吕惠卿为观文殿学士、知延安府"[1]。吕惠卿在旧史中给他泼了过多的脏水。他固然有其人格弱点,却是公认的王安石变法派中第一干才、最重要的助手。[2]但在反变法派翻身后,吕惠卿却未能施展其才,"虽章惇、曾布、蔡京当国,咸畏恶其人,不敢引入朝,以是转徙外服,迄于死"[3]。其实不仅是他们害怕吕惠卿,宋哲宗与吕惠卿面谈,"惠卿乞留京师,但愿得一宫观,时上殿",皇帝却"哂之","语既久,上极有倦色"[4]这就决定他不可能入朝掌政,而只能担任方面大员。故吕惠卿只能"自负高才,久排摈在外",而"视宰辅、贵臣皆晚进,出己下者"[5]。

大名府(今河北省大名)是北宋四京之一的北京,吕惠卿任知大名府,必定兼有北京留守的头衔,另兼大名府路安抚使,作为河北路沿边的大军区司令。当时地方军区也实行以文制武的体制,吕惠卿以文臣身份统兵。

吕惠卿中进士还比宗泽出生早两年,[6]入仕之初是个新锐年少,如大文豪欧阳修等特别为之举荐。[7]他在官场升沉三十八年,饱经沧桑世故,转瞬之间,已是白发萧骚的六十三四岁的老人。他显然特别赏识三十六七岁的宗泽,仿佛在宗泽身上重新看到了自己当年的锐气。宋时的不少士大夫,在失意之时,往往从佛学中寻觅慰藉,吕惠卿亦然。据《泊宅编》卷上记载:

(宗泽)凡获逃军,即杀之,邑境为之无盗。时吕大资惠卿帅大名,闻其举职,因召与语,仍荐之,且诚云:"此虽警盗贼之一策,恨子未阅佛书,人命难得,安可轻杀,况国有常刑乎!"[8]

---

1. 《续资治通鉴长编纪事本末》卷130《不用吕惠卿》,《琬琰集删存》卷3《吕参政惠卿传》。
2. 周宝珠:《后乐斋集》之《略论吕惠卿》,河北大学出版社,2012年。
3. 《宋史》卷471《吕惠卿传》。
4. 《续资治通鉴长编纪事本末》卷130《不用吕惠卿》。
5. 《鸡肋编》卷下。
6. 《琬琰集删存》卷3《吕参政惠卿传》:"中嘉祐二年进士甲科。"
7. 《欧阳文忠公全集》卷113《举刘攽吕惠卿充馆职札子》。
8. 又见《瓮牖闲评》卷8。

吕惠卿一年后调任知延安府、兼鄜延路经略安抚使，宋哲宗此项任命，主要是为了命他负责对西夏的战事。吕惠卿接受新命后，立即按当时制度，打算辟举宗泽为其帅府幕僚，不料宗泽却"固辞不就"[1]。分明是一个可贵的晋升之机，很多低官求之不可得，尽管宗泽又非常渴望建功立业，却谢绝了长官的美意和提拔，是否与他超脱党争，不愿卷入的意向，或者对吕惠卿另有看法，今人已难以查核和妄测。

吕惠卿在当年冬离任前，命令县尉宗泽与馆陶县令一起巡视河堤。不料却正值宗泽的长子宗顺病故。[2]他接到命令，就强忍悲痛，立即出发，执行公务。吕惠卿得知此事，对这个县尉不由不惊异，而格外器重，感叹说："可谓忧国忘家者也！"[3]但两人也就此离别，无缘再见。

绍圣三年（公元1096年）四月，宋哲宗命令李仲"提举开导"御河。御河"穿北京城中"，是一条供应河北路军需重要的、廉价的水路交通线。此前因"大河北流，御河数为涨水所冒，抑或湮没"。此时宋廷得到"大河东流，御河复出"的报告，就下令重修。[4]宋朝是个农业社会，兴办大规模劳役，时称工役或夫役，必须考虑不妨废农作，而于"农隙兴事"[5]，"农隙兴役"[6]，故迟至冬季，方才兴工。《宗忠简公集》卷7《遗事》有关宗泽参加此次重修御河的记事如下：

适朝廷大开御河，隆冬，役夫僵仆于道，中使不以申奏，监董甚急。公上书帅司，略曰："某非有避也，时方凝寒，锸锹一举，冰冻已合，徒苦民而功未易集。少需之，至初春，可不扰而办。当身任其责。"卒用公言，上奏，朝廷从之。明年，河成，所活甚众。

此事当然也是宗泽为民请命，敢于担当，敢于立异，而不计个人在官场升沉荣辱的仕途一页。

---

1. 《宗忠简公集》卷7《遗事》。
2. 《宗忠简公年谱》卷上，宗泽长子名宗顺。
3. 《宗忠简公集》卷7《遗事》。
4. 《宋史》卷95《河渠志》，《长编》卷488绍圣四年五月乙亥注。
5. 《长编》卷87大中祥符九年六月丁亥。
6. 《建炎以来系年要录》，以后简称《要录》，卷163绍兴九月丁卯。

元符元年（公元1098年），四十岁的宗泽由将仕郎升两官，为通仕郎，仍属从九品，调任两浙路衢州龙游县（今属浙江省）令。衢州与他祖贯婺州毗邻，而龙游县则是偏僻小县。《宗忠简公集》卷7《遗事》记载他在龙游县的政绩说：

> 邑小，民未知学。公为建庠序，设师儒，延见诸生，讲论经术，自此登科者相继起。里间恶少尝十百为群，持蛇虺，扰民以规利，稍不如意，辄鼓噪，掷瓦砾，碎屋壁。前令不能禁。公密白之州，籍其壮者为军，日得百余人，风遂革。

宗泽任龙游县令的政绩主要有两件事：

一是办县学。宋仁宗庆历时，令各地办县学，但各地县学的兴办仍然参差不齐。如偏远的龙游县，直到宗泽出任县令后，方兴建县学。元符三年（公元1100年），他曾撰写了一篇《龙游县义学记》，可惜今已佚失。[1]

二是除恶少。目前人们所谓黑社会势力，自古有之，其基本特征就是违法犯禁。龙游县也有一批"恶少"，为害一方。宋朝一项传统政策，是"募兵置籍，强梁亡赖者悉拘于军"[2]，使"天下犷悍失职之徒，皆为良民之卫"[3]。宗泽正是沿用此项政策，清除了龙游县的黑恶势力。

元符三年当年，宗泽调任京东东路登州文登县（今属山东省）令。但很快得到了母亲刘氏逝世的噩耗。按古代的礼制，父母死后，当官的儿子须守孝"丁忧"，为母守孝，称"丁内艰"，为父守孝，称"丁外艰"。[4]父母死后，儿子名义上有"三年之丧"，实际上为"二十七月"，"士庶所同遵用"。[5]宗泽又取道密州（治今山东省诸城）自北方匆匆赶回南方。他在途中有一封信，反映了他的家境和心态：

---

1. 《宗忠简公年谱》卷上。
2. 《小畜集》卷17《潭州岳麓山书院记》。
3. 《宋史》卷193《兵志》。
4. 《鲁斋王文宪公文集》卷14《宗忠简公传》。
5. 《文献通考》卷122《王礼考》。

全家百指，如飘蓬断梗，一在天之涯，一在地之角。其当时，太守、县令脱或见此，岂不伐南山之木而济之哉！某讳穷久矣，家徒四壁立矣。平生不喜为吏，寒窘犯人，挈挈然迫之，使出宦游东方，聚室待饷。独祖母老矣，重弃故乡，而客远官，遂留不行。乃者家君得幕金陵，去乡邦跬步，白发之老亦既愿往，低回商略，势不可久于此。昔携家中半而游东方，今又携家之半而归江南矣。然自密取道，得车则至朐山，帆则至江左。[1]

宗泽"平生不喜为吏，寒窘犯人，挈挈然迫之，使出宦游"。守丧期满，到宋徽宗崇宁二年（公元1103年），又出任京东东路莱州胶水县（今山东省平度市）令。《宗忠简公集》卷7《遗事》记载他在胶水县的政绩说：

胶水号剧邑，豪奸宿蠹，挟势虐民，习以成风。有温包者，恃阴告人，率不实。公案前后犯治之。州别驾与包连姻，以位临曰："令敢尔邪！"公曰："包犯法，某以法治，不知其它也。"有强贼百余人，侵县境，率僚属亲捕之，且约曰："获盗，公等受赏，不然，身独任罚，幸无退志。"一士族女被掠，匿旁郡，久之不能获。公廉得其迹，越境径造贼垒，取女以出，斩首五十余级，焚其庐。州奏功于朝，官属皆被赏，公亦进文林郎。

他自通仕郎升两官，为文林郎，但仍属从九品。崇宁五年（公元1106年），父亲宗舜卿逝世，宗泽又回家"丁外艰"。大观二年（公元1108年），年满五十的宗泽，按古人标准，已届所谓"阳气衰竭""心怠力疲"的老年，[2]仍在家守丧。

大观三年（公元1109年），宗泽守孝期满，又升两官，为承直郎，但仍属从九品，出任河东路晋州赵城县（今山西省霍州市南，洪洞县北）令。《宗忠简公集》卷7《遗事》记载他在赵城县的事绩说：

---

1. 《宗忠简公集》卷4《上郑龙图求船书》。
2. 《黄帝内经素问》卷1《上古天真论篇第一》，《容斋五笔》卷3《人生五计》。参见史泠歌：《宋代皇帝的疾病、医疗与政治》第15—16页，河北大学出版社，2013年。

下车，修娲皇祠，新赵简子庙，且请于朝曰："赵城前有并河、汾阳之固，后当晋、绛蒙坑之险，左依霍邑，右阻太行，沃野百里，可以种植，实河东用武之地。愿升县为军，如楚之涟水，开德之德清，命以军额，实治县事，且大养军士，以备不虞。"复言："庆源乃国家兴王之本，赵城又庆源之本也。"书闻，不尽如所请，公曰："方今承平之久，固无虑；他日有警，当有知吾言者矣！"

我们在撰写宗泽传记时，心头一直萦绕着一个疑问，依宗泽历任地方文官的经历，未接触军事，如何能在国难当头之际，很快就成长为一个速成的军事家呢？如上一节所述，宗泽"于书无所不读"，看来也读过如《孙子》之类古兵法。就以上所引的两段《遗事》记载看，宗泽绝不是文弱书生型的，他身上蕴含着骁勇强悍的武夫气质。他敢于亲自率领县弓手之类捕盗，解救被掠女子，申请赵城县升军的建议，也表明了他有军事见识。他后来能够威震强敌，固然主要是从战争中学习军事，但原有的潜能，也有了迸发的机遇。

宗泽在去赵城县赴任或离任途中，也另有可能是后宣和六年（公元1124年）赴任巴州通判时，路过西京洛阳。洛阳一直是著名的花园城市，北宋园林艺术的精华，是在东、西两京，而洛阳尤胜。他游览了洛阳园林，特别是参观了著名的司马光独乐园，写了一首诗：

都人士女各纷华，列肆飞楼事事嘉。
政恐皇都无此致，万家流水一城花。[1]

这是赞叹"万家流水一城花"的景致，为"皇都"开封所不如。他赞赏独乐园，更不如说是赞扬司马光的卓绝人品：

范公之乐后天下，维师温公乃独乐。二老致意出处间，殊途同归两不恶。鄙夫杖藜访公隐，步无石砌登无阁。堂卑不受有美夸，地僻宁遭景华

---

1. 《宗忠简公集》卷5《至洛》。

拓。始知前辈稽古力，晏子萧何非妄作。细读隶碑增慷慨，端正似之宜再拜。种药作畦医国手，浇花成林膏泽大。见山台上飞（嵩高），高山仰止如公在。[1]

自崇宁始，宋徽宗对反变法派一直实施严厉的党禁，他和蔡京专门立元祐奸党碑，"令郡国皆刻石"，司马光自然名列首位，而"长安石工安民"却不忍心刻字，说："司马相公者，海内称其正直，今谓之奸邪。"[2] 但特立独行的宗泽却早就超脱党争之外，尽管在很大的政治压力之下，他居然写诗称"高山仰止如公在"。在他心目中，范仲淹和司马光就是本朝士大夫的楷模人物。

政和三年（公元1113年），在赵城县满任的宗泽又调任前往京东东路，任莱州州治掖县（今山东莱州市）知县。《宗忠简公集》卷7《遗事》记载他在掖县的事绩说：

政和三年，以荐，改奉议郎，知莱州掖县。一日，当路需牛黄，县坐数百两，吏民惶惧，无以应。公条具，报部使者曰："方时疫疠，牛饮其毒，凝为黄。当此太平，和气横流，牛无伤者，黄何自得？"部使者怒，取邑官名位，欲劾奏之。公曰："此意自某出，同僚何预？"独书衔以上，牛黄竟免，亦不加罪。

奉议郎已是正八品，与原来的承直郎相比，超升七官。自"承直郎以下，迪功郎以上文资，也又谓之选海，以其难出常调也"[3]。在当时官场中，即使是科举出身者，大部分也会淹没在"选海"中，并无进一步升迁的机遇。宗泽能够超脱"选海"，当然是重要的升迁，没有高位的官员荐举是不行的。但如今已不知是哪个高位者出面荐举。

宗泽除短暂出任文登县令，旋即丁忧以外，前后四任县令和知县，"所至称治"，他曾总结自己治县的经验说："某之作邑，其始以信，济

---

1. 《宋元诗会》卷34《题独乐园》。
2. 《宋史》卷336《司马光传》。
3. 《朝野类要》卷2《选调》。

之以威，信既孚矣，威亦何用。"范仲淹四子范纯粹，从其仕历看来，似与宗泽并无接触，[1]却称赞说："如宗君，所至有去思，虽古循吏，未见其比。"[2]因为颇有名声，所以才有贤明的官员愿意出面荐举。

黄牛胆囊、胆管或肝管中的结石，干燥后便是牛黄，为中国传统医学中难得的名贵药材。当时"州县百姓竞屠牛以取黄，既不登所科之数，则相与敛钱，以贿上下胥吏丐免"[3]。唯有宗泽宁愿得罪"部使者"，即本路长官，拒绝向民间摊派牛黄，也表现了他的一贯仕风。

宗泽任知掖县刚一年，知青州兼京东东路安抚使王靓相当欣赏这个部属，"辟置幕府"[4]，即当安抚使司的属官。不久，王靓离任，由梁子美继任。梁子美字才甫[5]，是宋仁宗朝宰相梁适之孙。此前曾任河北路都转运使，"倾漕计以奉上，至捐缗钱三百万，市北珠以进。崇宁间，诸路漕臣进羡余，自子美始"[6]。当然是个奉承宋徽宗的佞心者无疑。大观时，梁子美出任尚书右丞、尚书左丞、中书侍郎，担任执政官仅二年，就改任地方大员。[7] 梁子美到任后，宗泽"投檄，丐去"，梁子美却坚决拘留，说："闻公名旧矣，何疑而遽去也。"宗泽再三力辞，梁子美不予允准，就只能留任。

梁子美打算增修青州城，而"拟拆齐（齐州，今山东省济南市）之楼橹，以助增修"，命令宗泽前往考察，宗泽考察后回报说："齐亦吾地，损彼益此，人必以公为隘，愿勿毁。"梁子美还是听从了宗泽的劝告。政和五年（公元1115年），由梁子美举荐，宗泽升任登州（今山东省蓬莱市）通判。[8]梁子美官至从一品开府仪同三司，故人称"不历真相而为相者"[9]。他所看重和"提挈"者中，既有宗泽，又有后来成为宗泽政敌的汪

---

1. 《宋史》卷314《范纯粹传》，《宋朝诸臣奏议》卷140范纯粹《上徽宗论进筑非便》注。

2. 《宗忠简公集》卷7《遗事》。

3. 《御定渊鉴类函》卷435《牛二》引《燕闲常谈》。据《遂初堂书目》，《直斋书录解题》卷11，《说郛》弓37，《燕闲常谈》似应作《闲燕常谈》，作者董弅。

4. 《宗忠简公墓志铭》。

5. 《却扫编》卷下。

6. 《宋史》卷285《梁子美传》。

7. 《宋宰辅编年录校补》卷12。

8. 以上叙事据《宗忠简公集》卷7《遗事》。

9. 《宋史》卷166《职官志》，《却扫编》卷下。

伯彦。[1]

《宗忠简公集》卷7《遗事》记载他在登州的政绩说：

> 郡邑有宗室财用田数百顷，皆硗瘠不毛之地，岁输万余缗，无所收，率取于民以应办。公条奏，得除免。黄县有大侠，与河上居人有隙，请于朝，言治河事，下部使者，大起夫役。公曰："是役也，吾未见其利，而徒扰于民。"条具申乞寝罢，朝廷从之。

宗泽升一官，为承议郎，至从七品。宣和元年（公元1119年），"不喜为吏，寒窘犯人"，而不得不"宦游"[2]的宗泽，眼看自己届六十一岁，对官场已相当厌倦，就按当时的制度，申请当宫观官，当时称为"丐祠"。宫观官是以主持道教的某个宫观为名的闲职，却可领取一份官俸，称"祠禄"[3]。宗泽申请到了主管南京（应天府，今河南省商丘市）鸿庆宫的头衔，可不须去应天府任职，他回故乡婺州，却不去义乌，而去毗邻的东阳县，此县"形胜之美，甲于他邦"[4]。宗泽准备在东阳"结庐山谷间，著书自适，有终焉之志"[5]。

但据《宋史》卷22《徽宗纪》载，当年三月，"知登州宗泽坐建神霄宫不虔，除名，编管"。除名是削除官位，降为百姓，编管是官员流放罪中最重的一等，其下尚有"安置"和"居住"两等。[6]此处称宗泽任知州，而其他传记只说他任通判。是《徽宗纪》的记录有误，还是当时已升知州，难以确证。

宋徽宗耽溺道教，在他的大力扶植和卵翼下，特别是道士林灵素及其大批徒弟，成了一股为害民间的黑恶势力。"时道士有俸，每一斋施，动

---

1. 《三朝北盟会编》，以后简称《会编》，卷122张澂劾奏，卷129，《老学庵笔记》卷1。
2. 《宗忠简公集》卷4《上郑龙图求船书》。
3. 关于宋朝宫观官，参见梁天锡先生的稿本《宋代祠禄制度考实》。
4. 《万历金华府志》卷2。
5. 《宗忠简公集》卷7《遗事》。
6. 郭东旭：《宋代法制研究》第121页，222—236页，河北大学出版社，2000年；苗书梅：《宋代官员选任和管理制度》第四章第四节黜降制度，河南大学出版社，1996年。

获数十万,每一宫观给田亦不下数百千顷,皆外蓄妻、子,置姬媵,以胶青刷鬓,美衣玉食者几二万人"[1]。在登州,道士高延昭"凌蔑郡邑","恃势犯法,无复以州县为意",其他官员都不敢得罪他,而宗泽"独摄取,杖其背"[2]。高延昭"至京师,得倖用事",控诉宗泽"改建神霄宫不当,林灵素主坐,褫职"[3],编管的地点在镇江府(今属江苏省)。

宗泽得到谪命,说:"罪大责轻,丹徒善地。"[4]当即上路。宣和三年(公元1121年)二月,宗沃因逃避方腊变乱,"遑遽挈妻孥,奔避山林间,昏夜迷误,因溺死"[5]。宣和四年(公元1122年),夫人陈氏接着逝世,这些当然都是重大的精神打击。宗泽将陈氏"藁葬丹徒京岘山,结庐龙目湖上"[6]。并且写下了一首悼亡诗:

一对龙湖青眼开,乾坤倚剑独徘徊。
白云是处堪埋骨,京岘山头梦未回。[7]

宋政"宽柔"[8],"礼待士大夫,终始有恩"[9],这与后来的明朝崇尚严苛,形成鲜明对照。当时贪官的败露率固然很低,即使败露,有罪不罚,罚不当罪,罪废复用,类似于今人所谓带病上岗的情况不少。像宗泽那样标准的清官,将他安排到富庶的"善地""编管",而并未远窜岭南炎荒之地,按宗泽本人所说,也算是"责轻"。史称他"自奉甚薄,方谪居时,饘粥不继,吟啸自如"[10]。"坐废数年,杜门却扫,赋诗自娱,或清

---

1. 《皇朝编年纲目备要》卷28重和元年十月。
2. 《宗忠简公集》卷7《遗事》,《敬乡录》卷10陈炳《宗忠简公画像赞》,《鲁斋王文宪公文集》卷14《宗忠简公传》。
3. 《宋宗忠简公全集》卷9《宗忠简公事状》。
4. 《宗忠简公集》卷7《遗事》。
5. 《宗忠简公集》卷3《宗汝贤墓志铭》。
6. 《忠简公年谱》。
7. 《要录》卷16建炎二年七月癸未朔。
8. 《金史》卷46《食货志》。
9. 《黄氏日抄》卷80《引放词状榜》。
10. 《鲁斋王文宪公文集》卷14《宗忠简公传》,《要录》卷16建炎二年七月癸未朔。

坐终日，啜菽饮水，淡如也"[1]。尽管生活相当清苦，却不变初志。就在陈氏逝世的当年十一月，宋徽宗举行郊礼大典，[2]宗泽"经郊恩，叙宣教郎"[3]，宣教郎为从八品，比原官承议郎降三官，另外又差遣为监镇江府酒税。监酒税、商税、监仓、场、库、务之类，统称监当官，是宋朝最底层的，又是人数最多财税差遣和官僚群。许多名公臣卿，其最初的仕历，或是被贬黜后，都任监当官。但宗泽还是一如既往，"尽心乃职，课入倍加"[4]。

宣和六年（公元1124年），宗泽又被委任去遥远的西川利州路巴州（今四川省巴中市），担任通判。按当时的一般规矩，宗泽须先去开封城，由吏部的尚书左选重新分配差遣。当时吏部给官员分配差遣，分四选，有尚书和侍郎左选、右选，文官属左选，武官属右选。尚书左选下设十二案，宗泽的新任应是归其中的八品案经办。[5]他取道洛阳、关中平原，超越蜀道天险，前往巴州。故沿途留下了陕州《阌乡麻衣寺瘦佛画像赞》《为华州作延请昙老疏》[6]和《过潼关》《华下》《谒华岳》《华阴道中》[7]等诗文，其中有一首《晓渡》诗说：

小雨疏风转薄寒，驼裘貂帽过秦关。
道逢一涧兵徒涉，赤胫相扶独厚颜。[8]

天气"薄寒"，尚穿"驼裘貂帽"，是当年春季。据宗泽到巴州后的自述："宣和六年春，朝廷以仆承乏郡贰。"[9]

宗泽"质直好义"，当然是个"自奉甚薄"的清官。[10]他很重义气，任

---

1. 《宗忠简公墓志铭》。
2. 《宋史》卷22《徽宗纪》。
3. 《忠简公年谱》。
4. 《宗忠简公集》卷7《遗事》。
5. 《宋史》卷163《职官志》。
6. 《宗忠简公集》卷6。
7. 《宗忠简公集》卷5。
8. 《宗忠简公集》卷5。
9. 《宗忠简公集》卷3《贤乐堂记》。
10. 《宗忠简公集》卷7《遗事》，《宋史》卷360《宗泽传》。

胶水令时，有个比他先科举登第的同学林迪，从莱州前来探望。后来林迪病危之际，就只能请宗泽前来，嘱托后事，宗泽只是简单地回答："嫂当养，子当教，女当适佳士。"他特别安排林迪之女嫁修职郎康森，又以亲女嫁康森之弟康劢。林迪之子林懋后"卒于官，贫不能归"，宗泽又"厚以俸津遣其行"[1]。但是，从他参加殿试时的御试策中直言开始，就决定了他仕途的三十五年命运。

有一个鲜明的对比，就是奸相兼大贪官王黼。他是崇宁二年（公元1103年）进士，[2]比宗泽晚了十二年，却得到宋徽宗的宠用。宣和元年（公元1119年），正好是宗泽被"除名，编管"的当年，王黼"拜特进、少宰。由通议大夫超八阶，宋朝命相未有前比也"[3]。在专制主义中央集权的等级授职制下，官场沉浮与筛选规律往往是黄金下沉，粪土上浮，也有人称之为逆淘汰定律，而宗泽与王黼的仕历就是一个明证。

后李纲诗中称宗泽"涉世多龃龉，失官久龙钟"[4]。吴芾诗说他"百世一人不易逢。堂堂天下想风采，心如铁石气如虹。正色立朝不顾死，半生长在谪籍中。真金百炼愈不变"[5]。当时，有个士人贾公望，因为不愿给宋徽宗的宠臣朱勔献媚，曾感慨赋诗说："倏忽向六十，萍蓬无奈何。丹心犹奋迅，白首分蹉跎。正直士流少，倾邪朋类多。"[6]其实，在目前被若干史家所称赞的古士大夫群体中，"正直士流少，倾邪朋类多"，正是其常态，特别是在历朝的季世；而"丹心犹奋迅，白首分蹉跎"，难道不也是在官场屈沉三十五年的宗泽的写照！

---

1. 《宗忠简公集》卷7《遗事》。
2. 《会编》卷31《中兴姓氏奸邪录》。
3. 《宋史》卷470《王黼传》。
4. 《梁溪全集》卷32《哭宗留守汝霖》。
5. 《湖山集》卷4《哭元帅宗公泽》。
6. 《吴郡志》卷12，《中吴纪闻》卷5《贾表之》。

# 第二章

## 谋身性虽拙　许国心独苦
### （李纲）

## 第一节　早游文翰圃　励志敢跳踯

李纲，原字天纪，[1]改字伯纪，诞生于宋神宗元丰六年闰六月十日，[2]按西元推算，则是1083年7月27日，论年龄，比宗泽小二十四岁。他的祖贯是福建路邵武军邵武县八龙乡庆亲里（今福建省邵武市水北乡一都村李家湾）。[3]据清人杨希闵《李忠定公年谱》，他的出生地是在秀州华亭县（今上海市松江区）。

李氏家族原是唐朝宗室，"唐末避乱，徙家邵武"。李纲高祖父李待，"仕闽，以武力显。闽亡，退处田野"。曾祖父李僧护，曾祖母卢氏、廖氏、龚氏，祖父李赓，祖母黄氏是名宦黄履之姐，另有饶氏。父亲李夔，母吴氏。[4]

李纲诗自称"吾家世儒业，教子惟一经。迩来四十载，父子三成名"。其诗注说："亲老元丰中登科。后三十余年，予忝忝，今又舍弟了当。"[5]他的家族当然是标准的书香门第士族。李夔"颖悟绝人"，"凡耳濡目染，过即成诵，至日数千言"，颇有文采，"中元丰二年进士第，释褐，调秀州华亭尉"。[6]其妻吴氏是奉议郎、知湖州长兴县吴桓之女，处

---

1. 《梁溪全集》附录三《了翁先生与卫公书别幅》。
2. 赵效宣：《李纲年谱长编》第3页考证，香港新亚研究所专刊，1968年。
3. 何圣庠：《李纲传》第1页，上海古籍出版社，2017年。
4. 《龟山先生全集》卷32《李修撰墓志铭》，《浮溪集》卷7《李纲用登极恩封赠制》，《李纲封赠制》。
5. 《梁溪全集》卷9《闻七弟叔易登科》。
6. 《龟山先生全集》卷32《李修撰墓志铭》。元丰二年，原作"三年"，据《宋史》卷15《神宗纪》改。

州龙泉县（今浙江省龙泉市）人，"世为望族"，"父母贤之，谓必得名士，乃可以为配"。元丰二年（公元1079年），她二十二岁，李夔"以诸生，与修衣冠制度，名闻朝廷，继而擢高科，遂以妻之"[1]。李夔三十三岁中进士，然后与吴氏成婚。他历任的官位不高，但秉承儒家教义，为官正派，这在当时是十分难得。吴氏"能以清约自将，无骄矜气，柔明端静，人不见其喜愠。治家有常法，遇妾媵有恩意，闺门之内雍如也"[2]。"遇妾媵有恩意"，在当时也被认为是妇德。

故上述清人有关李纲出生地之说，看来是有某种根据的。李夔三十七岁与吴氏二十六岁时，方生下长子李纲，往后又得三子，分别是李维，字仲辅；李经，字叔易；李纶，字季言。[3]李夔有三个女儿，长女早死，在李夔死时，"次适奉议郎、杭州司仪曹事张端礼，次适迪功郎、衢州司工曹事周琳"[4]。次女和三女都是李纲之妹。[5]李纲虽是长子，但按当时李氏家族的排行，称"李三"[6]，他称李经为"七弟"[7]。李纲认为，三个弟弟"皆国士"[8]，而其中尤器重"博学多识"的李经。[9]

李纲后来仿屈原《离骚》，作《拟骚》，叙述自己少时的刻苦学习和修养道德："长游学于四方兮，爱观光于国宾。服《诗》《礼》之严训兮，传忠孝之家声。揽百氏之所传兮，味六经之纯精。常恐不德以怨及

---

1. 《龟山先生全集》卷32《令人吴氏墓志铭》。墓志铭说吴氏"为括苍剑川人"，据《方舆胜览》卷9，《宋史》卷88《地理志》，括苍乃处州别名，龙泉县在宋徽宗宣和时，一度改名剑川县。
2. 《龟山先生全集》卷32《令人吴氏墓志铭》。
3. 《梁溪全集》卷5《谒告迎奉亲闱闻有醴泉之除（不胜庆抃）作诗寄（叔易季言）二弟》，卷9《闻仲辅弟自陈便亲得南康军逍遥观》，卷18《怀季言弟并简仲辅叔易》，卷20《中秋望月有感》（中秋望月有感，寄叔易、季言，并简仲辅弟），卷32《次李泰发韵二首送仲辅提刑弟还浙东》，《芦川归来集》卷10。今存福州鼓山石刻也存有李经和李纶之字。
4. 《龟山先生全集》卷32《李修撰墓志铭》，《令人吴氏墓志铭》。
5. 《梁溪全集》卷169《宋故朝请郎主管南京鸿庆宫张公墓志铭》，卷170《宋故袁州士曹掾周君墓志铭》。
6. 《野客丛书》附录，《说郛》弓29孙毅祥《野老记闻》。
7. 《梁溪全集》卷9《闻七弟叔易登科》。
8. 《梁溪全集》卷118《与秦相公第八书别幅》。
9. 《梁溪全集》附录二《行状》下。

朋友兮，慕节义于古人。岂富贵之足志兮，冀斯文之可鸣。"[1]另一《述怀》诗也说自己"早游文翰囿"，"励志敢趑趄"[2]，又自称"平生嗜读书，每效锥刺股"[3]，足见他学习之刻苦。李纲对儒学颇下功夫，特别是《周易》，后来曾上奏宋徽宗，建议对《周易》"为之训释"[4]，并著有《梁溪易传》九卷，《外篇》十卷。[5]他善于写作，"下笔数千言，俄顷而就"。[6]如今传世的《梁溪全集》是宋人的一部大文集。李纲诗也追述其迷恋道家的经历："少年学神仙，日诵《琼笈经》。交梨与火枣，丹鼎期必成。呼吸存夜气，宴坐至五更。"[7]但后来显然并不迷恋了。

李夔任秀州华亭县尉后，"丁继母饶氏太硕人忧，服除，调建州松溪县尉、兼主簿，秩满，移池州军事推官"，后知杭州钱塘县。他在松溪县尉任上，正值所谓"元祐更化"，著名的变法吕惠卿"谪居建州"，看到李夔的文章，十分欣赏。如前所述。到绍圣二年（公元1095年），吕惠卿任知延安府兼鄜延路经略安抚使，就将李夔"辟充经略安抚司勾当公事"，充当属官。[8]李纲就随父亲前往西陲。

宋哲宗绍圣三年（公元1096年）十一月，西夏大举进攻，"及至延州，见有备，欲攻则城不可近，欲掠则野无所有，欲战则诸将按兵不动，欲南则有腹背受敌之患，留二日，即拔寨北去，攻陷金明寨"[9]。时李夔赴任"未逾月，适夏人倾国入寇，号百万，人心危慄"，而李夔却积极为吕惠卿"陈方略"[10]。当年李纲十四岁，其实按现在实足年龄，不过十三岁，相当于一个初中一年级的学生。"旧法，边城被围，乘城者以日计功，僚属子弟皆登城冀赏"。李纲"独不从，然时时骑绕城上，示无所畏"，并

---

1. 《梁溪全集》卷2。
2. 《梁溪全集》卷5。
3. 《梁溪全集》卷27《申伯见和佛迹岩诗再次前韵》。
4. 《梁溪全集》卷39《乞徽庙解易札子》。
5. 《直斋书录解题》卷1。《梁溪全集》卷134保存有《易经内篇序》《易经外篇序》等。
6. 《梁溪全集》附录二《行状》下。
7. 《梁溪全集》卷12《次韵和渊明〈饮酒〉诗二十首》（其十六）。
8. 《龟山先生全集》卷32《李修撰墓志铭》。
9. 《皇朝编年纲目备要》卷24，《宋史》卷471《吕惠卿传》。
10. 《龟山先生全集》卷32《李修撰墓志铭》。

不求赏。[1]表明李纲虽未成人，却有相当爱国精神和胆气，而非文弱书生一流，他后来也写下"往年跨马观羌戎"的诗句。[2]

据李纲四十六岁时的自述："余幼尝一到庐山，再游已三十年矣。"[3]他应在元符二年（公元1099年），即十七岁时，大约随父到名胜庐山一游。

宋徽宗建中靖国元年（公元1101年），吴氏虽比丈夫小十一岁，却在四十四岁时逝世。原来李夔早就移居常州无锡县（今江苏无锡市）梁溪，吴氏墓就安置在"常州无锡县开元乡歷村湛岘山之原"[4]。后李纲自称"予家梁溪，粗有田园可归，方谋筑室惠山下"，"我家梁溪傍，门对九龙山（惠山一名九龙山）"[5]。十九岁的李纲为母服孝，"庐毗陵锡山茔次，凡三年，哀感闾里，手植松柏数十万"[6]。毗陵是常州的别名。[7]今存有邵才所述李纲守孝的记录说：

公未及冠，尝居母丧。寝苫枕块，庐处墓傍。公之居庐，啜粥面墨。岂惟不荤，滋味弗识。自旦及暮，自昏及明，昼夜百刻，各有课程。鸡鸣而起，始终佛事。东方则明，左图右史。退食之余，周旋山间。手植松桧，百万成行。午未及申，温寻旧学。晚而汲井，灌溉所植。夜亲灯火，刻意诗书。漏下四鼓，苦块与俱。鸡之复鸣，佛事如故。率履有常，不改其度。供佛之初，公必宴坐。戒定慧光，照耀其所。至今里人，语或感泣。如公之孝，世岂易及。[8]

描绘了这位孝子守墓，而不忘夙兴夜寐，刻苦学习的经历。据李纲自述，崇宁时，李夔"守官京师"，与相国寺的佛印清禅师颇有交往，李纲

---

1. 《梁溪全集》附录二《行状》上。
2. 《梁溪全集》卷10《畴老修撰所藏华岳衡岳图》。
3. 《梁溪全集》卷18《再游庐山感怀二首》。
4. 《龟山先生全集》卷32《令人吴氏墓志铭》。
5. 《梁溪全集》卷12《和陶渊明归田园六首》。
6. 《梁溪全集》附录二《行状》上。
7. 《方舆胜览》卷4。
8. 《梁溪全集》附录三《邵抚干》祭文。

"侍行，辱知照甚厚"。后佛印清禅师圆寂，由李夔作铭。[1]这大约是李纲初次来京都开封。

崇宁三年（公元1104年），二十二岁的李纲双喜临门。他"补国学监生第一"，当年李夔也是"名在第一"，后来李经"补入国子监，亦以魁选"。因全家竟有三人都是第一名，故"时人荣之"。李纲在国子监学，"每试必上列"[2]。有考官吴方庆"试李纲三卷"，写批语说："此子必能为国了事！"[3]另一件喜事是他与张氏结褵，张氏是江南东路饶州德兴县（今江西省德兴市）人，张根之次女，[4]张根是个正派官员，在宋徽宗时屡遭贬责。[5]张氏有个弟弟张焘，是张根长子，与李纲志同道合，一贯力主抗金，晚年在宋孝宗时任同知枢密院事和参知政事。[6]婚后两年，张氏生下了长子李仪之。大观元年（公元1107年），生下次子李宗之。政和元年（公元1111年），二十九岁的李纲又得第三子李集之。[7]

虽然宋朝的科举制发达，却又同时推行腐败的荫补制。大观元年，就在长子出生后的下一个月，李纲"以父任朝请大夫、守宗正少卿，遇宗祀大礼，奏补假将仕郎"[8]。关于官衔中"假"含义，第一章已有交代。但宋朝官场中特别重视出身，唯有进士登科，方视为"有出身"，"士君子谓不由进士第者，为终身之耻"[9]。李纲当然也是同样心态，所以，他虽然接受荫补，仍"附试贡士，复首送"[10]。此后李纲就正式官从九品将仕郎，前往真州（今江苏省仪征市）任司法参军。

按照宋制，即使做了官，也可再考进士，称"锁厅试"。"锁厅试"的目标，无非是求得一个荣耀的进士登科身份。政和二年（公元1112

---

1. 《梁溪全集》卷139《〈佛印清禅师语录〉序》。
2. 《梁溪全集》附录一《年谱》，《龟山先生全集》卷32《李修撰墓志铭》。
3. 《李延平先生文集》卷3《吴方庆先生行状》。
4. 《梁溪全集》卷170《宋故龙图阁张公夫人黄氏墓志铭》，《浮溪集》卷24《朝散大夫直龙图阁张公行状》。
5. 《宋史》卷356《张根传》，《梁溪全集》卷170《宋故龙图阁张公夫人黄氏墓志铭》。
6. 王曾瑜：《李纲的同道》，《琐屑编》，河北大学出版社，2017年。
7. 《梁溪全集》附录一《年谱》。
8. 《梁溪全集》附录一《年谱》。
9. 《小畜集》卷20《送翟骧序》。
10. 《梁溪全集》附录二《行状》上，《宋会要》职官28之20。

年），正好是三子李集之出生的翌年，三十岁的李纲终于如愿以偿。他参加殿试，"中莫俦榜乙科，胪传之日"，宋徽宗"顾问再三，特旨升甲"，[1]跻身于第一甲进士及第。

## 第二节　囊封论水谪天涯

由于李纲进士及第，升官从九品承务郎，担任相州（今河南省安阳市）州学教授。当时李夔已经致仕退休，"归居于梁溪锡山之傍，日以文字为娱，澹如也"。李纲"以远亲庭"，申请改任镇江府（今属江苏省）府学教授。李夔任提举杭州洞霄宫的闲官，"就养子舍，与宾客过从，尽登临之适，优游自得，不复以世事介意"，父子共度了一段温馨和惬意的时光。[2]李纲有诗记录说："薄宦便甘旨，两载官南徐。江山富佳致，足以为亲娱。昆弟尽在傍，承颜欢有余。"[3]"南徐"，镇江之别名。[4]

政和四年（公元1114年），李纲被召回开封，三省通过御史台由监察御史主持的察院审察，"除行国子（监）正"。十二月，他受宋徽宗召见，"对便殿，除尚书考功员外郎"[5]。

政和五年（公元1115年），李纲请假，前往湖州（别名霅川）[6]省亲。

---

1. 《梁溪全集》附录一《年谱》。
2. 《梁溪全集》附录二《行状》上，《龟山先生全集》卷32《李修撰墓志铭》。
3. 《梁溪全集》卷5《谒告迎奉亲闱闻有醴泉之除不胜庆抃作诗寄叔易季言二弟》。
4. 《方舆胜览》卷3。
5. 《梁溪全集》附录一《年谱》。
6. 《方舆胜览》卷4。

时李夔改提举醴泉观的闲职，李纲得此讯，非常高兴，写诗赠李经和李纶说："思亲动归兴，谒告之东吴。晓出通津门，轻舫泛汴渠。莺花已烂漫，榆柳正扶疏。去去指苕霅，行行远神都。中途闻吉语，动色观除书。天子隆孝治，朝廷优老儒。犬马志欲养，获此伸区区。丘山恩施重，蝼蚁轻捐躯。寓书东飞鸿，早早达吾庐。季也在亲侧，援琴方舞雩。聆音想慰怿，具驾无踟蹰。"[1]

九月，李纲回到京都，中途就接到了监察御史兼权殿中侍御史的新命。中国古代开明的、正派的台谏政治强调对皇帝谏诤，强调纠劾官场腐恶，事实上是对皇帝最高权力有所制约，在舆论监督权力，堪称是在专制政体下的一点儿可贵的民主因素。李纲在中国古代专制体制下，当然有皇权思想。他说，"予尘忝时，蒙特旨改官，与学官差遣，皆优恩也"。"予蒙擢用，每赐对，上必询及亲老。其后备员宪台，以职事进对。时亲蒙恩提举醴泉观，亦以是日朝见。上顾予曰：'卿父子同日造朝，搢绅荣事。'"李纲仕途的平步青云，确是宋徽宗的"优恩"。"天子亲识擢，屡对云龙庭。玉音每褒谕，必及吾亲宁"，"君恩太山重，欲报鸿毛轻"[2]，"丘山恩施重，蝼蚁轻捐躯"等诗句，都反映他真挚地渴望回报皇恩。

李纲的仕历与宗泽不同，他经宋徽宗"识擢"，很快进入中央朝廷，对朝政自然有越来越多的了解。在他看来，当上御史，自然有了一个回报皇恩的机遇，是无论如何不能放过的。

在此必须简单地谈点儿宋徽宗朝的政治。宋徽宗是中国古代帝王中首屈一指的天才艺术家，在艺术方面是绝顶的聪明，但又是一个昏庸，甚至是昏聩而荒淫的皇帝。他先立长子赵桓为皇太子，却又喜爱三子郓王赵楷，企图废掉太子。竟命令比赵楷大四十七岁的宦官童贯，大二十四岁的大臣、蔡京长子蔡攸，"结郓邸为兄弟"[3]。这按中国古代的政治伦理标准，岂非是一件咄咄怪事，说他昏聩，就并不为过。除了各种艺术之外，宋徽宗酷嗜女色和道教。他大大扩充后宫，"五七日必御一处女，得御一

---

1. 《梁溪全集》卷5《谒告迎奉亲闱闻有醴泉之除不胜庆抃作诗寄叔易季言二弟》。
2. 《梁溪全集》卷9《闻七弟叔易登科》。
3. 《会编》卷52。

次，即畀位号，续幸一次，进一阶。退位后，出宫女六千人"，其总数"盖以万计"[1]。宫女辈的"畀位号"和进位号，当然都须相应提高待遇，而大增宫廷开支。上万宫女，尚不能使宋徽宗餍足，"自政和后，帝多微行，乘小轿子，数内臣导从。置行幸局，局中以帝出日，谓之有排当，次日未还，则传旨称疮痍，不坐朝。始，民间犹未知，及蔡京谢表有'轻车小辇，七赐临幸'，自是邸报闻四方，而臣僚阿顺，莫敢言"[2]。当时皇帝幸妓院，倒不会得梅毒或艾滋病，然而按中国古代的政治伦理标准，岂非又是咄咄荒唐事。

大臣孙傅后来评论说："祖宗法惠民，熙丰（熙宁、元丰）法惠国，崇观（崇宁、大观）法惠奸。"[3]所谓"惠民"则未必，所谓"惠国"和"惠奸"，则反映了部分重要史实。北宋立国后，国家和宫廷财政向来是分开的，国家财政在大部分时间内捉襟见肘，而由皇帝动用内库补贴。但到了宋徽宗时，由于其侈心不断膨胀，宦官和奸臣百般逢迎，并从中渔利，浩大的宫廷开支不断增长，就反而需要从国家财政中挖出一部分，以各种名义补贴宫廷开支，其结果则无非是大力加强对百姓的搜刮，民怨沸腾，民不堪命。[4]

北宋帝国恰似一座金碧辉煌的大厦，其梁柱已被白蚁蛀蚀一空，故根本无法经受暴风骤雨的袭击。其白蚁即是腐败，而滋生白蚁的温床就是专制政体自身。后来朱熹感慨地说："今看著徽宗朝事，更无一著下得是。古之大国之君犹有一二著下得是，而大势不可支吾。那时更无一小著下得是。使无房人之猖獗，亦不能安。以当时之势，不知有伊、吕之才，能转得否？恐也不可转。"[5]他只是从当时的政治措置而论，用马克思主义的观点看，中国历朝专制主义中央集权的等级授职制的体制，当贪腐积累到极致，必然会从量变转向质变，国势如同到了雪崩的尽头，不偾不止，就是"有伊、吕之才"，"也不可转"。何况宋徽宗及一大帮奸佞，又将国

---

1. 《靖康稗史笺证·青宫译语》，《鸡肋编》卷下，《靖康要录笺注》卷8靖康元年六月十六日。
2. 《宋史》卷352《曹辅传》。
3. 《宋史》卷353《孙傅传》。
4. 王曾瑜：《宋徽宗时的诸局所钱物》，《北京大学学报》2014年第2期。
5. 《朱子语类》卷127。

势错认为是醉生梦死般及时行乐、恣意享受的大好时机,"社稷流长","足以跨周轶汉"[1]的盛世。

李纲上任一月之内,就论奏了两件弊政:一是"内侍建节",二是"宰相任用堂后官"[2]。所谓"建节",就是升任节度使。按宋朝"故事,内臣不拜节度使",不能居高官,蔡京"谓降旨有边功者,毋用故事,盖为(童)贯地"[3]。接着大观时,"内侍杨戬提举后苑作有劳",宋徽宗打算"除节度使",宰相张商英反对。但到政和四年(公元1114年)五月,宋徽宗竟以"赏制乐、传宣之劳",再次违背宋朝看得很重的祖宗之法,将杨戬升此高官。[4]李纲出面反对"内侍建节",当然是直接针对宦官的恶势力。另据邵才回忆说:

旋居柏台。冠豸所触,有泚奸回。院曰文思,珰侍所莅。市物于民,不偿其费。公怒究之,请得考治。罪状著明,乞不以赦。天子则嘉,权臣是怒。[5]

柏台为御史台别名。李纲弹击文思院的作恶宦官,"权臣是怒"。时任宰相的是蔡京与何执中,史称"执中与蔡京并相,凡营立,皆预议,略无所建明",无非充当助手和摆设。[6]堂后官是宰相政事堂的吏胥,为宋朝最高级别之吏,时常以官充此吏职,又称堂吏。史称蔡京"姑息堂吏,盘根错节,牢不可破"[7]。按照制度,"堂吏官止朝请郎",到蔡京任相,"多更改祖宗制度,恐其议己,遂许至中奉大夫。宣和间,朝奉大夫以上至中奉大夫者凡五十余人"[8]。蔡京纵容和笼络堂后官,无非是为了自己的相权,后来王黼任相,为了显示一反蔡京所为,将"汰堂吏"作为自己的

---

1. 《挥麈后录》卷2。
2. 《梁溪全集》附录二《行状》上。
3. 《家世旧闻》下。
4. 《皇朝编年纲目备要》卷27大观四年十一月,卷28政和四年五月。
5. 《梁溪全集》附录三《邵抚干》祭文。
6. 《宋史》卷351《何执中传》。
7. 《皇朝编年纲目备要》卷29宣和七年十二月。
8. 《独醒杂志》卷1。

一项重要新政。[1] 李纲批评"宰相任用堂后官",又是直接针对奸相蔡京。

此外,殿中侍御史的重要职责,是"以仪法纠百官之失","弹其失仪者"[2]。当时有"从官入朝",李纲"以笏击其下"属,[3]显然是履行"弹其失仪"。以上三件事激怒了蔡京和众宦官,深感来者不善。宋制,作为"天子耳目之官"[4],"台官必由中旨"[5],即由皇帝亲自任免,宋徽宗显然对自己新命的这个台官也感觉不快。李纲在御史台"才一月",十一月,"除尚书比部员外郎"[6]。宋时,皇帝对不称心的台谏官可以有多种罢免方式,如贬斥、降官、外任等,李纲只是调离御史台,留在朝廷继续任官,算是最轻、最温和的一种处分,目的无非是封其口,缄其言。这表明宋徽宗还是手下留情,对李纲至少仍有好感。

政和六年(公元1116年),李纲升正九品承事郎。比部隶属刑部,其职能类似于今审计司,郎中类似于今司长,而李纲的差遣员外郎类似于副司长。他仍然利用"轮对"皇帝的机遇,上了五份奏事札子。他所强调的重点:一是"方今国家用度之广,官吏廪禄之多,倍蓰于前,则讲求理财之术,诚为先务",但"先王必以轻赋薄敛为贵者","财非义无以理之";二是强调"进用人材,必以激励士风为先务",须进用忠实、惇朴、静退之士。[7]李纲此时懂得,为了达到好的效果,就必须尽量使用温和的语言,但其意自明。

政和七年(公元1117年),李纲充任礼部贡院参详官,贡院负责科举考试事宜。重和元年(公元1118年)四月,李纲接受宋徽宗"召对",五月,任太常少卿,为太常寺副长官,掌管礼仪、音乐等事务。八月,改任起居郎,十二月,又兼国史院编修官。[8]起居郎隶属中枢机构三省之一的门下省,"掌记天子言动,御殿则侍立,行幸则从"[9],"号为要地,前后

---

1. 《宋宰辅编年录校补》卷12。
2. 《宋史》卷164《职官志》。
3. 《梁溪全集》附录二《行状》上。
4. 《梁溪全集》卷39《辞免监察御史兼殿中侍御史奏状》。
5. 《长编》卷113明道二年十二月丁未。
6. 《梁溪全集》附录二《行状》上。
7. 《梁溪全集》卷39《理财以义札子》,《用人材以激士风札子》。
8. 《梁溪全集》附录二《行状》上。
9. 《宋史》卷161《职官志》。

达者，皆由此途"[1]，号称"小侍从"[2]。宋徽宗特命一个正九品官任此差遣，当然是表现了皇帝对李纲的器重和提拔。次年春，李纲又同知贡举，[3]临时出任省试和殿试考官。

但是，时年三十七岁的李纲，面对恶浊日甚的朝政，却更加忧心。当时道士林灵素权势烜赫，撰符书"《神霄箓》，自公卿以下，群造其庐拜受"，只有李纲等三人"移疾不行"[4]。宣和元年（公元1119年）五月，开封城"雨数日如倾"，"水骤高十余丈，犯都城，自西北牟驼冈连万胜门外马监，居民尽没。前数日，城中井皆浑，宣和殿后井水溢"。"水已破汴堤，诸内侍以役夫担草运土障之，不能御"。"城南居民冢墓俱被浸，遂坏藉田亲耕之稼。水至溢猛，直冒安上、南熏门，城守凡半月，已而入汴，汴渠将溢，于是募人决下流，由城北入五丈河，下通梁山泺，乃平"。宋徽宗也为之"忧甚"。[5]

中国古代长期以来，流传着迷信的所谓天人感应学说，认为人间有失政，上苍必然显示各种灾异，向君主表示谴责。当年正月，正好任命新相太宰余深和少宰王黼。蔡京以太师身份，"三日一至都堂视事"[6]，其实权势已衰。余深"诏附蔡京，结为死党。京奸谋诡计得助多者，深为首"[7]，但宋徽宗并不喜欢。唯有王黼结托宦官梁师成，"父事梁师成，称'恩府先生'"[8]，权势日盛。李纲感觉奇怪的，是百官噤默，居然没有一人出面，因特大水灾而痛陈时弊。"大臣以将顺为任职，而不肯谏；小臣以畏缩为得计，而不敢言；侍从之列，怀荣宠而谋身；台谏之臣，举细故以塞责"[9]。于是他只得单独挺身而出，上奏说：

此诚陛下寅畏天戒，博询众谋之时；而群臣竭（智）效力，捐躯报

---

1. 《栾城集》卷28《刘奉世起居郎孔文仲起居舍人》。
2. 《朝野类要》卷2《侍从》。
3. 《梁溪全集》附录二《行状》上，《宋会要》选举20之1。
4. 《渭南文集》卷32《曾文清公墓志铭》，《困学纪闻》卷20。
5. 《宋史》卷61《五行志》，《皇朝编年纲目备要》卷28宣和元年五月。
6. 《宋宰辅编年录校补》卷12。
7. 《宋史》卷352《余深传》。
8. 《宋史》卷468《梁师成传》，卷470《王黼传》。
9. 《梁溪全集》卷41《上道君太上皇帝封事》，《历代名臣奏议》卷44。

国之秋也。累日以来，倾耳以听，缺然未闻，臣窃怪之。夫变异不虚发，必有感召之因；灾害未易御，必有消弭之策。……臣仰荷陛下天地父母之恩，亲加识擢，得侍清光，常思奋不顾身，以徇国家之急。辄有己见急切利害，事须面奏。伏望圣慈降旨阁门，许臣来日因侍立次，直前奏事，庶几得尽狂瞽，仰裨圣虑之万一。[1]

李纲此奏还只是请求"面奏"。不料宋徽宗为此很不高兴，六月"十四日，[2]崇政殿侍立，得阁门传旨"，命令李纲"先退"。前面说过，身为起居郎，本应"御殿则侍立"，而皇帝命令"先退"，自然使他"惶惧战栗，居家待罪，不敢供职"。既然皇帝不愿他面对，李纲就乾脆书面上奏，"昧死上便宜六事：一曰治其源，二曰折其势，三曰固河防，四曰恤民隐，五曰省烦费，六曰广储蓄"。前三条都是谈如何治水，第四条建议："愿诏诸路，应被灾伤地分，今年秋租并与蠲免。水过之后，安集民居，借贷赈济，务令复业，无使失所。"第五条说："州县萧条，帑廪匮乏，迨今未复。今畿甸旁近，又有积水之患矣，何以堪之？臣愚愿陛下断自宸衷，凡营缮工役，花石纲运，有可省者，权令减罢。"第六条说："祖宗以来，旧有封桩米斛以千万计，所以为兵民之天，宗社之本也。比年以来，工役寖多，仰食者众，岁以侵耗，遂致殚竭。今国计所仰者，独东南六路转输岁额耳。假使一方水旱，岁额不登，将何以自给？静以思之，可为寒心。臣愚愿陛下明诏有司，裁蚕食者。幸岁丰登，自朝廷多降籴本，委强干官吏，广行收籴，别项上供，以充封桩之数。岁岁如此，及祖宗旧额而后止。此朝廷之所优为，何不留意，而独为懔懔也！"李纲特别在此奏之后，另加"贴黄二"，强调说：

臣区区之诚，以谓暴水之灾，理不虚发。在廷之臣，瘖默取容，无肯奏知陛下，以克谨天地告诫之意者，不胜愤懑。尝罄狂愚，冒渎圣听。今又不能自已，辄复妄发。伏望陛下察臣之意，少赐宽假，无使忠义之士，

---

1. 《梁溪全集》卷40《论水灾事乞对奏状》，《宋朝诸臣奏议》卷45《上徽宗论水灾》，《历代名臣奏议》卷305。
2. 《梁溪全集》卷40《论水事待罪奏状》作"十三日"。

钳口结舌，视臣为戒，天下不胜幸甚。[1]

应当承认，李纲限于当时的情势，不可能痛陈时弊，将自己所知而想说的问题，和盘托出，但对各级官员搜刮百姓，皇帝"营缮工役，花石纲运"，耗竭国库，根本没有钱粮贮备的情况，仍提出切实的建议。在此可以援引七年之后，对宋徽宗上直言的"封事"，以及其他的议论。

臣昨于宣和元年任起居郎日，因都城暴水变故，尝具状奏，乞陛下寅畏天戒，招徕谠言，仍乞因侍立直前奏事。区区之意，实有所怀，以谓阴气太盛，则恐有盗贼猖獗，夷狄凭陵，兵革之事，不可不戒。有其兆而事未见，难于显言，故欲面奏。[2]

这是他忧心国事，必欲面奏的初衷。在经济和财政方面，他后来说：

比年以来，搬运花石，舳舻相衔，营缮宫室，斧斤不辍，制造器用，务极奢巧，赐予之费，靡有纪极，燕游之娱，倍于曩时。此皆上累大德，下失群心，蠹耗邦财，斩刈民力，积以岁时，驯致今日之患。

比年以来，用度既广，取于民者，常赋之外，其目繁多。絮帛则有和买，有预买，有泛买，有常平司和买，有应副燕山和买。米穀则有和籴，有均籴，有补发上供和籴，有应副军粮和籴，有拨发辇运司和籴。名曰预买，无钱可敷；名曰和籴，其价每下。又以官告、度牒、钞书准折，众户共分，皆为虚名无用之物。此外又有茶、盐敷配课额。赃吏猾胥，因缘侵渔，一家之产，随其高下，所出如此，欲其不饥寒转徙，得乎？东南之民，耳目见闻，水漕而陆辇者，又皆花石应奉不急之物。愚民无知，以谓夺其父子、兄弟、夫妇所以相生养之具，尽于锱铢，而用之如泥沙，以供

---

1. 《梁溪全集》卷40《论水灾便宜六事奏状》，《宋朝诸臣奏议》卷45《上徽宗论水灾》（系第二状），《梁溪全集》原作"论水"，《历代名臣奏议》卷305作"论水灾"，据补。

2. 《梁溪全集》卷41《上道君太上皇帝封事》，《历代名臣奏议》卷44。另可参《梁溪全集》卷42《上渊圣皇帝实封言事状》，《历代名臣奏议》卷45。

浮费，欲其不兴怨谤，何可得哉！

比年以来，用度无节，侵耗日多，财匮而府库虚，谷散而仓廪竭。物力既耗，人心惊疑，如居风涛，汹汹靡定。今日所以给军费，不知陛下于何所取而足乎？取之内帑，而内帑有尽；取之封桩，而封桩已无；取之阖辟敛散之术，而榷货之法已殚；取之横赋暴敛之政，而吾民之力已困。正当苦节，以为足用之计耳。近者置司讲议，失本末先后之序，凡所裁减，类皆毛举，仅及百分之一、二；而真所谓无名之费、不急之务，初未尝裁减也。况于权臣、贵戚、近幸之臣，开端援例，以沮坏之，有裁减之名，无裁减之实，怨谤纷然，何补于事？……如前日之免夫钱，则四方盗贼，圜视而起，岂不趣祸乱哉！[1]

比年以来，耗蠹邦用者，其源有五：一曰营缮，二曰花石，三曰制造，四曰力役，五曰赐予。是五者，虚国罢民之本，而靡费之大者。今为揪敛之计，而不敢及此，是不务其本，而务其末，不节于大，而节于小，其于邦用，果能有所补耶？[2]

夫理财以义为主，理财不以义，而以法度之威临之，何求不得？然吾恐聚敛掊克，而民益穷，非社稷之福也。[3]

在朝政方面，他后来说：

比年以来，忌讳众多，人材鲜少，谄谀之说日进，忠鲠之言不闻。譬犹一人之身，众病交攻，不求瞑眩之药，而望厥疾之瘳，不可得也。[4]

左右恩宠之臣，造作边事，养成祸胎，屡覆王师，贻患宗社，有如童贯者；招权怙势，首为兵谋，以佞幸之资，据师保之任，有如王黼、蔡攸者；以穿窬之质，挟奸雄之谋，作奇技淫巧，以荡上心，运花石竹木，以敛民怨，有如朱勔者；豪夺民田，掊敛财贿，剥下奉上，依势作威，有如李彦者；恃宠眷之私，擅威福之柄，招兵自卫，失禁旅之心，有如高俅

---

1. 《梁溪全集》卷41《上道君太上皇帝封事》，《历代名臣奏议》卷44。
2. 《梁溪全集》卷144《理财论》下。
3. 《梁溪全集》卷144《理财论》中。
4. 《梁溪全集》卷41《上道君太上皇帝封事》，《历代名臣奏议》卷44。

者。罪实比于四凶。[1]

按中国古史传说，唐尧时，有驩兜、共工、鲧、三苗，称为四凶，被虞舜所放逐。后来太学生陈东提出，蔡京、梁师成、李彦、朱勔、王黼和童贯为"六贼"[2]。李纲的名单也是六人，少了蔡京和梁师成，多了蔡攸和高俅。两者相比，不是什么实质性的差异。特别在军事方面，就在宣和初，宋军在西北大败，李纲痛愤地写下《吊国殇文》，其中说，"古者命将，付之阃外，便宜则行，不从中制。量敌而进，虑胜而会，利则伸，而钝则蟠，战必胜，而攻必溃"。"后世行军，颠倒纷纭，以将帅为不足信，则尽护之以中人，口含天宪，手握国钧，功罪莫实，赏罚不伦，掣肘絷足，智谋曷伸？""知此甚易，其谁敢陈？""彼本兵之何人兮，方惧罪而自为计。匿实状而不以闻兮，谓马蹶而崖坠。士卒散于逋逃兮，将吏殒于自毙"[3]。矛头直指罪魁宦官童贯，却根本无力将他扳倒。他后来说：

国朝军政，最号严明。自童贯、高俅主兵以来，其制始坏。团结保伍废，而无以相维持；教阅战阵废，而无以习攻击。甲胄五兵，初不服练；旌旗金鼓，初不习熟。禁戒号令之威不振，而无以作士气；上下阶级之法不行，而无以一士心。兵将取于临时，而初不相知；彼此递相观望，而初不相救。卢沟之溃，反以金帛召集，则逃亡溃散者不诛矣；浙东之役，掳掠良民财物者，悉皆官军，则骚扰乱群者不罚矣。仆厮亲近，皆授高爵，而立功者不赏；以收身不到为名，而死敌者不恤。纪律如此，而欲驱之，以抗大敌，岂不难哉！[4]

古之良将，必与士卒之最下者同其甘苦。……今则不然，将之与卒，固已辽绝而不相知矣。廪赐匮乏，衣食不足。驱而战之，殁于行阵，则以逃亡为言；赗赠不及，妻孥无归，死者莫恤，生者何劝？夫如是而欲责其

---

1. 《梁溪全集》卷42《上渊圣皇帝实封言事状》，《历代名臣奏议》卷45。
2. 《宋史》卷455《陈东传》。
3. 《梁溪全集》卷164。
4. 《梁溪全集》卷62《乞修军政札子》，《历代名臣奏议》卷222。

仗节死难，亦难矣！[1]

以上议论，固然包括了宣和时的事态愈益严重，但决非李纲论水灾时就不存在。不可否认，限于当时的知识水平，李纲确是相信天人感应的迷信学说，但更重要者，是他对时政有很深重的危机感，本着儒家忠君报国的理念，他骨鲠在喉，不吐不快。《梁溪全集》卷157《医国说》有一段精彩的议论，深刻地阐发了嘉言谠论的重要性，而完全适用于古今：

言者，国之药石也，通天下之言路，使忠义之士，得伸其舌，而奋其笔，嘉言谠论，骨鲠之说，直陈乎其前，正气胜而邪气销，庶几其国有瘳乎？若夫深闭固拒，以卖直钓名，钳天下之口，忠言不进，而惟谀佞之是闻，正犹抱心腹之疾者，未尝进苦口之药，而日以甘肥悦其意，而增其疾，欲无膏肓，不可得也。

他正是以"国之药石"自居，恳切期望为国治膏肓之深疴。然而他的上奏，犹如向一潭死水扔下一小块石头，只是激起一点儿微小的波澜。对他的上奏有同感和共鸣者，首先是皇太子赵桓。他后来对李纲说："卿顷论水章疏，朕在东宫见之，至今犹能忆诵。尝为赋诗，有'秋来一凤向南飞'之句。"[2] 后来死难的李若水曾致信李纲说：

宣和初，水厄京城，不知所自，上天谴告，有识兴嗟。宰执畏缩而不敢言，台谏缄默而不敢论，庶官百执事又以为非我之职，独阁下抗章敷奏，以忤旨获罪，天下杂然称曰："此凤鸣朝阳之举也！"[3]

无论是赵桓，还是李若水，都敬佩李纲能够挺身而出，说了大家想说，而不敢说的直言和谠论。

然而关键在于宋徽宗却对此奏十分嫌恶，他根本上没有收敛侈心，更

---

1. 《梁溪全集》卷144《御戎论》。
2. 《梁溪全集》卷171《靖康传信录》上。
3. 《忠愍集》卷1《上李枢密书》。

张时政的半点意愿。不管李纲的上奏何等的温和而恳切，皇帝却仍不能容忍。当李纲上奏前，后任知东上阁门事的朱孝庄，[4]已得知此事而密奏，故宋徽宗就不容他上奏，"奏不得上，自此直前奏事几废矣"[5]。下令将李纲"降授承务郎、监南剑州沙县税务"[6]。正值奸相王黼开始得势之际，他与宗泽于同年贬责。但李纲只是降两官，自正九品降为从九品，放逐到沙县（今福建省）当监当官。李纲记载自己后来与退位的宋徽宗（太上道君皇帝）谈及当年事：

道君慰劳再四，因曰："相公顷为史官，缘何事去？"臣对曰："臣昨任左史，得侍清光几一年，以狂妄论列都城积水，伏蒙圣恩，宽斧钺之诛，迄今感戴。"道君曰："当时宰执中，有不喜公者。"臣愧谢，因奏曰："臣昨论水灾，实偶有所见。自古虽无道之国，水犹不冒其城郭。天地之变，各以类应，正为今日兵革攻围之兆。尝观《开天传信记》载，天宝中，长安大水，后数年，乃有安史之变。其事与今日相类。大抵灾异变故，譬犹一人之身，病在五脏，则发于声色，形于脉息。善医者能知之，非有物使之然，一气之先至者尔。所以圣人观变于天地，而修其在我者，故能（致）治保邦，而无危乱之忧。"道君以为然，特加奖谕。[7]

宋徽宗后来还是将贬责李纲的责任，推在当时的"宰执"们，为自己开脱。

如今看来，此次贬责，只不过是李纲人生旅程中一次小小的打击，与往后承受的大磨难的大摧折相比，完全不足道。然而在当时，初次品尝贬责的滋味，对于这个在仕途中堪称平步青云者，却是相当重的精神打击。"奖擢知恩重，临危觉死轻。囊书朝入奏，幞被夕徂征"[8]。李夔毕竟阅历丰富，他规勉远谪的儿子说："进退出处，士夫之常，汝勉自爱，毋

---

4. 《靖康要录笺注》卷1靖康元年正月四日。
5. 《寓简》卷5简称"知阁朱孝庄"，而上注引《靖康要录笺注》卷1靖康元年正月四日乃七年后之差遣。
6. 《梁溪全集》卷40《谢复官表》，《宋史》卷94《河渠志》。
7. 《梁溪全集》卷83《奉迎录》。
8. 《梁溪全集》卷16《小阁晚望书怀一百韵》。

以吾老为念也。"[1]李纲只身前往沙县,甚至连妻儿也未同行,于宣和元年"十二月到任"[2]。他的四子李润之、五子李望之"早卒",七子李秀之后生于宣和六年(公元1124年),八子李申之生于绍兴六年(公元1136年),但六子李茂之不知出生年月。[3]肯定是家中的变故和困难,使张氏与儿女无法随李纲同行。李纲到达距离故乡邵武不远的沙县,"太史溪在沙县七峰之下,李纲谪官居此"[4]。宋代的福建是发达地区,与落后的岭南不同。按李纲自述:"姑从薄谪,且得善地,省咎念恩,日深惭惧。沙阳去乡里不远,而溪山之胜,鱼稻之饶,为七闽最。士夫渐先进之风。多可语者。罪戾得此,大过所望。"[5]正如他的《沙阳》诗所说:

沙阳虽僻左,风土冠闽城。讵知乱山里,有此膏壤平。邑屋号华丽,溪山倍澄明。七峰转月色,十里无滩声。民俗素康阜,士夫多俊英。食饶鱼稻美,荫有松竹清。筦库职易办,尘劳念尤轻。萧然漂泊迹,忘此羁旅情。[6]

尽管如此,他仍有相当的孤寂感,给张氏寄诗说:

南迁道远不相携,锦字还嗟雁到迟。玉臂云鬟同夜月,绣屏金鸭独香帷。诸儿应解勤修习,稚女遥怜弄喔咿。何日得归成隐志,孟光举案定齐眉。[7]

伉俪情深,却是山遥水远,李纲还十分怀念应当"喔咿"学语的四女,却不得一面。然而按他自述:"予谪官,自京师挈家抵无锡,得一女,以惠名之。生未月,予单骑如贬所。半年而后,得家问,则惠女已亡

---

1. 《龟山先生全集》卷32《李修撰墓志铭》。
2. 《梁溪全集》附录一《年谱》。
3. 《梁溪全集》附录一《年谱》,附录二《行状》下。
4. 《记纂渊海》卷10《南剑州》。
5. 《梁溪全集》卷108《与了翁书》。
6. 《梁溪全集》卷7。
7. 《梁溪全集》卷8《寄内》,另见卷7《除夜》《元日》等诗。

矣。虽在襁褓，讵能忘怀！作斯文以哭之"[1]。李惠是他的四女，此前的三个女儿，又有长女和三女夭亡，只有二女长大成人。[2]自从被贬责之后，李纲产生了浓重的归隐，即消极避世的念头。他在《述怀》诗中说：

未终青史志，一奏皂囊书。谁谓爰丝直，端同汲黯愚。谪官来剑浦，愦被出神都。感激心独苦，飘零岁已徂。凄凄念终养，冉冉叹征途。四海尽蒙泽，孤臣方向隅。愿回天上照，一起辙中枯。[3]

在贬谪的境遇中，李纲还写《拟骚》，效学屈原的《离骚》以自勉，其中说，"惟君子之出处兮，贵体道以周流。自任以天下之重兮，何一己之为谋。用则行而舍则藏兮，又何必杀身而怨尤。惟盖棺兮事始定，聊康强以保天性。岁寒不失其青青兮，惟松柏之独正。信吾道以优游兮，始居易以俟命"。"有觞咏兮自适，乐天命兮何忧"[4]。"自任以天下之重兮，何一己之为谋"，"立志既尔尔，岂复中道回？"[5]当然是李纲的座右铭，是他始终不渝的思想和行为准则，也是他之所以成为历史伟人的基本素质。

当时有个名臣陈瓘，正好是沙县人。他虽然屡遭放逐，却名重天下。他与程颐门人、理学杨时，还有李夔，都有交往，与李夔"同年登科，相好之情如兄弟"。政和五年（公元1115年），也曾与李纲"邂逅于吴门（今江苏省苏州、平江府），得一再见，遽沐称赏"[6]。他此回特别致信李纲说："顷者忽传谪命，继闻莅局乡邑。吾里之士，有仰德比贤之意者，将以亲炙为幸，为之助喜，几至忘寐。"陈瓘特别强调说："文靖、文正，辅世无悔，谁者嗣之？愿公继踵乎！"[7]他以前朝李沆（谥文靖）和王旦（谥文正）为比，表示对李纲的特别器重。李纲在沙县也果然结交了当地的名士。据他给早先在无锡结交的友人、直显谟阁、知婺州许德之的信

---

1. 《梁溪全集》卷164《哭惠女文》。
2. 《梁溪全集》附录二《行状》下。
3. 《梁溪全集》卷5。
4. 《梁溪全集》卷2。
5. 《梁溪全集》卷12《次韵和渊明〈饮酒〉诗二十首》（其九）。
6. 《梁溪全集》卷163《书陈莹中书简集卷》。
7. 《梁溪全集》附录《了翁先生与忠定公书》。

中说：

> 某待罪贬所，托庇如昨，征商之余，日得观阅藏教，留心空门，以洗三十八年之非。此外颇亦翻经史，弄笔砚，聊以自慰。邑官为具舫構阁，以尽一邑溪山之胜，时时登临，一觞一咏，有足乐者。士人中有邓肃者，颇俊爽，间与酬唱；有邓觌者，其家好士，喜具盘馔；有邓密者，喜种花，虽殊方绝域者，圃中色色有之，时以来供；又有陈渐者，深于经术，议论渊源可听。而畸老修撰，晚年留意内典，不为今之禅流莽荡，不可穷究，葛藤戏论，家有园池，竹木森然，时得游从其间，清谈终日。观此数事，岂复有流落之叹。第亲年高矣，远去庭闱，未有归期，此怀何已！异时傥蒙恩贷，得归养亲，当遂屏迹山林，以求素志，幅巾杖履，同为惠山之游，以毕此生。[1]

邓肃字志宏，他是北宋末年著名的太学生，赋诗备述花石纲扰民："但愿君王安万姓，圃中何日不东风。"宋徽宗亲"诏放归田里"[2]。他"警敏能文，美风仪，善谈论。李纲见而奇之，相倡和，为忘年交"[3]。李纲在沙县期间，与他赋诗唱和不少。邓肃后来回忆说："顷在闽中，不知世事如许。每得謦欬及之，但见蹙额若不自胜者。"[4]尽管孤臣万里，言谈之间，李纲却仍"蹙额"忧心"世事"。邓肃是邓密的"小阮"，即侄

---

1. 《梁溪全集》卷108《与许振叔显谟书》。据《至正无锡志》卷3上，《北山小集》卷32《宋故安人戴氏墓志铭》，许德之，字振叔，所述事迹与《梁溪全集》中之"许振叔"相合。戴氏为其妻，据墓志称，许德之"纯白不挠，言行若一，吾党推为德人"，应与李纲在无锡结交。
2. 《挥麈后录》卷2，《栟榈先生文集》卷1《花石诗十一章》，《宋史》卷22《徽宗纪》，《皇朝编年纲目备要》卷28宣和元年十一月，《夷坚甲志》卷9《宗本遇异人》。关于邓肃何时写花石诗，参见王兆鹏、陈为民先生《邓肃年谱》第4567—4570页考证，《宋人年谱丛刊》第7册，四川大学出版社，2003年。按官史俱称邓肃被放逐在宣和元年十一月，王、陈二先生据以反对之理由是其父邓榖逝世而在家丁忧，但其逝世尚考订不出确切时间。
3. 《宋史》卷375《邓肃传》。
4. 《栟榈先生文集》卷21《上李右丞相简》。

子。邓密字季明，[1]另一邓觌字纯彦。[2]

宣和二年（公元1120年），李经"试补太学上舍生，未赴殿试"[3]。考上太学上舍，就意味着"免省"，不必再参加省试，将来可直接参加殿试。四弟李纶又乡试及格，取得贡士的身份，明年可参加省试。李纲自然感觉振奋，他赋诗给三弟说：

尔今又登第，相去才九龄。[4]勤劳酬素志，炟赫振家声。箕裘端不坠，义方益芬馨。季弟亦乡选，来年试春卿。云鸿继高举，桂苑同飞鸣。子壮可起家，予衰欲归耕。勉哉修远业，正值时休明。[5]

他怀着"逐客有家归未得，满怀离恨寄《南风》"[6]的心情，而得到李维"自陈便亲，得南康军逍遥观"，当上了宫观官的消息，又不由不哀叹自己的处境："恩贷何时听从便？"[7]

但宋朝还是一直有所谓优礼士大夫的政治传统，虽然不乏贬责，却又注意宽容。六月，宋廷将李纲恢复承事郎原官，十月，又"复本等差遣"，于是他启程北还。

宣和三年（公元1121年），李纲官升两级，为从八品宣教郎。闰五月，李夔病逝，于是李纲在家守孝。直到宣和五年（公元1123年）八月，丁忧期满。宣和六年（公元1124年），李纲权发遣秀州（治今浙江嘉兴市）。按照宋制，所以用"权发遣"的名衔，是因他任知州的官位过低。但李纲尚未前往赴任，又于宣和七年（公元1125年），改任太常少卿，

---

1. 《梁溪全集》卷7《乘兴游邓季明园池邀志宏同会再赋陈园韵》，卷12《从邓季明求菊花》，卷27《寄沙阳邓季明二首》，卷170《乐全居士墓志铭》。
2. 《默堂先生文集》卷19《与李深道知府》，《梁溪全集》卷7《邓纯彦家兰盛开见借一本》，又卷9《邓成彦供茉莉以诗答之》。邓成彦当为兄弟，《梁溪全集》卷132《报德庵芝草记》称"邓纯彦昆弟相与筑庵于先运使公新坟"，卷135《邓公新坟庵堂名序》称"识公之子觌、观"，邓成彦当名观。
3. 《龟山先生全集》卷32《李修撰墓志铭》。
4. 从李纲政和二年登第到宣和二年，正好九年。
5. 《梁溪全集》卷9《闻七弟叔易登科》。
6. 《梁溪全集》卷9《重午》。
7. 《梁溪全集》卷9《闻仲辅弟自陈便亲得南康军逍遥观》。

"六月到阙"[1]。在此期间，另据邵才的记载说："俄起便郡，俾守嘉兴。饥荒饿死，枕藉相仍。公则移文，仓庾见在。欲尽发之，以活凋瘵。"[2]他虽未赴任，已克尽救民之责。

在众多的朝廷官员中，李纲与给事中吴敏显然十分投机。吴敏字元中，真州人，在他贬责沙县期间，吴敏致信问候。[3]另有梅执礼（字和胜）、程振（字伯起）与李光（字泰发）三人，也与李纲交谊颇深。李纲在信中说，自己"以愚触罪，苍黄去国，平时交游至厚者，往往不复通问。独吾和胜送饯于门，欵曲终日，非高义绝人远甚，欲敦薄俗而重僚契，曷能及此？铭刻于心，未易殚叙"。他称赞说，"和胜刚介自喜，胸中之气，常勃勃然，宜其临事不苟，挺挺有古风烈也"。"鲠亮奋厉，使人增气"[4]。他又致信程振说："及抵谪所，首蒙书贶，眷予有加，佩服至意，亡以为喻。"又称赞"伯起平日耿耿之志，交游所共推服"[5]。后靖康之变，梅执礼和程振果然以身殉难。

李光时任吏部的司封员外郎，敢于直言，"王黼恶之，令部注桂州阳朔县（今属广西壮族自治区桂林市）"。李纲北归，年长五岁的李光特别前来拜访，李纲赠诗说，"迂趾访我梁溪滨"，"意气相期会面前，谪官邂逅两萧然"，"直道事人宁免黜，拙谋于我欲争先"，"平生倾盖意气合，谈笑便觉襟怀亲"。李光对此回远谪炎荒之地，显然情绪低落，李纲在诗中劝慰说："如公材识迈伦等，缓步自当居要津。胡为亦复作此态？出语辄已惊臣邻。扁舟归探会稽穴，单骑去指苍梧云。岭南风土不全恶，阳朔山水古所珍。郎官出宰乃故事，绝徼万里皆吾民。布宣德泽被蛮邑，犷俗可使风还淳。古来节士志沟壑，笑视生死同埃尘。甘心刀锯蹈鼎镬，为国讵免危其身。"[6]一个人的思想当然是复杂的，前面交代，李纲固然也

---

1. 《梁溪全集》附录一《年谱》，附录二《行状》上。
2. 《梁溪全集》附录三《邵抚干》祭文。
3. 《梁溪全集》卷108《与吴元中给事书》。
4. 《梁溪全集》卷109《与梅和胜侍郎书》。
5. 《梁溪全集》卷109《与程伯起舍人书》。
6. 《宋史》卷363《李光传》，《梁溪全集》卷16《送李泰发吏部赴官阳朔》，《寄李泰发吏部》。《李光传》说："李纲亦以论水灾去国，居义兴，伺光于水驿，自出呼曰：'非越州李司封船乎？'留数日，定交而别。"说李纲"居义兴"，地点有误。

有过"舍之则藏"的退隐念头,但此诗的最后四句,既是劝勉李光,也是自勉。说明李纲经历此挫折后,不仅不改初衷,而意志更加坚强,对今后的宦海风波险恶,有了充分的思想准备和最坏的打算。后邓肃有一启,可作李纲此段仕历之总结:

> 尽忠于社稷,遑恤其妻孥。初擢柏台(御史台),尝斥脱靴之力士;继亲香案,遂同折槛之朱云。扁舟既落于穷山,尺纸不干于要路。惟居穷固,略无希进之心;故位崇高,不为患失之虑。[1]

在中国古代,常认为"北人性多拙直孤立"[2]、"北人性朴厚"[3],而"南人性怯懦"[4]。《朱子语类》卷130也说:"浙人极弱,却生得一宗汝霖,至刚果。"似乎宗泽只是南人中的个别另类。此说当然经不起史实的检验。就以北宋与南宋之交而论,两个最出类拔萃的士大夫,正是南人宗泽和李纲。吕颐浩和朱胜非是北人,虽是抗战派,不足以与前两人相提并论。赵鼎是北人,却从主守滑向主和。三个最坏的投降派黄潜善、汪伯彦和秦桧都是南人,次等的耿南仲又是北人。可见以南北风土之殊而论人性,无疑是不妥的。

宋人苏轼说:"平居必(常)有(忘)躯犯颜之士,则临难庶几有徇义守死之臣。若平居尚不能一言,则临难何以责其死节?"[5]陈公辅说:"平时既无忠言直道,缓急讵肯伏节死义。"[6]蔡戡说:"无事之时,则有犯颜敢谏之士;多难之世,则为伏节死义之臣。"杨大全说,"平居皆贪禄怀奸之士,则临难必无仗节死义之人"。"臣之志于忧君者,不畏义死,不荣幸生,不以言而获罪为耻,而以言不听从为耻"[7]。宋人此类议论不少,有深刻的哲理。李纲也说,"节义者,天下之大闲,而仗节死

---

1. 《梁谿先生文集》卷21《上李右丞相启》。
2. 《历代名臣奏议》卷145李椿奏。
3. 《寓简》卷10。
4. 《太平御览》卷491引《宋书》。
5. 《东坡七集·东坡奏议》卷1《上皇帝书》,《皇朝文鉴》卷54。
6. 《宋史》卷379《陈公辅传》。
7. 《宋史》卷400《杨大全传》,《历代名臣奏议》卷206。

义者，人之所甚难也"。"弃义徇利，偷生惜死之徒，群萃于前，一有变故，则涣然离矣"。"节义之士，平居事君，苦言逆耳，至计拂心，人主类多不能堪之，而一旦临变故，必卓然有可观者"。[1]人生在世，不能没有节义，李纲在诗中更是强调"节义太山重，富贵鸿毛轻"。[2]

宋朝为免蹈五代覆辙，主要自宋太宗始，实行保守的文官政治。到了北宋晚期，按李新之说："廉吏十一，贪吏十九。"[3]李纲在给梅执礼的信中说："士大夫所养，以气为主，平时如虎，犹恐其临事之如鼠，况复伈伈伣伣，惟知佞柔，以媒富贵，自余何足观哉！"[4]他又说，士人辈"爵禄诱乎前，祸患恐乎后，不变其所守者几希"。[5]"士咸伈伈睍睍，拘拘戚戚，取容婥阿，拟步跟蹋，翕肩蓄缩，卷舌噤默，观时低昂，逐势反侧，保宠禄以饕富贵"。[6]的确，当时官场中弥漫着萎靡、卑怯、恋栈、贪婪、奢侈、虚诈之类只知谋身的鼠气；然而宗泽和李纲却秉承着儒家的优秀教义，不管受了多少委屈和打击，身上依然洋溢着劲直、刚毅、英锐、奋发、俭朴、深谋之类唯知谋国的虎气。

---

1. 《梁溪全集》卷150《论节义》。
2. 《梁溪全集》卷11《中秋望月次玉局翁韵二首》。
3. 《跨鳌集》卷19《上皇帝万言书》。
4. 《梁溪全集》卷109《与梅和胜侍郎书》。
5. 《梁溪全集》卷137《送萧建功秀才归临江序》。
6. 《梁溪全集》卷158《答宾劳》。

# 第三章

## 见危思致命 愧乏涓埃补
（李纲）

## 第一节　刺臂血上奏救国

东北落后的女真族勃兴于白山黑水之间，十年之间，吞灭辽国。宋徽宗君臣联金灭辽的结果，却使女真贵族看准宋朝是比辽国更加虚弱的对手。[1]中原地区的富庶和繁华，也使他们垂涎三尺。宣和七年（公元1125年）冬，即金天会三年，金太宗令左副元帅完颜粘罕（宗翰）和南京路都统完颜斡离不（宗望）分兵两路侵宋。完颜斡离不（宗望）后升右副元帅。[2]金军初兴之际，显然胜过辽和西夏军，不仅善以强悍的女真骑兵在野战中驰突，又在灭辽战争中逐步学会攻城战，故能深入中原。完颜粘罕（宗翰）一军，因宋将王禀组织军民死守太原，而屯兵城下。但完颜斡离不（宗望）一军，因守燕山府（今北京市）的原辽将郭药师投降，渡过黄河，直趋开封。

宋廷对这场势不可免的战争却根本缺乏足够的警惕和准备。宋徽宗君臣还一直沉湎于醉歌酣舞之中，直到燕北鼙鼓动地而来，才惊破其好梦。

官卑职小的李纲，甚至还不够上奏的资格，但忠愤激烈之情，已不可抑勒，他在十二月二十一日，紧急向宋徽宗上"封事"，"宁忍缄默不言，以图补万分之一！敢忘越职犯分之罪，冒进忧辞"。痛陈弊政，提出革除弊政，拯救危难的五条根本性建议，另加"选将励兵，多方捍敌之策"十条急务等。最后请求越职面奏，"陛下清燕之间，何惜榻前咫尺之

---

1. 《会编》卷29载金完颜斡离不牒："贵朝兵将与亡辽士马优劣可见，亡辽与本朝士马胜负明知。"
2. 《金史》卷3《太宗纪》，卷74《宗翰传》《宗望传》。

地，不使臣进对，得尽其心"。"许臣不隔班，先次上殿，及与众聚议。庶幾刍荛之言，或有涓埃之补"[1]。

此时总算得到皇帝的特准，"有旨，赴都堂议事"。李纲在札子中强调，事势危迫，但"遣使讲和，必无可和之理"。应对危机，"上策莫如亲征"，"中策莫如坚守"，而"下策为避狄之计"。一旦采用下策，"远迩必溃。是以中原畀之豺狼也，事势一去，不可复振！臣恐京师朝行而夕乱，其祸故可胜言哉！"[2]

宋廷中力主伐辽，而对两次大败负有罪责者，是王黼、蔡攸和童贯。到宣和七年十二月，称为"隐相"的宦官梁师成和太宰王黼已失宠失势，[3]任相者是太宰白时中和少宰李邦彦。执政有尚书左丞赵野、尚书右丞宇文粹中、同知枢密院事蔡懋等，蔡懋是前述"车盖亭诗案"的蔡确之子，都在政治上不起重要作用。宋徽宗其实也并非对童贯不存戒心，一度以宦官谭稹取代，负责北部边防。后发现谭稹无能，只得重新命令童贯负责。童贯亲驻太原府，闻风逃回开封。蔡攸时官至太保、领枢密院事，而官位却在白时中和李邦彦之上。他与朱勔、高俅都是宋徽宗信用至终的宠臣。

理应主管军事的蔡攸，眼看大事不妙，只是与朱勔等人策划，怂恿宋徽宗南逃。万般无奈的宋徽宗只得下御笔，由皇太子赵桓出任开封牧。接着，又匆忙宣布传位。他本来确实想传位三子郓王赵楷，只因金军进犯，将原先的盘算全部打乱了。在传位的过程中，蔡攸和吴敏确实起了特殊作用，而与吴敏关系密切的李纲也推波助澜。

时任给事中、权直学士院的吴敏，听到皇帝准备逃难的风声，就去都堂，对宰执们说："朝廷便为弃京师计，何理也？此命果行，须死不奉诏！"[4]他所以出此言，是因拥有草诏的职能。他尽管与蔡京和蔡攸父子关系较密，[5]但在抗金的大节上，却是主意分明。

---

1. 《梁溪全集》卷41《上道君太上皇帝封事》，《历代名臣奏议》卷44。
2. 《梁溪全集》卷41《召赴文字库祗候引对札子》，《历代名臣奏议》卷82。
3. 《宋史》卷468《梁师成传》，卷470《王黼传》。
4. 《宋史》卷352《吴敏传》。
5. 宋人以吴敏与蔡京父子的关系，攻讦吴敏的议论不少。其实，如理学家杨时，也是蔡京引荐者。《朱子语类》卷101说，"龟山之出，时已七十岁，却是从蔡攸荐出"。"如吴元忠、李伯纪向来亦是蔡京引用，免不得略遮庇，只管吃人议论"。

宋徽宗后来承认："处置许多事，蔡攸尽道不是，只传位一事，靠要做他功劳。"[1]史称"帝欲内禅，亲书'传位东宫'字，授李邦彦，邦彦却立，不敢承，遂以付攸。攸退，属其客给事中吴敏，议遂定"[2]。蔡攸虽身为由宋徽宗指派的郓王赵楷的干兄，到此地步，决意向赵桓卖好。后来宋钦宗赵桓亲下手诏说，"忽降睿旨，建朕开封牧，乃用太宗故事。卿大夫知将内禅矣"。"是时，蔡攸领枢密院，自知罪恶贯盈，他日不免，乃引给事中吴敏，于宣制日入至玉华阁。玉华阁者，禁中深密之地，非外廷臣所得至处。又二十三日引敏连入。盖攸方经营江、浙之行，欲留腹心之士，置在京师，候伺动静，中外相应。其事诡秘，难使众知，故引敏入深密之地，与谋耳"[3]。说明他对蔡攸并不领情，又连带怪罪吴敏。关于李纲在传位中的作用，据《梁溪全集》附录二《行状》上说：

时建牧之命既下，公素与故相吴公敏厚善，敏时为给事中，夜过其家，谓敏曰："事急矣，建牧之议，岂非欲委以留守之任乎？东宫恭俭之德，闻于天下，以守宗社，是也，而建以为牧，非也。巨盗猖獗如此，自非传以位号，使招徕天下豪杰，与之共守，何以克济？公从官，以献纳论思为职，曷不非时请对，为上极言之？"敏曰："监国，可乎？"公曰："不可，唐肃宗灵武之事，当时不建号，不足以复邦；而建号之议，不出于明皇，后世惜之。上聪明仁慈，倘感公言，万有一能行此，金人且将悔祸退师，宗社底宁，岂徒都城之人获安，天下之人皆将受赐。非发忘身殉国之心，孰能任此！"敏翌日求对，具道所以，且曰："陛下果能用臣言，则宗社灵长，圣寿无疆。"徽庙曰："何以言之？"敏曰："神霄万寿宫所谓长生大君，陛下也，必有青华帝君以助之，其兆已见于此。"徽庙感悟叹息。敏因言："李（纲）之言，盖与臣同。"有旨，召公赴都堂，禀议讫，随宰执至文字库祗候引对，实十二月二十三日。公具札子，大略以谓皇太子监国，特国家闲暇之时，典礼如此。今大敌入寇，天下震

---

1. 《贵耳集》卷下。
2. 《宋史》卷472《蔡攸传》，《东都事略》卷101《蔡攸传》，《朱子语类》卷130。
3. 《会编》卷54。

动,安危存亡,在呼吸间,而用平时典礼,可乎?名分不正,而当大权,禀命则不威,专命则不孝,何以号召天下,率励豪杰,期成功于万分之一哉?胡不假皇太子以位号,使为陛下保守宗社,收将士心,以死捍敌。如臣之计,天下可保,在此一举!仍刺臂血书之。其日,徽庙御玉华阁,先召宰执、吴敏等对。至日晡时,内禅之议已决。公不复得对。

对照《梁溪全集》卷171《靖康传信录》上的原始记录,可补充如下一段李纲向吴敏建议前的形势和背景交代:"边报狎至,朝廷震惧,不复议战守,惟日谋避狄之计,然其事尚秘,外廷未闻也。至十二月中旬,闻贼马逼近,始遣李邺借给事中,奉使讲和,降诏罪己,召天下勤王之师,且命皇太子为开封牧。宰执日聚都堂,茫然无策,津遣家属,散之四方,易置东南守臣,具舟楫,运宝货,为东下计。于是避狄之谋,外廷始闻。"但少了李纲交代自己"刺臂血"写奏札的重要记录。后李光挽李纲诗说:"大节终难掩,危词世罕传。"并自注说:"靖康初定策,无人知者。"[1]就是指此次上奏事。他作为李纲的朋友,是知情者之一。李纲此奏今存《梁溪全集》卷41《召赴文字库祗候引对札子》,而《行状》只是取其最后、最重要的一段的摘要。

李纲眼看君臣们"震惧,不复议战守","茫然无策",国势阽危,位卑未敢忘救国的激情不由迸发。他力主皇帝传位,然而此古代皇权政治下的天大的事,如果说吴敏尚有进言的资格,而他官卑职小,还根本不够资格。于是不得不采取极端方式,"刺血,书札子"[2]。希望藉以感动宋徽宗。然而在匆忙之中,他"不复得对",宋徽宗也来不及看他血写的文字。但是,在古代悠久的帝制桎梏下,李纲此议,正表明他有奋不顾身的大勇敢和大器局。

宋徽宗退位前,特命吴敏起草传位诏,破格提拔他任执政,"除门下侍郎,辅太子。敏骇曰:'臣既画计,当从陛下巡幸。陛下且传位,而臣受不次之擢,臣曷敢!'上曰:'不意卿乃尔敢言!'"。宋徽宗"出居

---

1. 《梁溪全集》附录三。
2. 《梁溪全集》附录一《年谱》。

龙德宫，敏与蔡攸同为龙德宫副使"[1]。吴敏固然超擢于一时，结果也造成新立的宋钦宗对他的疑忌。

宋钦宗当了多年提心吊胆的皇太子，生怕被父皇废掉。然而到此地步，他却在"榻前恸哭，不受命"，最后宰执"请上皇降御笔，以郓王楷管皇城司岁久，听免职事，并乞以王宗濋同管殿前司公事，上皇依奏"[2]。王宗濋是"上母王皇后之亲属也"，"宠异母党"[3]，头衔是主管殿前司公事和殿前副都指挥使。[4]命他执掌京都的重要军事机构，自然含有使宋钦宗放心之意。宋钦宗匆忙即帝位，尊奉其父为"太上道君皇帝"。两天后，又立即任命十四年的宫僚耿南仲为签书枢密院事。[5]耿南仲曾在皇太子地位岌岌可危时，帮他疏通李邦彦，[6]自然成为宋钦宗的心腹。

## 第二节　铁骑凌天阙　扶持极艰难

因陈桥兵变、黄袍加身起家，宋朝皇帝一贯猜忌、防范和压制武将。降及北宋晚期，宋徽宗更习惯于用宦官统兵。在统兵的童贯和谭稹败事之余，宋钦宗狃于积习，不听宇文虚中劝告，仍命宦官节度使梁方平与武将何灌率二万七千人马，驻军濬州，守卫黄河。[7]当梁方平等"烧桥而

---

1. 《宋史》卷352《吴敏传》。
2. 《续资治通鉴长编纪事本末》卷146《内禅》。
3. 《会编》卷28，《要录》卷43绍兴元年三月丙午。
4. 《会编》卷28，《靖康要录笺注》卷11靖康元年九月十三日，《要录》卷1。
5. 《要录》卷13建炎二年二月戊午载宋高宗诏："耿南仲系渊圣皇帝二十年宫僚。"据《宋史》卷352《耿南仲传》，自政和二年任太子右庶子始，应为十四年。
6. 《历代名臣奏议》卷86胡寅奏，《裴然集》卷16《上皇帝万言书》。
7. 《会编》卷26，卷214宇文虚中行状。

遁"，金军渡河的消息传来，靖康元年（公元1126年）正月初三日，"夜漏二鼓，道君太上皇帝出通津门东下，道君太上皇后及皇子、帝姬等相续以行，侍从、百官往往潜遁"[1]。领枢密院蔡攸根本不管军事，亲随宋徽宗南逃。刚逃到开封不久的童贯，宋钦宗"以贯为东京留守。贯不受命，而奉上皇南巡"[2]，并以亲兵胜捷军护卫。领殿前都指挥使职事的高俅，仍为殿司之长，却也根本不管京城的殿司军务，率军随行。另一盘踞东南的宠臣朱勔也"护卫扈从车驾"[3]，安排道君太上皇帝一行生活。梁方平后被处斩，[4]他成了宋朝最后一个统兵宦官。

宋钦宗作为亡国之君，人们往往将他与宋徽宗一概骂倒，其实大欠公允。宋钦宗简直就未得其父的丝毫遗传基因，李纲说"东宫恭俭之德，闻于天下"，决非虚美。后来金人向宋宫俘虏"询宫中事"，在一代帝主沦为阶下囚时，宋俘们仍然没有奚落他，反而说："少帝贤，务读书，不迩声色，受禅半载，无以备执事，乃立一妃、十夫人，崖三人得幸，自余俭德不可举数。"[5]他即位后，"自东宫时徙宫中，服御器皿与夫府库之积，闻兼辎重，共不及百担，而图书居其半，纬帐无文绣之丽，几榻无丹漆之饰"[6]。在正常情况下，宋钦宗倒是个标准的守成之主，其循规蹈矩，肯定远胜于宋仁宗，而不会胡作非为。但他面对复杂、险恶而多变的局势，却毫无措置能力。他的全部作为，就是来回摇摆于轻率的冒险主义和卑怯的投降主义之间，并且以后者为主。

在宋朝保守的文官政治下，有不少荒唐的积习。在宋人心目中，以文制武，以不知兵文臣执掌枢密院，主管军事，似乎是理所当然。宋钦宗于宣和七年十二月二十八日，召李纲面对。李纲说：

今金寇先声，虽若可畏，然闻有内禅之事，势必消缩请和，厚有所邀求于朝廷。臣窃料之，大概有五：欲称尊号，一也；欲得归朝人，二也；

---

1. 《梁溪全集》卷171《靖康传信录》上。
2. 《宋史》卷468《童贯传》，《独醒杂志》卷9。
3. 《会编》卷27。
4. 《宋史》卷23《钦宗纪》。
5. 《靖康稗史笺证·青宫译语》。
6. 《会编》卷42《靖康录》。

欲增岁币，三也；欲求犒师之物，四也；欲割疆土，五也。欲称尊号，如契丹故事，当法以大事小之义，不足惜；欲得归朝人，当尽以与之，以示大信，不足惜；欲增岁币，当告以旧约，以燕山、云中归中国，故岁币增于大辽者两倍，今既背约自取之，则岁币当减，国家敦示和好，不校财货，姑如元数可也；欲求犒师之物，当量力以与之；至于疆土，则祖宗之地，子孙当以死守，不可以尺寸与人。愿陛下留神于此数者，执之坚，无为浮议所摇，可无后艰。[1]

此段话表明了李纲的远见卓识，有先见之明，料事如神，他规划了与金谈判的必须坚持的底线。但往后的史实证明，皇帝根本没有坚定的意志，以执守李纲正确的建议。次日，宋钦宗遂任命李纲为兵部侍郎。靖康元年正月初三日，宋钦宗又急忙任命吴敏知枢密院事，李棁任同知枢密院事，吴敏兼任亲征行营副使，时年四十四岁的李纲兼任亲征行营使司参谋官，行营使司负责"团结兵马于殿前司"[2]。宋朝六部的长贰中，因为另有更高的枢密院管军事，兵部的职能最小。然而国难当头，李纲必须了解和学习军事。

在最紧迫的军事问题中，宋朝其实面临三大严重困难。第一是真正的将才萎靡。一方面固然是积习，另一方面，在长期受压制的，地位低微的武将群中，一时也不知哪个真是将才。李纲在宣和初所著的《御戎论》中已指出，"古之将帅，付以阃外之权，不从中制，利则伸，钝则蟠"，"今则不然，为帅于千里之外，而受制于九重之中，见可欲进而不得，知难欲退而不敢，用度稍过，已从吏议，一有不然，片纸罢之"[3]。他后来又说："自宣和以来，夷狄之祸，亦云酷矣，可以当大将之任，如种师道者，凋丧略尽，见存诸将，仅足以充偏裨之选。"[4]南宋人能举出的北宋末的大将，也就是种师道一人。但史实表明，即使种师道也算不上是真正能够折冲御侮的将帅，但还是比其他将领强。宋朝若干武将的军事经验，

---

1. 《梁溪全集》卷171《靖康传信录》上。
2. 《靖康要录笺证》卷1靖康元年正月三日，《梁溪全集》卷171《靖康传信录》上。
3. 《梁溪全集》卷144。据《梁溪全集》附录一《年谱》，此论撰于宣和元年至二年贬官沙县时。
4. 《梁溪全集》卷146《论大将之才》。

无非来在陕西与较弱的西夏军作战,至于对付远为强悍的金军,一时就提不出有效的战略和战术。故后来岳飞非常痛心而悲慨地说:"金贼长驱,如入无人之境;将帅无能,不及长城之壮。"[1]李纲任兵部侍郎前一天,向宋钦宗紧急提出二十条建议,第三条就是"今来御捍大敌,当择大帅三人,以朝廷大臣为之"[2],也还是没有超脱文臣统兵,节制武将的传统军事思维。

第二是长期养成的军队腐败,遇到金军,往往"不战而溃"[3]。李纲说:"中国之兵,既失训练,又不用令者不必诛,逃亡溃散者反招集之。此风既成,习以为常,则有不可胜诛者矣故。以天下之大,而不能御夷狄,积弊之渐,亦非一日也。"[4]以步兵为主的宋军,以野战中根本无以与骁悍的女真骑兵相抗,至多只能进行守城战。

第三,北宋当时是全世界发达和富庶的帝国,但宋徽宗君臣恣意奢靡和贪腐,完全掏空了国库,根本上无法满足军队的后勤供应。李纲在《御戎论》曾说,在陕西关中之地,"有司窘于泉帛,无以广籴","又行坐仓之法,士有饥色,其何以战?"[5]北宋后期,人称"独西兵可用",[6]却处于"士有饥色"的窘境。在河东,"战士每日支米二升半,止得一升八合,青菜钱七十文,铜、铁相半。是时,官中已不使铁钱,但以此充数耳。或攒聚数日阙乏,止支钱会子,一纸钱会子,止得三四百"[7]。后来开封围城中,"雨雪交作",守城军士却"浑身单寒"[8]。当时棉花产量很少,御寒全仗蚕丝的绵衣,而至少相当比例的军士却只能穿单衣。战马当然在军事上有很大的重要性,而"诸军阙马者大半"[9]。

以上的三大严重困难,任何人也绝不可能在很短时间内,就可收到立竿见影的整顿之效。

正月初四日,李纲"对班于延和殿下,闻宰执奏事,议欲奉銮舆出狩

---

1. 《云麓漫钞》卷1。
2. 《梁溪全集》卷42《论御寇用兵札子》。
3. 《宋史》卷362《范致虚传》。
4. 《梁溪全集》卷62《乞修军政札子》,《历代名臣奏议》卷222。
5. 《梁溪全集》卷144《御戎论》。
6. 《会编》卷23《北征纪实》。
7. 《会编》卷57《河东逢虏记》。
8. 《会编》卷66。
9. 《梁溪全集》卷46《(进)备边御敌八事》,卷173《靖康传信录》下。

襄、邓间"，就坚决请求与宰执们"廷辩"[1]。当时的宰执包括太宰白时中、少宰李邦彦、尚书左丞赵野、知枢密院事吴敏、同知枢密院事蔡懋和李梲。尚书右丞宇文粹中"扈从东幸"，随宋徽宗南逃，不在场。此外，签书枢密院事耿南仲因"免签书"[2]，即挂空名。他害怕金军，"奉椒房（皇后）出奔"，逃离开封。[3]几年以前，李纲给梅执礼的信中说："士大夫所养，以气为主，平时如虎，犹恐其临事之如鼠。"[4]不料竟相当快地得到了应验。尽管吴敏固然与李纲私人关系好，又身为管军事的长官，但显然一时也无主见。

虽然"宰执未退，而从官求对，前此无例"，宋钦宗还是特旨允许。在《梁溪全集》卷171《靖康传信录》上，李纲自述了此次面对经过：

余拜讫，升殿，立于执政之末。因启奏曰："闻诸道路，宰执欲奉陛下出狩以避狄。果有之，宗社危矣！且道君太上皇帝以宗社之故，传位陛下，今舍之而去，可乎？"上默然，太宰白时中曰："都城岂可以守？"余曰："天下城池，岂复有如都城者？且宗庙、社稷、百官、万民所在，舍此欲将何之？若能激励将士，慰安民心，与之固守，岂有不可守之理！"语未既，有内侍领京城所陈良弼自内殿出，奏曰："京城楼橹，创修百未及一二。又城东樊家冈一带，壕河浅狭，决难保守，愿陛下详议之。"上顾余曰："卿可同蔡懋、良弼往观，朕于此俟卿。"

余既被旨，同懋、良弼亟诣新城东壁，遍观城壕，回奏延和殿。车驾犹未兴也。上顾问如何，懋对亦以为不可守。余曰："城壁坚且高，楼橹诚未备，然不必楼橹，亦可守。壕河惟樊家冈一带，以禁地不许开凿，诚为浅狭，然以精兵强弩占据，可以无虞。"上顾宰执曰："策将安出？"宰执皆默然，余进曰："今日之计，莫若整饬军马，扬声出战，固结民心，相与坚守，以待勤王之师。"上曰："谁可将者？"余曰："朝廷平

---

1. 《梁溪全集》卷171《靖康传信录》上。
2. 《宋宰辅编年录校补》卷13，《宋史》卷352《耿南仲传》。
3. 《历代名臣奏议》卷86胡寅奏，《斐然集》卷16《上皇帝万言书》，《梁溪全集》卷171《靖康传信录》上。
4. 《梁溪全集》卷109《与梅和胜侍郎书》。

日以高爵厚禄，蓄养大臣，盖将用之于有事之日。今白时中、李邦彦等虽书生，未必知兵，然藉其位号，抚将士，以抗敌锋，乃其职也。”时中怒甚，厉声曰：“李纲莫能将兵出战（否）？”余曰：“陛下不以臣为庸懦，傥使治兵，愿以死报！第人微官卑，恐不足以镇服士卒。”[1]上顾宰执曰：“执政有何阙？”赵野对曰：“尚书右丞阙。”时宇文粹中随道君皇帝东幸故也。上曰：“李纲除（尚书）右丞。”面赐袍带并笏，余致谢，且叙所以时方艰难，不敢辞之意。[2]

在危难时刻挺身而出，力排众议的李纲，遂超升副相的末位。然而事情并未就此了结。在午饭时再次面对，“宰执犹以去计劝上”，宋钦宗也急欲逃跑，又马上任命李纲为东京留守，李棁为副留守。李纲只得再次苦劝，有宦官王孝竭说：“中宫（朱后）、国公（皇子赵谌）已行，陛下岂可留此！”宋钦宗“色变，降御榻”，哭着说：“卿等毋留朕，朕将亲往陕西，起兵以复都城，决不可留此！”又经李纲反复劝说，“意稍定”，说：“卿留朕，治兵御寇，专以委卿，不当稍有疏虞！”李纲“惶恐，再拜受命”。当夜就留宿尚书省。半夜，心神不宁的宋钦宗又派宦官传旨，责“令宰执供军令状”。

初五日清晨，李纲“趋朝，道路纷纷，复传有南狩之事，太庙神主已出寓太常寺矣。至祥曦殿，则禁卫皆已擐甲，乘舆服御皆已陈列，六宫襆被皆将升车矣”。李纲只得厉声对卫士们说：“尔等愿以死守宗社乎？愿扈从以巡幸乎？”卫士们高呼：“愿以死守宗社，不居此，将安之？”李纲又找宋钦宗说：“陛下昨日已许臣留，今复戒行，何也？（且）六军之情已变，彼有父、母、妻、子皆在都城，岂肯舍去，万一中道散归，陛下孰以为卫？且虏骑已逼，彼知乘舆之出未远，以健马疾追，何以御之？”宋钦宗至此方“感悟，始命辍行”。[3]

白时中当然是个十足的鼠辈，宋钦宗曾问他逃跑之后，“宗社何

---

1. 此事亦可参见《宋史》卷371《白时中传》。

2. 此段引文以《会编》卷27校补。

3. 以上两段叙事据《梁溪全集》卷171《靖康传信录》上，《靖康要录笺注》卷1靖康元年正月四日，五日。

如",回答只是"招募英雄,以图克复",又不断指责李纲"所言皆书生纸上语"[1]。宋钦宗罢免了太宰白时中,改组政府,李邦彦任太宰,张邦昌任少宰,吴敏仍知枢密院事,赵野任门下侍郎,王孝迪任中书侍郎,蔡懋任尚书左丞,李棁仍任同知枢密院事,而新命耿南仲和唐恪任同知枢密院事。耿南仲"出城已累日,上遣使追还之"。又命李纲充亲征行营使,侍卫亲军马军副都指挥使曹曚充亲征行营副使。[2]曹曚"具陈军情,谓亲征,愿死战,巡幸即恐变生萧墙,自是方绝出幸之意"[3]。

事实证明,李纲挽留宋钦宗,是十分明智而及时的。初七日,完颜斡离不(宗望)即兵临开封城下。如果宋钦宗出逃,就有可能被急驰的女真骑兵追击俘获。李纲紧急部署城防,"自五日至八日,治战守之具粗备"。金军因郭药师做向导,抢先扎寨于开封城西北的牟驼冈。"冈势隐辚,如沙碛然,三面据水,前枕雾泽陂,即孳生马监之所,刍豆山积"[4],因而保证了金军的粮草供应,无疑也是宋方的一大失策。事实上,李纲在仓促和忙乱之中掌管城防之前,宋钦宗和宰执辈根本就没有对开封的城防有任何部署。

兵贵神速,对于受保守军事传统长期涵育的,以步兵为主的宋军而言,基本上是空话;对于金军而言,却是不说只做。当天傍晚,金军喘息未定,就立即攻城。开封城是一座土城,"取虎牢(关)土"建造的城墙,屡经加固,"坚密如铁"[5]。有宫城、里城和外城,形成了古时的纵深防御。外城周长五十宋里一百六十五步,[6]按现代的考古测量,东墙长7660米,南墙长6990米,西墙长7590米,北墙长6940米,略呈菱形。城墙底部厚五宋丈九宋尺,高四宋丈,城外的护龙河阔十多宋丈。唯有东、西、南、北四座正门设两重直门,供御路通行,其余偏门都按边城的瓮城门规

---

1. 《会编》卷27《靖康前录》。
2. 《梁溪全集》卷171《靖康传信录》上,《宋宰辅编年录校补》卷13,《靖康要录笺注》卷1靖康元年正月五日、六日、七日、八日。曹曚,《景定建康志》卷26《侍卫马军司》作曹濛,其差遣为主管侍卫马军司公事。
3. 《会编》卷27《靖康前录》。
4. 《梁溪全集》卷171《靖康传信录》上,《会编》卷28。
5. 《金史》卷113《赤盏合喜传》。
6. 《宋史》卷85《地理志》。

范修建，里外三门，门道弯曲，若干水门也都设有铁闸门。城上每百步设马面战棚，密置女墙，除城上的通道外，城墙里还有一条内环路，便于运兵。[1]诚如李纲所说，"不必楼橹，亦可守"，从古代的军事学的观点看，开封城无疑是个易守难攻的庞大军事堡垒。其主要防御屏障，一是宽阔的护龙河，二是高耸而"坚密如铁"的外城墙，上在密集的马面和女墙，便于弓弩和砲石交叉射击城下敌军。

金军"攻西水门，以（小）船数十只，顺汴流相继而下"。其目标是企图超越护龙河与外城两道防御屏障，由西水门（即利泽门[2]）直入外城。本不知兵的李纲亲自"临城捍御，募敢死士二千人，列布拐子弩城下。（小）船至，即以长钩摘就岸，投石碎之。又于中流安排杈木，及运蔡京家假山石，迭门道间，就水中斩获数百人。自初夜防守，达旦，始保无虞"[3]。另一记载稍稍简略："金人以大（小）船乘便流，纵放而下，急攻西水门。西水门之上流先已设械于汴水之中，为械所拒，大（小）船不得下，城上矢石俱发，力御终夜，迨晓，金人方退。"[4]

金军的斗志确实顽强，能连续作战，初九日早晨，又马上转攻北城的酸枣门（通天门）、封丘门（景阳门）一带。李纲"入对垂拱殿"时，闻讯，"乞禁卫班直善射者千人以从"。到达酸枣门时，金军"方渡濠，以云梯攻城"。李纲"命班直乘城射之，皆应弦而倒"。他"与官属数人登城督战，激励将士，人皆贾勇。近者以手砲、檑木击之，远者以神臂弓、强弩射之，又远者以床子弩、座炮及之。而金（贼）有乘栿渡濠而溺者，有登梯而坠者，有中矢石而踣者甚众。又募壮士数百人缒城而下，烧云梯数十座，斩获酋首十余级，皆耳有金环"[5]。由于金朝对汉人等实行强制性的"剃头辫发"政策，[6]单纯从发型着眼，已无从区分金军的民族成分，而

---

1. 周宝珠：《宋代东京研究》第47—57页，河南大学出版社，1992年；《东京梦华录》卷1《东都外城》。
2. 《东京梦华录》卷1《东都外城》注。
3. 《梁溪全集》卷171《靖康传信录》上，"小"原作"火"，不通，据《会编》卷28引《靖康传信录》改。
4. 《会编》卷28《幼老春秋》。
5. 《梁溪全集》卷171《靖康传信录》上。
6. 《会编》卷115宗泽奏。

"耳有金环"则是女真人。[1]

当天,除战斗最激烈的酸枣门外,其他北城的陈桥门(永泰门)、封丘门、卫州门(安肃门)都遭受攻击,而酸枣门"虏箭集于城上如猬毛"。这表明开封城过大,金军无力全面攻城,只是从牟驼冈大寨出发,偏攻北城四门。从卯时(相当于今早5—7点钟)直到下午未时、申时(相当于今下午3—5点钟),共"杀贼数千人"。经历一夜一昼交战,金军攻城受挫,"乃退师"[2]。当时隶属行营司的低级军官中,就有韩世忠。李纲开始与他结识,"每嘉其有忠勇迈往之气"[3]。

金朝女真贵族的聪明,表现于往往不仰仗单纯的军事进攻,而是"一面举兵,一面和议"[4],"以和议佐攻战"[5]。此种策略,对抵抗意志十分薄弱的宋钦宗,后来死心塌地、屈辱求和的宋高宗,非常奏效。但李纲的主见是很明确的,求和也绝不可过于屈辱,早在李纲任兵部侍郎前一天,向宋钦宗紧急提出二十条建议,第二条就针对此事说:

今来金国遣使,有所邀求。臣虽不能知其所邀何事,然以意料之,不过五事:欲求尊大之礼,一也;欲得归明之人,二也;欲厚邀岁币,三也;言吾首败盟约过失,四也;欲求割河北之地,五也。臣愚窃以谓金国欲求尊大之礼,当屈体事之,如太王之事獯鬻,以纾一时之急,无不可者。欲求归明之人,当尽与之,遣兵裹送,以示大信。吾辞既直,而可以无狼子野心之虞,养济匿财之患,一举而三策兼得,无不可者。欲厚邀岁币,当答以旧约以燕云归中国,故岁币所以加倍于大辽;今既败盟,尽取燕云之境,岂可复增岁币?为两朝赤子之故,不敢爱惜,且如旧约,已为过厚。至于欲求割地,则祖宗境土,为人子孙,当固守之,虽尺寸之境,岂可割以遗人?夫夷狄贪婪无厌,设使割地,复有所求,将何以赂之?又河北、燕山接境,惟赖塘泊为固,今悉以与之,则险阻之地尽在彼,何以

---

1. 《会编》卷3称女真人习惯于"耳垂金、银"。
2. 《梁溪全集》卷171《靖康传信录》上。
3. 《梁溪全集》卷28《以旧赐战袍等赠韩少师二首》序。
4. 《会编》卷18《北征纪实》。
5. 《大金国志校证》卷7。

立国？当择辩士奉使，以死争之。[1]

他提出自己的谈判底线，主要是不能追加岁币和割地。然而他对和谈活动，既不得插手，更不能做主。

在完颜斡离不（宗望）军抵达开封城下的当天，金军就放回"奉使讲和"的李邺，李邺回朝，又张大敌势，"盛谈贼强我弱，以济和议，谓贼人如虎，马如龙，上山如猿，入水如獭，其势如泰山，中国如累卵，时人号为六如给事"。完颜斡离不（宗望）攻城失利后，又立即派吴孝民使宋。宋钦宗又继命李梲与李邺同往。[2]李纲记录此事说：

因遣使随李邺请和，抵城下，已昏黑矣。坚欲入城，余传令："敢辄开门者斩！"竟俟明乃入，实初十日也。上御崇政殿，宰执起居讫，升殿奏事。引使入对，出斡离不书进呈，道所以举师犯中国之意。闻上内禅，愿复讲和，乞遣大臣赴军前，议所以和者。上顾宰执，未有对者，余因请行。上不许，曰："卿方治兵，不可。"命李梲奉使，郑望之、高世则副之。宰执退，余留身，问所以不遣之旨，上曰："卿性刚，不可以往。"余对曰："今虏气方锐，吾大兵未集，固不可以不和。然所以和者得策，即中国之势遂安；不然，祸患未已。宗社安危，在此一举。臣惧李梲柔懦，恐误国事也。"因为上反覆具道所以不可割地，及过许金币之说，以谓"金狄之性，贪婪无厌，又有燕人狡狯，以为之谋，必且张大声势，过有邀求，以窥中国。如朝廷不为之动，措置合宜，彼当戢敛而退；如朝廷震惧，所求一切与之，彼知中国无人，益肆觊觎，忧未已也"。先定，然后能应，安危之机，愿陛下审之。[3]

以上记录表明，其他宰执大臣都是"临事之如鼠"，既不能提出好的和谈方略，更不敢主动临危请命而出使。李梲到金营，完颜斡离不（宗望）"南向坐，梲、望之等北面再拜，膝行而前"。完颜斡离不（宗

---

1. 《梁溪全集》卷42《论御寇用兵札子》。
2. 《会编》卷28《靖康前录》，卷29。
3. 《梁溪全集》卷171《靖康传信录》上。

望）"遣燕人王汭等传道语言，谓都城破在顷刻，所以敛兵不攻者，徒以上故。存赵氏宗庙，恩莫大也。今议和，须犒师之物，金五百万两，银五千万两，绢、彩各一百万匹，马、驼、驴、骡之属各以万计，尊其国主为伯父，凡燕、云之人在汉者，悉归之，割太原、中山、河间三镇之地，又以亲王、宰相为质，乃退师"。并交付一纸"事目"，"棁唯唯，不能措一词。金人笑之曰：'此乃一妇人女子尔！'"[1]与其他皇朝相比，宋朝确是最为优养士大夫，而其所养育者，又大多是李棁一流鼠辈。

诚如李纲所料，完颜斡离不（宗望）固然挟带屡战屡胜的军威，其实也是"张大声势，过有邀求"。"如朝廷不为之动，措置合宜，彼当戢敛而退"。女真骑兵作战有很强的季节性，往往只能是盛暑休兵，而在秋冬弓劲马肥之际用兵，加之完颜粘罕（宗翰）一路屯兵太原城下，无以与东路军会合。初战的事实又表明，开封的守城战也并无多大困难。双方只消相持数月，金军必退。问题在于自小生长锦绣丛中的宋钦宗，根本不可能具备如唐太宗和周世宗那样的胆识，又被大群的士大夫鼠辈所包围。他们的投降主义言论，又正好击中和契合皇帝的畏怯心理。李纲忠实地记录了廷议的过程和结果：

十一日，棁至自大金军前，宰执同对于崇政殿，进呈金人所须事目，且道其语。宰执震恐，欲如其数，悉许之。余引前议力争，以谓"尊称及归朝官，如其所欲，固无害。犒师金币，所索太多，虽竭天下不足以充其数，况都城乎？当量与之。太原、河间、中山，国家屏蔽，号为三镇，其实十余郡地，塘泺险阻皆在焉，割之何以立国？又保塞、翼、顺、僖三祖陵寝所在，子孙奈何与人？至于遣质，即宰相当往，亲王不当往。为今日计，莫若择使与之往返熟议，道所以可不可者。金币之数，令有司会计所有，陆续具报。宿留数日，大兵四集，彼以孤军入重地，势不能久留，虽所得不满意，必求速归。然后与之盟，以重兵卫出之，彼且不敢轻中国，其和可久也"。宰执皆不以为然，方谓都城破在朝夕，肝脑且涂地，尚何有三镇？而金币之数，又不足较也。上为群议所惑，默然无

---

1. 《梁溪全集》卷171《靖康传信录》上。

所主。凡争逾两时，无一人助余言者。余自度力不能胜众说，因再拜求去，曰："陛下擢臣自庶僚，不数日，与大政，臣亦受之而不辞者，徒以议论或有补万分之一。今与宰执异议，不能有所补，愿还庶僚，以安愚分。"上慰谕曰："不须如此，卿第出治兵，益固城守。恐金人歉我，此徐议可也。"余被旨，不得不出，复前进曰："金人所须，宰执欲一切许之，不过欲脱一时之祸。不知他日付之何人，能为陛下了此？愿更审处，后悔恐无所及。"因出，至城北壁，复回，尚冀可以力争，而誓书已行矣，所求悉皆与之。[1]

太宰李邦彦号"浪子宰相"[2]，他与王黼、蔡攸都只是在宋徽宗宫中充当俳优的角色，[3]"为道君狎客"[4]。他也颇为善于官场倾轧，[5]但在国难之际，又岂能指望他有作为。李邦彦的对策只是"坚主割地之议"[6]。李纲所说的"宰执"，当然包括他的好友吴敏在内，他也未出面帮助李纲，其他人就更不待论。宋钦宗甚至不愿拖延一段时间，就匆忙应允金军全部的苛刻的城下之盟条款。

宋徽宗被俘前的三十二个儿子中，四个年龄颇小的皇子，生母不详，其他皇子都是宠爱的妃嫔们所生，唯有第九子康王赵构的生母韦氏，根本不受宠爱，只是依靠义妹乔贵妃，才得以有了婉容的低位。他们母子在宋宫中的地位可说是鸡立鹤群。[7]宋徽宗南逃时，许多"皇子、帝姬等相续以行"[8]，一说留在京城者唯有五子肃王赵枢和康王。[9]肃王是郓王赵楷的同

---

1. 《梁溪全集》卷171《靖康传信录》上。
2. 《宋史》卷352《李邦彦传》。
3. 王曾瑜：《点滴编》四九《〈宋史〉与〈金史〉杂考》一四、《王黼列入〈佞幸传〉》，第670页，河北大学出版社，2010年。
4. 《贵耳集》卷下。
5. 《宋史》卷352《李邦彦传》载，李邦彦"与王黼不协，乃阴结蔡攸、梁师成等，谮黼罢之"。
6. 《宋史》卷352《李邦彦传》。
7. 王曾瑜：《岳飞和南宋前期政治与军事研究》第二编八、《宋高宗生母韦氏》，河南大学出版社，2005年。
8. 《梁溪全集》卷171《靖康传信录》上。《会编》卷215《枢密宇文议燕保京记》载宇文虚中语："今宗室诸公皆从上皇往东南，惟康邸为质于军中。"
9. 《中兴小纪》卷1，《皇朝中兴纪事本末》卷1之上，《皇朝编年纲目备要》卷30靖康元年正月癸酉。

母弟，其母是王贵妃，他在宋宫中的地位自然高于康王。在此情况下，宋钦宗只能命康王赵构与少宰张邦昌出质金营。[1]

康王和张邦昌带去金营的宋朝回书《事目》，包括"下项：书五监，金五百万两，银五千万两，杂色表段一百万匹，裹绢一百万匹，马、牛骡各一万头、匹，驼一千头"，"已行根刷，虑或不足，须至稍宽期限"[2]。然而开封城中一时也拿不出偌大的财物，中书侍郎王孝迪建议，"欲尽括在京官吏、军、民金银，以'收簇犒设大金军兵所'为名，揭长榜于通衢，立限，俾悉输之官。限满不输者，斩之。许奴婢及亲属诸色人告，以其半赏之。都城大扰，限既满，得金二十余万两，银四百余万两"，宋钦宗还为之亲下圣旨。李纲实在看不下去，又对宋钦宗建言："收簇金银限满，民力已竭，复许告讦，恐生内变。外有大敌，而民心又变，不可不虑。"宋钦宗方才下令停止告讦。[3]

宋方"日运金银、币、帛之属"，"名果、珍膳、御酝之饷，使者络绎，冠盖相望"，送往金营，宋钦宗又以"御府珠玉、玩好、宝带、鞍勒以遗之"。但贪婪的金人"益肆须索，无所忌惮，至求妓乐、珍禽、驯象之类，靡不从之"。李纲多次规劝皇帝，"以谓（赐）此不足为德，适所以启戎心"，但鼠目寸光的众多臣僚却反而"称美上德"。李纲的诤言全然无效。[4]

在正月十五日以后"四方勤王之师渐有至者，日数万人"，李纲的行营司"乃于四壁置统制官，召集之，给刍粮，授器甲，踏寨地，团队伍"。十七、十八日，统制官马忠"以京西募兵至，遇金人于郑州南门（即西城偏南之新郑门，或名顺天门）外，乘势击之，杀获甚众。于是金人始惧，游骑不敢旁出，自京城以南，民始奠居"。二十日，京畿、河北路制置使种师道与武安军承宣使、统制官姚平仲又分别率陕西泾原路和秦

---

1. 宋代史料对康王出质肯定有美化和虚饰的成分，今依据《中华文史论丛》2012年第4期郑明宝先生《靖康之变康王出质金营的两个问题》，《首都师范大学学报》2014年第5期高纪春先生《宋康王赵构出使金军史事三考》的细致考证。
2. 《大金吊伐录》上《回书誓文及差康王少宰出质·事目》，《会编》卷29。
3. 《靖康要录笺注》卷1靖康元年正月二十日，二十六日，《梁溪全集》卷171《靖康传信录》上。
4. 《梁溪全集》卷171《靖康传信录》上。

凤路军抵达开封,宋军军势为之一振。[1]

由于伐辽败绩,种师道一度贬降,此回得宋钦宗急诏,他"将兵入援,止得万五千人",姚平仲"有步骑七千",而号称"西兵百万"。[2]种师道到开封之初,就批评太宰李邦彦惊慌失措,据《三朝北盟会编》卷30载:

师道见邦彦,因曰:"某在西土,不知京城坚高如此,备御有余,当时公何事便讲和?"邦彦曰:"以国家无兵,故不得已须和耳。"师道曰:"凡守与战,自是两家事。战若不足,守则有余,京城之民虽不能战,亦可使守。但患无粮食,粮食苟有余,京师数百万众皆兵也,何谓无兵?"邦彦诡曰:"素不习武事,不知出此。"师道笑曰:"公不习武事,岂不闻往古攻守事乎?"又曰:"闻城外居民悉为贼杀掠,畜产多亦为贼所有。当时闻贼来,何不悉令城外百姓撤去屋舍,般畜产入城。遽闭门以为贼资,何也?"邦彦曰:"仓卒之际,不暇及此。"师道又笑曰:"好慌!好慌!"左右皆笑,又曰:"公等文臣腰下金带,不能自守,以与虏人。若虏要公等首级,如何?"邦彦不能对。又曰:"京师如此之阔,番兵只十数万,何能围匝,何故四门都闭,则番人得以纵掠,而吾民困矣。"

人称北宋末,"必欲自胜主战伐者,李纲、种师道两人而已"[3],将两人视为主战的代表人物。据说种师道"其性寡默","为人口讷,语言不能出"[4],但从上述记事看,也未必全无口才。他在朝见宋钦宗时说:"女真不知兵,岂有孤军深入人境,而能善其归乎?"宋钦宗说:"业已讲和矣。"种师道说:"臣执干戈以卫社稷,不知其它。"他虽然主战,而在宋钦宗面前却"不能反覆力执"[5]。宋钦宗拜他为检校少傅、同知枢密院

---

1. 《续资治通鉴长编纪事本末》卷145《金兵下》,《靖康要录笺注》卷1靖康元年正月十八日,二十日,《梁溪全集》卷171《靖康传信录》上,《会编》卷30。
2. 《宋史》卷187《兵志》,卷335《种师道传》。
3. 《历代名臣奏议》卷86胡寅万言书,《要录》卷27建炎三年闰八月庚寅,《斐然集》卷16《上皇帝万言书》。
4. 《朱子语类》卷130。
5. 《会编》卷60种师道行状,《宋史》卷335《种师道传》,《朱子语类》卷130。

事、京畿、河北路宣抚使。姚平仲任宣抚使司都统制。这是北宋晚期迫于军情，首次令武将统兵。

李纲向宋钦宗建议："勤王之师，集者渐众，兵家忌分，节制归一，乃克有济。愿令师道、平仲等听臣节制。"宋钦宗却囿于宋朝的皇帝集权，臣僚分权的传统，到此紧急关头，却宁愿机构重叠，拒绝军事上的统一指挥，他下御笔说："师道老而知兵，职位已高，与卿同官，替曹曚可也。"为种师道另设宣抚司的结果，"应西兵及四方勤王之师，并隶宣抚司，又拨前、后军之在城外者属之，而行营司所统者，独左、右、中军而已"。宋钦宗"屡申饬，两司不得侵紊。节制既分，不相统一，宣抚司所欲行者，托以机密，往往不复关报"李纲。李纲"私窃忧之"，也无可奈何。[1]

正月二十七日，李纲与太宰李邦彦、知枢密院事吴敏、另有种师道、姚平仲和折彦质共同在福宁殿面对，李纲说："金人之兵，张大其势，然得其实数，不过六万人，又大半皆奚、契丹、渤海杂种，其精兵不过三万人。吾勤王之师集城下者二十余万，固已数倍之矣。（虏）以孤军入重地，正犹虎豹自投于槛穽中，当以计取之，不可与角一旦之力。为今之计，莫若扼河津，绝粮道，禁抄掠，分兵以复畿北诸邑，俟彼游骑出，则击之，以重兵临贼营，坚壁勿战，如周亚夫所以困七国者。俟其刍粮乏，人马疲，然后以将帅檄取誓书，复三镇，纵其归，半渡而后击之，此必胜之计也。"当时皇帝与众人都无异议。[2]宋方已清楚金军的军力，应当说，李纲此议是高明的，正是《孙子》所谓"避其锐气，击其惰归"。

然而事情的变卦，又出乎李纲与种师道的谋划之外。"姚平仲者，古之子，屡立战功"，"为童贯所抑"[3]。陕西军重世将，种氏和姚氏都是世代将门，"种氏、姚氏素为山西钜室，两家子弟不相下。时平仲之父古帅熙河，以兵入勤王。平仲恐功名之会独归于种氏，忌之。乃以士不得速

---

1. 《梁溪全集》卷50《乞内外兵马并听节制札子》，《亲笔宣谕城外兵马听宣抚司节制》，卷171《靖康传信录》上。
2. 《梁溪全集》卷172《靖康传信录》中。
3. 《梁溪全集》卷172《靖康传信录》中，《渭南文集》卷23《姚平仲小传》，《宾退录》卷8。

战，有怨言，达于"宋钦宗。宋钦宗"一日遣使五辈，趣师道进战。师道言：'过春分节可击。'是时相距才八日，盖俟其弟师中及姚古之至也。平仲欲夜叩金营，生擒斡离不，奉康王以归。故师道言不用。既而平仲谋泄，虏先事设备。至是平仲率步骑万人，夜劫虏寨，反为所败而还"[1]。

事实上，此次劫寨也并非一败涂地，宋金两军"杀伤相当"，"行营司所失才百余人，而（陕）西兵及勤王之师折伤千余人"[2]。另据李纲上奏自述，他在当夜四更，突然接宋钦宗命令，"诏臣应援，顷刻之间，使者三至。臣适感寒伏枕，力疾承命，出景阳门，至班荆馆，亲督将士，列在要冲，分遣兵马，解范琼、王师古等围；亲以中军捍御贼马，射杀金贼甚众。是夜，臣宿城下。明日，复列阵，与贼相望，臣所统兵，士气百倍"[3]。

但李邦彦"方主和议，忌李纲主战，因其败而中伤之"[4]。"宰执、台谏（即）哄然，（以）谓西兵勤王之师及亲征行营司兵，（皆）为金人所歼，无复存者。上震恐，有诏不得进兵。而斡离不遣使，以谓用兵特将帅所为，不出上旨，请再和。宰相李邦彦于上前语使人曰：'用兵乃大臣李纲与姚平仲结构，非朝廷意。'"居然提出缚送李纲给金军，而金朝"使人反以为不可"。于是宋钦宗罢李纲尚书右丞、亲征行营使，"以蔡懋代之，因废行营使司，止以守御使总兵事，而种师道亦罢宣抚使"[5]。宋钦宗以"大宋皇帝致书于大金皇子郎君"说：

初二日早，方欲坐朝，遣来使还，一并持去。忽报初一日夜，有兵马在城外作闹，本朝不知事因，继闻辄至大金军前，不胜惊骇，寻遣人根问止约。至暮，乃知姚平仲率城外诸路军马作过，寻令勾捉，称本人未回军寨，亦见令人擒捕，候见，即正典刑，以戒贪功误国之士。又执政间有素与姚平仲相善者，形迹可疑，恐相协助，已先行出责了当。[6]

---

1. 《皇朝编年纲目备要》卷30靖康元年二月，《宋史》卷349《姚古传》。
2. 《梁溪全集》卷172《靖康传信录》中。
3. 《梁溪全集》卷43《辞免知枢密院事札子》，又见卷172《靖康传信录》中。
4. 《会编》卷33《靖康遗录》。
5. 《梁溪全集》卷172《靖康传信录》中。但《续资治通鉴长编纪事本末》卷147《李纲守议》则说"师道实不罢，盖外议流传之妄云"。
6. 《大金吊伐录》上《宋主回书》，《会编》卷33。

他至此只得诿过臣下，以求屈辱求和，所谓"执政间有素与姚平仲相善者，形迹可疑"者，当然是指李纲，尚不便明言。宋钦宗另"降亲笔慰劳，锡赉"李纲"白金、缗钱五百贯、两，且令吴敏宣谕将复用之意"[1]，算是私下的恩典。但此次姚平仲的失败和逃遁，却又使李纲长久地如俗语所说，被扣上了屎盆，甚至如后李焘编纂《续资治通鉴长编》，也将此事归结为"李纲主平仲之谋"[2]。李纲在给宋钦宗上奏中辩白得清楚：

姚平仲引众出城，几败大事。然平仲受节制于宣抚，不关白于行营。二月一日夜半，平仲之出，种师道亦不知之，在微臣实无所与。其夜四鼓，陛下闻其交锋，诏臣应援，顷刻之间，使者三至。臣适感寒伏枕，力疾承命，出景阳门，至班荆馆，亲督将士，列在要冲，分遣兵马，解范琼、王师古等围，亲以中军捍御贼马，射杀金贼甚众。[3]

他当然完全不可能在上奏中当面说谎。宋钦宗对此次事件的经过和责任，无论如何也是心知肚明，他无非是从轻率的冒险主义，瞬间滑向卑怯的投降主义，玩弄皇帝的南面之术而已。故后来《朱子语类》卷130批评李焘史笔之误，"考订未甚精密"，"劫寨一事，决于姚平仲侥幸之举，纲实不知"[4]。

种师道也反对姚平仲军仓促劫金营，但在此举失败后，他曾"令更劫"，说"虏人以其不再来了，再劫却是"，"如犹不胜，然后每夕以数千人扰之，不十日，贼遁矣"。有人问："平仲之举为虏所笑，奈何再击？"他说："此所以必胜也！"但惊慌失措的宋钦宗、李邦彦等人又"不能从"[5]。

---

1. 《梁溪全集》卷172《靖康传信录》中。
2. 《续资治通鉴长编纪事本末》卷145《金兵下》。又如《玉照新志》卷5亦持此说。
3. 《梁溪全集》卷43《辞免知枢密院事札子》。另可参见卷45《乞罢知枢密院事除外任宫观第五札子》，文字不赘引。
4. 赵效宣：《李纲年谱长编》第55至57页，香港新亚研究所专刊，1968年。关于李纲是否是姚平仲劫营的主谋之一，顾宏义先生《李纲与姚平仲劫寨之战》与本文观点不一，参见《宋事论考》，华中科技大学出版社，2017年。关键是正文所引李纲给宋钦宗上奏，决无当面对皇帝说谎之可能。《梁溪全集》卷50《亲笔宣谕三首》《乞免策应姚平仲札子》，更提供了劫营当时的原始记录："臣契勘近者福宁殿议用兵事，期以二月六日，且候姚古、种师中到。今来姚平仲举事，臣不预知。"
5. 《会编》卷60《靖康小雅》，种师道行状，《朱子语类》卷130，《老学庵笔记》卷4。

于是开封城中爆发了陈东领导下数百太学生的伏阙上书爱国群众运动,他们聚集在大内宣德门(与明清故宫前之承天门、天安门相当)前,"乞罢李邦彦,用李纲、种师道",其上书说:

> 臣等闻任贤勿贰,去邪勿疑者,社稷之主也;奋不顾身,死生以之者,社稷之臣也;妒贤嫉善,妨功害能者,社稷之贼也。恭惟皇帝陛下聪明英睿,独智旁烛,贤邪之分,宸衷判然,天下戴以为社稷之主。而在廷之臣,奋勇不顾,以身任天下之重者,李纲是也,所谓社稷之臣也。其庸谬不才,忌嫉贤能,动为身谋,不恤国计者,李邦彦、白时中、张邦昌、赵野、王孝迪、蔡懋、李棁之徒是也,所谓社稷之贼也。陛下断然不疑,拔纲于卿监之中,不一、二日,任为执政,中外相庆,知陛下之能任贤矣。斥时中而不用,知陛下之能去邪矣。然纲任而未专,时中斥而未去,复相邦彦,复相邦昌,其余又皆擢用,何陛下任贤犹未能勿贰,去邪犹未能勿疑乎?今又闻复罢李纲职事,臣等惊疑,莫知所以。此必为邦彦等挤陷。盖纲起自庶官,独任大事,邦彦等疾如仇雠,恐其成功。臣等闻纲比日用兵,偶然小有不利,邦彦等遂乘间投隙,归罪于纲。

> 群臣劝陛下他幸,则中外恟恟,不敢自保,当时若非纲为陛下建言,则乘舆播越在外,宗庙、社稷已为丘墟,生灵已遭鱼肉,陛下将有弃宗、庙社稷之名,何从复有天下?赖陛下聪明,不惑群议,断自圣志,特从纲请。中外闻之,虽愚夫愚妇等无不举手加额,仰叹圣德之盛,纲之力岂曰小补之哉?是宜邦彦等谮谤忌嫉,无所不至。

> 一进一退,在纲为甚轻,在朝廷为甚重,今日宗社安危,在此一举!幸陛下即反前命,复纲旧职,以安中外之心;(付种师道以阃外之事,使专之)。

> 陛下若以臣等之言为未足取信,愿试登御楼,呼耆老百姓一问之,呼军兵一问之,呼行道商旅一问之,试咨有官君子使言之,必皆曰:"纲可用,而邦彦等可斥也!"用舍之际,陛下不可不谨。[1]

---

1. 《靖康要录笺注》卷2靖康元年二月五日,《会编》卷34,《宋朝诸臣奏议》卷48,《宋陈少阳先生文集》卷2《伏阙上钦宗皇帝书》。

陈东"率士数百，伏阙上书"[1]，其中还有高登。[2]按宋徽宗崇宁时规定，太学和辟雍"增生徒共三千八百人"。后废辟雍，而"辟癰之士，太学无所容矣"，太学生应有所减少。[3]可知参加伏阙上书者，尚只占太学生中的小部分。这其实是一场自发的运动，事先根本没有严密的组织。但从另一方面看，也是太学生由个别人的活动升格为集体性的运动，并且成为中华史上首次爱国学生运动。《三朝北盟会编》卷41载太学生沈长卿追述时事说：

臣闻二月初五日，陛下罢李纲右丞，太学生陈东等率士数百，伏阙上书，极言李纲忠义，李邦彦奸恶，冀陛下聪明睿断，罢邦彦而相李纲，以厌天下之论也。于时京城百姓群聚阙廷，不约而来者几数万人，仰天椎心，祈哀请命，莫不欲李纲之相，邦彦之罢也。洎陛下遣使宣谕，复纲旧职，众志遂定。其后乘时恃众，殴击内侍，盖缘平居细民受虐之深，积怨之久，（以至于是）。今日戎虏拥兵困辱中国，夺我玉帛，侵我土地，非由此曹，何以致之？故危疑之间，发其痛以至于极，非士人所教而为之也。夫举数万之众，不烦召而群聚帝闱，若出一家，曾无异意者，岂陈东一布衣寒士所能驱率哉？[4]

后陈东直到临死，也并未与李纲有一面之交。从此份上书看，他们也误以为劫金营与李纲有关。高登又另外上书批评说，"夫以一李纲在陛下左右，陛下谙悉其忠诚，尚不能笃意委任"。"群奸力沮种师道、李纲之谋，割二祖陵寝之地以啖之，国人闻者，无不垂涕"[5]。江致一也与陈东同时上书。[6]

"诸生伏阙挝鼓，以请起李纲，天下或以为有忠义之气；而朝廷以为

---

1. 《会编》卷41。
2. 《宋史》卷399《高登传》。
3. 《宋史》卷157《选举志》，《燕翼诒谋录》卷5。
4. 以《宋宰辅编年录校补》卷13校。另有《宋朝诸臣奏议》卷19陈公辅《上钦宗乞宥陈东》，也叙述当时的实情，在此不备录。
5. 《东溪集》卷上《上渊圣皇帝第一书》。
6. 《新安文献志》卷3江致一《乞复用李纲种师道疏》，卷77李以申《江石室（致一）传》。其上书内容与陈东上书相近，今不备录。

倡乱动众者，无如太学之士"[1]。宋钦宗无疑是将爱国群众运动视为厉阶，不能容忍对其君主权威的挑战，然而迫于形势，也明知自己理亏，只能下手诏说：

士庶伏阙上书，愿见李纲、种师道。朕深谅尔等忠义，已令纲、师道传旨抚谕。若更有乘时恃众乱行，殴打内侍，令纲、师道以军法从事，便令退散。如后去之人，当行军法！[2]

当时"军民数万人拥伏阙下，相谓曰：'非见李右丞、种宣抚复用，毋得归！'会百官退朝，自东华门至阙前，众指李邦彦，数其罪嫚骂，至前攫其履，欲殴之，邦彦疾驱以免。兼开封尹聂昌（原名山，宋钦宗改为昌）举鞭揖东等曰：'诸公为此，可谓忠义矣！'逻者以闻，上令阁门受所上书。顷之，中人传旨云：'诸生所上书，朕已亲览，备悉忠义，当便施行。'其中有欲散者，众哄然曰：'安知非伪耶？须见李右丞、种宣抚复用，乃退。'于是知枢密院事吴敏传宣云：'李纲用兵未利，不得已罢之。俟金兵稍退，令复职。'犹不退。时已日晡矣。百姓乃舁登闻鼓，置东华门外，挝而坏之，山呼震地"。几万无组织的群众云集宣德门下，正说明人同此心，心同此理，在危难之际，士民们业已认定，救国非李纲莫属。当然，群众运动也很难控制激烈的行为。"开封尹王时雍至，谓诸生曰：'胁天子，可乎？胡不退！'诸生应之曰：'以忠义胁天子，不犹愈于以奸佞胁之乎！'复欲前殴之，时雍逃去"[3]。诚如已故周宝珠先生所说，"'忠义胁天子'，这是爱国军民在抗金中迸发出来的一个重要思想，把'忠义'抬到一个新高度"，"产生了巨大的威力"。[4]

愤怒的民众"杀伤内侍二十余人，（皆脔割之，虽毛骨无存者）。又诉詈宰执李邦彦、蔡懋、王孝迪、赵野等，殴击之，皆走散藏匿"[5]。

---

1. 《水心别集》卷13《学校》。
2. 《靖康要录笺注》卷2靖康元年二月五日。
3. 《续资治通鉴长编纪事本末》卷147《李纲守议》。
4. 《宋代东京研究》第652页。
5. 《会编》卷34《靖康传信录》，《梁溪全集》卷172《靖康传信录》中。

主管殿前司公事王宗濋"奏于上曰：'事已尔，亡可奈何，当黾勉从之。不然，且生变。'于是遣签书枢密院事耿南仲言于众曰：'已得宣李纲矣。'百姓数千人诣浴堂室院迎之。上益恐，于是相继而宣谕者络绎不绝。内侍朱拱之先得旨，宣谕未到，而后发之，使先至。众取拱之肉，脔而磔之，即矫制曰："杀内臣者无罪！"又取十余辈杀之，取其肝肠，揭之竿首，号于众曰：'此逆贼也！'纲皇惧入对，泣拜请死。上亦即复李纲尚书右丞，充京西四壁守御使，而罢蔡懋。纲固辞，上不许。俾出东华门、右掖门宣谕，众亦稍去"[1]。李纲出面，"百姓见纲，皆呼曰'右丞，且与百姓为主！'纲亦言曰：'纲已在此，即登城矣，百姓不足忧。'促归照管老小。是日斩首乱者十余人，移时方定"[2]。

李邦彦"为都人所愤怨，才出门，争呼殴击，将杀之。马逸，偶脱，百姓独得其履。因乘妇人小舆，垂黄裙轿帘"。宋钦宗"命密匿于启圣院"。[3]但李邦彦仍不死心，他与同伙"谮东以布衣胁天子，不可赦"。宋钦宗"不从，邦彦惶恐，乃乞致仕"[4]。宋钦宗此后罢免了声名狼藉的李邦彦和王孝迪、蔡懋，升张邦昌为太宰，吴敏为少宰，李纲为知枢密院事。[5]

此次劫营之最重要的后果，是宋朝正式割让太原、中山与河间三镇。金朝方面的要挟说："今放黄河，更不为界，可太原、中山、河间等府一带所有地分，画立疆至，将来拨属本朝。"[6]不以黄河划界，算是大金的宽恩。但对宋朝而言，将自三镇以北的土地割让金朝，丧失河北与河东的一半土地，并完全失去了原辽宋边界的塘泊之险。故李纲一直坚决反对，并挽留着割让三镇诏书，然而据其自述："先是，所留三镇诏书，余既罢，乃遣宇文虚中赍诣金人军中，复差臧（瑀）、秦桧为割地使。"[7]臧瑀后

---

1. 《续资治通鉴长编纪事本末》卷147《李纲守议》。
2. 《会编》卷34。
3. 《会编》卷35。
4. 《会编》卷34。
5. 《宋宰辅编年录校补》卷13。
6. 《大金吊伐录》上《事目》（并入御笔誓书）。
7. 《梁溪全集》卷172《靖康传信录》中。又《靖康要录笺注》卷11靖康元年十月一日，《会编》卷55载臣僚劾奏："三镇诏书，初未与也。纲自以和议既成，无以为功，遂与姚平仲同建劫营之策，一败涂地。朝廷不得已，遂与三镇诏书。兴言及此，可为慨然！"

复姓程,他反对割地,但还是与金使北行燕山府。[1]正如李纲后来所追述:"靖康之初,金人犯阙,以孤军入重地,我之守御固,而援师集,其势不难于和。宰相失策,欲脱一时之祸,而不为久长之计,凡所邀求,一切许之,遂割三镇,而河北、河东之地几去其半。"[2]

在李纲短暂罢官期间,蔡懋任守御使,"下令禁守御兵不得放矢石,范琼、马忠披城扎寨外,余兵尽退入城,贼复大肆"[3]。"号令将士,金人近城,不得辄施放,有引砲及发床子弩者,皆杖之,将士愤怒"。李纲复职后,"令施放自便,能中贼者厚赏。夜发霹雳砲以击,贼军皆惊呼。翌日,薄城,射却之,乃退"[4],又一次击退金军。

在整个守城战中,"围城危急,羽檄飞驰",李纲作为一个文官,却"寐不解衣,而餐每辍哺,夙夜从事","至于登陴拒敌,矢集如猬毛,左右指麾,不敢爱死"[5],表现了舍身赴国难的英雄气概。

完颜斡离不(宗望)所率金军显然不能,也无力在开封城下,与宋军长久相持。女真人耐严寒,不耐酷暑,其弓马到了夏季,军事效能也大打折扣,更何况悬军深入,后勤供应根本无保障。他的聪明是利用以强凌弱的高压态势,见好就收,及时率兵北归。宋钦宗被一次劫营失败吓破了胆,只求完颜斡离不(宗望)早早退兵。他致书完颜斡离不(宗望)说,"所谕骡、马、金、帛事,已纳金五十一万七千三百两,银一千四百三十一万二千六百两,绢一十万匹,表四十七万匹,竭尽府库旧积,仍敛民间所藏,尽数于斯,无可再得。只候军回之后,道路稍通,取之四方,旋充元数。骡已纳六百头,马五百四十七匹之外,余皆尪瘵瘦疲,素不养在城中"。"事至今日,岂敢不从?荷再造则天地同功,蒙一谴则社稷立陨。惟有投诚,且实盟言。幸今日之矜容,观他时之改悔,后

---

1. 《靖康要录笺注》卷2靖康元年二月四日,《会编》卷33,卷43,《宋史》卷381《程瑀传》,《胡澹庵先生文集》卷23《龙图阁学士广平郡侯程公墓志铭》。
2. 《梁溪全集》卷61《乞于河北西路置招抚司河东路置经制司札子》,《历代名臣奏议》卷84。
3. 《会编》卷33《靖康前录》。
4. 《梁溪全集》卷172《靖康传信录》中。
5. 《梁溪全集》附录三《张致政》祭文。

或有违誓约，不顾大恩，天实临之，祸败不悔"[1]。

金人提出，要另遣地位更高的亲王为质。宋钦宗遂以肃王取代康王，金人又放康王回城。在宋徽宗诸子中，其实最有口碑者，是五子肃王赵枢和六子景王赵杞，赵杞为乔贵妃所生。[2]"肃王、景王温淳忠义、俱有贤德、国人共知"[3]。

完颜斡离不（宗望）遂乘机于二月十日退兵。"金人既得三镇之诏，及肃王为质，即不俟金帛数足，遣使告辞"，宋钦宗还"赐宴于军中"[4]。

围绕着金朝人退兵，李纲和种师道都主张"乘其渡河半击之"，李纲认为："金人厚载而归，辎重既众，驱虏妇女，不可胜计，气骄甚。击之，决有可胜之理。"种师道说："异日必为后患！"但宋钦宗前后反复，一度同意派兵追击，又听信若干宰执的"密启"，发御前金字牌下诏追还。[5]敌人不过暂时退兵，却使他感觉安慰。李纲在《梁溪全集》卷171《靖康传信录序》中总结说：

失其所以和，又失其所以战，何也？贼以孤军深入，前阻坚城，而后顾邀击之威。当是时，不难于和，而朝廷震惧，其所邀求，一切与之，既割三镇，又质亲王，又许不赀之金币，使贼有以窥中国之弱，此失其所以和也。诸道之兵既集，数倍于贼，将士气锐而心齐，朝廷畏怯，莫肯一用，惩姚平仲劫寨之小衄，而忘周亚夫困敌之大计，使贼人安然，厚有所得而归，此失其所以战也。失此二者之机会，故令贼志益侈，再举南牧，无所忌惮，遂有并吞华夏之志。

他在《梁溪全集》卷176《建炎进退志总叙》（下）之上对后来的宋

---

1. 《大金吊伐录》上《宋主遣报谢使副回书》。
2. 参见王曾瑜《岳飞和南宋前期政治与军事研究》第二编八、《宋高宗生母韦氏》，河南大学出版社，2005年。
3. 《会编》卷79《要盟录》，《要录》卷2建炎元年二月己巳。
4. 《靖康要录笺注》卷2靖康元年二月十日，《梁溪全集》卷172《靖康传信录》中。
5. 《宋宰辅编年录校补》卷13，《宋史》卷335《种师道传》，《朱子语类》卷130，《梁溪全集》卷172《靖康传信录》中。

高宗说得更详：

> 金人初犯阙，提兵不过六万人，既薄城下，累日攻击，知都城坚，而士卒奋励，不可攻，则遣使厚有所邀求而请和。臣献策渊圣（宋钦宗），以谓金人之所邀求，有可许者，有不可许者，宜遣使者往来款曲，与之商议。俟吾勤王之师既集，然后与之约。其可与者许之，其不可与者坚执而勿许，则约易成，而和可久。当时不以为然，一切许之，其后果不能如约，遂再入寇，此失其所以和也。
>
> 勤王之师集于都城四面者三十余万，臣献策渊圣，以谓兵家忌分，宜使节制归一，用周亚夫困七国之策，以重兵与之相临，而分兵收复畿邑，使无所得粮，俟其困而击之，一举可破。当时不以为然，置宣抚司，尽以勤王之兵属之，故姚平仲得先期举事。而朝廷惩劫寨小衄，不复议兵，贼退又不肯邀击。遂使金人有轻中国之心，而中国之势日弱，此失其所以战也。夫机会之来，间不容发，一失机会，悔不可追。

第一次开封保卫战自正月初七至二月初十日，历时一月有余，其实战斗颇少，更无激战。金军自正月初七日夜到初八日昼之攻城，十七日和十八日，马忠率京西兵冲破金军拦截，进入开封城，后来又是二月初一夜姚平仲劫营"小衄"，金军乘势攻城，都遭失败。这其实是北宋末唯一一次转败为胜之机遇。如真按李纲和种师道之策，东路金军有可能遭受重大失败。然而难得的机遇，却全被宋钦宗的瞎指挥所扰乱而丧失。东路金军满载勒索来的大量金银等，以得胜之师凯旋北归，却真正埋伏了北宋皇朝败亡的祸根。

但从另一方面看，当金军初攻开封的危急关头，如果听凭宋钦宗和一帮鼠辈式的宰执处理国政，皇帝出逃而还可能被俘，百官星散，而偌大的都城肯定要遭受一次浩劫。北宋养士一百六十年，能够以大勇敢、大气魄、大器局和大智慧，挺身而出，力挽危局，还只有李纲一人。即使是与李纲相好的吴敏，又处于更高的官位，其表现也远为逊色。

当时宋廷其实也只有李纲一根主心骨。如果庸懦无能的宋钦宗真正看准人才，全权委付，不加任何干涉，倒也是好事。可是宋钦宗却根本做不到，这是帝制下必然产生的荒诞。《朱子语类》卷130评论说：

问："围城时，李伯纪如何？"曰："当时不使他。更使谁？士气至此，消索无余，他人皆不肯向前。惟有渠尚不顾死，且得倚仗之。"

人才和士气"消索"，是北宋晚期不容置疑的史实。正如宗泽后来评论说，"上下恬嬉，犹夷度日"。"有实欲贾勇思敌所忾之人，士大夫不以为狂，则以为妄。因循苟且，以致贼虏颠越不恭"。"皆繇无诚实之士鼓倡骄逸，率以敛迹逃避，曲辱不耻为智为勇耳。万一有慷慨论列，则掩耳不听，别造佞说，以相浮动"[1]。活画了北宋晚年大多数士大夫的心态和丑态。问题当然不是全无人才，前面说过，官场沉浮与筛选规律往往是黄金下沉，粪土上浮，也有人称之为逆淘汰定律。综观中华古史，特别在一个皇朝衰亡之际，往往如此。

陈东所领导的爱国运动，正证明在危难之际，原先尘埋庶僚的李纲，已脱颖而出，在士民中享有很高的威望。太学生朱邦基所撰《靖康录》[2]记载，在此次运动中：

父老泣涕，恳切言曰："争銮舆不出，乘城固守，以活我国人者，李右丞也。进营逼虏，卫我国人，使金人不敢剽掠者，种枢密也。危社稷，弃国人，罢我右丞、枢密，以资寇者，李邦彦、李梲、蔡懋也。谏官、御史无一言及之。赖诸公义不爱其躯，危言扶倾持颠，卫我国人，期于得请而后已。与其死于夷狄之手，宁若触逆鳞，而死于君父之手乎？"[3]

德安府文士张柄上书说：

李纲忠亮刚方，有为有守，功在社稷，泽被生灵，万口一谈，人神系命。方金贼入境，而奋不顾身，自请督战，盖陛下裴度也。臣窃见纲于瞻

---

1. 《宗忠简公集》卷1《奏乞依旧拘留敌使疏》，《历代名臣奏议》卷85。
2. 《文献通考》卷197《经籍考》。
3. 《会编》卷34。

对之际，不能无"主忧臣辱，义在必死，贼未授首，臣无还期"之言，是宜陛下待以心膂，无或携贰。[1]

尽管士民们"万口一谈"，认定李纲是唐朝裴度再世，而宋钦宗虽然被迫复用李纲，他也根本不可能有李纲在幕后操纵此次"伏阙"运动的任何证据，却"自后君臣遂生间隙，疑其以军民胁己"[2]，"颇忌之"[3]。这又是专制政体下必然产生的悲剧。

## 第三节　奉迎太上皇回宫

宋钦宗并非不想划革父皇的弊政，也确是个勤政的皇帝。"即位以来，刍荛之言，封章日不下数十函。乙夜观览，未尝稍厌，有一善未尝不知，知之未尝不行。与大臣议论，尝辍食吐哺，前席咨访"[4]。当然，他能否分辨是非，而掌政有效率，则另当别论。正如李纲后来所评论："勤俭有余，而英明不足。"[5]

他不顾宋太祖传下的秘密誓约，杀了一批奸佞，如宦官童贯、梁师成和李彦，奸臣蔡攸、王黼、朱勔等人。高俅也在死后追贬。但此举也明显地带有报复性，有与父亲政争的意味。如"蔡京不见杀"，只是流放，"以尝保佑东宫之故"，"京当时不主废立，故钦宗独治童贯等，而京罪

---

1. 《会编》卷35。
2. 《朱子语类》卷127。
3. 《会编》卷199《林泉野记》。
4. 《会编》卷42《靖康录》。
5. 《梁溪全集》176《建炎进退志总叙》下之上。

甚轻"[1]。当"徽宗南幸，（蔡）攸假徽宗旨"，由其次弟蔡翛"守镇江，改资政殿大学士"。"流言至京师，谓将复辟于镇江"，这当然触犯宋钦宗的深忌，他担心蔡攸和蔡翛拥立宋徽宗和郓王赵楷。"钦宗必欲诛之，命御史陈述即所在斩之"，"且行，帝取诏批其尾曰：'翛亦然。'"[2]

宋钦宗还尽量录用在宋徽宗时贬责的臣僚，如曹辅、孙傅、陈过庭、李光等人。但在事实上，由于皇太子时的特殊关系，最为亲信的自然是耿南仲，宋钦宗将他升尚书左丞。他的一个重要作为，就是"辄离间两宫"[3]。

因"太学生陈东上书，乞诛六贼"，宋钦宗"于是议遣聂山为发运使，密图之，山请诏书及开封府使臣数十人以行"。李纲在口奏时，引唐肃宗"欲发李林甫墓"的历史典故进谏，建议"不若罢山之行，显谪童贯等，乞道君去此数人者，早回銮舆，可以不劳而事定"，制止了聂山之行。[4]宋徽宗"自镇江府回銮，次南都（南京应天府），徘徊不进，欲诣亳州上清宫烧香，及取便道如西都（西京河南府）"。宋钦宗"以为忧。又每有书至，必及朝廷改革政事，又批：'太皇后当居禁中，出入正门。'于是喧传且有垂帘之事"[5]。

宋钦宗于是在三月初，命"门下侍郎赵野充道君太上皇帝行宫奉迎使"[6]。但宋徽宗"回次南都，不进，批：'吴敏、李纲，令一人来！'莫晓（圣）意，皆言事且不测"[7]。李纲口奏宋钦宗说："所以欲臣及吴敏来，无他，欲知朝廷事耳。吴敏不可去陛下左右，臣愿前去奉迎。如蒙道君赐对，臣具条陈自围城以来事宜，以释两宫之疑，决无他虑。"宋钦宗最初不同意，经李纲"力请之，乃听"。于是李纲在三月十七日启程。[8]

李纲本着古儒家的忠孝之道，决计在两宫父子之间释嫌言欢。经过他

---

1. 《朱子语类》卷130。
2. 《宋史》卷472《蔡翛传》，《东都事略》卷101《蔡攸传》，《蔡翛传》。
3. 《要录》卷91绍兴五年七月己亥。
4. 《梁溪全集》卷172《靖康传信录》中。
5. 《梁溪全集》卷83《奉迎录》。
6. 《靖康要录笺注》卷3靖康元年三月七日，《会编》卷43作五日辛未。
7. 《会编》卷44引李纲《传信录》，《梁溪全集》卷172《靖康传信录》中，文字稍异。
8. 《梁溪全集》卷83《奉迎录》。

的努力释疑，宋徽宗取出自己所写的一份道教青词，命他转交宋钦宗：

奉行玉清神霄、保仙元一、六阳三五、璇玑七九、飞元大法、都天教主：臣（佶）诚惶诚恐，顿首顿首，再拜上言高上玉清、神霄九阳、总真自然金阙下，臣曩者君临四海，子育万民，缘德菲薄，治状无（效，致）干戈并兴，弗获康靖。以宗庙社稷、生民赤子为念，已传大宝于今嗣圣。庶几上应天心，下销兵革。所冀退迩归顺，宇宙清宁，而基业有无疆之休，中外享升平之乐。如是兵贼偃戢，溥率安康之后，臣即甘心守道，乐处闲寂。愿天昭鉴，臣弗敢妄（言）。若将来事定，复有改革，窃伺旧职，获罪祸大。已上祈恳，或未至当，更乞重降灾咎，止及眇躬。庶安宗社之基，次保群生之福，五兵永息，万国咸宁。伏望真慈特赐省鉴，臣谨因神霄值日功曹，赍臣密表一通，上（诣）神霄、玉府、玉清（三府）引进仙曹，伏（俟）告报。臣诚惶诚恐，顿首顿首，再拜以闻。[1]

显然，迷信道教的宋徽宗向虚幻的玉皇大帝，即所谓"玉清神霄、保仙元一、六阳三五、璇玑七九、飞元大法、都天教主"，"上言高上玉清、神霄九阳、总真自然金阙下"，表示忏悔和设誓，是真诚的；而他托李纲转交此件文字的目的，是请长子安心，自己决无复辟之念。三月二十五日，李纲回京面奏，宋钦宗也感觉高兴，下御批说："览来奏，知卿奏对之语，忠义焕然，朕甚嘉之。途中劳神不易，上皇袖中小字数事，可先次封进。"[2]

二十七日，宰执们讨论太上皇回宫的礼仪。不料耿南仲突然横生枝节，"建议欲尽屏道君左右内侍，出榜行宫，有敢入者斩。先遣人搜索，然后车驾进见"。李纲自然按照臣子的直道，表示反对："车驾行幸，自有常法，有视皇城门者，有视宫殿门者，用各不同。不若止依常法，不必如此，示之以疑，必欲过为之防，恐却有不可防者。"耿南仲引用儒家经典："《易》曰：'或之者，疑之也。'虽圣人有所不免。"李纲立即斥

---

1. 《梁溪全集》卷83《道君太上皇帝御制青词一首》，《靖康要录笺注》卷4靖康元年三月二十日，《会编》卷44引李纲《传信录》，文字稍异。
2. 《梁溪全集》卷83《渊圣皇帝御笔宣谕一首》。

责说:"耿南仲当以尧、舜之道辅陛下,而其人暗而多疑,所言不足深采。"宋钦宗听后,"笑之",而耿南仲"怫然,怒甚",这是耿南仲与李纲结冤之始。[1]

宰执"再召对于睿思殿",耿南仲又对李纲发起突然袭击,口奏说:"臣适遇左司谏陈公辅于对班中,公辅乃二月五日为李纲结构士民伏阙者,岂可处谏职,乞送御史台根治。"谏官陈公辅是支持李纲者,耿南仲发此言的目标,当然决非针对陈公辅,而是要将李纲与陈公辅打成朋党。李纲也只能立即回应:"臣适与南仲辩论于延和殿,实为国事,非有私意。而南仲衔臣之言,故有此奏。伏阙之事,陛下素所鉴察,臣不敢复有所辩。但臣以非材,冒处枢辅,仰荷特达之知,未能有所补报。区区素志,欲俟贼骑出疆,道君銮舆还阙,然后求归田庐,臣之愿也。今南仲之言若此,臣岂敢留,愿以公辅事送有司,臣得乞身待罪。"宋钦宗表面上取调和态度,说:"伏阙士庶以亿万计,如何结构?朕所洞知,卿不须如此。"[2]又亲自写手诏说:"乃者房在近郊,士庶伏阙,一朝仓猝,众数十万,忠愤所激,不谋同辞,此岂人力也哉!不悦者造言,何所不可,故卿不自安。殊不知,朕深谅卿之不预知也!"经他再三挽留,李纲只得留任。[3]

宋钦宗虽挽留李纲,他说的话其实是口不应心。《胡澹庵先生文集》卷23《龙图阁学士广平郡侯程公墓志铭》记载他与谏官程瑀的一段对话:

钦宗曰:"二人(余应求、陈公辅)相与为党,向日伏阙,盖二人倡之。"公曰:"伏阙数千人,二臣时为馆职,恐不能鼓唱。"钦宗曰:"耿南仲亲见。"公曰:"臣闻方士庶伏阙,二人入局,为众要留,南仲宣谕圣旨之时,却得公辅转谕众人。"钦宗曰:"南仲殊不如此说。"公曰:"陛下既以南仲之言为然,便当以鼓唱伏阙罢斥,不当因其事,指为观望。且南仲以其人为有此事,当其初除谏官,不奏白,何也?"

足见他对士民伏阙上书的爱国运动耿耿于怀,其内心仍对李纲,甚至

---

1. 《梁溪全集》卷83《奉迎录》,卷173《靖康传信录》下。
2. 《梁溪全集》卷173《靖康传信录》下。
3. 《梁溪全集》卷45诸奏及《亲笔手诏》。

连带对支持李纲的台谏官，如余应求、陈公辅、程瑀等人，充满了猜忌；相反，对耿南仲的谗言却是正中下怀。

尽管宋钦宗并未采纳耿南仲之议，而当迎接宋徽宗回京后仅四日，便将耿南仲由尚书左丞升任门下侍郎。[1]宋徽宗回住大内之北的龙德宫，事实上却又处于一定程度的软禁状态。[2]这表明宋钦宗的心胸狭隘，也确实信从耿南仲之流的离间，"信如蓍龟，敷奏之语，盖未尝不从也"[3]；而李纲以直道事君，其实是失败的。时任侍御史的李光上奏规劝说："耿南仲为东宫官，辅导陛下十有余年，此腹心之臣也。虽甚愚陋之人，莫不知之。而李纲敢与抗论。诋评其短。此其疏率无谋可知矣，而谓怀奸以事陛下。则非也。"[4]

## 第四节　乃尔艰国步　著力事撑拄

"金狄退师以来，朝廷搢绅上恬下嬉，幸于无事，恃以为安"[5]，"文恬武嬉，偷取安逸"[6]。然而在事实上，宋朝自然面临着盛夏过后，金军再次南侵的严重威胁。李纲最关心者，自然是割让太原、中山与河间三镇，还有秋冬的防御问题，他上奏说：

---

1. 《宋史》卷23《钦宗纪》。
2. 王曾瑜：《宋徽宗和钦宗父子参商》，载《丝毫编》，河北大学出版社，2009年。
3. 《历代名臣奏议》卷183邓肃奏，《栟榈先生文集》卷12《辞免除左正札子》第五。
4. 《庄简集》卷9《乞假借台谏委任大臣札子》，《历代名臣奏议》卷141。
5. 《襄陵文集》卷6《论战》。
6. 《梁溪全集》卷150《论立国在于足兵》。

臣与李邦彦等廷争，以为宰相当往，而亲王不可往；归朝官当与，而三镇之地不可与；金银物帛之数，当量力以畀之，不然，后且有悔。当时议论与群臣不合，因再拜丐罢，蒙陛下厚恩，抚慰再三，俾专治兵，时方艰难，故不敢力请。至于誓书之类，并不与闻。然犹力留三镇之诏，以待勤王之师，俟其大集，因欲以将帅之意，檄军前以改誓书。既而姚平仲妄作，小衄，臣亦罢黜，而三镇之诏遂行。方今金人退师已远，挟质以往，必期于得地而后已。

如三镇果下，则异时河北、河东必不能守，密迩畿甸，宗社可忧。万一三镇为朝廷固守不下，彼必挟亲王以行，陛下手足之爱，何以为怀？由是观之，当时计议、奉使之臣，得不深罪？自金人渡河后数日，方遣兵防托，不复尾击，盖以亲王之故。然而金人本约亲王至河而返，今已爽约，又沿路屠戮，横尸满野，则和议盟约已不可守。异时既得三镇，别求衅端，不旬日而至城下，其患岂浅浅哉！

他请求不割让三镇，"当今急务，无大于此。愿下臣章，令在廷之臣集议，择其所长而施行之"[1]。他又在四月初上奏说："金人退师，交割三镇，三镇官吏、军、民，不肯陷没夷狄，其势必为朝廷坚守。天时寖热，而虏有辎重之累，必不能久留，当即出疆。臣恐秋高马肥，虏必再至，以责前约。及今宜饬武备，修边防，勿恃其不来，当恃吾有以待之。"并为宋钦宗"条具所以备边御敌者，凡八事"[2]。此外，李纲另在五月为宋钦宗起草致金太宗国书，指斥金军"还师渡河，劫质肃王，已复渝约"，"肆为淫暴，屠戮良民，系累妇女，焚荡室庐，不可胜计"。强调"缘是之故，三镇之民，皆出死力，为国坚守，虽朝廷号令，有所不从，此乃军前失信之所致也"。但宋钦宗显然不敢发此口气强硬的信件。[3]

三月初，宋钦宗任命徐处仁为太宰，唐恪为中书侍郎，何㮚为尚书右

---

1. 《梁溪全集》卷43《乞议不可割三镇札子》，《宋朝诸臣奏议》卷142《上钦宗乞廷议守御四事》。

2. 《梁溪全集》卷46《（进）备边御敌八事》，卷173《靖康传信录》下，《宋朝诸臣奏议》卷142《上钦宗论备边御敌八事》，《历代名臣奏议》卷333，《会编》卷45，《宋史》卷198《兵志》。

3. 《梁溪全集》卷33《与大金国书》，而《大金吊伐录》不载。

丞，许翰为同知枢密院事。徐处仁"言论初与吴敏、李纲合"，他也反对"捐三镇"[1]。许翰字崧老，他大约比李纲大二十多岁，力主抗金，与李纲同心同德。李纲又特别上奏说：

> 臣朴野，无所取材，自蒙陛下委任，力守三镇不可割之议。区区赤心，始终一节，不顾谤尤者，诚谓祖宗土地，虽尺寸难以与人。倘必割之，无以立国。[2]

宋钦宗也对割让三镇后悔，便于三月中"诏河北三帅，固守三镇"[3]。宋钦宗又另外致信完颜斡离不（宗望）说："太原、中山、高阳三镇，虽限大河，不远京邑。其间有远祖陵城、太宗祠宫，在于子孙，忍不保守？高阳一带税赋，旧已收在纳银绢数中，今复重割疆封，非敢有爱，惟河外人民，不安生业，其间亲戚，境土相邻，一有往还，动干盟誓。所忧小事，驯致大愆，今欲更增岁输银绢，以代三镇租赋。"[4]另一信则请求放还肃王："比遣肃王，饯送还师，期渡大河，即令先返。今闻行李已过邢、赵，夙夜溪望，未闻还音。又闻肃王乍践履跋涉，寝食失时，宜近药饵，手足之爱，实切于心。今差使人躬诣和门，恳寻前约，早使还归。谅守盟言，必无留滞。今遣王雲、曹曚充奉迎肃王使、副。"[5]

金军南侵，无非要吞灭宋朝，并无信约可言。正如前引李纲所说："本约亲王至河而返，今已爽约，又沿路屠戮，横尸满野，则和议盟约已不可守。"当然，宋钦宗既悔前约，也必定成为金军再次南侵的藉口。

此外，宋廷还企图策反辽朝降金的耶律余睹，他任金朝元帅右都监。[6]耶律余睹时在金西路军中，"因使者萧（仲恭、赵）伦等来，使达意于中国，欲援立耶律氏，且为内应"。宋朝"邢倞、张扙馆伴，得其言，奏闻"。宋钦宗召集宰执集议，参加者有宰相徐处仁和吴敏，知枢密院事

---

1. 《宋宰辅编年录校补》卷13，《宋史》卷371《徐处仁传》。
2. 《梁溪全集》卷46《乞措置三镇札子》。
3. 《靖康要录笺注》卷4靖康元年三月十六日，《会编》卷43。
4. 《大金吊伐录》上《宋主遣计议使副书》（乞免割三镇更增岁币等事）。
5. 《大金吊伐录》上《又乞放肃王书》。
6. 《金史》卷3《太宗纪》，卷133《耶律余睹传》。

李纲、门下侍郎耿南仲、中书侍郎唐恪、尚书右丞何㮚与同知枢密院事许翰，大家都表示赞同，[1]特别是"宰相徐处仁、吴敏共议""结余睹"[2]。今存有宋钦宗以"大宋皇帝"名义，"致书于左金吾卫上将军、元帅右都监耶律太师"的信，发于当年四月，最后说"已令萧仲恭、赵伦面道委曲"[3]。金方记载为"宋人意（萧）仲恭、耶律余睹皆有亡国之戚，而余睹为监军，[4]有兵权，可诱而用之，乃以蜡丸书令仲恭致之余睹，使为内应。仲恭素忠信，无反复志，但恐宋人留不遣，遂阳许。还见宗望，即以蜡丸书献之。宗望察仲恭无他，薄罚之"[5]。双方记载有异，耶律余睹表示愿与宋朝勾结，也有可能是金方的一个圈套。但在金强宋弱的形势下，策反之计当然是不高明的，反而为金军再次攻宋提供了另一个口实。后宋高宗指责李纲"听邢惊言，遂结余睹"[6]，当然出于其降金而污蔑李纲之政治需要。又如李纲后来在给吴敏信中说："余堵之事，乃敌国兵家之常。当时佥议以为虽泄亦无害者，正欲间之，使燕人德我，而金人疑燕。"[7]

当时由李纲和许翰负责掌管军事的枢密院，照理说，是有利他们在军事上的部署。但是，在此危难时刻，是由皇帝与宰执共议军国大计，他们就根本不能全权处置军事。李纲提出的八条建议，包括"建为藩镇"，"复祖宗监牧之制"养马和括马，整治沿边塘泊和河北、河东城池，免三镇赋税，籴买粮草，改变解池盐法充军需等，其中最重要者是武装民众：

自熙、丰以来，籍河北保甲凡五十余万，河东保甲凡二十余万。比年以来，不复阅习，又经燕山、云中之役，调发科率，逃亡流移，散为盗贼。今所存者，犹及其半。宜专遣使团结训练，令各置器甲，官为收掌，用印给之，蠲免租赋，以偿其直。武艺精者，次第迁补，或命之官，以激劝之。彼既自保乡里、亲戚、坟墓，必无逃逸。又平时无养兵之费，有事

---

1. 《梁溪全集》卷82《辩余堵事札子》。
2. 《要录》卷1。
3. 《大金吊伐录》上《黄绢间谍结构书》，《会编》卷58《靖康要盟录》。
4. "监军"系误，当作"都监"。
5. 《金史》卷3《太宗纪》，卷82《萧仲恭传》。
6. 《要录》卷27建炎三年闰八月乙酉。
7. 《梁溪全集》卷112《怀泽与吴元中别幅》。

无调发之劳,此最策之得者。[1]

李纲认为,宋军腐败,并无斗志,往往战则"逃逸",组织民兵,"自保乡里、亲戚、坟墓","无养兵之费","此最策之得者",激发民兵保家卫国的热情,抵抗强敌,当然是高明的主意。但宋钦宗"俾宰执同议,而其间所论异同","虽委提举官遵旧制,教阅上户保甲三分之一,而遣使尽行团结训练,置器甲之议不行"。李纲的八条建议,或颇打折扣,或搁置不行。"道君还宫之后,朝廷恬然,遂以为无事","防边御寇之策,反置而不问",李纲"窃私忧之"[2]。宋朝统治阶级大抵鼠目寸光,河北与河东的官员根本就不看重武装民众,其中似只有一人例外,并卓有成效,这就是宗泽,可惜他仅是一小州之长,容后面再述。

无可奈何的李纲又与许翰商量,企图利用他们主掌的枢密院事权,部署军务,"调发防秋之兵",包括各地系将和不系将禁兵,巡检司的土兵,还有民兵和保甲。又"乞降旨,在京许监察御史以上,在外监司、郡守、帅臣各荐材武智略大、小使臣,枢密院籍记姓名,量材录用"。"又建议以为在京马、步军十余万,隶于三衙,近年不复教阅,士卒骄惰,缓急用之,旋差将佐、统领,兵将不相识,难以责成功。乞自枢密院选差大、小使臣,分四壁教阅,因勒成部伍,以备缓急"。主管殿前司的王宗濋"素骄贵,不能任事","骄慢无识"[3],却依仗自己是皇帝的"母党"。李纲和许翰似乎已看出端倪,打算由枢密院直接插手和整顿三衙所统的在京禁军,部署开封城防。宋钦宗"上初可之,已而殿帅王宗濋等以为侵紊,非祖宗制"。的确,从宋朝的枢密院和三衙互相牵制的祖宗之法看,也确有"侵紊"之嫌,然而李纲和许翰却是在非常时期的特别措施。此类措施都被皇帝和三省所否决,"诏罢之"。李纲至此只能"窃叹,知事之难成也"[4]。

---

1. 《梁溪全集》卷46《进备边御敌八事》,卷173《靖康传信录》下,《宋朝诸臣奏议》卷142《上钦宗论备边御敌八事》,《历代名臣奏议》卷333,《会编》卷45。
2. 《梁溪全集》卷173《靖康传信录》下。
3. 《会编》卷28,卷65。
4. 《梁溪全集》卷173《靖康传信录》下。

## 第五节　太原之殇

从北宋中期到后期的军事体制，河东设河东路经略安抚司，以太原知府兼任，河北划分为四个军事管辖区，前沿的高阳关路安抚司，以河间知府兼任，中山府路安抚司，以中山知府兼任，稍后的大名府路安抚司，以大名知府、北京留守兼任，真定路安抚司，以真定知府兼任。五个军事管辖区的安抚使或经略安抚使兼马步军都总管，一般以文臣知府充任，而对军区内的武将实行以文制武。童贯的宣抚司本来设在太原府，他逃回开封后，河东路经略安抚司由太原知府张孝纯充任，另有武将侍卫亲军马军副都指挥使、镇西军承宣使王禀为副。由于三镇守臣仍然守卫，宋钦宗特命"知中山府（今河北省定州市）詹度为资政殿大学士，知太原府张孝纯、知河间府（今河北省河间市）陈遘并为资政殿学士"，王禀升建武军节度使。[1]资政殿大学士和学士是执政级，而节度使又是武将晋升的"极致"[2]，可知赏功之厚。

完颜斡离不（宗望）所率金东路军回避不少城市的攻坚战，直下开封城外，待退兵之后，中山府和河间府一时暂无多少敌情。唯有太原府城，自宣和七年十二月，即被完颜粘罕（宗翰）所率金西路军所包围。[3]太原城中，其实主要还是依仗王禀，虽然无力出战，却部署死守"金人攻太原，

---

1. 《宋史》卷23《钦宗纪》靖康元年三月、六月。
2. 《宋史》卷162《职官志》，卷474《贾似道传》。
3. 《宋史》卷23《钦宗纪》，《金史》卷3《太宗纪》。

筑长城围其外,用云梯、砲石、鹅车、洞子,分道并力攻冲"[1]。王禀"总守御,以死拒寇。城中食尽,至煮弓、弩、马甲,取筋皮充粮。虽粘罕尽锐攻之,自十二月至七月,不能陷也"[2]。

二月下旬,宋钦宗"命种师道为河北、河东宣抚使,驻滑州,而以姚古为制置使,总兵以援太原,以种师中为制置副使,总兵以援中山、河间诸郡"。四月,又以"种师道加太尉,同知枢密院事,河北、河东路宣抚使"[3]。然而在事实上,种师道并未全权处置救援太原。他"屯滑州,实无兵自随。师道请合关、河卒,屯沧、卫、孟、滑,备金兵再至。朝论以大敌甫退,不宜劳师以示弱,格不用"[4]。由此可见,种师道虽任总指挥,其实未到前沿,而前沿出战,实有种师中和姚古两军,又分别有河北与河东不同的战区。

宣和末,当完颜粘罕(宗翰)初攻太原时,"河东名将"、知朔宁府(今山西省朔州市)孙翊奉命救援,有人提出:"不若引兵北捣云中,彼之将士室家在焉,所谓攻其所必救也。"这当然围魏救赵的高明之策,而孙翊不采纳,他说:"此策固善,奈违君命。"他引兵南援太原的结果,则是后方朔宁府被攻陷,而本人又战死太原城下,"身死军覆"[5]。显然,孙翊虽为名将,仍被宋朝保守的军事传统所束缚。

宋朝的军事传统就是分兵分权,特别在面临战斗力强的对手,其实是兵家之忌。种师中一路出兵,而"大臣立议矛盾,枢密主破敌,而三省令护出之"。此种矛盾当然是李纲和许翰为一方,而徐处仁等为另一方,最终是完颜斡离不(宗望)全师而还,种师中算是将金军"逐出境"。姚古一路于三月下旬收复隆德府(今山西省长治市)和威胜军(今山西省沁县),"扼南、北关,而不能解围,于是诏师中由井陉道出师,与古掎角"[6]。

---

1. 《会编》卷52《(中兴)遗史》。
2. 《靖康要录笺注》卷9靖康元年七月十日。
3. 《梁溪全集》卷172《靖康传信录》中,《靖康要录笺注》卷3靖康元年二月二十五日,《宋史》卷23《钦宗纪》。各书记载有所差异,估计《靖康传信录》较准确。
4. 《宋史》卷335《种师道传》。
5. 《会编》卷23,卷25,《宋史》卷446《孙益传》。按孙益即孙翊,可能是元人修《宋史》者避家讳而改。
6. 《宋史》卷335《种师中传》,卷349《姚古传》。

前面说过,种、姚两家都是陕西世将,互不相下,结果无非是不能协同。时值夏季,照理是女真人休兵避暑之际。据金方记载,三月,"(完颜)银术可围太原,宗翰还西京(大同府)"[7],其实就是回今山西大同市一带避暑,留下人马应不多。依宋方记载,完颜粘罕(宗翰)"以暑渡井陉,会西山之师于云中,所留兵皆分就畜牧。觇者以为兵散将归,告于朝廷。本兵臣信之,从中督战无虚日,使者项背相望"[8]。姚古"及种师中闻虏兵少,不知其诈也。于是各率兵数万,约古出河东,师中自河北,日行四十里,赴太原。古至威胜军。师中虑古先到成功,乃日行八十里。虏谍知,以轻兵拒险,使古不得进,以重兵迎师中"[9]。

　　尽管完颜粘罕(宗翰)尚在北方大同府避暑,金方在太原一带兵力不多,但金将完颜银术可等仍骁勇善战,指挥有方。据金方记载:"及宗翰还西京,太原未下,皆命银术可留兵围之。招讨都监(耶律)马五破宋兵于文水。节度使耿守忠等败宋黄迪兵于西都谷,所杀不可胜计。宋樊夔、施诜、高丰等军来救太原,分据近部,银术可与习失、盃鲁、完速大破之。索里、乙室破宋兵于太谷。宋兵据太谷、祁县,阿鹘懒、(完颜)拔离速复取之。种师中出井陉,据榆次,救太原,银术可使斡论击之,破其军。(完颜)活女斩师中于杀熊岭。进攻宋制置使姚古军于隆州谷,大败之。""五月辛未,宋种师中以兵出井陉,癸酉,完颜活女败之于杀熊岭,斩师中于阵。是日,(完颜)拔离速败宋姚古军于隆州谷"[10]。黄迪军之败,宋方也有记载,为另一路援军偏师。[11]樊夔、施诜、高丰等援军,则宋方并无记载。

　　此次失败的关键,当然是种师中一路。宋方记载称"枢密许翰怒其不进,檄书一日六、七,至有'逗留玩敌'之语,且责必解围太原赎罪"[12]。"师中叹曰:'逗挠,兵家大戮也。吾结发从军,今老矣,忍受此为罪

---

7. 《金史》卷3《太宗纪》。
8. 《靖康要录笺注》卷7靖康元年五月十二日,"渡井陉",《续通鉴长编纪事本末》卷145《金兵下》作"度隰"。按隰州在河东路之西,今山西隰县,而井陉县在河东路以东,属河北路真定府。
9. 《会编》卷46《林泉野记》。
10. 《金史》卷3《太宗纪》,卷72《活女传》,《银术可传》,《拔离速传》。
11. 《会编》卷46,《靖康要录笺注》卷9靖康元年七月十三日。
12. 《会编》卷47。

乎！'即日办严，约古及张灏俱进，辎重赏犒之物，皆不暇从行"[1]。后来对许翰的劾奏和处罚，也指责他"懦弱寡谋，而好谈兵，辄以逗挠不进，移文督责，令出师以赎过。师中素刚，不受迫促，翰从中制之，所不能堪，忘其万死，以决一战，卒至败绩"[2]。但朱熹却持另外看法，"种师中赴敌而死，则以为迫于许翰之令。不知二事俱有曲折"。"师中之死，亦非翰之故。按《中兴遗史》云：'河北制置副使种师中军真定，进兵解太原围。去榆次三十里，金人乘间来突。师中欲取银赏军，而辎重未到，故士心离散。又尝约姚古、张灏两军同进，二人不至。师中身被数创，裹创力战，又一时死之。朝廷议失律兵将，中军统制官王从道朝服而斩于马行市。'脱如所书，则翰不度事宜，移文督战，固为有罪。师中身为大将，握重兵，岂有见枢府一纸书，不量可否，遂忿然赴敌以死！此二事盖出于孙觌所纪，故多失实"[3]。

事实上，既然完颜粘罕（宗翰）在北方避暑，金军留在太原的兵力不多，又不耐暑势，这确是一个用兵机遇，李纲，特别是许翰"从中督战无虚日"，并不能说是不对。问题在于宋军的素质和种师中的指挥。刘韐上奏说：

榆次之战，顷刻而溃，统制、将佐、使臣走者十已八九，军士中伤，十无一二。独师中不出。若谓师中抚御少恩，纪律不严，而其受命即行，奋不顾身。初闻右军战却，即遣应援，比时诸将已无在者。至贼兵犯营，师中犹未肯上马。使师中有偷生之心，闻败即行，亦必得出一。时将佐若能戮力相救，或可破敌。今一军才却，诸将不有主师，相继而遁。[4]

这是军队的腐败，一触即溃，将士各自逃生。张汇《金虏节要》说：

金人围太原，多于汾、潞两路，以拒王师。盖王师时在汾、潞也。不谓师中由平定出关，一旦去太原不远一舍，贼众惊惶，谓自天而下。师

---

1. 《宋史》卷335《种师中传》，《续通鉴长编纪事本末》卷145《金兵下》。
2. 《宋会要》职官78之34，《靖康要录笺注》卷10靖康元年九月三日。
3. 《朱子语类》卷130。
4. 《宋史》卷193《兵志》。

中所失者,既不能乘其不意,攻其无备,以破之。则当急趋太原,薄城而垒,与张孝纯、王禀之军相为表里。彼贼以粘罕之徒远去,而王师已到太原,必不敢越太原重兵,拒汾、潞之师也。由是汾、潞之师自可进至太原,则太原之解必矣。而师中至是自谓孤军深入,复怀怯惧,回趋榆次,为娄室所冲,大败,死之。[1]

这是种师中离"太原不远一舍",却又"复怀怯惧,回趋榆次"之失策。此外,姚古一军不能及时赶到战场,又是一误。黄友是种师中的参谋官"同种师中解太原围。友遣兵三千夺榆次,得粮万余斛。明日,大军进榆次,十里而止。友亟白师中:'地非利,将三面受敌。'论不合,友仰天叹曰:'事去矣!'迨晓,兵果四合,矢石如雨,敌益以铁骑,士卒奔溃。敌执友,谓曰:'降则赦汝。'友厉声曰:'男儿死耳!遂遇害"[2]。这又是种师中不听黄友劝告,而失地利。种师中最终"率麾下死战,自卯至巳,所余才百余人,身被数枪,裹疮力战。又一时而死之,年六十八"[3]。这员老将的战死,更给宋军以重大心理打击,史称"师中老成持重,为时名将,诸军自是气夺"[4]。

另一路姚古军,"金人进兵,迎古遇于盘陀,王师皆溃",则是不战而溃。他退军隆德府和威胜军,裨将焦安节虚传完颜粘罕(宗翰)"将至,众惊溃"。姚古后受御史中丞陈过庭弹劾,列举他治军和用兵的各种劣迹,"坐拥兵逗遛,贬为节度副使,安置广州"。李纲为严明军纪,"召安节,斩于琼林苑"[5]。

如前所述,种师道初援开封时,他对战争还是有信心的。经历此次战败,他也失去了信心,他"驻滑州,以老病乞罢"[6],先后被宋廷两次召

---

1. 《会编》卷47。
2. 《宋史》卷452《黄友传》。
3. 《会编》卷47。
4. 《宋史》卷335《种师中传》。
5. 《靖康要录笺注》卷8靖康元年六月二十六日,二十七日陈过庭奏,《会编》卷47,卷49,《皇朝编年纲目备要》卷30,《宋会要》职官69之25,《宋史》卷23《钦宗纪》,卷349《姚古传》。
6. 《靖康要录笺注》卷7靖康元年五月十二日,《皇朝编年纲目备要》卷30。

还。种师道"度知虏情,必大举入寇,即疏请驾幸长安,以避其锋。守御战斗之事,本非万乘所宜,任责在将帅可也"[1]。当年十月,种师道病逝,享年七十六岁。他在临死前的另一项重要的谋划和部署,是在开封集结重兵,而"唐恪、耿南仲专务讲和",他们伙同后任同知枢密院事的聂昌,"以文止陕西、南道之兵"[2]。从当时的军事形势看,宋军步兵在野战中根本无法与女真骑兵对抗,但如能按李纲和许翰早先的部署,或是种师道生前的部署,抢在金军之前,大兵先入开封城,城防形势当然会有改观。宋钦宗虽然也给种师道委以重任,但对他提出的若干关键性的谋划和决策,却一条也不能用。及至后来开封城破,宋钦宗恸哭,说:"朕不用种师道言,以至于此!"[3]岂不为时太晚。

以下必须先说一下门下侍郎耿南仲在当时所起的特殊恶劣作用。他"自以东京(宫)旧臣,谓首当柄用,而吴敏、李纲越次而进,位居其上,南仲(积)不平。因每事异议,专排斥不附己者。时纲等谓虏不可和,而南仲主和议甚坚"[4],是个标准的投降派。后来邓肃上劾奏说,"自靖康以来,有专主和者,耿南仲与其子延禧是也"。"今日割三镇,明日截黄河,自谓和议可必无患,凡战守之具,若无事于切切然者",而宋钦宗却"信如蓍龟"[5]。他无疑在朝廷里有很大的势力,史载中书侍郎唐恪"附耿南仲,排李纲,专主和议",后另有聂昌"附耿南仲,取显位"[6],耿南仲"凡与己不合者,即指为朋党","唯以恩雠相报"[7],他力主"趣李纲往救河东"[8]。正如邓肃所论:"靖康间,李丞相与耿门下之所争者,

---

1. 《会编》卷60折彦质撰种师道行状,《宋史》卷335《种师道传》,《宋宰辅编年录校补》卷13。
2. 《会编》卷65。
3. 《会编》卷60和本卷种师道行状,《宋史》卷335《种师道传》,《宋宰辅编年录校补》卷13。
4. 《宋宰辅编年录校补》卷14引《拜罢录》,《宋史》卷352《耿南仲传》。
5. 《历代名臣奏议》卷183邓肃奏,《栟榈先生文集》卷12《辞免除左正札子》第五。
6. 《会编》卷83,《宋史》卷353《聂昌传》。
7. 《宋史》卷435《胡安国传》,《斐然集》卷25《先公行状》,《会编》卷66《靖康小录》。
8. 《宋史》卷352《耿南仲传》。

又不特是非、治、乱安危而已，其存亡所系乎！"[1]

太宰徐处仁与少宰吴敏大体还是主战者，但两人显然在危难时期没有充当主心骨的器质，而彼此又很快发生龃龉，不能共事。徐处仁"寻亦有异议，尝与敏争事，掷笔中敏面，鼻额为黑"[2]。

耿南仲对李纲的积怨，乘着初援太原的失败，有了一个发泄和报复的机会。耿"南仲等以纲坚执异议，决于用兵，乃曰：'方今欲援太原，非纲不可。宜以纲为宣抚使。'上欲用纲，召对睿思殿，谕所以欲遣行者，纲自陈：'书生不知兵，在危城中，不得已为陛下料理兵事，实非所长。今使为大帅，恐不胜任，且误国事，死不足以塞责。'上不许"，任命李纲为河北、河东路宣抚使。[3]另一记载说，耿南仲"与徐处仁、唐恪嫉李纲胜己，同力挤排，奏上云：'李纲要举兵，只遣李纲去。'上曰：'种师道可遣，恐李纲不能兵。'唐恪奏上曰：'火到上身，自拨，但责以成功，纲须自去。陛下切不可听其避免。'"[4]正如宋人的评论，他们明知"太原不可救，特以纲主战，故出之耳"[5]。

鲁迅先生曾讥刺说："往往不过是将败落家族的妇姑勃豀，叔嫂斗法的手段，移到文坛上。喊喊嚷嚷，招是生非，搬弄口舌，决不在大处着眼。这衣钵流传不绝。"[6]其实，自古迄今的政坛又何尝不是如此。如耿南仲之流，还不是将妇姑勃豀、叔嫂斗法的一套小聪明、小伎俩和小手腕，颇为得心应手地运用，而自鸣得意。特别是在国势危急时，不是和衷共济，共赴国难，居然还勇于和忙于内斗和私斗，以勾心斗角，玩弄机谋权术为快。不管国家存亡，百姓死活，自己不能成功，却必须破坏他人成功，自己不能救国，却必须阻止他人救国。真是一种"窝里斗"和"窝里横"的坏传统！真是可悲可叹，而又可怕的劣根性！从北

---

1. 《梅榈先生文集》卷14《与胡左司》，《困学纪闻》卷17。信中称"丞公"，据《宋史》卷370《胡世将传》，胡世将字承公。
2. 《宋史》卷371《徐处仁传》。
3. 《皇朝编年纲目备要》卷30靖康元年五月，《靖康要录笺注》卷8靖康元年六月三日，《宋会要》职官41之20—21。
4. 《会编》卷66《靖康小录》。
5. 《宋史》卷408《吴昌裔传》。
6. 《且介亭杂文末编·答徐懋庸并关于抗日统一战线问题》。

宋末的耿南仲，到南宋前期的黄潜善、汪伯彦、秦桧和汤思退。

李纲不得不上奏辞免，他说：

伏蒙陛下委以河北、河东两路重寄，臣自视阙然，恐不足以仰承委付之意。至于不避烦黩，力祈罢免，而眷属之厚，不容退避。见危致命，岂敢固辞，深惟国事之大，非小己私智所能独办。今其将行，愿受睿算与庙堂之成谋，使臣得以遵禀奉行，庶几有济。

夫用兵之道，虽临机制变，不可预计，然规摹大略，当须先定。今日之事，莫大于防秋，莫急于解太原之围。士大夫之献说者，不过和与战二策而已。金人留吾亲王、宰相以为质，屯重兵于太原，已半年矣。使者旁午，冠盖相望，而欲得三镇之意愈坚，和果可恃乎？种师中、姚古以十万之师，相继溃散，战果可必胜乎？和不可恃，则秋高马肥，贼骑侵轶，议者必以臣今日出师为致寇之端。战不可必胜，则万一将士或复有小衄，必又以臣为轻举误国。不知陛下睿算与夫庙堂之谋，所以授臣使防秋而解太原之围者，当决以何策而可也。前日和议，割三镇之失，至今为梗。今日之谋，倘或更有差误，则天下之势，有不可胜虑者矣。[1]

当时台谏官陈过庭、陈公辅、余应求等都看穿了耿南仲等人的用心，说："李纲儒者，不知军旅，将兵必败。"又说："纲忠鲠异众，为大臣所陷，他日成功亦死，败事亦死，不宜遣纲。使纲出，衄则太原失守，贻忧近甸，祸生不测，非计之善。"[2]作为李纲幕僚的张元幹，也向皇帝"陈以祸福利害"："榆次之败，特一将耳。未当遽遣枢臣，此卢杞荐颜鲁公使李希烈也，必亏国体。"[3]但宋钦宗不但听不进去，反而认为陈公辅、余应求等与李纲结党。李纲的力辞更引起宋钦宗的震怒，志同道合的许翰，至此不得不为李纲写了"杜邮"两字，[4]引用了秦将白起被赐死的典故。

---

1. 《梁溪全集》卷48《论宣抚职事第四札子》。
2. 《会编》卷48《中兴遗史》，《皇朝编年纲目备要》卷30靖康元年五月，《独醒杂志》卷7。
3. 《梁溪全集》附录三《张致政》祭文。
4. 《靖康要录笺注》卷8靖康元年六月三日，《会编》卷40《秀水闲居录》，《朱子语类》卷130。

李纲自述也承认此事："或谓余曰：'公知上所以遣行之意乎？此非为边事，乃欲缘此以去公，则都人无辞耳。公坚卧不起，谗者益得以行其说，上且怒，将有杜邮之赐，奈何？'余感其言，起受命"[1]。

许翰和其他人都明白，救援太原已经无望。耿南仲"中制河东之师，必使陷没"，只为"以伸和议之必信"[2]。至于宋钦宗，也不过是听信谗言，"乃欲缘此以去"李纲，"则都人无辞"。当时给李纲空名官告三千余道，李纲"只用三十一道"，五月间，只因命二人"赍御前蜡书，间道至太原，赏之"，补无品小武官进武副尉。但宋钦宗居然亲下御批说："惟辟作福，惟辟作威，大臣专权，浸不可长。"正如朱熹感叹说："如此，教人如何做事？"李纲不得不上辞职奏，而宋钦宗又下御批，"不可自疑，有骇众听"，"卿但安职，所乞不允"[3]。宋钦宗另有手诏说：

卿累贡封章，恳求去位，自陈危恳，甚骇予闻。乃者虏在近郊，士庶伏阙，一朝仓猝，众数十万，忠愤所激，不谋同辞，此岂人力也哉！不悦者造言，何所不可，故卿不自安。殊不知，朕深谅卿之不预知也。前日宰执、台谏沮师败谋，格塞公议，已悉罢逐。方今四海所愿，以为辅佐，多聚庙堂，朕于任贤勿贰，去邪勿疑，自以为庶几焉。卿其深体朕心，亟安厥位，以济国事。付李纲。[4]

朕信任卿，坚如金石。应一行事，朝廷岂能预先定得？卿可一切便宜施行。

李纲所到，如朕亲行。[5]

---

1. 《梁溪全集》卷173《靖康传信录》下。
2. 《历代名臣奏议》卷86胡寅奏，《要录》卷27建炎三年闰八月庚寅，《斐然集》卷16《上皇帝万言书》。
3. 《会编》卷199《林泉野记》，《梁溪全集》卷46《再乞罢知枢密院守本官致仕札子》，《第二札子》，《第三札子》，卷173《靖康传信录》下，《朱子语类》卷127。
4. 《梁溪全集》卷45《亲笔手诏》。
5. 《梁溪全集》卷48《亲笔宣谕三首》。

从书面上看，他对李纲似乎是"任贤勿贰"，事实上却心怀鬼胎。李纲"既受宣抚使命，以军马未办，量展行日"，宋钦宗即下御批："迁延不去，岂非拒命！"[1]真可谓是伴君如伴虎！李纲不得不又一次上奏辞免。他对皇帝说，"所以为人中伤，致上听不能无惑者，只以二月五日士庶伏阙事。今奉命出使，无缘复望清光"。"今臣以愚直，不容于朝，使臣既行之后，无沮难，无谤讒，无钱粮不足之患，则进而死敌，臣之愿也。万一朝廷执议不坚，臣自度不能有所为，即须告陛下求代罢去。陛下亦宜察臣孤忠，以全君臣之义"。他还为宋钦宗"道唐恪、聂山（昌）之为人，陛下信任之笃，且误国"。[2]后李纲在与吴敏的信中，也直抒胸臆，说：

其秋出师，固知堕（唐）恪计中，亦尝面道其详。然力辞而卒行者，非特迫于威命，如所谓杜邮之赐，势不得已，亦庶几立尺寸之功，以塞厚责。然后解兵归印，幅巾柴车，径返田庐，此素志也。[3]

前面说过，李纲在四月，与许翰以枢密院的职权，"条具调发防秋之兵"。然而至七月，李纲"已出宣抚，朝廷降旨，诏书所起之兵，罢去大半"，李纲又不得不"上疏力争"：

中国军政不修，（几）三十年矣。（阙）额不补者过半，其见存者，皆溃散之余，不习战陈。故令金人得以窥伺，既陷燕山，长驱中原，遂犯畿甸。来无藩篱之固，去无邀击之威。庙堂失策，使之割三镇，质亲王，劫取金帛以亿万计，驱虏士女，屠戮良民，不可胜数。誓书之言，所不忍闻，此诚宗社之羞，而陛下尝胆而思报者也。

今河北之寇虽退，而中山、河间之地不割，贼马出没，并边诸郡，寨栅相连，兵不少休。太原之围未解，而河东之势危甚，旁近县镇，皆为贼兵之所占据。秋高马肥，虏骑凭陵，决须深入，以责三镇之约，及金帛

---

1. 《梁溪全集》卷47《乞罢宣抚使待罪札子》，卷173《靖康传信录》下。
2. 《梁溪全集》卷173《靖康传信录》下。
3. 《梁溪全集》卷111《桂州与吴元中书·别幅》。

之余数。倘非起天下之兵，聚天下之力，解围太原，防托河北，则必复有今春之警。宗社安危，殆未可知。故臣辄不自揆，为陛下措画，降诏书，以团结诸路防秋之兵，大约不过十余万人，而欲分布河北沿边雄、霸等二十余郡，中山、河间、真定、大名、横海五帅府，腹里十余州军，沿河一带，控扼地分，翊卫王室，堤防海道。其甚急者，解围太原，收复忻、代，以捍金人、夏人连兵入寇。不知此十数万之众，一一皆到，果能足用，而无贼马渡河之警乎？

今臣被命出使，去清光之日未几，朝廷已尽改前日诏书调兵防秋之计。既罢峒丁，又罢刀弩手，又罢土兵，又罢四川、福建、广南东路将兵，又罢荆湖南、北路系将、不系将兵，而京西州郡，又皆特免起发。是前日诏书所团结之兵，罢去大半，不知金人聚兵两路入寇，将何以支梧？而朝廷何恃不留意于此也？……一岁两起天下之兵，中道而两止之，天下谓何？臣恐朝廷自此不复能取信四方，而将士解体矣！国之大事在戎，宗社安危所系，而且行且止，有同儿戏，臣窃痛之。[1]

李纲在六月二十五日出行，"以七月初抵河阳（今河南省孟州市南）"，"留河阳十余日，训练士卒，修整器甲之属，进次怀州（今河南沁阳市）"[2]。出朝之后，却又不得不特别忧心朝政和军备的变卦，上此奏议。

李纲为了整肃军政和军纪，斩前述虚报敌情，鼓动姚古退兵的裨将焦安节，"禁士卒不得扰民，有赶夺妇人钗子者，立斩以徇。拾遗弃物，决脊，黥配。逃亡捕获者，皆斩"。他也必须研究和考虑战术，认为"步不胜骑，骑不胜车，金人以铁骑奔冲，非车不能制之。有张行中者，献战车制度，两竿双轮，前施皮篱、枪、刃，运转轻捷，每车用甲士二十五人，执弓、弩、枪、牌之属，以辅翼之"。"行则为行阵，止则为营垒，平原可以驰逐，险阻可以控扼，士卒有所依，而铁骑不得以奔冲，其制甚

---

1. 《梁溪全集》卷48《论不可遣罢防秋人兵札子》，《宋朝诸臣奏议》卷142《上钦宗乞无罢防秋人兵》，《历代名臣奏议》卷222，卷333，《宋史》卷196《兵志》。
2. 《梁溪全集》卷173《靖康传信录》下。《梁溪全集》卷49《乞核实宣抚司见在军兵财物札子》则说："臣自六月二十七日，总师出国门，七月二十日，次怀州，八月二十一日，被受尚书省札子，召赴阙议事。任宣抚司职事，并在道涂，首尾五十馀日。"日期稍异。

精"。"结阵以行,铁骑遇之,皆退遁。造千余两,日肄习之,俟防秋之兵集,以谋大举"[1]。后李纲还专门上奏,说"靖康间献车制者甚众,独统制官张行中者可取",并介绍了具体的"造车之法"、"出战之法"和"布陈之法"[2]。为对付女真骑兵的纵横驰突,宋朝方面最初就是"宗泽、李纲有战车法",[3]这在北方平原地区肯定有效用,特别表现在后来宗泽抗金。

在名将种师中战死,姚古败归后,到底是何人为将才,李纲心中根本没有主意。他"被命宣抚河北、河东两路,辟置官属,如范世雄充参谋官,郭执中、王以宁充参议官,田亘、韩瑾、邹柄、詹大和充机宜,梁泽民、赵栩、赵戬、张叔献、陈汤求充干办(勾当)公事,张牧、黄锾、陶恢、张光等充准备差遣,不过十五六人,其余皆因种师道之旧。惟以何大圭为主管文字。使掌表章。而大圭文人轻俊,馆中士夫多不喜之"[4]。此外,幼弟李纶也在幕府中,李纲诗后来回忆说:"前年(河)内中秋月,玉帐初寒铁衣滑。羽书猝至不成眠,坐伴清光到明发。是时季弟在幕中,病隔纱窗共谈说。"[5] 李纲妻弟张焘在他任亲征行营使时,"辟焘入幕"[6]。聚集一批不懂军事的书生,就难免遭人议论。《朱子语类》卷131说:"李丞相不甚知人,所用多轻浮。"又说:"李伯纪(纲)丞相为宣抚使时,幕下宾客尽一时之秀,胡德辉(珵)、何晋之(大圭)、翁士特(挺)诸人,皆有文名,德辉尤蒙特顾。诸将每有禀议,正纷拏辩说之际,诸公必厉声曰:'且听大丞相处分!'诸将遂无语。看来文士也是误人,盖真个能者,未必能言。文士虽未必能,却又口中说得,笔下写得,真足以动人闻听,多至败事者,此也。"这可能有部分道理,但决不能

---

1. 《梁溪全集》卷173《靖康传信录》下,卷176《建炎进退志总叙》下之上,《靖康要录笺注》卷12靖康元年十一月十五日。
2. 《梁溪全集》卷62《乞教车战札子》,《历代名臣奏议》卷222。
3. 《宋史》卷197《兵志》。
4. 《梁溪全集》卷117《与秦相公第一书别幅》。此为南宋时避宋高宗赵构御讳,将勾当公事改名干办公事。关于李纲宣抚司幕僚名单,又见《会编》卷61《北记》,《靖康要录笺注》卷14靖康元年十二月二十九日,《要录》卷6建炎元年六月庚午。其他记载的名单与李纲自述不尽相同。
5. 《梁溪全集》卷20《中秋望月有感》。
6. 《宋史》卷382《张焘传》。

说，其幕僚都是轻浮无能之辈，有的人是与李纲志同道合，而相始终。此外，当时李纲并未任相，所谓"且听大丞相处分"之说，不确。但光是这些幕僚，"造谤者遂有聚轻脱于河内之语"[1]，真是人言可畏，众口铄金，特别是事情办不好，就更易被谗口所中，无非是给人随便泼脏水而已，自古如此。

李纲作为文臣，当然不能说其军事指挥高明，但有一点应是正确的。他"极为上论节制不专之弊，又分路进兵，贼以全力制吾孤军，不若合大兵，由一路进"。这表明他还是认真吸取上次种师中与姚古分兵，而被金军各个击破的教训。但事实上，"朝廷之议变矣"，又根本不容他统一指挥和部署，"宣抚司虽有节制之名，特文具尔"[2]，实际上是"使总兵于外，而又不使之得节制诸将"[3]。

宣抚副使刘韐、制置副使解潜、察访使张灏、勾当公事折彦质、都统制王渊、折可求等聚集隆德府会商，决定以七月二十七日分三路进兵。刘韐和王渊统军由平定军和辽州一路出战，解潜和折彦质统军由威胜军出战，张灏和折可求、张思正统军由汾州出战，而各"宣抚副使、制置副使、察访使、勾当公事，皆承受御前处分，事得专达，进退自如"[4]。

八月，正值秋高而弓劲马肥的时节，完颜粘罕（宗翰）"发自西京"大同府，[5]宋方称"粘罕大起云中路民兵之太原"[6]。按金朝方面记载，"宋张灏率兵出汾州，（完颜）拔离速击走之"，"（完颜）娄室等破宋张灏军于文水"[7]。"宋统制刘臻救太原，率众十万出寿阳，（完颜）娄室击破之，继败宋兵数千于榆次"[8]，这其实是指刘韐和王渊的一路人马。至于解潜和折彦质的一路人马，金方记载未有交代。另据宋方的一段概述：

---

1. 《梁溪全集》卷117《与秦相公第一书别幅》。
2. 《梁溪全集》卷173《靖康传信录》下。
3. 《梁溪全集》174《建炎进退志总叙》上之上。
4. 《梁溪全集》卷173《靖康传信录》下。
5. 《金史》卷76《宗翰传》。
6. 《会编》卷50。
7. 《金史》卷2《太宗纪》，卷72《拔离速传》。
8. 《金史》卷72《娄室传》。

八月初,(刘)韐兵先进,贼并兵御之,韐兵溃。而(解)潜兵与贼相遇于南、北关,搏战四日,杀伤相当。贼日增兵,潜军力不能胜而溃。平定、威胜之师皆逗留不进,潜、韐失利,溃散之兵蔽野而还,人人震恐。独(张)思正之兵在汾州,其众十七万,号曰百万,未出战。贼曰:"韐、潜既败,不足虑也。"乃驱妇女老弱守虚寨,以当平定、威胜之兵,而并其兵以御思正。思正出汾州,执(冀)景示众曰:"景,不坚守石岭关遁还者也。"斩之以徇。是月十五夜,贼于文水张饮以赏军,谍者以告思正,思正袭之,斩首数百,几获(李)嗣本,(嗣)本脱去。灏、思正以小捷之故,驰黄帜呼于中路曰:"汾州报捷!"州县欢声震地,曰:"我师胜矣!"或持酒席相庆曰:"皇帝圣慈,吾其见太平乎!"至有感泣挥涕者。十六日,思正出战,贼曰:"彼众虽多,而嚣不整,无能为也!"乃以铁骑三千,直冲我师,我师大奔,相蹂而死者数万人,坑谷皆满。思正败卒数千奔汾州。(张)灏以牙兵数百趋慈、隰。于是汾州、威胜、隆德、晋、绛、泽州之民扶携老幼,渡河奔者臣万计,诸州县井邑一空。贼乘胜急攻,太原遂破,实九月初三日也。[1]

太原保卫战是北宋末最英勇、最悲壮的保卫战。张孝纯"遣人缒城",向宋廷告急说,"太原被围,今已八月余日。城中居民死亡八、九。守御之卒糇粮已绝,以铠甲充食者已二十余日,卒多疲病。贼人知之,外为攻具甚盛"。"粘罕攻城之具,曰砲石、洞子、鹅车、偏桥、云梯、火梯,凡有数千。每攻城,先列砲三十座,凡举一砲,听鼓声齐发。砲石入城者,大可如斗,楼橹中砲,无不坏者。赖总管王禀先设虚栅,下又置糠布袋在楼橹上,虽有所坏,即时复成。又粘罕填壕之法,先用洞子,下置车轮,上安巨木,状似屋形,以生牛皮漫上,又以铁叶裹之,人在其内,推而行之,节次相续,凡五十余两,运土、木、柴薪于中。粘罕填濠,先用大板,薪柴次以荐覆,然后置土在上,增覆如初。王禀每见填,即先穿壁为窍,致大輻在内,俟其薪多,即使放灯于水中,其灯下水

---

[1]《靖康要录笺注》卷12靖康元年十一月十五日,《续通鉴长编纪事本末》卷145《金兵下》,详见《会编》卷57《河东逢虏记》。

寻木,能燃湿薪,火既渐盛,令人鼓鞴,其焰亘天,故能不令填壕。其鹅车如鹅形,下亦用车轮,冠之以铁皮,使数千百人推行,欲上城楼。王禀于城中亦设跳楼,亦如鹅行,使人在内迎敌,亦先以索络巨石,置彼鹅车上,又令人在下以搭钩及绳拽之,其车前倒,又不能进。其云梯、火梯悉用车轮,其高一如城楼,悉为王禀随机应变,终不能攻我。又尝内起重城,虑外壁之坏,无何。人众粮乏,三军先食牛、马、骡,次烹弓、弩、筋甲。百姓煮浮萍、树皮、糠秕、草荄以充腹。次即妻、男将毙,虽慈父义夫,无不亲食其肉,不暇相易"[1]。可知金军攻势之猛烈与守城之惨烈。

王禀在"围城中,奋忠仗义,不顾一身一家之休戚。遇一、两日,辄领轻骑出城,马上运大刀,径造虏营中,左右转战,得虏级百十,方徐引归,率以为常。宣抚使张孝纯视城之危,一日会监司食,谋欲降虏。禀知之,率所将刀手五百人,谒孝纯,列刀于前,起论曰:'汝等欲官否?'众曰:'然。'禀曰:'为朝廷立功,则官可得。'又曰:'汝等欲赏否?'众曰:'然。'禀曰:'为朝廷御敌,则赏可致。'且曰:'汝等既欲官,又欲赏,宜宣力尽心,以忠卫国。借如汝等辈流中有言降者,当如何?'群卒举刀曰:'愿以此戮之!'又曰:'如禀言降,当如何?'卒曰:'亦乞此戮之!'又曰:'宣抚与众监司言降,当如何?'卒曰:'亦乞此戮之!'孝纯自后绝口不复敢言降事,而城中兵权尽在禀矣"。王禀到了太原城陷落的最后时刻,"父子背负太宗皇帝御容,赴火而死"[2]。王禀当然是一位足可令后人世代崇敬的英雄,乃近代学术大师王国维先生之祖先,[3]但张孝纯还是被俘降敌。

太原府的失守,就金朝方面说,使西路完颜粘罕(宗翰)军得以南下,与东路完颜斡离不(宗望)军会师。从宋朝方面说,宋朝救援太原,"(姚)古将兵六万,(种)师中将兵九万"[4],但前引李纲奏则称"种师中、姚古以十万之师,相继溃散"。此次出兵,"兵十七万,以援太原,

---

1. 《会编》卷53《封氏编年》。
2. 《挥麈三录》卷2。
3. 《观堂集林》卷23《补家谱忠壮公传》。
4. 《会编》卷47。

又招河东义勇、禁兵五万，共兵二十二万，寻皆败绩"[1]。因号称最精锐的陕西主力军在两次解围战中耗折殆尽，开封的陷落遂成定局。[2]

在李纲离开朝廷期间，自然深以朝政变卦为忧，他曾特别给宋钦宗上奏，说"臣总师，道出巩、洛，望拜陵寝，潸然涕流"。"进君子，退小人，无以利口、善谝言为足使，（无以小有才、未闻君子之大道为足使）。益固邦本，以图中兴。上以慰安九庙之灵，下以为亿兆苍生之所依赖，天下不胜幸甚。臣忘生触死，冒进狂言，不胜战越待罪之至！"他所指者，就是担心耿南仲、唐恪、聂昌之流的政见主导朝政。宋钦宗批答说："足见忠义爱君之心，当一一铭记于怀。"[3]其实则另有盘算。

五月，首先是宋钦宗特别下旨："余应求怀奸观望，不可与河北郡，可送吏部差远小监当。"遂贬为"监达州茶场"[4]。六月十日，宋钦宗因陈公辅上奏，说"如李纲者，其忠勇虽可恃，而刚愎自用，不无过咎，故同列不平，共相诬谮，陛下已疑之矣，今更出使将兵"。"纲何足惜，宗庙社稷存亡为可虑焉"。于是下"圣旨，左司谏陈公辅差监合州酒税务"[5]。左正言程瑀[6]为此上奏说："如余应求、陈公辅者踪迹孤外，志操凛然，金寇在郊，京师震恐之时，抗章乞对，慷慨论事。仰蒙陛下延问开纳。寇过之后，擢为台谏。士大夫方庆言路得人，而应求等亦感激奋励，知无不言，正道少伸，邪人侧目。一旦论事稍涉嫌疑，陛下未能洞察，执政因而挤之，是何异蔡京所为哉！覆辙在前，不悼蹈之，亦可哀矣！"[7]他又上奏弹击宰执，说"徐处仁庸俗，吴敏、耿南仲昏懦，加以唐恪之倾险"[8]。宋

---

1. 《会编》卷139陈规《朝野佥言后序》。
2. 关于太原之战，李华瑞：《宋金太原之战》和《北宋抗金名将王禀事迹述评》，载《宋史论集》，河北大学出版社，2001年。
3. 《梁溪全集》卷48《乞深考祖宗之法札子》，《亲笔宣谕览所上章陈祖宗之法》，卷173《靖康传信录》下。
4. 《靖康要录笺注》卷6靖康元年五月十日，《方舆胜览》卷59《达州》。
5. 《靖康要录笺注》卷8靖康元年六月十日。
6. 《靖康要录笺注》卷7靖康元年六月六日，《胡澹庵先生文集》卷23《龙图阁学士广平郡侯程公墓志铭》作右正言，《宋史》卷381《程瑀传》作左正言。
7. 《宋朝诸臣奏议》卷55《上钦宗乞内中置籍录台谏章奏疏》，《靖康要录笺注》卷8靖康元年六月二十日。
8. 《靖康要录笺注》卷8靖康元年六月二十九日。

钦宗又下旨："程瑀送吏部，与远小监当，日下出门。"[1]"添差漳州监税"，居言责五十四日而罢"[2]。

八月，正当救援太原之战尚在进行中，宋钦宗下令罢免太宰徐处仁、少宰吴敏和同知枢密院事许翰，进用唐恪为少宰，聂昌为同知枢密院事，这就是他对李纲临行前口奏和后来上奏的实际回复。徐处仁的罢相制说："矧国步艰难之日，乃庙堂协赞之时，不知黾勉以赴功，相与逡巡而固宠。乏可否之相济，惟同异之是闻。边患未宁，方寸阴之可惜；机会一失，恐驷马之难追。道路流言，士夫兴叹。览封章之引咎，且公论之腾喧。俾解钧衡，进升秘殿。"吴敏更被指责为蔡攸一党，宋钦宗下手诏说，"敏之为蔡氏腹心，明矣！""若敏辅相有力，犹可以赎罪。又况深险而好自专，弛慢而不及事，致今日边事尚炽，兵民未得休息，投诸遐裔，亦轻典尔！"许翰也遭受弹劾，说他"在言路，则党恶庇奸以欺君，在枢府，则妄作生事以误国，迹其罪状，夫岂胜诛！"[3]总之，"徐处仁、吴敏罢，而相唐恪。朝廷之论中变"[4]。李纲对此自述说：

初，贼骑既出境，即遣王云、曹朦使金人军中，议以三镇兵民不肯割，愿以租赋代割地之约。至是遣回，有许意，其实以款我师，非诚言也。朝廷信之，耿南仲、唐恪尤主其议，意谓非归租赋，则割地以赂之，和议可以决成。乃诏宣抚司不得轻易进兵，而议和之使纷然于道路矣。既而徐处仁、吴敏罢相，而相唐恪；许翰罢同知枢密院事，而进聂山（昌）、陈过庭、李回等。吴敏复以内禅事，言者谓承蔡攸密旨，及初除门下侍郎，亦蔡攸矫制为之，责授散官，安置涪州。余窃叹曰："事无可为者矣！"因入表札奏状，丐罢。初，唐恪谋出余于外，则处仁、敏、翰可以计去之，数人者去，则余亦不能留也。至是皆如其策。[5]

---

1. 《靖康要录笺注》卷10靖康元年七月二十九日，八月七日。
2. 《胡澹庵先生文集》卷23《龙图阁学士广平郡侯程公墓志铭》。
3. 《靖康要录笺注》卷10靖康元年八月二十四日，九月三日，卷11靖康元年九月十一日，《会编》卷51，卷54，《宋宰辅编年录校补》卷13。
4. 《梁溪全集》卷82《辩余堵事札子》。
5. 《梁溪全集》卷173《靖康传信录》下。

## 第三章　见危思致命　愧乏涓埃补（李纲）

三年后，李纲给吴敏写信，补充叙述了当时的若干重要史实：

> 不谓事与愿违，驻车河内，未逾月，而庙算中变。公既去位，某亦罢归，一切皆如（唐）恪策，而人罕知之者。初，某既总师指挥，继命刘韐为副，及其后乃知恪所荐也。解潜初与韐合，会议于隆德，韐志甚锐。及潜出兵，韐忽中变，按兵不行，故失期会，而潜有南、北关之溃。适所遣属官张叔献者，自韐军中来，能道其详。乃知韐将出兵，而得恪书，遂有缓师之谋。虽书辞不可知，而意则可料也。其后韐之子子羽道其书辞于人，果如所料。此二人者，今皆见存，他日可询也。渊圣又御札付韐，而误付宣抚司，其戒敕之语，与本司所禀受不同，亦必恪意。解潜为制置使，折彦质为河东勾当公事，张灏为转运使，折可求为都统制，皆各受御前处分，进退自如。因报公罢相，遂援此为言，以谓节制不专，难以责成功，必致误事。非使节制归一，以谋万全之举，则太原之围，必无可解之理。不然，愿丐罢去，遂得请。夫恪之意，不过欲作相耳，而妨功害国，其巧如此！[1]

后李纲在给秦桧信中也补充了若干史实，并涉及折彦质的为人：

> 夏末秋初，某宣抚河北、河东，辟彦质充参谋官。彦质只留隆德，不曾到军中供职。其后七月末间，诸将得进兵，多爽，独解潜、彦质以兵万人，与贼遇于南、北关，累战而溃。有旨，彦质、潜皆特勒停。某具奏，乞且存留，收拾溃兵，以俟再举。有旨，潜白衣领职，彦质召赴阙议事。过怀州，留军中者累日，某与论节制不专之弊。是时，刘韐以宣抚副使治兵于辽州，折可求以都统制，张灏以都转运使治兵于汾州，潜、彦质在隆德，各直达奏事，承受御前文字，得旨各不同，而自为进退。既约出兵，两路不进，而潜独进，故及于溃。某以谓诸道之兵方集，必欲再举，非尽罢诸处节制，而一听于宣抚司，决难成功。彦质亦以为然云。俟见渊圣，当面奏其详。既至京师，适徐、吴以纷争罢相，而唐恪当国，议论皆变。

---

1. 《梁溪全集》卷111《桂州与吴元中书·别幅》。

彦质亦尽变其前日之说以合恪。某以徐、吴既罢，内无助者，上疏，力丐罢去，遂有赴阙议事指挥。除彦质宣抚判官，交割职事，时八月末也。[1]

可知唐恪恁愚无能的宋钦宗，完全打乱了李纲在前沿应有的指挥权，败事于朝中。他又在致吴敏的另一信中说：

襄尝相与论于省中，临行亦以此奏渊圣（宋钦宗）。且谓太原之围，已几年矣。贼之巢穴已固，不能保其必解，安知未行，彼不以坐困而已破乎？迫于威命，既行，愿任今冬捍御之责。使太原遂破，亦当图所以复之者。故多请器甲以行，意欲鼓动两路之民而用之。既得罢，而志不遂。所谕捣燕山者是也。当时亦有此意，但仓卒戒行，危疑百端，种种不集。迨料理稍就绪，廷议已变，故不及此。当时（种）师中若能休兵平定百里之内，牛酒日至而犒师，与姚古约定而后进兵，宜有可解。惜其轻进而吝赏，士不用命，而堕贼计也。若谓按兵中山，先声后实，如李左车之说，则不然。汉兵破赵二十万众，故燕、齐靡然从风，威足以詟之也。斡离不之师，捆载而归，初无邀击之威，则粘罕何惮望风而解太原乎？大抵靖康之事，正犯"师或舆尸"之戒，而廷议不一，此所以卒无成功也。[2]

其中又分析第一次救太原，种师中的"轻进"，他和吴敏认为，太原之围不易解，不如取"捣燕山"之策，可惜在宋钦宗等人的各种刁难和掣肘下，根本无以实施。后邵才在祭文中评述此事说：

公则勋高，忌者益愠。启公出师，以夺其柄。其初遣公，诸帅听制。既离国门，分授密旨。公初不知，犹督进讨。传令再三，往往不报。公惊而疑，日虞败事。纳刀于靴，恨无死所。终焉报罢，窜公长沙。彼计斯得，以骋其私。[3]

---

1. 《梁溪全集》卷118《与秦相公第九书别幅》。
2. 《梁溪全集》卷112《怀泽与吴元中别幅》。
3. 《梁溪全集》附录三《邵抚干》祭文。

## 第三章 见危思致命 愧乏涓埃补（李纲）

李纲被迫接连上章乞罢，直到最后，他仍在奏中恳切地强调说，"所以力丐罢者，非爱身怯敌之故"，"事有不可为者，难以虚受其责"。"臣既罢去，恐不知者，谓臣丧师费财，惟陛下遣使核实。虽臣自以不才丐罢，愿朝廷益择将帅，抚驭士卒，与之捍敌。金人狡狯，谍虑不浅，和议未可专恃。一失士卒心，无与御侮，则天下之势去矣！臣自此不复与国论，敢冒死以闻"[1]。九月，宋钦宗"诏李纲罢宣抚使，以观文殿学士、知扬州"[2]。正如李纲诗的自述："出师未捷身已（危），继被宸章召还阙。"[3]接着，又是一批劾奏，说他"轻脱寡谋，强执自任，专主用兵之议，而元无成算奇画。及陛下命以宣抚之任，日冀其有功，而前后败军覆将非一，又耗用邦财，不可数计"。"方略乖谬，节制无术，出师辄败，取轻夷虏，太原失守，天下寒心"，甚至追溯到"士庶伏阙，乞用李纲，胁持君父，几至变乱"，"阴与吴敏党庇蔡氏"云云，用俗话说，无非满头满脑地扣屎盆。[4]宋钦宗于十月初下令，"李纲责授保静军节度副使，建昌军（今江西省南城）安置"[5]，李纲遂走了贬谪流放之路。其幕僚张元幹等"同日贬，凡七人焉"[6]。

但到闰十一月，东、西两路金军会师开封城下，宋钦宗又紧急"驿召李纲为资政殿大学士、领开封府"，"限指挥到，日下星夜发来赴阙"[7]，却为时已晚，而根本无补危局。

宋钦宗对宰执所做的人事大变动，无非表明他决意听从唐恪、耿南仲等人拙劣而荒诞之谋划。李纲上奏特别强调形势危急，不可不积极备战："贾谊谓'厝火积薪之下，而坐其上，火未及然，因谓之安'。以今日观之，何止于火未及然，殆处于烈焰之旁，而言笑自若也"。"不可恃彼之

---

1. 《梁溪全集》卷49《乞核实宣抚司见在军兵财物札子》。
2. 关于李纲罢免日期，《宋宰辅编年录校补》卷13，《宋史》卷23《钦宗纪》为十五日戊寅，《靖康要录笺注》卷11为十九日，而《梁溪全集》卷173《靖康传信录》下为"时九月初也"。
3. 《梁溪全集》卷20《中秋望月有感》。
4. 《靖康要录笺注》卷11靖康元年十月一日，《会编》卷55，卷56。
5. 《靖康要录笺注》卷11靖康元年十月一日，《宋会要》职官69之28—29。《要录》卷4建炎元年四月乙丑注称李纲"十月癸巳朔，散官建昌军安置，庚申，再谪宁江"。
6. 《梁溪全集》附录三《张致政》祭文。
7. 《宋史》卷23《钦宗纪》，《靖康要录笺注》卷13靖康元年闰十一月三日。

不来，当恃我之有备，则屯兵聚粮，正今日之先务，不可忽也"[1]。但宋钦宗却对如此严重的警告，根本听不进去。他对战争不仅不抱希望，更取消任何战备，竟荒唐地认为"和议可以决成"，唯有完全依赖于屈辱求和，方可保留赵宋之社稷和残山剩水。后李纲对宋高宗说：

> 臣在枢密院时，措置起天下防秋之兵，降诏书已累月。及臣宣抚河北，即诏减罢太半。盖专恃和议，以谓金人必不再来，一切不为之备。[2]

其昏庸和愚蠢，简直到了令人无法理解的地步。李纲的下台，固然是快了耿南仲、唐恪之流的私愤，实际上也满足了宋钦宗的皇权私欲，他的内心无非是视太学生伏阙上书的爱国群众运动为厉阶，务必清扫李纲的朋党而后快；但既然朝廷失去了唯一的主心骨，最终受害最深的，自然还是宋钦宗本人。

宋钦宗二十六岁登基，实际上只当了一年多，而横跨三个年度的皇帝，后来却悲惨地度过了长达三十年的备受屈辱和煎熬的俘囚生活。即使是一年有余的当皇帝期间，也从无片刻至尊的欢快享受，一直延挨着焦心劳思、焦头烂额的时日。后人追想起来，也不免够可怜的。祖宗发家，子孙败家，这大概是中国古代财产和权力世袭制的遗传规律。这条规律也不可避免地在宋钦宗身上起着作用，其基本表现是无能。光是无能还不可怕，如因无能，而对李纲言听计从，倒还是件好事。但是，除了最初终止逃跑，临危授命李纲守开封城之外，宋钦宗竟无一项关键性的决策不铸成大错，竟无一招不是惊慌失措的臭棋，这又是他对那群鼠辈的宰执言听计从的致命后果。他不断否决李纲和种师道之忠告与部署，断送了若干本可挽回或多少可挽回危局与险局的机遇。宋钦宗在金军初犯开封时，不当逃而欲逃，后来的一次却不听种师道临终前的忠告，当逃而不逃，却在

---

1. 《梁溪全集》卷48《论不可遣罢防秋人兵札子》，《历代名臣奏议》卷222，卷333，《宋史》卷196《兵志》。
2. 《梁溪全集》卷176《建炎进退志总叙》下之上。

军无斗志的情势下，坐守开封，等着当俘虏，[1]也真可谓是自作自受。当然，也决不能说他在位就有多大失德；这与其父宋徽宗作威作福，招致千千万万百姓家破人亡，而竭天下以自奉，仍不可同日而语。宋徽宗当俘虏，真可谓是罪有应得。

反观李纲，这个不世出的大英才，虽然忠智有余，赤心报国，却只能在昏庸而愚蠢的皇帝，和鼠目寸光，怯于公战，而勇于和忙于内斗与私斗的宰执之间，极其艰难地周旋和应付，"心劳形瘵，食息不暇"[2]，"自春徂秋，俾夜作昼，无少休息，此日出师，尤极忧惧，寝食皆废，须发尽白"，[3]却落得了贬责的下场。"忌嫉者众，谗谮百端，使其身不得一日安于朝廷，其策百不得行于一、二，卒诬以罪，窜之远方"[4]。又岂非是造化太不公，太捉弄、太折磨、太难为、太委屈一个大英才了？

然而上述一切，又正是在专制主义中央集权的等级授职制下，在一个溃烂皇朝的末期，所具备的一种历史必然性。

由于李纲蒙受了太多的毁谤，他感觉有澄清事实的必要，遂于靖康二年（公元1127年）二月，在潭州（今湖南长沙市）荆湖南路转运司翠华堂，完成了《靖康传信录》的撰写，《靖康传信录》原有二十卷，[5]今存《梁溪全集》卷171至卷173，乃是节录，共三卷。[6]他在《梁溪全集》卷171《靖康传信录序》中说：

> 靖康改元，金寇犯阙，实中国之大变，典籍所载，未之有也。朝廷应变设施大略，众人所共知者，往往私窃书之。至于庙堂之上，帷幄之中，议论取舍，事情物态，为宗社安危、生民利害之所系者，众人所不得而知，书之或失其实，此《传信录》所为作也。

---

1. 王曾瑜：《宋徽宗和钦宗父子参商》《宋钦宗和他的四名宰执》《北宋末开封的陷落、劫难和抗争》，有较详论述，在此不必赘述，载《丝毫编》，河北大学出版社，2009年。
2. 《梁溪全集》卷136《〈靖康行纪〉序》。
3. 《梁溪全集》卷55《乞选代职许归田札子》。
4. 《梁溪全集》卷56《上皇帝封事》。
5. 《梁溪全集》附录一《年谱》。
6. 参见《会编》卷44所引《传信录》，看来原著中保存了大量原始文件，而三卷节录本作了删节。另有《会编》卷215所引《传信录》，其文字为三卷节录本所无。

臣子之义，惟当奋不顾死，以徇国家之急。及其成功，则天也。然自是之后，朝廷非大有惩创，士风非大有变革，内外大小同心协力，以扶持宗社，保全家室为事，扫去偷惰苟且之习，媢嫉潛慝之风，虽使寇退，亦岂易支吾哉！故余于此录记其实，而无所隐，庶几后之览者，有感于斯文。

他提出"朝廷非大有惩创，士风非大有变革"，"扫去偷惰苟且之习，媢嫉潛慝之风"，这对于中华民族的后世子孙而言，自然并非没有重要的鉴戒意义。

第四章

卿士辱多垒　勤王羞尺柄

（宗泽）

## 第一节　力陈盟赂损国威

现在再交代尚在巴州当通判，因而远离战祸的宗泽。早在政和年间，宋、金开始海上之盟谈判，宗泽就预感未来的祸难，他曾感慨地说："军兴多事，自兹始矣！"[1]到了宣和末和靖康初，宗泽就再也无法在巴州安居。今存的诗作，就真切地反映了他对时局的忧虞和激愤的心情。一首《感时》诗，应是得到靖康元年正月王黼被杀的消息后所作：

王黼已投远裔，而（蔡）京、（童）贯未蒙显戮，官、士、兵、民愤懑填臆，疑典刑之有未暇也。上方孝治，必大正二贼之罪恶，而痛昭太上之慈圣。翘首跂足，日月以冀。谨作此诗，以俟来者。

四罪不诛舜不圣，两观不诛鲁不盛。
先王讳杀惧淫逸，惩一警百乃仁政。
滔天之罪奸臣黼，儇佞无知窃魁柄。
败盟结祸致凭陵，虐民敛怨仍凶横。
罪当菹醢贼阉贯，亿万苍生陨其命。
力开湟鄯取空虚，妄买燕云称抚定。
渠魁巨蠹京其首，启乱怀奸窥我姓。
星文示变折狡谋，固宠招权邦以罄。
结盘滋蔓二十载，衮绣金珠古无并。
金贼犯阙主婴城，挈宝携孥欻星迸。
黼投远裔御螭魅，邮置风传士相庆。

---

1. 《宗忠简公集》卷7《遗事》。

贯要舆驾渡重江，未啇阁躯祸方孕。
西京宴然号陈鲁，尚戴头颅假视听。
怨连北虏怒西兵，曷日具闻典刑正。
愿天亟下咫尺诏，斩首以枭仍以狗。
始初清明必孝治。昭洗上皇仁且圣。
怨销怒解各欢呼，国势自强兵自劲。[1]

此诗反映他对奸臣祸国虐民的愤慨，即使有宋太祖不杀大臣的誓约，而"惩一警百乃仁政"。

宋徽宗宣和时，曾任御史中丞的陈过庭，因弹击蔡京、王黼、朱勔等人，曾被贬责。宋钦宗登位后，"以集英殿修撰，起知潭州，未行，以兵部侍郎召，在道除中丞"[2]，陈过庭大致在靖康元年四月到开封赴任。[3]陈过庭举荐宗泽"可任台谏，召赴阙"[4]。宗泽从遥远的巴州赶往开封，大约需要有两月的行程。他的另一首《感时》诗即是此时所作：

北虏长驱，京邑阽危，此忠臣义士痛心疾首，勤王报国之秋也。而宰臣迁家，郡守逾垣，缙绅士大夫陆窜水奔，使人主婴孤城以自守，无一犯难者。事小定矣，而上书献策之人，亦未有慨然以谏者。世道之衰，一至此乎！太息之余，以诗自道。

卿士辱多垒，天王愤蒙尘。御戎要虓将，谋国须隽臣。百战取封侯，未必亡其身。怀奸废忠义，胡颜以为人。吁嗟世道衰，大僇加缙绅。平居事奔竞，梁汴纷云屯。一旦国步艰，四逝如星繁。辅相已择栖，守令仍逾藩。冠盖陆西窜，舳舻水南奔。鄙夫用慨然，策马趋修门。勤王羞尺柄，悟主期片言。时来傥云龙，峨冠拜临轩。逶迤上玉除，造膝伸元元。措世于泰宁，归来守丘樊。[5]

---

1. 《宗泽全集》卷5。
2. 《宋史》卷353《陈过庭传》。
3. 《靖康要录笺注》卷5靖康元年四月二十二日。
4. 《宗忠简公集》卷7《遗事》。
5. 《宗忠简公集》卷5。

"修门"，依据楚辞，原是指郢都城门。[1]按古诗的用典，"策马趋修门"，当然是指他前往京都。诗中的一个突出内容，是愤慨地批判"缙绅士大夫"，即目今为若干学者所称道的所谓士大夫群体精英，"平居事奔竞，梁汴纷云屯。一旦国步艰，四迸如星繁。辅相已择栖，守令仍逾藩。冠盖陆西窜，舳舻水南奔"，这与前述李纲所说"临事之如鼠"，都真切地反映了专事"奔竞"的大多数士大夫，在国难当头时之丑态。"无一犯难者"，这正是在专制主义中央集权的等级授职制培育下的必然。他的另一首《道逢散卒述怀》诗说：

道逢散遣之卒，云讲和退师，无所用之矣。辄以二十六句道胸臆。
翁拥麾幢我为儿，剽闻窃睹皆兵机。
其中袭击不容瞬，飚行电掣犹逶迤。
戎人长驱越大河，天下震惊关阙危。
肉食之谋殊未臧，我愤切骨其谁知？
慨然奏疏金马门，力陈盟赂损国威。
严尤下策尤可笑，晁错上书亦奚为？
道路荆棘初剪除，花如步障吾东之。
八年闭户尺蠖屈，一旦渡关匹马驰。
行行侧身听戎捷，忽闻募士诏遣归。
浓书大墨榜教诏，曰敌悔过今退师。
羽檄向来召貔虎，乃咏出车歌杕杜。
櫜兵销刃兵犹怒，却把锄犁农鼓舞。
君王神武今艺祖，尔贼不归汙我斧。[2]

此诗也写于赴开封途中，专门针对"盟赂损国威"，竟放弃武备，"櫜兵销刃兵犹怒"而论，可知宗泽为此上奏，但此奏今已佚失。"八年闭户尺蠖屈，一旦渡关匹马驰"，反映了他勇赴国难的急切心情。

宗泽大约是在八月匆忙赶到开封，还是在徐处仁、吴敏、许翰等罢

---

1. 汉王逸注《楚辞章句》卷9。
2. 《宗忠简公集》卷5。

112

官之前，李纲尚在前沿怀州督战，而救援太原之败局已定。宗泽刚开始在朝廷任官，立即"抗章，论列宰相非其人，及宣抚使、副提大军，逗遛不进"。"自宣抚使、副刘韐等"，"无不劾之"[1]，看来甚至连处境艰难的李纲也在他弹劾之列，但其劾奏今已佚亡。

宋廷打算任命宗泽为和议使，出使金军求和。宗泽"力奏，言名不正，请改曰计议使"。八月十九日，宋钦宗下旨："著作佐郎刘岑借太常少卿，充计议使，差奉使大金国，阁门宣赞舍人马识远副之。宗泽借宗正少卿，奉使斡离不军前。李若水借秘书少监，奉使粘罕军前。副使并令选差，限七日起发。"当时宗泽已下了"此行不生还"的决心，他对人说："某岂能屈节虏庭，上辱君命邪！彼如悔过退师，固善；否则，与之力争，必死虏手！"朝臣认为他"刚方难合，必不屈，且徒死何补"。"时朝廷意主和，遂改命著作郎刘岑"。宋钦宗又于二十一日改变命令："徽猷阁待制王雲借礼部尚书，充大金国和议国信使，马识远充副使，刘岑改差充大金军前和议使，周望依旧充正旦国信使，前差李处权指挥勿行。所有计议使、副并改作和议。"[2]不仅不再派宗泽出使，还否决宗泽的提议，又将"计议使"回改为"和议使"。

按朝臣"不若择河朔一要郡付之"的建议，[3]九月，宋钦宗命宗泽出任河北西路磁州（治今河北磁县）知州，其制词说：

河朔列城，每谨择守，矧兹滏阳，当两冲会，寄委之重，尤在得人。以尔宗正少卿宗泽，才术敏强，裕于从政，宣力中外，克著风绩，除朝奉郎、直秘阁、知磁州。俾膺是选，实允佥言。往其悉尔心力，惟事事乃克有备，则罔后艰，可不懋哉！[4]

正当"太原新失守，真定攻围甚急，河北、河东州县多阙官，被命者

---

1. 《宗忠简公集》卷7《遗事》，《宋宗忠简公全集》卷9《宗忠简公事状》。
2. 《宗忠简公墓志铭》，《宗忠简公集》卷7《遗事》，《宋宗忠简公全集》卷9《宗忠简公事状》，《靖康要录笺注》卷10靖康元年八月十九日、二十一日。
3. 《宗忠简公墓志铭》。
4. 《宋宗忠简公全集》卷首。《宗忠简公集》卷7《遗事》载有此制节录。

率托故不行"。宗泽接受新命,说:"食君之禄,而临事畏避,吾君何赖焉!"他毅然"单骑即日就道,从赢卒十余人"。有从北方逃窜而南者,对他说:"虏已犯真定矣,虽往何益。"宗泽只是付之一哂。[1]宗泽官至朝奉郎,为正七品。[2]

---

1. 《宗忠简公集》卷7《遗事》。
2. 《宋史》卷168《职官志》。

## 第二节　团结军民卫磁州

北宋自庆历以后，置河北四路安抚使，[1]河东置经略安抚使，为对付辽朝有五个军事管辖区，一直沿袭到靖康时。依文臣统兵体制，河北沿边河间知府兼高阳关路安抚使，中山知府兼中山府路安抚使，真定知府兼真定府路安抚使，稍南的大名知府、北京留守兼大名府路安抚使。前已交代，当东路金军在二月北撤时，知中山府詹度和知河间府陈遘因守卫有功，分别授以资政殿大学士和资政殿学士的执政级文职虚衔。

八月，宋钦宗下令"詹度罢中山府路安抚使"，[2]此后詹度又受弹劾。宋钦宗命陈遘"复为真定，又徙中山。金人再至，遘冒围入城，坚壁拒守"，[3]而黄潜善"以徽猷阁待制知河间府"，[4]自然兼高阳关路安抚使。此外任命"权知大名府张悫"，[5]自然兼大名府路安抚使，李邈"守真定"，[6]自然兼真定府路安抚使。[7]

真定府路作为河北的四个军事管辖区之一，"统真定府、磁、相、邢

---

1. 《长编》卷164庆历八年四月辛卯。
2. 《靖康要录笺注》卷10靖康元年八月二十三日。
3. 《宋史》卷447《陈遘传》。
4. 《宋史》卷473《黄潜善传》。
5. 《会编》卷72耿延禧《（建炎）中兴记》。《宋史》卷363《张悫传》则说是赵构设大元帅府后，"高宗器重之，命以便宜权大名尹兼北京留守、马步军都总管"。应以耿延禧原始记录为准。
6. 《宋史》卷447《李邈传》。
7. 《会编》卷97《朝野佥言》，《皇朝编年纲目备要》卷30靖康元年十月。

（后升信德府）、赵（后升庆源府）、洺六州"[1]，在军事上，磁州自然是真定府路所属的小州。十月上旬，金军攻陷真定府，[2]宋钦宗"诏徙真定帅司于相"，又命直龙图阁、知相州汪伯彦"领之"，出任主管真定府路安抚司公事、马、步军都总管。[3]按照宋制，主管某路安抚司公事，算是品位较低的差遣。从以上宋钦宗在危急时的人事安排看来，他显然并未看重宗泽，只是安排他一个小知州的职位。

磁州位于相州（今河南省安阳市）之北，其北又有洺州（今河北省永年）和信德府（今河北省邢台市）。当今年初，完颜斡离不（宗望）率东路金军南侵，曾攻破信德府城和相州城，[4]磁州肯定遭受兵燹，但可能州城未被攻破。宗泽赴任后，因战备之需，首要的政务自然是整饬军队和筹集粮食，然而现实情况却是一无兵，二无粮。"前此磁经虏骑往来，人民流徙，帑藏梏然"，"守城具百无一有"，似"不复可守"[5]。

磁州地处河北的交通要道，按照北宋中期的驻军编制，共驻禁军九指挥，计有步兵振武军四指挥，效忠军一指挥，宣毅军一指挥，骑兵有马劲勇三指挥。但经宋神宗时裁兵，宣毅军一指挥"阙弗补"，效忠军一指挥"须人少，与武卫并为一"，振武军减为三指挥，有马劲勇减为一指挥，[6]就只剩下四指挥兵力。依一指挥四百人或五百人，如四指挥兵力满员，尚可达一千六百至二千人。然而经历宋徽宗时军政的腐败，战争的消折，守卫兵力无疑已十分薄弱。《宗忠简公集》卷7《遗事》简单记载了宗泽在磁州部署战备的情况：

> 公至，则缮城壁，浚隍池，治兵器，募豪杰，为必守计，不逾月而办。唯糗粮不足，视帑中所有，尽以高价籴米数万斛。然后广募义兵，应者云集。公度所储尚不能久赡，又出俸助之，由是民间争献金谷。公上

---

1. 《宋史》卷86《地理志》。
2. 《宋史》卷23《钦宗纪》。
3. 《宋史》卷473《汪伯彦传》，《会编》卷64。
4. 《宋史》卷23《钦宗纪》，《金史》卷3《太宗纪》。
5. 《宗忠简公集》卷7《遗事》，《宋宗忠简公全集》卷9《宗忠简公事状》，《敬乡录》卷10陈炳《宗忠简公画像赞》。
6. 《宋史》卷187，卷188《兵志》。

疏，乞邢、洺、磁、赵、相五州各养精兵二万，虏攻一郡，四郡应援，则一路常有十万兵。上嘉之，尝以语康王。其后诸郡议，卒不用。

宗泽上任之始，即表现了他非凡的才能，使磁州在很短时间内，做到了足兵足食。战乱之际，军纪败坏，更成常态。"有招安强寇，号第十三将首令者，恣横凶暴，不改故态，驰骋市肆间"。所谓十三将，就是编组为将，番号为河北第十三将的系将禁兵，其统兵官"恣横凶暴"。宗泽为整饬军纪，立命"斩之"[7]。

在军队腐败，不堪一击的现实面前，他与李纲怀有同样的宝贵战略思想，认为只能武装民众，激发民众保家卫国的热情，才是抗击强敌的有效手段，战胜强敌的真正的出路。在当时众多府州军的官员中，也唯有宗泽一人有此构想和部署，并卓有成效。宗泽上奏申报组织民兵事宜，宋钦宗于九月即任命他为河北义兵都总管，下札说：

知卿纠集军民，共济国难，今遣吕刚中、侯章团练起发。尔朝奉郎、知磁州宗泽，应除河北义兵都总管，想当即日就道，以效忠义之节。苟可立功，一面施行，高爵厚禄，朕所不爱也。特兹诏示，宜体至怀。右札下朝奉郎、直秘阁、知磁州宗泽，准此。[8]

宋钦宗也无非是病急乱投医，"河北义兵都总管"的差遣，其实徒有虚名。宗泽仅为一个知州，又如何号令各府州军，组织民兵呢？且以真定府路未被围攻的其他四州府而论，知相州汪伯彦，集英殿修撰、知信德府梁扬祖，即梁光美之子，直宝文阁、知洺州王麟三人都是文官，刺史、知庆源府裴汝明是武官，[9]或临时守庆源城的都统制王渊，都反对宗泽"各养精兵二万"的计划。更何况汪伯彦兼本路安抚使，在某种程度上还是宗泽

---

7. 《宗忠简公集》卷7《遗事》，《宋宗忠简公全集》卷9《宗忠简公事状》。
8. 《宋宗忠简公全集》卷首。《宗忠简公集》卷7《遗事》载有此札节录。
9. 《宗忠简公集》卷7《遗事》，《会编》卷7，《要录》卷5建炎元年五月壬辰。

的上司，"怯懦无谋"，[1]故宗泽之策"卒不用"。后来康王"因问所养兵"，宗泽回答："民兵可及万人，皆在近地，有急则呼之，馈不费粮。赵、洺、邢、相则无有也。"[2]但组织民兵，确是使磁州的战备有了保证。

宗泽刚编练民兵，就亲率这支队伍真趋真定府，企图救援解围。磁州与真定府并不接壤，须越过信德府和庆源府界，然后直抵前沿。宗泽率所部"屡与虏接战，兵力单弱，围不可解"[3]，这并不足怪。然而在兵败如山倒，对金军谈虎色变的形势下，敢于以孤军横挑强敌，也只有宗泽一人。宗泽作为一个文臣，在抗金战争中，表现出敢战的大无畏气概，"败且不惧，沮而不屈"[4]，败而后战，败而求胜，绝不怯战，在当时是绝无仅有者。

但整个战争形势还是急转直下，十月，完颜斡离不（宗望）率东路金军攻破真定府城，知府李邈、都钤辖刘翊（一作刘翃）等殉难。[5]金军南下攻庆源府，王渊命统制官韩世忠率步兵黑夜劫营获胜。[6]于是完颜斡离不（宗望）又统兵"由恩州王榆渡[7]而趋大名，由（魏县）李固渡济河"[8]，径攻开封城。

尽管金军改变进兵路线，磁州已非其必争之地。完颜斡离不（宗望）仍"分遣数千骑，直叩磁州城下"。宗泽"披甲乘城，令壮士以神臂弓射

---

1. 《会编》卷129《林泉野记》
2. 《宗忠简公集》卷7《遗事》。《皇朝编年纲目备要》卷30靖康元年十一月所载，作"兵皆在山村，急则召至，殊不费粮"。
3. 《宗忠简公集》卷7《遗事》，《宋宗忠简公全集》卷9《宗忠简公事状》。
4. 《会编》卷117《靖康小雅》。
5. 《靖康要录笺注》卷11靖康元年十月五日，《会编》卷57，《皇朝编年纲目备要》卷30靖康元年十月，《宋史》卷23《钦宗纪》，卷447《李邈传》《刘翊传》。《金史》卷3《太宗纪》作九月。
6. 《宗忠简公墓志铭》等说金军"陷庆源"，今据《靖康要录笺注》卷12靖康元年十一月十三日刘韐奏，《皇朝编年纲目备要》卷30靖康元年十月，《宋史》卷364《韩世忠传》，《琬琰集删存》卷1韩世忠神道碑等。按此后康王调集河北兵马，庆源府仍在他手令的范围之内，可知尚未陷落。
7. 《会编》卷64作"王俞渡"，《续通鉴长编纪事本末》卷145《金兵下》作"古榆渡"。
8. 《皇朝编年纲目备要》卷30靖康元年十月，《宗忠简公集》卷7《遗事》，《宋宗忠简公全集》卷9《宗忠简公事状》，《金史》卷74《宗望传》。

之，矢下如雨，虏退走，开门，纵兵追击之，斩首数百级。所得牛、马、金、帛，尽以赏军，其城上用神臂弓者又厚赏之。自是义兵人人奋励，迭出击虏，或守要害，日有克捷"[1]。

## 第三节　初会康王　不欢而散

十一月二十日，出使金军的康王赵构带一行人从，自相州北上磁州，与宗泽初次会见。

宋钦宗罢免李纲后，就全力对金朝乞和。刑部尚书王雲出使完颜斡离不（宗望）东路金军，报告说："金人不复求地，但索五辂及上尊号，且须康王来，和好乃成。"[2]于是宋钦宗立即在十月二十日，命"太常礼官集议金酋尊号，以翰林学士王寓为尚书右丞，副康王出使"[3]。其实，金人要康王出使，无非是施展一面举兵，一面和议之故伎，耍弄宋人而已。但宋钦宗对康王出任告和使一事，却似乎抱着一厢情愿的痴心妄想，以为九弟一出使，社稷可转危为安。

康王最初其实是畏避出使，"未至金军而还"，王寓也以"诞诞避事"罢官。[4]延挨到十一月，"贼势已逼，耿南仲力劝急遣王雲，且以康王押衮冕、车辂行，尊金主为皇叔，上尊号十有八字。康王请南仲偕行，上

---

1. 《宗忠简公墓志铭》，《宗忠简公集》卷7《遗事》，《宋宗忠简公全集》卷9《宗忠简公事状》。
2. 《宋史》卷357《王雲传》，《续通鉴长编纪事本末》卷145《金兵下》。
3. 《靖康要录笺注》卷12靖康元年十月十九日，二十日。
4. 《宋史》卷23《钦宗纪》靖康元年十月壬子，十一月戊辰，《宋宰辅编年录校补》卷13。

曰：'南仲老矣。'令其子延禧代之"[1]。宋钦宗还为此特命"进龙德宫婉容韦氏为贤妃，康王构为安国、安武军节度使"[2]，作为奖赏，韦氏方由嫔升格为妃。

康王于十一月十六日再出开封城，随行者除刑部尚书、副使王雲外，另有参议官耿延禧和高世则，宦官、康王府都监蓝珪、康覆等人。当康王一行出城时，王雲对康王强调开封城不可守，说：

京城楼橹，天下所无。然真定城高几一倍，金人使雲等坐观，不移时破之。此虽楼橹如画，亦不足恃也。[3]

王雲此说的用意是什么，就颇为耐人寻味。

十一月十九日，康王一行抵达相州（今河南省安阳），知州汪伯彦领兵出迎。汪伯彦字廷俊，江南东路徽州祁门县人。[4]他曾任北京留守、知大名府梁子美的幕僚，"专委以修北京宫阙，凡五年乃成。岁一再奏功，辄蹴迁数官。五年间，自宣教郎转至中奉大夫"。无非是因迎合宋徽宗的侈心，而成为当时"滥赏"的典型，[5]共计升十三官。如前所述，宗泽也受梁子美的器重，但后来的史实表明，他与汪伯彦的操守竟全然不同。《三朝北盟会编》卷64关于康王一行到相州的记载如下：

伯彦领兵出迎，护王入城宿于州治正衙。相人戴盆焚香，遮道相庆，胥相愿王留宿。伯彦以相人愿欲，乃诣王，禀曰："斡离不已于十四日由大名府魏县李固渡河矣，恐不得追，愿大王暂留，审议国计。"王曰："受命前去，不敢止于中道。"王雲、耿延禧、高世则等谓曰："兼程前去，渡河犹可及。"诘朝遂行。

---

1. 《靖康要录笺注》卷12靖康元年十一月十三日。
2. 《宋史》卷23《钦宗纪》，《皇宋十朝纲要》卷15。
3. 《会编》卷63，《要录》卷1，《靖康要录》卷12靖康元年十月二十日，十一月七日，《续资治通鉴长编纪事本末》卷145《金兵下》。
4. 《宋史》卷473《汪伯彦传》。
5. 《老学庵笔记》卷1。

康王与随从的言语说得冠冕堂皇，"受命前去，不敢止于中道"，须"兼程前去"。然而对照康王的使命，既然完颜斡离不（宗望）率金军已渡河南下，则理应继踵南下追赶，以完成"告和"的任务。事实上，他们却稍事休息，就立即兼程北上，直奔磁州，与完颜斡离不（宗望）反方向逆行。这不难证明康王等人其实早有私下默契，根本无意于前往金军军前，完成自己的告和使命，只是想乘出使之机，逃遁出京，另谋他就。

十一月二十日，康王一行抵达磁州。据《宗忠简公集》卷7《遗事》记载：

辛巳，至磁。公率官吏迎谒，王抚劳甚至。公曰："大王乃欲亲使虏中乎？"王曰："奉皇帝之命，不可不行。"公曰："更熟议之。闻虏人由大名已渡河矣，恐不可遣。万一更如肃王，为虏所留，又将如之何？以泽观虏情，岂有肯和之理哉！特设诡词，欲挽致大王耳，可不察乎？"会郊外飞尘亘天，公密遣裨将张宗领骑数百觇之，甫至三十里，果遇虏骑，遥望，问张宗曰："是非康王与王尚书乎？"宗应声云："是！"复传语："尚书可速来。"宗回，以告，公密戒城中为备，且以宗所见白之康王，曰："虏情灼然可见，愿大王勿行。"

南宋晚期的黄震为此评论说："非公守磁，我高宗已先入虏庭，虽江南谁与保。"[1]似乎没有宗泽的劝阻，康王就会前去金朝。参照前述记载，当然是无稽之谈。假如康王真是如所谓"奉皇帝之命，不可不行"，正好金人派遣骑兵前来迎接，就应当不顾宗泽的拦阻，立即出城，随敌骑前往。

宗泽力劝康王不去金营，当然深契其心，然而双方产生龃龉，是在于王云的被杀。按宗泽《遗事》等记载，"王雲使虏归，过磁、相，谓守臣曰：'虏声势非前日比，且善因粮，若清野，则无所得矣。'两州如其言"，宗泽为此上劾奏，说王云："张皇贼势，迫胁人主。及请河北西路清野，声东应西，恐从东路入寇。雲堕贼计，先自困西路耳。宋钦宗将劾

---

1. 《黄氏日抄》卷91《跋宗忠简行实》。

奏出示王雲，两人由此结怨。此次会面，王雲责备说："前日见劾，何也？"宗泽回答："如公固不足劾，自宣抚使、副刘韐等，某无不劾之。大抵张皇虏势者，天下所共疾，何独某哉！"[1] 由于王雲曾经教磁州人清野，"磁、相从之，邀近城居民，且教运谷入城，相、磁人皆怨雲"，认为"虏人不从此路来，徒清野，毁我墙屋，籍我草粮，雲真细作耳"[2]。

宋朝除了佛教、道教等，各地另有祠庙信仰。磁州有崔府君祠，相传有崔某，在"唐贞观中，为滏阳令，再迁蒲州刺史，失其名。在滏阳有爱惠名，立祠，后因葬其地"。宋廷封为嘉应侯和护国显应公。滏阳县为磁州州治，崔府君祠为本地第一大祠，称应王。宗泽对康王说，"卜以决疑"[3]，"应王甚灵，邦人听之如慈父母，惟愿大王信之勿疑"。[4]

康王听从，二十一日前去崔府君祠祈告，王雲等同行。磁州人认为王雲私通金朝，宗泽组织民兵，所以百姓们拥有兵器。王雲走出祠庙，刚跨上马，百姓们一拥而上，将他拉下马杀死。[5]

康王因此对宗泽十分不快，王雲也一直得到他的怀念。十年之后，赵构说："王雲之死，乃邦人疑其为奸细而杀之，（宗）泽不为无过。"[6] 他又说："雲死后，宗泽方遣客司赍两顶番头巾来，云得之雲行李中。是时耿延禧、高世则皆在座。雲亦孜孜为国，岂可污蔑以此。"[7] 据有的史书说，王雲行李中的"乌絁短巾，盖雲夙有风眩疾，寝则以护首者"[8]。

王雲之死固然成为历史上的一个小疑案，其实，真正可疑的问题，是康王一行明知金军行踪，却采取了与使命相悖的路线。其密谋详情，赵构本人固然讳莫如深，耿延禧等自然也守口如瓶。看来王雲是个重要的出谋划策人物，赵构对他也有一份感激之情，故后来称帝，便追赠观文殿学

---

1. 《宗忠简公集》卷7《遗事》，《宋宗忠简公全集》卷9《宗忠简公事状》。
2. 《会编》卷64。
3. 《长编》卷117景祐二年七月丙戌。
4. 《会编》卷64。
5. 《会编》卷64，《要录》卷1，《宋史》卷357《王雲传》。关于王雲之死，《要录》注引汪伯彦《建炎中兴日历》和耿延禧《中兴记》，说与王雲、宗泽的私憾有关，但《要录》作者李心传认为"伯彦、延禧与泽议论不同，辞多毁泽"。
6. 《要录》卷93绍兴五年九月戊子。
7. 《要录》卷99绍兴六年三月癸巳。
8. 《宋史》卷357《王雲传》。

士。[1]观文殿学士"非曾任执政者弗除"[2]，王雲本不够执政官的资格，也足见赵构追悼之特恩。康王离京后的行动路线，这本是个显而易见的历史疑案，却又是宋朝史官们不敢推究的禁区。

相州知州汪伯彦认为康王已成可居之奇货，他"亟作蜡书，驰骑二人，前去磁州"，信中说：

昨日大王既发相适磁，夜向三更，本州之西火炬连接二三里，照耀不绝。伯彦亟遣马骑走探，至黎明，回报金人铁衣五百余骑，自卫县大寨西来，一路访问大王前去远近。虏执村民，为乡导，望魏县李固渡捎截大王。大王傥自磁州而东，趋李固渡，则魏县虏寨在焉，不可逾越；或自磁而东北趋王俞渡，则戎兵轻袭其后，皆不可济。孰不为大王危之？此其不可追，一也。斡离不率众已趋京城下，大王冲冒风雪，衔命奔波，道路颠沛，难以袭逐，万一追及，不惟计议已失机会，决又如前时质大王于军中，计无所出，为之奈何？大王不若凤驾回相州，藉图起义，牵制金人，以副二圣维城之望，为策之上。

按照康王的使命，"金人铁衣五百余骑"前来"捎截大王"，正好是前往金营的机遇，岂可错过；而汪伯彦却强调"为大王危之"，可推知他其实已明白康王不想出使，只求逃脱的内情，并且予以赞助，"凤驾回相州"，方可保全。若作进一步推论，也可表明他已视康王为可居之奇货，而彼此早已有不可告人之默契。他命武将刘浩率兵二千人，将康王接回相州。[3]

康王在磁州滞留两日，十一月二十二日，即与随行的韩公裔等商量，"间道潜师夜起，迟明至相，磁人无知者"，并由韩公裔"访得他道"[4]，与宗泽不辞而别。汪伯彦在相州城北河边迎候，竭力献媚奉承，从此深得康王好感，康王说："他日见上，当首以京兆荐公。"康王命耿延禧草奏，"具言奉使至磁，而民杀王雲之事。又闻虏马南渡，臣等回相州，以

---

1. 《要录》卷29建炎三年十一月戊辰，《宋史》卷357《王雲传》。
2. 《宋史》卷162《职官志》。
3. 《会编》卷64。
4. 《宋史》卷379《韩公裔传》，《续资治通鉴长编纪事本末》卷145。

俟圣裁"。[1]王云被杀,又成为康王不奉使命赴金营的借口。

## 第四节 孤军南下救开封

十一月下旬,完颜斡离不(宗望)率东路金军再次抵达开封城下,并开始攻城。闰十一月,完颜粘罕(宗翰)率西路金军至开封城下会师。宋钦宗被迫"驿召李纲,为资政殿大学士、领开封府"[2]。接着,又任命康王为河北兵马大元帅,陈遘为元帅,汪伯彦和宗泽为副元帅,企图召他们率军急救。[3]

金军于闰十一月二十五日,攻破开封外城,但只是占领外城四壁,并利用外城墙将开封军民实施紧密的围困。金军"登城",却"敛兵不下"[4],以避免与开封百万军民进行胜负难卜的消耗战。"金兵不敢下,乃

---

1. 《会编》卷64,《宋史》卷473《汪伯彦传》。
2. 《宋史》卷23《钦宗纪》,《金史》卷3《太宗纪》。
3. 各种史籍记载康王元帅名衔的差别,有"兵马大元帅""天下兵马大元帅""河北兵马大元帅"之异,今据《首都师范大学学报》2014年第5期高纪春先生《宋康王赵构出使金军史事三考》之考证。《要录》卷27建炎三年闰八月庚寅和《历代名臣奏议》卷86胡寅奏:"昨陛下以亲王介弟,受渊圣皇帝之命,出帅河北。"胡寅诤臣,此为直述时事。《宋史》卷23《钦宗纪》应照抄宋《四朝国史》,编修于宋高宗绍兴至宋孝宗淳熙时,其说为"天下兵马大元帅"。《宋史》卷24《高宗纪》应照抄宋《中兴四朝国史》,编修于宋宁宗嘉泰至宋理宗宝祐时,其说为"河北兵马大元帅"。晚出之国史否定此前国史之成说,说明真相自不可掩。《宗忠简公集》卷7《遗事》载宗泽知襄阳府制,称"朕元帅开府,总兵朔方",而不称总兵天下,说明即使在宋高宗登基之初,亦尚承认事实。
4. 《会编》卷72。

唱为和议"[1]，尽管敌人还是施用一面举兵，一面和议之伎俩，六神无主的宋钦宗依然中计。开封围城被金军勒索马匹、军器、金银之类殆尽，进一步丧失抵抗能力。宋钦宗两次被骗入金营，第二次就扣押不放。靖康二年（公元1127年）三月到四月初，金朝宣布灭宋，立张邦昌伪楚政权，驱掳宋徽宗、宋钦宗和总计约一万四千宋俘，另加大量装载财宝等车队北撤，[2]这就是历史上著名的"靖康之难"。[3]

再说磁州的宗泽，他"屡乞会兵夺李固渡，断贼归路，众议不可"[4]，所谓"众议不可"，无非是指河北各知州和知府，如汪伯彦等人反对。于是宗泽只能以孤军进击。他"自遣其将秦光弼、张德，领兵趋渡"，途经大名府成安县，"虏骑千余人过北城，二将出东、西门，夹击之。贼溃，斩首数百级，获其赍粮"[5]。秦光弼等继续进军"兵不过千余人，更出迭进，以挠李固寨"，宗泽另"遣壮士二千人夜捣之"，最后攻破敌寨，"夺其资粮"[6]，取得宗泽抗金的初次小胜。但与各州府守臣畏怯，消极避战，又形成鲜明对比。由于李固渡金寨被宗泽军所破，故四个月后，金军北归，就无法取李固渡原路，只能另走它径。

再说康王回到相州后，一天，与随从一行说梦："夜来梦皇帝脱所御袍赐吾，吾解旧衣，而服所赐，此何祥也？"[7]古人十分迷信梦境，常言道，日有所思，夜有所梦。康王迫不及待地说梦，流露出他正窥测时机，盘算着乘此乱世，而觊觎黄袍加身。

他接到秦仔传来的拜帅蜡书，有黄绢三四寸，便于十二月一日开设

---

1. 《会编》卷70。
2. 《靖康稗史笺证·宋俘记》。
3. 关于金军破开封的详情和祸难，参见王曾瑜《北宋末开封的陷落、劫难和抗争》，载《丝毫编》，河北大学出版社，2009年。
4. 《要录》卷1。
5. 《皇朝编年纲目备要》卷30，《宋名臣言行录》别集上卷5《宗泽》。成安县，原作安城县，按宋朝河北路无安城县，依方位判断，应为成安县。
6. 《宗忠简公集》卷7《遗事》，《宋宗忠简公全集》卷9《宗忠简公事状》。但称金朝"留兵数万，屯西岸，有寨数百"，应为虚夸，今不取。按李固渡寨金兵乃其偏师，兵力肯定不多。
7. 《宋史全文续资治通鉴》卷16，《宗忠简公集》卷7《遗事》，《中兴小纪》卷1，《皇朝中兴纪事本末》卷1之上。

大元帅府。三日，又有侯章前来，说："皇帝遣章等十人，擦城北来，趣大王领兵入援，惟章一人得达。临陛辞日，皇帝宣谕云：'康王辟中书舍人（按：指耿延禧）随行，可以便宜传谕，令草诏书，可尽起河北官兵入援。'"[8]宋钦宗心急如焚，盼望着康王的救兵。但康王所焦虑者，只是如何躲避金人，逃往安全地带。秦仔、刘定、侯章"请从濬、滑，径赴京师"[9]，康王事实上绝对不肯听从。康王随行宦官康履等说："相州守御严备，宜留相。"也立即被康王斥退。[10]康王只听从汪伯彦一人的主意："非出北门，济子城不可。"[11]当时黄河有子城渡，他的意见就是经子城渡，逃往北京大名府为了逃命，康王和汪伯彦作了精心的计划和安排。按汪伯彦在《建炎中兴日历》中自述：

会孟世宁自北京遣人，来投文字，自元水镇过子城渡，适北冰合可行，乃定议。然阴阳官选日，犹欲二十五日起发，耿南仲请以十四日行。前期差刘浩为先锋，领人马南趋濬、滑，以疑虏骑。又移檄大名府路帅司，差两将人马，分遣前去旧魏县驻扎，暨吾军到岸之际，庶几防新魏县房寨之金人，一将于内黄县驻扎，以防滑州房寨之金人。大名府路都总管司差合门祗候孟世宁领兵二千，屯内黄县，大名府路兵马都监王彦领兵二千人，屯旧魏县。乙亥，进发。[12]

刘浩一军南下，扬言要解开封之围，迷惑金军，以掩护康王逃遁。当时岳飞充刘浩部属，他勇敢作战，[13]其实仅仅是完成了掩护康王的任务。不仅如此，康王和汪伯彦对此次逃遁路线也严加保密。"相人及五军止知军行，南趋汤阴，由浚、滑路。至是出北门，申刻次临漳县。伯彦以相州及兼权真定府路安抚司公事、马、步军都总管职事，前一日交割与通判赵不

---

8. 《会编》卷71。
9. 《会编》卷72。
10. 《要录》卷1，《宋史》卷469《蓝珪传》。
11. 《宋史》卷473《汪伯彦传》。
12. 《会编》卷72。
13. 《鄂国金佗稡编》卷4《鄂王行实编年》。

试，遂侍王行"[1]。说的是南下汤阴，走的是出相州北门，北上临漳县，随行的绝大多数人自然莫名其妙。汪伯彦本人也藉此行金蝉脱壳之计，将守土之责推卸给通判、宗室赵不试，自己逃之夭夭。忠于职守的赵不试却在此后与相州共存亡。康王一行躲开李固渡的金营，在元水镇[2]的子城渡黄河冰上乘小车渡河，偷偷摸摸逃至北京大名府，权知府张悫、北道总管颜岐等将康王迎入城中。[3]从开元帅府到逃跑，为时仅半个月。

康王以元帅府名义下檄，命令河北各州军的守臣，率军赴北京大名府集中。宗泽军破李固渡金寨后，接到此令，随即班师，他匆忙作了守御磁州的军事部署，"以州事付兵马钤辖李侃"[4]，然后率二千人马，[5]前赴大名府。"时天大雪"，宗泽"披坚乘马。道逢郡守，往往卧毡车，赍庖具自随。公与士卒同甘苦，故人乐为用"[6]。大祸临头，一个年近七旬的文官，与部曲同甘苦，不得不冲冒风雪，效命战场；而另一方面，其他的知州、知府们带兵，却仍念念不忘排场和享受。这就是国难当头之时的一幅真实图景。

宗泽率军于十二月二十二日到达大名府。康王正式宣布他出任副元帅，并授予正六品集英殿修撰[7]的文职虚衔，比他的文阶官正七品朝奉郎高出正、从两品。宗泽就任之际，就在元帅府与汪伯彦发生激烈争论，据汪伯彦在《建炎中兴日历》中自述：

先是，王聚幕府僚属，议所向。宗泽请直趋开德府，次第进寨，以解京城之围。汪伯彦曰："金人数十万众聚京城下，周围四壁，各把定要

---

1. 《会编》卷72。
2. 《元丰九域志》卷1载有大名府成安县洹水镇，当因避宋钦宗赵桓御讳，而改名元水镇。
3. 《会编》卷72，《中兴小纪》卷1，《皇朝中兴纪事本末》卷1之上。
4. 《宋宗忠简公全集》卷9《宗忠简公事状》，《鲁斋王文宪公文集》卷14《宗忠简公传》，《会编》卷130，《要录》卷15建炎二年四月甲寅朔，《宋史》卷360《宗泽传》。
5. 宗泽的兵力据《会编》卷73，《要录》卷1。
6. 《宗忠简公集》卷7《遗事》。
7. 《宋史》卷168《职官志》，参见李昌宪先生《宋朝官品令与合班之制复原研究》第102—103页，上海古籍出版社，2013年。

害。自开德府之南四十里曰卫南县，至京城下扎连珠寨，常遣人硬探，水泄不通。吾军除过河五军保卫大王外，续收才一万三千人，其间召募民兵，又居其半，如何径要解围？事须量力，只今未说解围，且先安泊得大王去处稳当。然后促河北所檄诸郡及檄京东诸郡人兵，俟其皆来会合，以当东北面。更檄宣（总）司、陕西、江、淮勤王之师，以当西北面。约日俱进，声援相接，乃可解围。况金人河上络绎往来，开德不是大王安泊去处。大名亦去河咫尺，不可久住。欲差发数头（项）军民之兵，前去兴仁、开德府、濮州诸处屯泊。大王安泊去处，大王往东平府，措身于安地，身安则国难可图。"耿南仲、延禧、高世则等无异论，更召诸将问之，诸将亦以为然。王遂议往东平府，先遣副元帅宗泽往开德，三日发五军，皆尽。庚寅，王遂进发。[8]

他主要记述了自己的话，却回避了与宗泽的争论，特别是对方的论点。《宗忠简公集》卷7《遗事》说：

王会幕府，议行军所向。公请直趋开德府（治今河南濮阳市），次第进发，以解京师之围。伯彦曰："不可，虏兵十万围京城，四控要害，自卫南抵都城，壁垒相望，觇者水火不通。吾当量力，何论解围也。"公曰："京城围闭日久，君臣相望入援，何啻饥渴。方今之计，当言军中久不闻天子诏令，愿见君父。既曰通和，请亟退师。设有诡诈，则吾兵已在城下。"王从之，命公先行审虏情，大元帅以次进发。

此处所谓"王从之，命公先行审虏情"，似乎是康王同意宗泽的意见，命他"先行"，而自己又接踵"进发"，又无疑是为康王讳恶，而故作曲笔。《皇朝编年纲目备要》卷30靖康元年闰十一月记载较近史实：

泽乞进兵援京师，汪伯彦以泽为狂谲不情，泽亦诋伯彦等为失策。泽曰："虏寇狡计百端，岂可深信！惟速进兵，直指都城。第言兵民欲见君

---

8.《会编》卷73。

父。既两国通和，可亟退师。如贼有诡谋，即援兵已到，无能为也。"伯彦等执和议之说不可破。泽请自进兵至都城，从之。

事实是汪伯彦"劝王遣泽先行"，与康王商定，将元帅府队伍兵分两路，康王一行率兵东逃，却让宗泽孤军南进，并命宗泽对外"声言王在军中"，以吸引金人兵锋，而掩护康王、汪伯彦等东逃东平府（今属山东），从此宗泽"不得预府中谋议"[1]。康王"衔命出和，已作潜身之计；提兵入卫，反为护己之资"[2]，正是后来宋人史书中不敢承认的最简单的史实真相。

康王和汪伯彦挟带大部分兵力逃遁，而分配给宗泽者仅有万人。[3]宗泽将本部人马临时编组为五军，于十二月二十七日慷慨出师，"以都统制陈淬统制中军，先锋统制刘浩改差充副元帅下前军统领，右军统制尚功绪改差副元帅下左军统领，各将带本部二千人起发。后一日，以常景充副元帅下右军统领，将带本部二千，改差王孝忠充副元帅下后军统领，将带本部一千，并于开德府驻扎"[4]。

靖康二年（公元1127年）正月，宗泽"至开德府，时遣精锐与虏挑战。前后十三战，兵出辄捷，虏自是不犯开德"[5]。隶属前军统领刘浩的岳飞，在战斗中"以两矢殪金人执旗者二人，纵骑突击，败之，夺甲、马、弓、刀以献。转（正八品）修武郎"[6]。当时金军主力云集开封城，与宗泽军角力者，自然是其偏师。然而在宋军普遍畏敌如虎，退避不迭的情况下，而敢于并且能够主动进击者，也唯有宗泽一军。开德府位于河北路的南端，占取此地，就意味着夺据了进援开封的桥头堡。

占据开封外城的金军，急于追捕漏网的康王。由于宗泽对外扬言，

---

1. 《宗忠简公集》卷7《遗事》，《会编》卷78，《要录》卷1，《宋史》卷360《宗泽传》。
2. 《伪齐录》卷上。
3. 《宗忠简公集》卷7《遗事》说有二万兵力，今据《会编》卷73和《要录》卷1的考证。
4. 《会编》卷73。《会编》卷117《林泉野记》说编组五军，另有杨青率一军，可能不确。
5. 《宗忠简公集》卷7《遗事》。
6. 《鄂国金佗稡编》卷4《鄂王行实编年》。

康王在本军，金军闻讯，就派骑兵押着宋朝中书舍人张澂，"直叩开德，问（康）王所在"，张澂到城下说："虏方登城，援兵未可进，徒误大事。"宗泽说："此贼为他来款我师。"他"令壮士乘城射之，澂与虏俱遁走"[1]。

开封城中的宋钦宗，向康王等发手诏说：

> 京城失守，（宗社倾）危，尚赖金人讲和，止于割地而已。仰大元帅康王将天下勤王兵总领分屯近甸，以（伺变）难，无得轻动，恐误国事。[2]

他还幻想以各地救兵进逼开封城的态势，迫使金军讲和。签书枢密院事曹辅抵达兴仁府（今山东省定陶西南），而未能见到康王，就向知府曾懋转达此令。[3]康王和汪伯彦正好利用此诏，以作拥兵自重的藉口。他们认为东平府还不安全，又知河间府、高阳关路安抚使黄潜善"自将本路兵二万五千人"，到达东平府。[4]黄潜善字茂和，福建路邵武军邵武县人，正好与李纲同乡，进士出身。宣和六年（公元1124年），为右司郎中。陕西、河东发生大地震，"兰州地及诸山草本悉没入，而山下麦苗乃在山上"，宋徽宗命黄潜善察访陕西。黄潜善归奏说："震而已，所传则非也。"此后"又以迎合铜钱事，除户部侍郎"[5]。黄潜善很快得到康王的赏识，先任节制军马，[6]后又升汪伯彦为元帅，黄潜善为副元帅。[7]

二月，康王大元帅府"摆布勤王人马"如下：

> 大元帅府五军东平府驻扎，先锋辛彦宗五千人，前军（祁）超二千五百人，左军张琼二千五百人，中军张俊二千人，赵俊二千五百人，

---

1. 《宗忠简公集》卷7《遗事》。
2. 《宗忠简公集》卷7《遗事》，《会编》卷71。
3. 《宗忠简公集》卷7《遗事》，《会编》卷71，卷73，《要录》卷1。
4. 《要录》卷1。
5. 《皇朝编年纲目备要》卷29宣和六年闰月，《桯史》卷15《黄潜善》。《宋史》卷473《黄潜善传》作"左司郎"。
6. 《要录》卷2建炎元年二月癸未。
7. 《要录》卷3建炎元年三月戊午，《宋史》卷473《黄潜善传》，《汪伯彦传》。

右军苗傅二千五百人，后军范实（华实？花实？）二千五百人，以上总计一万九千五百人，马军在内，总号四万人，以杨惟忠都统制。

驻扎开德府人马，副元帅宗泽下陈淬统磁州二千人，洺州一千人，尚功绪二千人，常景二千人，王孝忠一千人，权邦彦一千人，孔彦威一万人，以上总计一万九千人，马军在内，号三万八千人，以陈淬统制，并听宗泽节制。开德府守御人兵不在数。（孔彦威一万人，初五日议定起发。）

驻扎濮州人马，闾丘陛三千人，姚鹏二千人，孙振二千人，以上总计七千人，马军在内，（号）一万四千人，并听副元帅附近节制。濮州守御人兵不在数。

驻扎兴仁府人马，黄潜善一万三千人，张换（唤？）二千五百人，高公翰二千五百人，王善一千人，以上总计一万九千人，马军在内，总号四万二千人，以张换（唤？）统制，并听黄潜善节制。兴仁府守御人兵不在数。

驻扎广济军人马，丁顺三千人，孟世宁二千人，温宗建一千人，李大钧一千人，张荣一千人，以上总计八千人，马军在内，总号一万五千人，以丁顺统制，并听黄潜善节制。广济军守御人兵不在数。

驻扎单州人马，王澈二千人，董谊二千人，（缺姓名）二千人，以上总计六千人，马军在内，总号一万二千人，亦并听黄潜善附近节制。单州守御人兵不在数内。

驻扎柏林镇人马，刘浩二千人，白安民一千人，以上总计三千人，马军在内，总号六千人。

右通计八万一千五百人，马军在内，通号一十六万七千人。[1]

按此规定，归宗泽指挥和节制者为二万六千人，"以拒虏之在卫南、卫城、临濮者"；而归黄潜善指挥和节制者，包括驻柏林镇的刘浩等部，"以拒虏之在考城者"，为三万六千人，[2]反而多于宗泽的统兵数。

接着，康王大元帅府"再呈檄书，行下诸处"，命令副元帅宗泽等

---

1. 《会编》卷79。
2. 《要录》卷2建炎元年二月癸未。

"克日进寨,于近京驻扎,张大军势,逼胁令去",但"不得先以兵马挑弄,自启败盟之衅"。"若旬月之间,师犹未退,忍复坐视,当约日齐进,誓死一战"。然而在发布此檄后的两日,即二月二十日,康王一行又自东平府出发,躲到了更南的济州(今山东省巨野)。[1]康王和僚属商议,甚至准备南下至淮南路宿州(今属安徽省),渡过大江,这引起元帅府军队的严重不满,"三军籍籍,谓不返京师而迂路,何也?"康王听到风声,害怕发生兵变,不得不取消去宿州的计划。[2]

当时,开封府周围有多支宋军,这是宋钦宗设置叠床架屋式军事机构所致。如负责北方战场,除康王河北大元帅府外,另有武臣宁武军节度使、河北、河东路宣抚使范讷和北道总管赵野,他们退兵到南京应天府,合称宣总司。[3]又"朝廷以(翁)彦国为经制使,尽起东南六路兵入援。彦国所统洞丁、枪杖手、弓兵数万,屯泗州。闻京城围闭,顾望不行",[4]还有陕西宣抚使范致虚,东南发运使向子諲和方孟卿,淮东提点刑狱汪师中,淮东兵马钤辖、知扬州[5]许份,西道总管王襄,陕西五路制置使钱盖,京西北路安抚使、知颍昌府何志同,宗室、知淮宁府赵子崧等,康王凭借自己的亲王身份,开始逐渐对他们发号施令。[6]虽说是"勤王之师,诸道云集",[7]其实并无严格的统一指挥。由于两个皇帝在金军掌握之中,用兵固然不免投鼠忌器;在事实上,各支军队也都畏葸不前。"会兵五旬,无一人至者"[8]。"范讷、赵野、王襄总师,逗遛不进,而纵其下暴掠,甚于盗寇"[9]。宗泽给赵野、范讷和曾懋写信,予以严厉指责,"拥兵自卫,

---

1. 《会编》卷81、卷83,《要录》卷2建炎元年二月庚辰、癸未,《宗忠简公集》卷7《遗事》。
2. 《要录》卷3建炎元年三月癸卯。
3. 《宋史》卷23《钦宗纪》,《要录》卷1建炎元年正月庚子,《中兴小纪》卷1,《皇朝中兴纪事本末》卷1之上。
4. 《宗忠简公集》卷7《遗事》。
5. 知扬州必兼淮东兵马钤辖,见《宋史》卷88《地理志》。
6. 《会编》卷81,卷83,《要录》卷4建炎元年四月壬戌,《宗忠简公集》卷7《遗事》,《靖康稗史笺证·南征录汇》。
7. 《会编》卷81。
8. 《宗忠简公集》卷7《遗事》。
9. 《梁溪全集》卷175《建炎进退志总叙》上之下。

迂回退缩"，"谓臣子大义，果如此耶？"然而赵野等人都"以为狂，不答"[1]。直到三月下旬，康王发令各路军队"四方并进，扫除虏寇，共立大功"[2]。但在事实上，康王却仍拥兵自重，按兵不动。

宗泽心急如焚，只能忍痛下决心，以所部二万数千孤军进击，横挑强敌。他召集众人商议，时任都统制的陈淬出面劝阻，说："虏方炽，未可轻举。"宗泽发怒，要将他处斩，经众将罗拜求情而免。二月二十日，即康王南逃济州的同日，宗泽率军南下京东路兴仁府南华县（今山东省东明东北）境。他命令陈淬说："汝当先诸将一行，谢前日之过。"陈淬秉命率军挺进，不到十宋里，就击败了迎战的金军。宗泽部遂进栅南华县。[3]

三月，金军在建立伪楚张邦昌政权的同时，也分兵向开德府、兴仁府和濮州的宋军进攻。关于此战，史书记载出入较大，为便于论析，今将歧异记载分列于下。《宗忠简公集》卷7《遗事》说：

三月朔，二圣在郊宫。丁酉，太宰张邦昌以虏命僭立。虏自宛亭引众逼兴仁，列栅而屯，复分兵寇开德。公遣（孔）彦威与战，败之。度虏必犯濮州，急遣（权）邦彦严为之备。兵果至，接战，复败之，驻于近郊。辛丑，再战，杀伤相当。公自南华遣二千余骑援濮州，虏兵引去，复向开德。邦彦、彦威合军夹击，败之。壬寅，公亲提所节制兵，进至卫南，前驱报曰："前逼虏营，当少避之。"公曰："第言两国既和，久不退师，我欲入觐君父，虏无得出寨。"诸将莫晓其意，公曰："以将孤兵寡，不深入重地，不能成意外之功。"公挥众，入虏区，彼亦陈兵以待。公操戈直前，亲冒矢石，与虏战，败之，转战而东。虏益兵至，刃既接，阳败而却。我师追击，不利，伤者什二，王孝忠死之。公令将士曰："今前后尽贼垒，进退等死，当从死中求生！"士卒亦知必死，人人争奋，莫不一当百。虏大败，斩首数千级，虏退却数十里，遂据韦城。已而公私自计曰：

---

1. 《宗忠简公集》卷4《与北道总管赵野约入援京城书》，《与河北河东宣抚范讷约入援京城书》，《与知兴仁府曾懋约入援京城书》，《要录》卷2建炎元年二月戊寅。
2. 《会编》卷86。
3. 《宗忠简公集》卷7《遗事》，《要录》卷2建炎元年二月庚辰。

"虏兵十倍于我，一战而却，必当有谋。若尽合诸营铁骑，夜以袭我，我军殆矣！"深暮，戒裨将辛叔禧、杜琳曰："徙军南华。"虏果夜至，得空营，大惊。自此深沟自固，兵不再出矣。癸卯，自南华遣兵过大沟河，出虏不意，袭击败之。

《遗事》也承认此战中有"不利，伤者什二，王孝忠死之"。金方的记载见于《靖康稗史笺证·南征录汇》：

（天会五年二月二十四日）帅府急班师，银帛未齐。又探得康王令宗泽屯澶州，同丘升屯濮州，黄潜善屯曹州，赵野、范讷屯南京，向子野屯巨野，何志同屯许州，提举官梅执礼、程振、陈知质、安扶集城中溃卒内应，遂杀执礼等，并执根括官胡唐老、胡舜陟、姚舜明、王俣，鞭背各二百，限五日缴齐。复榜城中，逾期不齐，纵兵大索。（见《武功记》）
（天会五年三月）初十日，我军败康王于开德、兴仁、濮州。十一日，娄室亭董又败之千秋镇。……十二日，又败康王兵于南华，摧其将宗泽、权邦彦车阵。帅府榜示各路云，宋主父子眷属并已北迁。（见《武功记》）

其中明确说"摧其将宗泽、权邦彦车阵"，应为属实。宋方记载也承认"陕西宣抚使范致虚兵溃于千秋镇"[1]，与金方《武功记》所述相合。[2] 今再将《三朝北盟会编》卷85的相关记载摘录于下：

（靖康二年三月十一日辛丑）兴仁府统制官张晙（换？）败金人于兴仁府，同丘陞败金人于濮州，孔彦威败金人于开德府。
《（封氏）编年》曰："初十日，金人一头项自宛亭前来，至兴仁府城外五里扎寨。辛丑，金人向城进兵。黄潜善遣统制官张换（晙？）部领军兵，占据地利迎敌，遣丁顺、孟世宁分作左、右翼，设伏掩杀，射中金

---

[1] 《要录》卷3建炎元年三月辛丑。
[2] 《金史》卷72《娄室传》载"宗翰已与宗望会军于汴，使娄室率师趋陕津"，为当时事，未提及范致虚。

金营。他"遣人觇虏动息,见其日夜益兵,增寨栅,备守御甚严"。三月末,他起兵"自南华移屯临濮",京东西路濮州临濮县位于南华县东北。四月初,宗泽得知金军驱掳宋徽宗、宋钦宗等北撤,"谋引兵渡大河,据贼归路,而对垒诸营一夕解去"。他"即自临濮提孤军趋滑州(今河南省滑县),走黎阳(今河南省浚县西),由大伾"[1],"至大名府城南下寨,欲径渡河,迎取乘舆,而勤王之兵无一至者"。由于金军南下时所扎李固渡寨被宗泽军攻破,金军不得不改道河北西路等北撤。尽管驱掳约一万四千宋俘,还有大量装载财宝等车队,简直不像军伍,却未遭到任何宋军的拦截。宗泽最后"知二圣果播迁,北望号恸"[2],却无法挽狂澜于已倒。

宗泽有五律《又赋一律》诗:

罢兵洵上策,试问可诚然。竟弃三军力,空抛半壁天。上林无旅雁,绝域有啼鹃。羞见龙泉剑,飞光牛斗前。[3]

从"上林无旅雁,绝域有啼鹃"两句看,应是痛悼北宋亡国之作,"羞见龙泉剑,飞光牛斗前"两句,则是表达他羞愤与奋斗的心声。

---

1. 据《元丰九域志》卷2,卫州黎阳县"有大伾山"。
2. 《要录》卷3建炎元年三月己未,卷4建炎元年四月壬戌,《宗忠简公集》卷7《遗事》。
3. 《两宋名贤小集》卷143。

## 第五章

## 恨无回天力　时危敢尸禄
## （李纲、宗泽）

## 第一节　血诚痛切进谏言（宗泽）

逃躲在济州的康王，最初得知金军北撤，立张邦昌伪楚政权的消息，一时如五雷轰顶，"更无分毫主意"。他找耿南仲、汪伯彦、黄潜善等商议，决定只是暂时按兵不动，另派人再刺探消息。当时元帅府事务事实上已由黄潜善区处。[1]使他喜出望外者，是张邦昌其实并无称帝的胆量和野心，他请出宋哲宗废后孟氏，垂帘听政。孟太后听政后，即"下手诏播告天下"说：

虽举族有北辕之衅，而敷天同左袒之心。乃眷贤王，越居近服，已徇群情之请，俾膺神器之归。繇康邸之旧藩，嗣我朝之大统。汉家之厄十世，宜光武之中兴；献公之子九人，惟重耳之尚在。兹为天意，夫岂人谋。[2]

她命亲侄孟忠厚持书到济州，向康王劝进。[3]张邦昌也致书康王，表明自己称帝乃是万不得已，决定逊位，而将宋朝传国玉玺送到大元帅府。于是康王登基称帝的事，就无可争议，而出乎意料的顺利。

在此期间，康王最初写信给宗泽等人说，自己受任河北兵马大元帅后，"且方忌器，未敢轻举，但分屯近甸，为逼逐之计"。闻知"二圣、二后、东宫诸王北渡大河，五内殒裂，不如无生，便欲身先士卒，手刃逆

---

1. 《要录》卷3建炎元年三月丁巳，卷99绍兴六年三月癸巳。
2. 《会编》卷93，《要录》卷4建炎元年四月甲戌。
3. 《会编》卷92，《宋史》卷243《哲宗昭慈孟皇后传》，卷465《孟忠厚传》。

胡，身膏草野，以救君父。而僚属不容，谓祖宗德泽，主上仁圣，臣民归戴，天意未改。故老、近臣、将帅、军民，忠义有素，当资众力，共成忠孝本意"。他既以冠冕堂皇的言辞，开脱自己怯敌避战，以苟全性命之责，又微露准备继承皇位之意，并按僚属的商议，在信中告诫宗泽等"未当轻动，徒使京城重扰，军民被害，故欲按甲近城，容构移书问故"[1]。

宗泽无法邀截宋徽宗、钦宗等宋俘，"又闻邦昌僭立，即回，欲先行诛讨，且密遣健步，间道持檄，安慰京城士庶"[2]。他最初对张邦昌的行为深表怀疑，回信康王说：

泽伏见奸臣张邦昌窃据宝位，改元肆赦，又挟孟后，以令天下，仍欲散诸路勤王之兵。其篡乱踪迹，无可疑者。今或悔惧，有出权宜之语耳。且人臣岂有张红伞，服赭袍，居正殿者？自古奸臣，初未尝不谦逊退避，中藏祸心不测，况恶状彰著如此。今二圣、诸王、皇族悉渡河而北，唯大王在济，天意可知。宜整顿乾坤，兴复社稷，以传万世，不可迟疑，犹豫不断。泽衰老，痛切忠义之极，不免缕缕敷陈，乞赐哀亮，早定民志，使天下有所归向。《易》曰："见机而作，不俟终日。"愿大王速图之。[3]

按中国古代沿袭已久的专制皇朝的继统执政思维，宗泽决不能承认"奸臣张邦昌窃据宝位"，而只能请康王继统执政，"唯大王在济，天意可知。宜整顿乾坤，兴复社稷，以传万世，不可迟疑，犹豫不断"，"早定民志，使天下有所归向"。

事态的发展，很快就转入众多宋朝臣僚向康王"劝进"，即请他即位称帝。元帅汪伯彦、副元帅黄潜善等人"上表劝进于大元帅"，表中说："天未厌宋，必将有主，主宋祀者，非大王而谁！"[4]他们积极"劝进"，无非是渴望自己攀龙附凤。康王又屡次假意逊谢。

---

1. 《会编》卷90，《建炎以来朝野杂记》乙集卷3《高宗与宗忠简书》，《宗忠简公集》卷7《遗事》。
2. 《宗忠简公集》卷7《遗事》，《会编》卷94。
3. 《会编》卷93，《要录》卷4建炎元年四月乙丑。
4. 《会编》卷90。

在众多劝进者中，最感苦恼和矛盾的只怕是宗泽。他有元帅府共事的痛苦经验，明知康王根本不具备中兴之主的素质，但除了拥戴康王，又别无选择。与众多的劝进表状不同者，宗泽在状词中对行将即位的新主并无客套和虚伪的恭维，但身为大宋臣僚，却也只能径情直遂地痛陈形势，进行规谏，他说：

天下百姓所注耳目而系其望者，惟在大元帅府康王一人。大元帅行之得其道，则天下将自安，宗庙、社稷将自宁，二帝、二后、诸王将自回，彼之贼虏将自剿绝殄灭。大元帅行之不得其道，则天下从而大乱，宗庙、社稷亦从而倾危，二帝、二后、诸王无夤缘而回，贼势愈炽，亦无夤缘而亡。此事在大元帅行之得道与不得其道耳。如何可谓之道？泽谓其说有五：一曰近刚正而远柔邪；二曰纳谏诤而拒谀佞；三曰尚恭俭而抑骄侈；四曰体忧勤而忘逸乐；五曰进公实而退私伪。是五者甚易知，甚易行，然世莫能知，莫能行者，由刚正、谏诤、恭俭、忧勤、公实之事多逆于心也，柔邪、谀佞、骄侈、逸乐、私伪之事多逊于志也。伊尹有言："有言逆于汝心，必求诸道；有言逊于汝志，必求诸非道。"合诸道者，君子也；合诸非道者，小人也。愿大元帅大王于应酬问答之间，以兹五事卜之，则君子、小人了然分矣。[1]

"柔邪、谀佞、骄侈、逸乐、私伪"十字，正中康王的痛处，说明宗泽对康王的为人，已透视入骨髓；而"血诚痛切"四字，流出肺腑，恰如其分地形容他当时的心境。他愁绪满怀，深忧进一步出现"天下从而大乱，宗庙、社稷亦从而倾危，二帝、二后、诸王无夤缘而回，贼势愈炽"的局面，而无可挽回。他也明知进谏不可能有多少效果，故对人说："结怨王之左右矣，不恤也！"[2]宗泽自然已不能明说是"结怨于王矣，不恤也！"康王对此书置之不理，并无礼貌性之批答。但宗泽又必须同这位不争气的"大王"确立新的君臣关系，就再上劝进状说：

---

1. 《会编》卷93，《宗忠简公集》卷1《上大元帅康王札子》。
2. 《鲁斋王文宪公文集》卷14《宗忠简公传》，《要录》卷4建炎元年四月壬申。

## 第五章 恨无回天力 时危敢尸禄（李纲、宗泽）

某等累状，乞大王早决大计，以安人心。伏惟降到札子，所请难议施行者。屡布忱诚，仰祈洞鉴。兹叶寰区之愿，实系宗庙之依，岂谓隆谦，未蒙昭允。窃以四海之远，必发号施令，然后上下孚；必信赏必罚，然后小大服。深惟军国之重，可虚宸极之尊？二圣播迁，群黎翘伫。念祖宗积累，垂无疆焘养之恩；而胡虏贪残，起不测侵陵之变。有疏早悟，遂致稽奸。云甲霜戈，共力追于朔野；天旌龙驭，期早复于皇居。然推戴有系于人心，况寄托已彰于天意，尚稽独断，曷慰舆情。伏望大王以聪明之资，振久大光明之业；以智勇之略，弭变乱窥窃之风。巩固洪图，措安大器。不得已临莅，赫乎群目之瞻；惟式克钦承，亶乃万方之听。某等无任祈求恳切俟命之至。[1]

宗泽的再次劝进，自然是迫切而诚恳的，但即使是"伏望"一句，也并无谀辞，只是期望康王做到"以聪明之资，振久大光明之业；以智勇之略，弭变乱窥窃之风"。恰好济州"夜有红光烛天"，按古代的迷信，又"以为宋火德之符"。于是，康王的登基地点，又引起争议。宗泽上书说：

契勘张邦昌久在虏中，范琼亦自草野中起，恐其包藏，阴与贼结。凡事未可容易凭信。某十日前，因与汪（伯彦）元帅咨目，乞密禀大王，且于南京开府，想旬浃间，便可绥定。一、京城是祖宗应天受命长发之地；二、道路取中，四方万里便于申禀；三、临汴流诸处，漕运尤易办集；四、于拱、宁屯兵，为严守计；五、可断北来饷道，贼虽稽奸，当自破灭。却令某统领见所管诸处节制人马，尽数前去京城十里以来扎寨，赍大元帅榜文，叙哀痛恳切，未忍遽归，瞻望宗庙、朝廷，与省府旧官、闾巷父老相见，哽噎眷眷之意。观人心愿佇恳切，然后按辔徐行，庶为万全，不至落贼奸便。某下情不胜瞻慕之至，切望哀亮血诚，早赐施行。

他的上书得到康王的同意，[2]于是康王率大元帅府属官、军兵等前往南京应天府，并于五月一日正式举行称帝典礼，将靖康二年改元为建炎元

---

1. 《宗忠简公集》卷1《大元帅府劝进第二状》。
2. 《宗忠简公集》卷1《乞大元帅于南京开府状》，《要录》卷4建炎元年四月戊辰，《宋史》卷24《高宗纪》。

年，即高宗。

宋高宗虽顺利继位，这并不意味着赵氏皇族都无心参加天水朝神器的角逐。当时有宋太宗弟赵廷美系宗室赵叔向，聚兵七千，直抵开封城郊的青城，逼迫张邦昌等交权，也显示其问鼎之志。后来他看到康王称帝的大势已无可逆转，仍"不肯以其兵与朝廷，欲与宗泽"。他的谋主陈烈说："大王若归朝廷，则当以其兵与朝廷。不然，即提兵过河，迎复二圣。"赵叔向无可奈何，交出兵马。后被其部将于涣上告，说他"谋为变"，宋高宗便命武将刘光世将他捕杀。[1]宗泽虽与赵叔向个人并无瓜葛，但此事表明，至少有相当部分的宋朝宗室，他们其实是鄙薄康王的所作所为，而尊敬宗泽的尽忠竭力。

宋高宗即位的当天，立即拜命黄潜善为中书侍郎，汪伯彦为同知枢密院事，很快又命两人兼御营使和副使，两人虽为副相和枢密院副长官，其实即以此名分主持朝政，占据了最紧要的实职差遣。正如词臣为宋高宗起草的制词所说："干予心膂之忧，实赖股肱之旧。"[2]表明了新皇帝对两人的倚信。同原先元帅府的地位相比，黄潜善的蹿升更高于汪伯彦。但唯一率孤军奋战的宗泽，却排摈在小朝廷之外。

宋制，皇帝登基后，"凡东宫僚吏一概超迁，谓之随龙"[3]。大元帅府的官员都纷纷升迁，宗泽也"覃恩，转朝请郎"[4]，比原来的文阶朝奉郎升两官，仍为正七品。[5]新帝下令："大元帅府限十日结局。召副元帅宗泽赴行在。"[6]接着，又发表宗泽出任知襄阳府。[7]这当然也是对宗泽"血诚痛切"进谏所作的回复。宗泽"分兵河上，量带数百骑，径自卫南、南华诣行在所"[8]，准备朝见宋高宗。

---

1. 《会编》卷91，卷108，《要录》卷4建炎元年四月丙寅，卷6建炎元年六月乙亥，《宋史》卷247《赵叔向传》，《朱子语类》卷127，卷130。
2. 《会编》卷102，卷103，《要录》卷5建炎元年五月庚寅朔，丁酉，《宋宰辅编年录校补》卷14。
3. 《司马文正公传家集》卷38《言郭昭选札子》。
4. 《宗忠简公集》卷7《遗事》。
5. 《宋史》卷168《职官志》。
6. 《要录》卷5建炎元年五月辛卯。
7. 《要录》卷5建炎元年五月庚戌，卷6建炎元年六月己未朔注，《宗忠简公集》卷7《遗事》。
8. 《宗忠简公集》卷7《遗事》，《要录》卷6建炎元年六月己未朔。

第五章　恨无回天力　时危敢尸禄（李纲、宗泽）

## 第二节　整顿就规矩　居然听颓覆（李纲、宗泽）

### 一、李纲任相的曲折

李纲自被贬后，"十月抵无锡，一宿湛岘，两游惠山，与昆弟啸咏。闻有建昌军之责，即日命驾过虎丘，临剑池，月夜步松江长桥，与亲友为别。渡钱塘江，经严陵濑，自三衢入江西，历上饶、弋阳，游龟峰寺，道金溪，抵建昌，时十二月也"[1]。当时开封已经陷落，而李纲却于此时又得到"移夔州（今重庆市奉节县）安置"的贬责命令。[2]夔州的节镇名为宁江军。[3]"自建昌复闻有宁江之命，即泛舟，由临川如豫章，邂逅故人长老怀宗，同遊翠岩寺，观洪崖井，复游玉隆万寿宫，观许旌阳手植桧，道龙虎山望仙岩。次筠阳、上高，游九峰寺。次宜春，遂由萍乡、醴陵，以次长沙，游道林、岳麓寺，观唐人篇翰。时仲春之初也"[4]。他奔波黄尘，辗转道途，登临山水，观览名胜古迹，藉以排遣极怀，而又极沉重的心境。依李纲自述："余旧喜赋诗，自靖康谪官，以避谤辍不复作。"[5]其实也反映了他甚至并无心绪赋诗。由于宋时交通通信的迟缓，李纲直至到达荆湖南路潭州（今湖南省长沙市）时，方才得到宋钦宗在去年所发的召命。"次长沙，闻有渊圣皇帝召命，复元官，除资政殿大学士、领开封府事。即率

---

1. 《梁溪全集》卷136《〈靖康行纪〉序》，今据附录一《年谱》引《〈靖康行纪〉序》摘录。
2. 《梁溪全集》卷57《节制湖南勤王人兵赴行在奏状》。
3. 《宋史》卷89《地理志》。
4. 《梁溪全集》附录一《年谱》引《〈靖康行纪〉序》。
5. 《梁溪全集》卷17，附录一《年谱》引《湖海诗序》。

湖南义旅以进，时四月八日也"[1]，其时金军已驱掳宋俘们北上了。宋高宗即位后，"尊靖康皇帝为孝慈渊圣皇帝"[2]，故宋人一般称呼宋钦宗为"渊圣"。李纲此行，原是有足够的精神准备，"见危思致命，入援哀义旅"[3]，"万一不捷，当遂以死报国矣"[4]。《梁溪全集》卷57《节制湖南勤王人兵赴行在奏状》记载了李纲的自述说：

臣昨自观文殿学士、知扬州，责授保静军节度副使、建昌军安置，寻移夔州安置。未到间，蒙恩复元官，除前件职名差遣，系闰十一月三日圣旨。道路艰阻，近方承命。臣自在远方，闻金人攻围都城之久，凡以忠义自奋者，皆募兵入援。况臣荷国重恩，尝被柄用，愿效犬马之力，夙夜不遑，徒以身在罪籍，不敢妄发。及承召旨，即日率湖南提举等司勤王人兵，赴元帅府，禀受节制，会合前进。行次池州，伏睹元帅府檄书，方审都城失守，二圣播迁，臣子之心不胜痛愤。

李纲在另一奏中自述，他得此凶耗，不由当即晕倒，"号恸绝复苏，洒泪作翻雨"，"痛愤彻骨，绝而复苏"[5]。经历北宋末靖康之变的惨重劫难，人们普遍认为，李纲"功业卓伟，忠义奋发，真社稷之臣，天下之所乐从，海内之所推称者也"[6]。"天下人望之所归者"，李纲"一人而已"[7]。"万口一音"，认为"纲之用舍，系一时之轻重"[8]，"其德义才力，足以任大事，卫王室，赴斯人之望者"[9]。

---

1. 《梁溪全集》附录一《年谱》。
2. 《要录》卷5建炎元年五月辛卯。
3. 《梁溪全集》卷19《建炎行》。
4. 《梁溪全集》卷162《书杜子美〈魏将军歌〉赠王周士》。据同卷《跋王府君文编》，又《直斋书录解题》卷21："《王周士词》一卷：长沙王以宁周士撰。"可知王以宁字周士，如前所述，他曾是李纲宣抚司参议官，此后彼此一直有交往。
5. 《梁溪全集》卷19《建炎行》，卷56《上皇帝封事》。
6. 《历代名臣奏议》卷82欧阳澈上书，《欧阳修撰集》卷1《上皇帝万言书》。
7. 《要录》卷5建炎元年五月乙未，《续宋中兴编年资治通鉴》卷1附吕中《中兴大事记》。
8. 《要录》卷6建炎元年六月，《会编》卷124，《太仓稊米集》卷57《上皇帝书》。
9. 《北山小集》卷36《寄李枢密论事札子》。

## 第五章 恨无回天力 时危敢尸禄（李纲、宗泽）

宋高宗在即位前，曾给李纲手书说：

构顿首。清暑，伏惟钧候万福。久违瞻谒，王室多故，金人连岁侵逼中（国），诏书已再讲和，所以严戢兵锋。岂谓天未悔祸，乘舆蒙尘，闻之心焉如割。已令会兵追击，冀遂奉迎而归。方今生民之命，急于倒悬，谅非不世之才，何以协济事功。阁下学穷（究）天人，忠贯金石，是用尽复公旧官职。泽被斯人，功垂竹帛，乃公素志。想投袂而起，以拯天下之溺，以副苍生之望。所祝道中倍加保卫。谨启，构顿首。伯纪枢密、观文。[1]

此份书信发于四月，显然微示称帝后命相之意。当时李纲已与荆湖南路安抚使郭三益"偕率本路兵入援"[2]。宋高宗登基后五天，即命"资政殿大学士、新除领开封府职事李纲为尚书右仆射、兼中书侍郎，趣赴阙"[3]。他固然信用黄潜善和汪伯彦，但两人"新擢执政，人望未孚"[4]，考虑到危难的形势，还不打算将两人马上命相，而先命李纲为右相。[5]

李纲"行至太平州"（今安徽省当涂县），得宋高宗登基的消息，立即上封事，主要说了以下两条：

今日待夷狄之策，所谓和、战、守者，当何所从而可也？欲和乎？则前日之和，其效如此；而金人北归，虽宗室亦尽徙以行，其意为如何？而二圣之辱，实不共戴天之雠，和岂可复信！欲守乎？则朝廷已失河北、河东两路士民之心，或为金人之所得，或为豪杰之所据，密迩畿甸，易为侵陵，守岂复易图！欲战乎？则去冬将佐卒伍，乏人抚御，皆散而为盗贼，兵力益弱，经此祸乱，士气益衰。所谓勤王之师，多募之于田亩之间，不习兵革，战岂可必胜！是三者，今日国论以何为宗？顾臣日夜思虑，念之

---

1. 《梁溪全集》卷60《御书》，《建炎以来朝野杂记》乙集卷3《高宗属意李忠定》。
2. 《要录》卷4建炎元年四月乙丑。
3. 《要录》卷5建炎元年五月甲午。
4. 《宋宰辅编年录校补》卷14。
5. 《会编》卷103，《要录》卷5建炎元年五月甲午。

至熟，因时施宜，有策于此，及当今之务数十条，皆急切而不可缓者。非得望清光于咫尺之间，未易殚言也。

恭俭者，人主之常德也；英哲者，人主之雄材也。继体守文之君，则恭俭足以优于天下；至于兴衰拨乱之主，则非英哲不足以当之。惟其哲，故见善明，足以任君子，而不为小人之所间；惟其英，故用心刚，足以断大事，而不为小故之所摇。在昔人君，体此道者，惟汉之高祖、光武，唐之太宗，本朝之艺祖、太宗为然。臣愿陛下深考汉、唐三帝与艺祖、太宗之所以创业、中兴，大过人者，了然于胸次，物至而应之，则天下之事，虽未底绩，固已定于心术之中矣。[1]

这两件事是李纲思虑的中心。他对新登基的皇帝自然不可能像宗泽那样，有透彻了解，但对新帝提出"兴衰拨乱之主"必须具备"英哲"的期望，仍是深中肯綮的。对金"和、战、守"三策，"当何所从"，他"日夜思虑，念之至熟"，则是希望在朝见时面陈。他还特别编著了汉高祖、光武帝和唐太宗的《三君行事纪要录》，后面呈皇帝。[2]

李纲到达江宁府，果断地处置了周德的兵变。[3]但另一方面，应天府的行朝则出现抵制李纲任相的风潮，这主要是由黄潜善、汪伯彦等人所发动的。"黄潜善、汪伯彦自谓有攀附之劳，虚相位以自拟"，宋高宗"恐其不厌人望，乃外用纲。二人不平，繇此与纲忤"[4]。他们编造各种理由，说"李好用兵，今召用，恐金人不乐"[5]。御史中丞颜岐对宋高宗建议说："邦昌，金人所喜，虽已为三公，宜加同平章事，增重其礼。李纲，金人所不喜，虽已命相，宜及其未至，罢之，以为中太一宫使、兼经筵官，置

---

1. 《梁溪全集》卷56《上皇帝封事》注文说，李纲"被领开封府事之命，总师至次江宁府，上皇帝封事"。然而据《梁溪全集》附录一《年谱》，《要录》卷5建炎元年五月乙未"从纲《建炎进退志》修入"，则说是李纲"行至太平州"，上此封事。依《要录》此后李纲到江宁府，平周德兵变之叙事，应以后者为准。此奏又载《历代名臣奏议》卷348。
2. 《要录》卷6建炎元年六月癸亥，《玉海》卷58。
3. 《梁溪全集》174《建炎进退志总叙》上之上，《会编》卷102，《要录》卷5建炎元年五月己亥。
4. 《要录》卷5建炎元年五月甲午。
5. 《朱子语类》卷131。

## 第五章 恨无回天力 时危敢尸禄（李纲、宗泽）

之散地。"他甚至连上五奏。[1] 右谏议大夫范宗尹"力主议和，乃言纲名浮于实，而有震主之威，不可以相。章三上"[2]。

按李纲自述，甚至他到了应天府城南的榖熟县，"颜岐遣人投文字，封以御史台印，开视之，乃论余不当为相章疏"。"前后凡五章，皆不降出，故岐封以示余，欲余之留外而不进也"。李纲到此方知，"外廷所以沮之者，无所不至，益以感惧"。有人劝李纲"遂留"。李纲说："国家艰危，至此极矣！岂臣子事形迹，避嫌疑，自爱惜之时哉！上知遇如此，得一望清光，敷陈腹心，退就田里，死且不朽，如岐言，何足恤！"[3]

中国古儒从来强调，在官场中，"君子难进而易退，小人反是者也"[4]。"君子难进易退，小人易进难退"。[5]饱读经史的李纲，岂不懂得这个道理？然而在"国家艰危，至此极矣"的情势下，李纲以一身任天下之重，就顾不得这条训诫了，只能毅然挺身进入南京应天府城，而不能有迟疑或反顾。

六月初一日，李纲进入行宫，拜见新帝，他念及家国之奇耻大辱与危难，"不觉涕泗之横流"。鉴于一些人的反对，李纲更感到自己不能腼颜受命。他说，"谓材不足以任宰相，则可，谓为金人所恶，不当为宰相，则不可"。"陛下断自渊衷，特达用臣，而外廷之论如此，臣敢当此任？愿乞身以归田里。至于陛下命相，于金人所喜所恶之间，更望圣虑有以审处"。宋高宗慰谕一番，当即命内侍邵成章"宣押赴都堂治事"。

翌日，李纲再次奏对于内殿，宋高宗说："朕决意用卿，非在今日，社稷、生灵赖卿以安，卿其无辞。"李纲说："臣愚陋无取，不意陛下知臣之深也。然今日之事，持危扶颠，以创业为法，而图中兴之功，在陛下而不在臣。"李纲对这位新皇帝的了解其实不深，但某些片断的事实和印象，已使李纲见微而知著。他不得不向官家剀切陈词，以宋钦宗的失败帝

---

1. 《要录》卷5建炎元年五月辛丑。
2. 《要录》卷6建炎元年六月己未朔，《宋史》卷362《范宗尹传》。
3. 《梁溪全集》卷174《建炎进退志总叙》上之上。
4. 《温公易说》卷3。
5. 元胡炳文《周易本义通释》卷2。

业为戒，"夫知人能信任之，而参以小人，犹足以害霸，况于为天下，而欲建中兴之业乎？""不谓今日遭遇陛下龙飞，初无左右先容之助，徒采虚声，首加识擢，付以宰柄。顾臣区区，何足以仰副图任责成之意。然靡不有初，鲜克有终，如臣孤立寡与，更望圣慈察管仲'害霸'之言，留神于君子、小人之间，使臣得以尽志毕虑，图报涓埃，虽死无憾。"[1]李纲就此开始了他的相业。

## 二、宗泽赴任开封府

宋高宗称帝不满十日，当宰相李纲尚未至南京应天府行朝赴任之时，即已打算命王伦和朱弁充大金通问使与副使，傅雱和赵哲充大金通和使与副使。"既而黄潜善、汪伯彦共议改雱为祈请使，阁门宣赞舍人马识远为副，而伦、弁、哲不遣。国书外，又令张邦昌作书遗二帅"。将"通问"和"通和"的使名改为"祈请"，无非是寓自我贬辱之意。命令金人所立伪楚皇帝张邦昌修书，致金左副元帅完颜粘罕（宗翰）和右副元帅完颜斡离不（宗望），也无非是企求对宋朝重新立国而废伪楚有所谅解。史称"时潜善等复主议和，因用靖康誓书，画河为界。始敌求割蒲、解，围城中许之。潜善等乃令刑部，不得誊（宋高宗即位）赦文下河东、北两路及河中府、解州。其（五月）乙未（六日）、丁酉（八日）所遣兵，且令屯大河之南，应机进止"。[2]

以上命令当然是宋高宗和黄潜善、汪伯彦的共同决定。当时，金军仅占领河北与河东的十多个府、州、军，而大部分州县"皆为朝廷固守"[3]。然而"每惟和好是念"[4]的宋高宗，却决定承认北宋末开封城下之盟，与金"画河为界"。黄潜善和汪伯彦提出的"画河为界"，事实上成了宋高宗即位后十四年间基本的政治构想和设计，其目标无非是屈辱媾和，以求苟

---

1. 《会编》卷104，《要录》卷6建炎元年六月己未朔，《梁溪全集》卷19《建炎行》序，卷174《建炎进退志总叙》上之上，卷178《建炎时政记》上，附录二《行状》中。
2. 《要录》卷5建炎元年五月戊戌。
3. 《要录》卷6建炎元年六月甲子注，此注有当时已沦陷之府、州、军统计，但统计不全，如河东路平定军就未列入。
4. 《要录》卷159绍兴十九年四月戊辰，《宋宰辅编年录校补》卷16。

安一隅，根本不打算恢复故地。

赵士㒟在宗室中颇有贤名，又是赵构的"皇叔"一辈，他在拥戴宋高宗即位中起过作用。但他对此政治构想和设计，深感忧虑和气愤，遂"首论大臣误国"，力荐李纲任相。宋高宗随即发表赵士㒟外任知南外宗正事，将他逐出朝廷。监察御史张所反对放弃两河，弹奏黄潜善"奸邪"，也被贬官凤州团练副使，流放到江州（治今江西九江市）"安置"。宋朝台谏官虽然官位不高，但政治地位重要。张所作为一名台官，仅因弹奏一个执政官，而承受如此厉害的惩罚和贬黜，这在以"好谏纳言"为"家法"的宋朝，[1]是相当罕见的。张所和赵士㒟成为新皇帝"立极之初"首先被逐的端人正士。[2]

宗泽来到南京应天府，宋高宗和黄潜善、汪伯彦当然都不容宗泽干预朝政，认为最妥当的处置，就是外任，遂发表他升任龙图阁学士、知襄阳府。[3]其文职虚衔徽猷阁待制升龙图阁学士，即由从四品升正三品。[4]他与李纲都是在六月初一日，先后觐见宋高宗。自两人在北京大名府不欢而散正好时隔半年，转瞬之间，当时的康王，虽明知不像人物，却已成宗泽必须毕恭毕敬行臣规的皇帝，时事的巨大变迁，一时使这个老臣百味俱陈，百感交集，"气哽不能语，涕泗交颐"，据称宋高宗表面上也"为之动容""问劳甚厚"[5]。

《宗忠简公集》卷1《条画四事札子》是宗泽对新帝的第一奏，表露了他不得不说，却又不得畅所欲言的复杂思考和感情。《鲁斋王文宪公文集》卷14《宗忠简公传》将前三条概括为"一论人主不可以喜怒为赏罚；二论人主职在任相，（愿）于稠人广众之中，不以亲疏，不以远近，虚心谨择，参以国人左右之言，爱立作相，毋使小人参之；三论臣下有怀奸藏慝，嫉贤蔽善者，当使耳目之官沥心弹纠，毋有所隐"。以上三条其实都

---

1. 《嵩山文集》卷1《元符三年应诏封事》。
2. 《要录》卷5建炎元年五月丙辰，月末，卷144绍兴十二年三月辛亥，《宋史》卷247《赵士㒟传》，卷363《张所传》。
3. 宗泽任襄阳知府时间，应以《宋史》卷24《高宗纪》为准，《宗忠简公集》卷7《遗事》所载在朝见后，不确。
4. 《宋史》卷168《职官志》。
5. 《宗忠简公集》卷7《遗事》，《宋宗忠简公全集》卷9《宗忠简公事状》。

是针对皇帝重用把持朝政的黄潜善和汪伯彦,却都说得隐晦曲折,含糊其词。宗泽所陈的第四条说:

> 臣闻天下之事,为于可为之时,则成,为于不可为之时,则败。成败之机,间不容髪。是以古人有"时哉!不可失"之语。恭惟陛下继离之照,法乾之刚,故见机而作,炳果断而罔后艰,成败之机,不出昭回之鉴,臣复何言。臣诚心,祗思徇国,久荷眷遇,臣非木石,能不自知。然臣每见事有当行,请之必力,言既拙直,势甚孤危。愿陛下察臣之衷,力赐保祐,使全骸骨,以尽余年。臣之悃诚,言不尽意。

按照古代臣规,宗泽不能指摘刚即位的皇帝过错,还须违心地称赞"陛下继离之照,法乾之刚,故见机而作,炳果断而罔后艰,成败之机,不出昭回之鉴"。宗泽也明知自己的处境,"见事有当行,请之必力,言既拙直,势甚孤危。愿陛下察臣之衷,力赐保祐,使全骸骨,以尽余年"。最终"臣之悃诚,言不尽意"一句,活画了他欲言又止的无奈境遇,却只点到为止了。

然而宗泽得知"画河为界"的决策后,他的满腔义愤又不可抑勒地迸发了,他又专门为此上奏说:

> 臣闻天下者,我太祖、太宗肇造一统之天下也,奕世圣人继继相承,增光共贯之天下也。陛下为天眷佑,为民推戴,入绍大统,固当兢兢业业,思传之亿万世,奈何遽议割河之东,又议割河之西,又议割陕之蒲、解乎?此三路者,太祖、太宗基命定命之地,奈何轻听奸邪附贼张皇者之言,而遂自分裂乎?臣窃谓渊圣皇帝有天下之大,四海九州之富,兆民万姓之众,自金贼再犯,未尝用一将,出一师,厉一兵,秣一马,日征日伐,但闻奸邪之臣朝进一言以告和,暮入一说以乞盟,惟辞之卑,惟礼之厚,惟虏言是听,惟虏求是应,因循逾时,终致二圣播迁,后妃、亲王流离北去,宗社蒙耻。臣每念是祸,正宜天下臣子弗与贼虏俱生之日也。

> 臣意陛下即位,必赫然震怒,旋乾转坤,大明黜陟,以赏善罚恶,以进贤退不肖,以再造我王室,以中兴我大宋基业。今四十日矣,未闻有

所号令，作新斯民。但见刑部指挥，有不得誊播赦文于河东、河西、陕之蒲、解。兹非所以新人耳目也，是欲蹈西晋东迁既覆之辙尔！是欲裂王者大一统之绪为偏霸尔！为是说者，（何）不忠不孝之甚也！既自不忠不孝，又坏天下忠义之心，褫天下忠义之气，俾河东、河西、陕之蒲、解，皆无路为忠为义，是贼其民者也！臣虽驽怯，当躬冒矢石，为诸将先，得捐躯，报国恩足矣！臣衰老，不胜痛愤激切之至！[1]

在此奏中，他不仅不点名地痛斥"为是说者，（何）不忠不孝之甚也"，并且直接指责皇帝即位"今四十日矣，未闻有所号令，作新斯民"，"奈何轻听奸邪附贼张皇者之言，而遂自分裂乎"！针对"画河为界"，他最为愤慨和忧心者，就"是欲蹈西晋东迁既覆之辙尔！是欲裂王者大一统之绪为偏霸尔"。无比忠荩激愤之情，流自肺腑，溢于言表。但此后的史实表明，此奏对宋高宗本人其实也根本不能有所触动。

六十九岁的宗泽和四十五岁的李纲在南京应天府相会，这也许是两人的初次会见，又终于成为最后的一面。在饱经忧患之余，两个志同道合者互相倾吐衷曲。宗泽"忠义慷慨，愤发至流涕"[2]，李纲"与语，衮衮可听"[3]。此后，宗泽又再次在给李纲信中特别强调：

毋蹈东晋既覆之辙，毋安积薪未燃之火。[4]

宗泽不断公开斥责黄潜善为"闽人"，汪伯彦为"徽人"，"朝夕赞（陛）下南幸"，"何故厚于贼虏，薄于国家"[5]。黄潜善、汪伯彦等人自然对宗泽恨之入骨，只望将他尽早逐出朝廷，又设法使宗泽改任知青州

---

1. 《宗忠简公集》卷1《上乞毋割地与金人疏》，《历代名臣奏议》卷348，《会编》卷108，《要录》卷5建炎元年五月戊戌。
2. 《梁溪全集》卷32《哭宗留守汝霖》序。
3. 《梁溪全集》卷175《建炎进退志总叙》上之下。
4. 《宗忠简公集》卷4《上李丞相书》。
5. 《后村先生大全集》卷98《序·宗忠简遗事》，以《宋集珍本丛刊》影印明谢氏小草斋抄本《后村集》卷11同篇参校。

（今山东省益都）兼京东路制置使。[1]李纲为此在宋高宗面前力荐他出任知开封府。依《梁溪全集》卷175《建炎进退志总叙》上之下所述：

是时范讷、王襄罢，而开封府与留守阙官。余荐宗泽于上，以为留守非泽不可。泽，浙东人，自为小官，即卓荦有气节，敢为，不诡随于世，以故屡失官。靖康间，知磁州，上以康邸持节使房中。时金人已再犯河北，泽力挽留，以为不可行。其后有元帅之命，遂即大位，泽之功为多。同列忌之，谮毁百端，不得留府中，既而除知襄阳府。余到行在，泽适至，与语，衮衮可听，发于忠义，至慷慨流涕，故余力荐之。上笑曰："泽在磁，凡下令，一切听于崔府君。"余奏曰："古人亦有用权术，假于神，以行其令者，如田单是也。泽之所为，恐类于此。京师根本之地，新经扰攘，人心未安。非得人以镇抚之，不独外寇为患，亦有内变可虞，使泽当职，必有可观。"上许之，乃除延康殿学士、知开封府事、兼留守。

李纲强调"绥集旧邦，非泽不可"，宋高宗便任命宗泽为开封知府。[2]延康殿学士后又复端明殿学士旧名，就文职虚衔而言，比原有的龙图阁学士高一官。[3]在当时的形势下，宋高宗根本不愿回旧京，开封知府自然是最重要的外任差遣。对宗泽的人事安排，事实上成了李纲相业中一个最重要的部署。宗泽于离南京应天府赴任途中赋诗描写自己的心情说：

泣涕收横溃，焦枯赖发生。
不辞关路远，辛苦向都城。[4]

宗泽在诗中所表述的，其实就是后来岳飞《满江红》词中"待从头收拾旧山河"一样的怀抱。但他却已是年近古稀、气血枯竭的老人，在祖国

---

1. 《要录》卷6建炎元年六月戊辰，《宗忠简公集》卷4《上李丞相书》。
2. 《要录》卷6建炎元年六月戊辰，《鲁斋王文宪公文集》卷14《宗忠简公传》。
3. 《宋史》卷162，卷168《职官志》，李昌宪：《宋朝官品令与合班之制复原研究》第102—103页，上海古籍出版社，2013年。
4. 《宗忠简公集》卷5《雨晴渡关二首》。

危难的时刻，仍然以救亡图存为己任，不惮奔赴前沿，进行人生最后的拼搏，何其悲哉！何其壮哉！

## 三、李纲惨淡经营的相业

经历了北宋末年的祸乱变故后，李纲已成为一个有深谋远虑的政治家。后来朱熹评论所谓"中兴诸相"时说，唯有"李丞相大义分明"，"建炎再造，首登庙堂，慨然以修政事，攘夷狄为己任"，"纲领大，规模宏阔，照管得始终本末，才极大，诸公皆不及，只可惜太粗耳"。[1]所谓"粗"，无非是指他不谨小慎微，对细节的考虑不够周全缜密。这对一个掌大政方针的宰相而言，不过是微瑕和小疵而已。

面对着一个年轻的，既缺乏政治经验，事实上又只图苟安的皇帝，李纲"以一身任天下之重"，"慨然以修政攘夷为己任"。[2]他总结北宋亡国的惨痛教训，审度宋、金力量的对比，提出了一系列正确的政策和措施。李纲在六月初二日，最初就提出了十议，将写就的札子面陈皇帝：

> 其一曰议国是：大略谓中国之御夷狄，能守而后可战，能战而后可和，而靖康之末皆失之。今欲战则不足，欲和则不可，莫若自治，专以守为策。俟吾政事修，士气振，然后可议大举。
> 
> 其二曰议巡幸：大略谓车驾不可不一到京师，见宗庙，以慰都人之心。度未可居，则为巡幸之计。以天下形势观之，长安为上，襄阳次之，建康又次之，皆当诏有司，预为之备。
> 
> 其三曰议赦令：大略谓祖宗登极，赦令皆有常式。前日赦书，一切以张邦昌伪赦为法，如赦恶逆，选人循资，责降、罪废官尽复官职，皆泛滥不可行。谓当改正，以法祖宗。
> 
> 其四曰议僭逆：大略谓张邦昌为国大臣，不能临难死节，而挟金人之势，易姓建号，身处宫禁，南面以朝。其后不得已，乃始奉迎。朝廷尊崇

---

1. 《朱子语类》卷131，《朱文公文集》卷76《丞相李公奏议后序》。
2. 《要录》卷8建炎元年八月乙亥，《续宋中兴编年资治通鉴》卷1附吕中《中兴大事记》。

之，为三公、真王，参与大政，非是。宜正典刑，垂戒万世。

其五曰议伪命：大略谓国家更大变故，鲜伏节死义之士，而奉贼旨，爱伪官，屈膝于其廷者，不可胜数。昔肃宗平贼，而污伪命者以六等定罪。今宜仿之，以励士风。

其六曰议战：大略谓军政久废，士气怯惰。宜一新纪律，信赏必罚，以作其气。

其七曰议守：大略谓贼情狡猾，势须复来。宜于沿河、江、淮措置控御，以扼其冲。

其八曰议本政：大略谓崇、观以来，政出多门，纲纪紊乱。宜一归之于中书，则朝廷尊。

其九曰议责成：大略谓靖康间，进退大臣太速，功效蔑著。宜审择而久任之，以责成功。

其十曰议修德：大略谓上初膺天命，宜益修孝悌恭俭之德，以副四海之望，而致中兴。[1]

以下对李纲任相时的几项重大规划和措施，分别予以介绍：

（一）力主对金先守后战，而不应和：对金政策当然是南宋初最大最重的问题。李纲在《议国是》奏中特别强调，"不务战守之计，唯信讲和之说，则国势益卑，制命于敌，无以自立矣"，"昔金人与契丹二十余战，战必割地、厚赂以讲和；既和，则又求衅以战，卒灭契丹。今又以和议惑中国，至于破都城，灭宗社，易姓建号，其不道如此；而朝廷犹以和议为然，是将以天下畀之敌国而后已，臣愚窃以为过矣。为今之计，莫若一切罢和议，专务自守之策，而战议姑俟于可为之时"。"然则今日为朝廷计，正当岁时遣使，以问二圣之起居，极所以崇奉之者。至于金国，我不加兵，而待其来寇，则严守御以备之。练兵选将，一新军律，俟吾国势既强，然后可以兴师邀请，有此武功，以俟将来，此最今日之上策也"。"靖康之间，惟其国是不定，而且和且战，议论纷然，致有今日之祸。则

---

1. 《梁溪全集》174《建炎进退志总叙》上之上，详见《梁溪全集》卷58，卷59。

今日之所当监者，不在靖康乎？臣故敢陈和、守、战三说以献。伏愿陛下断自渊衷，以天下为度，而定国是，则中兴之功可期矣"[1]。他既拒绝卑屈求和，又反对轻率冒险，主张先守后战，而不应和，这当然是唯一可行的"上策"。

在李纲的坚持下，黄潜善、汪伯彦等人原拟的祈请使傅雱，[2]改名大金通问使，与副使马识远北上河东。[3]据《三朝北盟会编》卷110傅雱《建炎通问录》说，"参见李丞相纲，首以使事相问"，"李丞相奏知河东奉使，臣与傅雱言，一言而合，即得旨，差雱河东路奉使"。李纲虽迫于皇帝之命，也须遣使，但与傅雱"一言而合"，然后再上奏委派。

（二）人事安排：宋高宗对于李纲的十议，"降出议国是、巡幸、赦令、战、守五札，余皆留中"，并且对李纲说："执政中有与卿议论不同者，更俟款曲商量。"[4]所谓"执政"当然是指黄潜善和汪伯彦。这表明在李纲任相之初，凡他提出的政见，宋高宗必须再同黄潜善和汪伯彦商量之后，再确定取舍。其实，后来的事实表明，即使对于皇帝"降出"的五议，黄潜善和汪伯彦也同样持反对态度，只是一时尚不便于一切否决而已。

李纲与宗泽会面时的具体谈话内容，后人固然已不可知，但揆情度理，对黄潜善和汪伯彦两执政把持朝政，宗泽不可能不对李纲谈及。李纲又体察各方面的情况，自然已深感自己虽名为宰相，却孤立于朝廷，他盘算着寻找和援引帮手，以求改变此种局面。

在李纲的力争之下，宋高宗"诏亲征行营副使司、河东宣抚使司官属见责降人朝奉郎方元若、奉议郎裴廪、直秘阁沈琯、朝奉大夫韩瓘、刘正彦、奉议郎张焘、承务郎邹柄、宣教郎何麒、从事郎何大圭、刘默、张牧等十七人并与差遣"[5]。如前所述，张焘是他的妻弟。当然，李纲的十七名前幕僚的复官，并授予差遣，肯定不足以解决孤立于朝的问题。

---

1. 《梁溪全集》卷58，《历代名臣奏议》卷84。
2. 《要录》卷5建炎元年五月戊戌。
3. 《要录》卷6建炎元年六月戊寅。
4. 《梁溪全集》174《建炎进退志总叙》上之上。
5. 《要录》卷6建炎元年六月庚午。

前任宰相吴敏与李纲一直相好，维持了私人友谊。但依吴敏的声望、政绩和资质，也不可能成为李纲举荐的对象。北宋末，与李纲志同道合、密切协同的执政只有许翰。《梁溪全集》卷175《建炎进退志总叙》上之下说："其后许翰至，余荐之于上，谓翰外柔内刚，学行纯美，谋议明决，宜在左右，参与大政。上亦喜其论事，乃以为尚书右丞，然翰之来晚，不能有相助也。"许翰"与李纲最厚"，由李纲"力引之"，他在七月就任。[1]李纲力荐的三个最重要的外任官员是宗泽、张所和傅亮。除了成功举荐宗泽之外，另两人的情况留待后面再叙。虽李纲说许翰"不能有相助也"，但黄潜善等人"请罢泽，翰极论以为不可"[2]，还是支持了李纲和宗泽。

李纲没有忘记几位曾积极支持他，而被贬黜的言事官。他对宋高宗说："靖康间，虽号为通言路，然台谏官如李光、陈公辅、余应求，议论鲠峭，皆远贬，其实塞之也。"[3]陈公辅、程瑀和余应求三人，"坐党附李纲，责监川陕诸司商税，至是并召"。宋高宗命"承议郎陈公辅为尚书吏部员外郎，朝奉大夫程瑀行司勋员外郎，朝散郎余应求为考功员外郎"[4]。但三人事实上还来不及赴任。

如前所述，有一早年即与李纲熟识的邓肃。李纲尚未到南京应天府，邓肃就被宋高宗任命为为左正言。[5]李纲拜相，邓肃写信说："闻入参大政，欣跃之余，连夕不寐。盖非谓大厦已成，预为燕雀计；实幸斯道有传，而海内均福也。国势委靡，无如今日，然纪律已定，夫何患哉！"[6]他又以"门人、左正言邓肃"的名义进贺诗，其序说："肃不敢效世俗诡语致贺，直述京城围闭，君父蒙尘之状，以见不共戴天之雠，在所必报也。伏乞钧慈特赐采揽。"[7]

---

1. 《宋史》卷363《许翰传》，《宋宰辅编年录校补》卷14。
2. 《宋史》卷363《许翰传》。
3. 《梁溪全集》卷176《建炎进退志总叙》下之上。
4. 《要录》卷6建炎元年六月丙寅。
5. 《要录》卷5建炎元年五月丁酉作"右正言"，今从《宋史》卷375《邓肃传》，《栟榈先生文集》卷12《辞免除左正言第一札子》。
6. 《栟榈先生文集》卷21《上李右丞相简》。
7. 《栟榈先生文集》卷5《贺梁溪李先生除右府》。

邓肃处谏官之位，事实上积极配合李纲的相业。他弹劾开封围城中"受伪命者"，以及耿南仲、耿延禧父子等。[1]他上奏指责，"御药院奉圣旨，下开封府买拆洗女童不计数。且拆洗云者，岂必姝丽耶？""日差人吏，遍走京城，凡见女童，举封其臂，间有脱者，其行贿已不赀矣。搜求之甚，过于攘夺，愁怨之声，比屋相闻。呜呼！尹开封府者与领御药院者，亦何累吾圣天子如是之甚哉！"[2]实际上是批评宋高宗好色。李纲也积极配合，向皇帝"论开封府封臂买童女"等事，宋高宗表面上只能表示"嘉纳"，内心其实却种下了嫌恶。[3]

（三）整饬军队和抗金军事部署：面对金军的严重威胁，如何强军，无疑是李纲新政的一个重要环节。他决心扭转军法和军纪废弛的局面。在他的主持下，宋廷于当月"颁军制二十一条"，其中有重申的旧法，也有另订的新法。如第一条即是申明阶级之法，第二条是申明禁兵逃亡法。第三条规定："禁军出战，遇贼敌进前用命者，赏；辄退不用命者，斩；贼众我寡，力不能胜，因致溃散，不归本部、本寨聚集者，斩；因而逃归住营去处及作过者，家族并诛。"这是根据北宋末禁军不战而溃，逃窜各地，乘乱作乱的情况，而制定的新法。第十条规定："全军胜，则全军推赏，全队胜，则全队推赏。同退走者，尽斩。军、队虽不胜，其间有能自斩贼级，及中伤在前者，自行推赏。"[4]这也是另订的新法。李纲希望通过这二十一条军法的贯彻，以整饬军纪，增强军力，争取抗金战争的全胜。

李纲在《议守》札子中说：

今日守备之策，当以河北、河东之地，建藩镇，立豪杰，使自为守，

---

1. 《要录》卷7建炎元年七月辛丑，《宋史》卷375《邓肃传》。
2. 《历代名臣奏议》卷195邓肃奏，《栟榈先生文集》卷12《辞免除左正言第九札子》。
3. 《要录》卷6建炎元年六月丁亥。按李心传在注中说："此据李纲《建炎进退志》修入。"但今存《梁溪全集》卷174至卷177《建炎进退志总叙》之节录已无此记事。
4. 关于南宋初"军制二十一条"，《要录》卷6建炎元年六月壬申只作简略叙述，据《宋会要》刑法7之28—30所载，仅二十条，可能漏落一条，参见《梁溪全集》卷62《乞修军政札子》，卷176《建炎进退志总叙》下之上。

朝廷量以兵力援之；而于沿河、沿淮、沿江置帅府要郡以控扼，修城池，备器械，屯兵聚粮，坚壁清野，教车战以御其奔冲，习水战以击其济渡，使进无所掠，退不得归，则其势必不敢深入。至于陵边隅，破城邑，则不能保其必无也。但能备御，今冬不至越轶，使国势渐定，人心稍安，则自此得益修军政，吾无患矣。[1]

李纲的基本设想，是须在沿河、沿淮和沿江建立纵深防御，拟定了从河北东路、京东东路到两浙西路、两浙东路等十四路，每路设置若干帅府、要郡和次要郡，各积毂训兵，"如此数年，上下安习，即州郡之兵可用矣"。[2]在他规划之外的只剩下广南、福建和四川七路。后来的战争史表明，只有此七路大致未经宋金战祸，唯有利州路北曾被金军一度入侵，表明了他的远见卓识。

李纲上奏，建议以车战对付金朝女真骑兵：

金人以铁骑胜中国，其说有三，而非车不足以制之。步兵不足以当其驰突，一也，用车则驰突可御；骑兵马弗如之，二也，用车则骑兵在后，度便乃出；战卒多怯，见敌辄溃，虽有长技，不得而施，三也，用车则人有所依，可施其力，部伍有束，不得而逃。然则车之可以制铁骑也，审矣！

他特别详细介绍了统制张行中的"造车之法""出战之法""布陈之法"[3]。

北宋一代，并不重视水军，李纲依据战争的形势，很重视水军的建设。他说：

---

1. 《梁溪全集》卷59《议守》，《历代名臣奏议》卷334。
2. 《梁溪全集》卷61《乞于沿河沿江沿淮置帅府要郡札子》，《历代名臣奏议》卷222，《要录》卷6建炎元年六月己卯，《宋会要》职官41之96，而《宋会要》方域5之10所载帅府、要郡和次要郡名单，与此奏有较大差异。
3. 《梁溪全集》卷62《乞教车战札子》，卷176《建炎进退志总叙》下之上，《历代名臣奏议》卷222。

## 第五章 恨无回天力 时危敢尸禄（李纲、宗泽）

嘉祐中，范仲淹上言，乞于河阳置战舰、水军，以防契丹。当时以为迂阔，不果行。使用其说，创设至今，则大河有备，靖康初，金人岂能遽济渡哉？先事而言，则近乎迂；事至而后图之，则无所及。其实今日之急务也。所有诸路合置战船，募水军，欲乞专差官前去措置。

他还专门拟定水军军号为"楼船军"和"凌波军"[1]。此外，他对于"募兵、买马、劝民出财"，各地"增修城壁、器械"等，也都有具体建议。[2]李纲还采纳张悫等人的建议，号召人民组织"忠义巡社"[3]，抵抗金军。

（四）创设河北西路招抚使司和河东经制使司：尽管有靖康之祸，但金军还只是占领河北和河东路的部分州、县。河北失守的仅有西路的怀州（治河内，今河南省沁阳市）、卫州（治汲县，今河南省卫辉市）、濬州和真定府，河东路则失地较多，其他的府、州、军都固守待援。[4]金军连从燕山府南下的通道也未能保持。李纲当然决不能同意宋高宗、黄潜善和汪伯彦遵守靖康城下之盟，与金朝"画河为界"的主张，而坚决主张收地两河。他上札子奏说：

臣窃以河北、河东两路，国家之翰蔽也。唐杜牧谓："河北视天下，犹珠玑也；天下视河北，犹四肢也。"珠玑苟无，岂不活身；四支既去，吾不知其为人。故王者不得不王，霸者不得不霸，猾贼得之，足以致天下不安，其地势、风俗使然也。而河东实为天下之脊，介于河北、陕西之间，其地险固，其民坚忍，其俗节俭，其兵劲悍。祖宗得天下，削平僭乱，罔不臣服，惟河东最后，再驾而后得之，其难如此。而靖康之初，金

---

1. 《梁溪全集》卷62《乞造战船募水军札子》，《拟水军号》，卷176《建炎进退志总叙》下之上，《历代名臣奏议》卷222。
2. 《梁溪全集》卷61《乞募兵札子》《乞括买马札子》，卷62《乞令诸路郡县增修城壁器械札子》，卷176《建炎进退志总叙》下之上，《会编》卷109，《要录》卷6建炎元年六月丁亥，《历代名臣奏议》卷222。
3. 《宋会要》兵2之50—58，《要录》卷8建炎元年八月丁卯，《宋史》卷363《张悫传》。
4. 《要录》卷6建炎元年六月甲子注有宋朝已沦陷的府、州、军统计，但统计不全，例如平定军就未列入。

人犯阙，以孤军入重地，我之守御固，而援师集，其势不难于和。宰相失策，欲脱一时之祸，而不为久长之计，凡所邀求，一切许之，遂割三镇，而河北、河东之地，几去其半。及贼兵退，三镇兵民为朝廷固守，中山、真定及沿边诸郡既已保全，而贼尽力以围太原，不肯舍去。朝廷遣使，以兵民之意及保全陵寝之故，愿输租税，以易疆土。金人且许且攻，几年而太原陷，犹信谲诈以讲和，不为备御之策。至其渡河，再薄都城，遂尽割两路以与之，画河以为界，遣执政、侍从、郎官数十辈，分诣交割，皆为两路之人所杀。

夫朝廷割地，不足以塞金人贪婪之欲，而适足以失两路士民之心。使地割而和可成，宗社遂安，犹之可也；今乃假和议以欵我，既破京师，挟二圣以北狩，胁逼臣僚，僭窃神器矣。而议者犹以割地为然，此何理哉！

河北西路三帅府、二十余郡，靖康末所失者真定、怀、卫、濬，一帅府、三郡而已，其余至今皆坚守。一路兵民，有城郭者依城郭，无城郭者依大河，西山自相结集，多者数万，少者不下万人，各立首领，以相统率，知名号者已数十处，日以蜡书，号吁朝廷，乞师请援，愿为前驱。因而招抚，为吾之用，数十万众，不日可致。而金人留兵怀、卫、濬三郡，以扼吾要津，每郡不过三千人；其余皆胁制吾民，剪发易衣，以疑我耳。大兵临之，遣间要约，必有应者，则三郡不旬月间可复也。三郡既复，则真定可图，而中山之围可解，河北复为我有矣。然后第功行封，以河外郡县，悉议封建，使自为守，朝廷量力以助之，则藩篱固，而中原宁，此今日之要策也。河东之势亦然，但所失州郡，视河北为多。然所以处之之策，亦无以过于此者。

臣愚欲乞于河北西路置招抚司，河东路置经制司，择文武臣僚中有材略名望，素为两路兵民信服者，为之使、副。布宣朝廷德意，以结其心；信赏必罚，以作其气；训练习服，以教之战；量补名目，以旌劝其首领；宽给钱穀，以赈贷其乏绝；辟置僚属、将佐，乘机应变。一切许以便宜从事，则两路可以复全，中兴之功，指日可成，必自此始。犹捍水患于决溢之口，则下流无泛滥之虞；御盗贼于门墙之外，则堂奥有安靖之势，理之必至也。倘舍此而不为，则两路之人，且归怨于朝廷，强壮狡狯者，反为贼用，将何以待之？故臣以谓今日之所当先务者，无急于此。惟睿断不疑，特从所乞，天下不胜幸甚。[1]

此外，《梁溪全集》卷175《建炎进退志总叙》上之下所载乃其口奏，与书面文字互有详略，今录于下：

至于所当急而先者，莫先于料理河北、河东两路。夫河北、河东者，国之屏蔽也；料理稍就，然后中原可保，而东南可安。今弃置两路，不复料理，而欲自安于东南；譬犹外有寇盗，不为之藩篱，而欲安于堂奥，其可得乎？今河北、河东，虽为金人践践而残破，（而）河东所失者，忻、代、太原、泽、潞、汾、晋，其余犹存也；河北所失者，不过真定、怀、卫、濬四州而已，皆靖康之末失之。真定以新易李逸为帅，怀以折彦质遁去，卫以朝廷遣使交割，濬以无城郭之故。其余中山、河间、庆源、保塞、[2]雄、霸、深、祁、恩、冀、邢、洺、磁、相、信安、广信二十余郡，皆为朝廷守。两路士民、兵将所以戴宋者，其心甚坚，在州郡者依城郭，无城郭者依大河，西山结山寨以为固，皆推豪杰以为头领，多者数万，少者亦不下万人，如此知名字者已十数处。

朝廷不因此时置司遣使，有以大慰抚之，分兵以援其危急；臣恐为金人所迫，粮尽力困，坐受其弊。强壮而狡狯者从贼，其次者为盗，老弱稚孺渡河，而朝廷何以待之？且金人善因兵于敌。两路军民虽怀忠义之心，使救援之兵，久而不至，危急无告，必且愤怨朝廷。使金人因得抚而用之，皆精兵也，彼复何待借兵于他国哉！驱之以扰中原，而将之以酋首，中国之兵亦将望风奔溃，未易御也。

臣愚以谓莫若于河北置招抚司，河东置经制司，择有材略者为之使，宣谕陛下德意所以不忍弃两河于夷狄者。措置经营，结连其豪杰而用之，救援危急，收复州县。朝廷应副钱粮、告敕，有功者即命以官，其能保全一州，收复一郡，随其高下，以为节度、防御、团练使，如唐方镇之制，使自为守。非特绝其从贼之心，又可资其力以御敌，朝廷久远无北顾之

---

1. 《梁溪全集》卷61《乞于河北西路置招抚司河东路置经制司札子》，《历代名臣奏议》卷84。
2. 据《宋史》卷86《地理志》，"建隆初，置保塞军"，太平兴国六年，改保州，此处"塞"字疑衍。

忧。此最今日之先务也。

李纲对两河得失与天下安危的关系，说得十分透彻，特别批判了"议者犹以割地为然，此何理哉！"他对河北的情况显然了解较多，而宗泽给李纲的书信中，则可补充他到开封后所知的河东的情况，"前过京师，有河东数百姓来，日诉乞收复河东州县。有数太学生并太学正王择仁来相见，言收河东事。于今月二十九日，有王择仁附书并谒目来，与某"。"所有王择仁札子，谨此缴纳"[1]。当时两河地区的抗金斗争如火如荼地展开，[2]宗泽和李纲都主张因势利导，收复失地。面对李纲的正论，黄潜善和汪伯彦尽管内心反对，却无以正面提出驳议，表面上只能"佥议亦颇以为然"。宋高宗问："谁可任此者？"李纲口奏："陛下倘采用臣策，臣当询访其人，续具闻奏。"[3]《梁溪全集》卷175《建炎进退志总叙》上之下叙述了询访和委任张所为河北西路招抚使的经过：

既退，询于士大夫间，多谓张所可以招抚河北，傅亮可以经制河东，而余亦颇闻其为人。张所者，山东人，以进士擢第，有材气谋略。当靖康间，为监察御史。朝廷以金人再犯阙，欲割弃河北，既遣使矣，虏骑薄城，京师围闭。所在围城中，独上言，乞以蜡书募河北兵，渊圣许之。蜡书至河北，士民皆喜曰："朝廷欲弃我于夷狄，犹有一张察院，欲救我而用之乎！"应募者凡十七万人，故所之声满河北。部勒既定，会都城破，谋弗果用。上即位于南都，所首至行在，见上论列，且条具应募首领姓名人数，合措置事件以闻。朝廷欲以为郎官，奉使河北，以董其事。会所以察官上章，论黄潜善及兄潜厚奸邪，不可用，恐害新政。潜善引去，上留之，乃谪所凤州团练副使、江州安置。是时，余尚未至行在也。

故众谓招抚河北，此非所不可。然余以所尝论潜善之故，颇难之。事既迫，他无可使者，不得已，一日过潜善阁子中，相与款语曰："吾辈蒙上委任于艰难之秋，实负天下之重责，而四方士大夫号召未有来者。前日

---

1. 《宗忠简公集》卷4《上李丞相书》。
2. 参见本书第六章第一节。
3. 《梁溪全集》卷175《建炎进退志总叙》上之下。

议置河北招抚使，搜访殊无人可以承当。独一张所可用，又以狂妄有言，得罪。如所之罪，孰不以为宜，第今日事迫矣，一失机会，悔不可追，不得已，势须拔拭用之。如用以为台谏，处要地，则不可。使之借官为招抚，冒死立功以赎过，似无嫌。第未知于公意何如？倘能先国事，后私怨，为古人之所难，不亦美乎！"潜善欣然许诺，乃荐之于上，且道潜善意。上悦，有旨，借所通直郎、直龙图阁，充河北招抚使。

是时所已赴谪所，遣使臣赍札子召之，二十余日而后至。上召对，摹画称旨，赐五品服，内府赐缗钱百万，以备募兵半年钱粮，给空名告千余道，以京畿兵千人为卫。将佐官属，听自辟置，一切许以便宜从事。有朝请郎王圭者，真定府人，真定既破，率众数万保西山，屡胜金贼。闻上登极，自山寨间道来，献其所谋，正与朝廷同，能道河北事尤详。有旨，除直秘阁、招抚司参谋官，使佐所。凡留行在者又二十余日而后行。

在北宋与南宋之交，张所无疑是位"有才气谋略"之士，由于弹奏黄潜善，而彼此有私隙，一时使李纲颇感为难。但他也未想到，"潜善欣然许诺"，张所出任河北西路招抚使一时显得相当顺利。

李纲另外荐举的傅亮，是同州冯翊县（今陕西省大荔）人。[1]靖康时，御史中丞陈过庭为上奏介绍，"房州文学傅亮博通古书，深晓时事，论议慷慨，智略纵横。昨充制置司勾当官，未几，以轻儳与陕西监当，又改湖南掾官"，建议"稍加试用"[2]。北宋亡国后，"房州文学傅亮以所募兵数千人入援"，"亮自朱仙镇直抵（开封城南）青城"[3]。《梁溪全集》卷175《建炎进退志总叙》上之下叙述说：

傅亮者，陕西人，以边功得官，谙练兵事。靖康初，至京师，上封事，请以亲王为元帅，治兵于河朔。渊圣不喜，令押出门。其冬，复有荐者，再召之。亮至，而都城已破，率陕右、京西勤王之师三万人，首至

---

1. 《要录》卷4建炎元年四月甲子。《金史》卷128《傅慎微传》则称他"其先秦州沙溪人，后徙建昌。慎微迁居长安"。
2. 《靖康要录笺注》卷8靖康元年六月二十七日。
3. 《要录》卷4建炎元年四月甲子。

城下，屡立功。统御将佐、士卒如古人，斩斩然整一，无敢犯令者。上即位，亮诣行在，召对，除通直郎、直秘阁。而亮之为人，气劲言直，议论不能屈折，执政不喜之，除知滑州。滑两经残破，无城壁，亮上疏自陈曰："陛下复归东都，则臣能守滑；陛下未归，则臣亦不能守也。"执政摘其语，以为悖傲不逊，降通判河阳府，亮愤懑而去。余至行在，亮已行，使人召之，乃来，与语连日，观其智略气节，真可以为大将者。欲且试之，乃荐于上，以为河东经制副使，而以观察使王璲为使。璲亦陕西人，累立边功，金谓在武臣中可用者。

上宣谕亮前疏中语，余广上意而奏曰："人臣论事，言不激切，不足以感动人主，激切则近谤讪。故昔之听言者，必察其所以，如果出于谤讪，何所逃罪；至于有所激而云，则必恕之，以来谠言。如周昌之对高祖，刘毅之答武帝，皆人之所难堪者，而二主恕之，以其有所激故也。亮之言如此，但欲激陛下以归京师耳，非有他故，愿圣度有以含容之。且人材难得，而将帅之材为尤难，如亮者，今未见其比，异日必能为朝廷立大功。气劲言直，乃关陕气俗之常，不足深责。"上乃许，如所请，并召对，赐璲袍带，赐亮五品服，与兵万人、告敕、银绢，与川纲之在陕西者。诏京西、陕西漕臣应副粮草，余如张所已得旨而遣之。

宋高宗对傅亮的直言，显然十分不满，但经过李纲的开陈和劝说，也同意委任傅亮为河东经制副使。至于充任河东经制使的王璲，虽曾在陕西"累立边功"，又"金谓在武臣中可用者"，而往后的军事实践表明，他无疑只是个贪财和畏怯的庸将。

（五）力主对失节事仇者给予处分：任何民族都会有优点和缺点，有积极面和消极面。问题在于缺点和消极面占多大比例，特别是否占了主导地位。中国古代儒家一直强调士大夫的气节问题。孟子就总结出了"富贵不能淫，贫贱不能移，威武不能屈"的极可珍视的古训。[1] "然而在专制政治下，士大夫失节是正常状态，而守节却是非常状态"[2]。陈公辅自靖康以后，一直被指为李纲同党，他就一针见血地指出："今日之祸，实由公卿

---

1. 《孟子·滕文公下》。
2. 王曾瑜：《宋高宗传——荒淫无道》第188页，中国书籍出版社，2016年。

## 第五章 恨无回天力 时危敢尸禄（李纲、宗泽）

大夫无气节忠义，不能维持天下国家，平时既无忠言直道，缓急讵肯伏节死义。"[1]

在北宋末的变故中，固然也有如李若水、梅执礼、程振等死难者，如前所述，梅执礼和程振都是李纲的朋友。在开封围城中，也有如张所、马伸、吴给等参与吴革谋划起兵靖难者。[2]但也出了一大批卖国求荣的无耻之徒，如张邦昌伪楚政权初立时，"工部侍郎何昌言请更名善言，避邦昌名也。其从弟通直郎昌辰亦请于吏部，更名知言"[3]，一时引为笑料。

前第二章已介绍，李纲是特别强调节义者。他在《议伪命》札子中说：

臣闻运会之阨，何代无之。为臣子者，不幸而遇其时，则仗节死义，有死而已。国家涵养士类，垂二百年。适遭金人之变，劫质二圣，拥銮舆而北迁，逼立臣僚，易姓建号。而近臣百官，忘朝廷之厚恩，惜性命于俄顷，稽颡屈膝，奉贼称臣。有为金人之股肱，驱逼道君太上皇帝、皇太子、后妃，及搜捕宗室、戚属者；有为金人之喉舌，传命令，废本朝，而建伪楚者；有因为奸利，汙染国戚者；有为伪楚之辅翼，总其政事者；有受伪楚之官爵，与闻议论者；有肆为恶言，以辱本朝，以谄邦昌者；或为之草劝进之表，或为之定册立之仪。视之恬然，不以为怪。

夫节义者，正所以责士大夫也；至于武夫，则当阔略。昔李唐有安禄山之乱，大臣如达奚珣、陈希烈之流，皆相贼用事，而其余受伪命者。肃宗反正，以六等定其罪，然后唐之咸令申，以有中兴之功。今宜依此，考核其罪之轻重，以秉权用事者为一等，以受伪官迁职者为一等，以北面而臣事之者为一等。其有致仕及曾乞致仕而不许者，犹有羞恶之心，并与旌别。应以忠义为贼所杀，如李若水等，皆追赠而优恤其家。则善者知劝，恶者知戒，天下之士风丕变矣！

夫节义者，天下之大闲也。近年以来，士知利而不知义，故平居无事之时，惟以保家谋身为得策；而一经变故，坐视君父如行路之人。自非一

---

1. 《宋史》卷379《陈公辅传》。
2. 《会编》卷84，《要录》卷2建炎元年二月乙亥。
3. 《要录》卷3建炎元年三月壬寅。

振国威，大变其风，天下未易理也。[1]

道理说得如此透彻，但如前所述，此议与另一《议僭逆》，即对张邦昌处分等，当即被宋高宗"留中"，说是"执政中有与卿议论不同"，即黄潜善和汪伯彦不同意，不便执行。

李纲拜相后提出的一系列大政方针，表明他的确是一位能以大勇敢、大气魄、大器局和大智慧，而力挽危局的相才。正如后来朱熹所说："方南京建国时，全无纪纲。自李公入来，整顿一番，方略成个朝廷模样。"[2] 今存李纲有一阕《苏武令》词，似为拜相后所作，以言心志：

塞上风高，渔阳秋早，惆怅翠华音杳。驿使空驰，征鸿归尽，不寄双龙消耗。念白衣，金殿除恩，（归）黄阁，未成图报。

谁信我，致主丹衷，伤时多故，未作救民方、召。调鼎为霖，登坛作将，燕然即须平扫。拥精兵十万，横行沙漠，奉迎天表。[3]

## 四、李纲动受掣肘与罢相

在朝事危难的关头，气节无非是表现为正气，李纲当然十分懂得树立和发扬气节的重要性。但无论是对宋高宗，还是对黄潜善和汪伯彦而言，他们既已立定主意，就是要降金苟安，就须在根本上回避气节问题；却又无以提出堂皇的理由，反对李纲的正论，就只能对"僭逆"和"伪命"两议采取模糊和淡化的态度。

李纲坚持己见，他对宋高宗说，"臣愚瞽，辄以管见十事，冒渎天聪，已蒙施行五事。如议本政、久任、修德三事，无可施行，自应留中。所有议张邦昌僭逆以及受伪命臣僚二事，皆今日政刑之大者，乞早降处分"。"方国家艰危，陛下欲建中兴之业，当先正朝廷，而尊崇僭逆之臣，以示四方，其谁不解体？又伪命臣僚，一切置而不问，何以励天下士大夫之节？执政中有议论不同者，乞降旨宣召，臣得与之廷辩"。

---

1. 《梁溪全集》卷58《议伪命》，《历代名臣奏议》卷188。
2. 《朱子语类》卷131。
3. 《云麓漫钞》卷14载此词，称"绍兴初，盛传《苏武令》词"，"云李丞相（纲）作，未知是否"。

宋高宗遂"宣召黄潜善、吕好问、汪伯彦再对"而"潜善主之甚力",经李纲"诘难数四,乃屈服,然犹持在远不若在近之说"。李纲说,"邦昌当正典刑,何远近之有?借使在近,当幽縶,而反尊崇之如此,何也?""邦昌已僭逆,岂可使之在朝廷,使道路指目曰此亦一天子哉!""臣不可与邦昌同列,正当以笏击之。陛下必欲用邦昌,第罢臣,勿以为相"。黄潜善再也无话可说,李纲又斥责吕好问对黄潜善之附会,汪伯彦只得说:"李纲气直,臣等不及。"宋高宗方才将李纲的《议僭逆》"降出"。但于翌日面对时,黄潜善"犹左右之"。宋高宗便令"太傅、同安郡王张邦昌责授昭化军节度副使,潭州安置"[4]。

李纲当即再议伪命问题,他说:"自崇、观以来,朝廷不复敦尚名节,故士大夫鲜廉寡耻,不知君臣之义。靖康之祸,视两宫播迁如路人然。罕有能仗义死节者,在内惟李若水,在外惟霍安国,死节显著,余未有闻。愿诏京畿、诸路询访,优加赠恤。如王及之、余大均,朝廷见付御史台,推鞫必得其实。臣闻方金人欲废赵氏,立张邦昌,令吴开、莫俦传道意旨,往返数四,京师人谓之'捷疾鬼'。王时雍、徐秉哲奉金人旨,追捕宗室、戚里,令居民结保,不得容隐,以衣袂联属以往,若囚系然。其后迫道君、东宫、后妃、亲王出郊,皆臣子之所不忍言。又受伪命,皆为执政,此四人者,当为罪首。"

在李纲的坚持和邓肃、左司谏潘良贵[5]等的弹奏下,王时雍、徐秉哲、吴开、莫俦等一大批失节的官员分等受到惩处。其中较为特殊的是徐秉哲。宋高宗居然一度令他"假资政殿学士、领开封尹,充大金通问使","释秉哲之罪,使谕敌求和,秉哲不受"。于是"责授昭信军节度副使,梅州安置,坐使金辞行也"[6]。处分降臣,李纲似乎暂时占了上风,却与黄潜善、汪伯彦等仇隙更深。

宋高宗最初对张邦昌移交政权,颇为喜出望外。但他的态度又很快变

---

4. 梁溪全集》卷174《建炎进退志总叙》上之上,《要录》卷6建炎元年六月壬戌,癸亥。

5. 《宋史》卷376《潘良贵传》,《要录》卷7建炎元年七月辛丑,卷8建炎元年八月辛酉作右司谏。

6. 《会编》卷111,卷112,《要录》卷6建炎元年六月己未朔,辛酉,壬戌,癸亥,卷7建炎元年七月辛丑。

卦，认为张邦昌的存在，对自己的帝位始终构成威胁，故最后仍以"在内中衣赭衣，履黄裀，宿福宁殿，使宫人侍寝"等不臣的"心迹"，赐令自裁。[1]

李纲"入朝月余，边防、军政已略就绪"，而黄潜善、汪伯彦之流却私下怂恿宋高宗南逃，这实际上也是对李纲政争的反扑。李纲不得不在一次奏对时规劝说："独车驾巡幸所诣，未有定所，中外人心未安。夫中原者，天下形势根本也，一去中原，则人心摇，而形势倾矣！臣尝建巡幸之策，以关中为上，襄阳次之，建康为下。今纵未能行上策，犹当适襄、邓，示不去中原，以系天下之心。选任将帅，屯列军马，控扼要害，以折虏人之谋，使今冬无虞。车驾还阙，天下之势遂定。而近日外议纷纭，皆谓陛下且幸东南。果如所言，臣恐中原非复我有，车驾还阙无期，而天下之势遂倾，难复振矣！"宋高宗只能口不应心地解释说："但欲迎奉元祐太后，及津遣六宫往东南耳。朕当与卿等独留中原，训练将士，益兵聚马，虽都城可守，虽金贼可灭矣！"李纲拜贺与称赞说："陛下英断如此，虽汉之高祖、光武，唐之太宗，不是过也！"又说了一番"履艰难之运者，不宜怀安"的道理。李纲还为皇帝"拟撰诏文"说：

（祖宗都汴，垂二百年。比年以来，图虑弗臧，祸生所忽。肆朕纂承。顾瞻宫室。何以为怀？是用）权时之宜，法古巡狩，驻跸近甸，号召军马，以防金人。秋高气寒，再来犯界，朕将亲督六师，以援京城及河北、河东诸路，与之决战。已诏奉迎元祐太后，津遣六宫及卫士家属，置之东南。朕与群臣、将士独留中原，以为尔京城及万方百姓，请命于皇天。庶几天意昭答，中国之势寖强，归宅故都，迎还二圣，以称朕夙夜忧勤之意。应在京屯兵聚粮，修治楼橹器具，并令留守司、京城所、户部疾速措置施行。[2]

然而时隔数日，因"黄潜善、汪伯彦皆欲奉上幸东南"，宋高宗又很快变卦，亲下手诏说："京师未可往，当巡幸东南，为避狄之计，来春还

---

1. 《挥麈后录》卷4，《后村先生大全集》卷105《题跋·高宗御札》，《梁溪全集》卷176《建炎进退志总叙》下之上，《宋史》卷475《张邦昌传》。
2. 《要录》卷7建炎元年七月辛丑，《宋史》卷114《礼志》，此为节文，以《梁溪全集》卷177《建炎进退志总叙》下之下所录较为完整。

阙。令三省、枢官院条具合行事件。"李纲不得不面奏，"极论不可"，他说：

臣伏读愕然，未喻圣意，不知天虑与前不同，果以为当如此耶？将左右大臣密献此说，姑从其策耶？如天虑果以为当如此，臣窃以为未然；而左右大臣密献此说，则臣窃叹其未尝深思远虑，姑欲脱一时之患，而不知祸难之在后也。夫京师，宗庙所在，陛下即位之初，礼当一到，徒以城池之修未备，而防秋之期已迫，势有未可往者，臣固不敢力争。至于巡幸东南以避狄，则臣不知车驾果将安之耶？若欲出于下策，遂往建康，则臣恐天下之势倾，而中原不复为我有矣！

经李纲苦口婆心地劝说，据理力争之后，宋高宗"乃收还巡幸东南手诏，令与执政商议"。李纲于翌日又再具札子，并口奏说："今乘舟顺流，而适东南，固甚安便，但一去中原，势难复还。夫中原安，则东南安，失中原，则东南岂能必其无事。一失机会，形势削弱，将士之心离散，变故不测，且有后艰。欲保一隅，恐亦未易。臣诚不敢任此责。且陛下既（已）降诏，独留中原，人心悦服，奈何诏墨未干，失大信于天下？愿断自渊衷，以定大计。"皇帝表面上不得不勉强同意，"乃许幸南阳"，但在内心深处，却深为嫌恶李纲，无非是其直言刺中了他希图"画河为界"，苟安宴乐、言而无信的痛处。两人的对金政策有根本性的分歧。

实际上，黄潜善和汪伯彦仍坚持原议，"阴以巡幸东南之计动上意，其议颇传于外"。"上意中变，于是纲所建白，上多不从"，他的处境已相当艰难。有幕客私下劝李纲说："士论汹汹，咸谓密有建议者，东幸已决，南阳聊复尔耳。盍且从其议乎？不然，事将变。"李纲回答："天下大计，在此一举，国之安危存亡，于是乎分。成命已行，倘或改易，吾当以去就争之。且上英睿，必不为异议所惑。不然，吾可贪冒宠禄，为保身计，虚受天下之（贵）哉！"[1]所谓"且上英睿，必不为异议所惑"，不过

---

1. 《梁溪全集》卷63《议巡幸第一札子》《议巡幸第二札子》，卷177《建炎进退志总叙》下之下，《历代名臣奏议》卷84，《要录》卷7建炎元年七月乙巳，卷8建炎元年八月壬戌。

是古代不得不遵守的臣规的虚辞而已。李纲积累了近两个月的从政经验，内心何尝不清楚，皇帝是听从黄潜善和汪伯彦，还是相信自己？但在大是大非的问题上，他决不愿妥协。

宋高宗设法提升黄潜善和汪伯彦的官位。六月，他将汪伯彦升任知枢密院事，作为长官。八月初，又任命李纲为左相，黄潜善为右相。[1]黄潜善特别举荐虞部员外郎张浚任殿中侍御史，[2]其实是要他充当自己驱除政敌的打手。

作为谏官的右谏议大夫宋齐愈在面对时，对李纲的措置持异论，说"招军、买马、劝民出财助国非是"。张浚与宋齐愈颇有交谊，在面对前，宋齐愈对尚任虞部员外郎的张浚说："李丞相今上三议。李公素有名誉，其建明乃尔。"张浚进一步追问，宋齐愈说："胡可为也？今西北之马不可得，独江、淮之南，而马不可用。括民之财。岂可艺极、至于兵数。若郡增二千。则岁责十万缗以养，今岂堪此？齐愈将极论之。"宋齐愈说此三项措施有实际困难，当然也是事实。张浚说，"宰相不胜任，论去之，谏官职也。岂有身为相未几，上三事，而公尽力驳之，彼独不恚且怨？""公受祸自此始矣！"[3]

当时按李纲的提议，宋廷正在追究士大夫辈"僭逆"和"伪命"的罪责。在金人强制立张邦昌时，宋齐愈首先写了"张邦昌"三字，出示众官。此事被揭发后，宋齐愈下狱。"黄潜善等颇营救之"，但宋高宗说："使邦昌之事成，置朕何地？"遂腰斩于应天府闹市。另有陈冲、余大均、洪刍和王及之四人，"皆在围城中，诱置内人为妾，及因抄札金银，自盗入已"，"李纲等共救解之"，免去死罪。于是在士大夫中流传，宋齐愈"论纲不已，故纲以危法中之"[4]。其实，此类言论无非是黄潜善、汪伯彦之流所散布，而与宋齐愈友好的张浚更是怀恨在心。

---

1. 《会编》卷112，《要录》卷6建炎元年六月戊寅，卷8建炎元年八月壬戌，《宋宰辅编年录校补》卷14。
2. 《要录》卷7建炎元年七月丁未。
3. 《要录》卷6建炎元年六月丁亥。
4. 《会编》卷80，卷111，卷112，《要录》卷2建炎元年二月辛未，卷7建炎元年七月辛卯，癸卯，卷8建炎元年八月戊子朔，《梁溪全集》卷176《建炎进退志总叙》下之上，《宋史》卷200《刑法志》。

## 第五章 恨无回天力　时危敢尸禄（李纲、宗泽）

李纲至此已完全清楚自己的处境。据《梁溪全集》卷177《建炎进退志总叙》下之下的自述：

初，余每因留身奏事，从容论治体，及有所规谏，虽苦言逆耳，上皆嘉纳。至是奏陈当世急务，拟进指挥，多不降出。余因知谮诉之言，其入已深。一日，对内殿，留身奏上曰："臣以菲材，误蒙圣慈，使待罪宰相，当国家艰难之时，付以天下之重。臣夙夜黾勉，虽久患痁疾，亦不敢在假将理，思竭驽钝，以报称知遇之万一。近日屡烦宸翰，令改正已行事件。臣逐一按据辩明，幸蒙圣察。又所进拟措置机务，多未蒙降出。顾臣孤拙寡与，独荷陛下特达之知，忌媢者多，恐必阴有谮诉，而离间臣者。《书》言：时则勿有间之。而管仲亦以信用君子，而必以小人参之，为害霸。夫君子、小人若冰炭，势不两立，治乱安危，系其进退。在人主有以察之而已。"因出札子，极论君子、小人之理，且言："靖康间，渊圣听用唐恪，而恪奸邪，舞智以御其君，能得渊圣之心，移易是非，变乱白黑。卒谮罢徐处仁、吴敏，而夺之相。其后遂致祸故。方陛下励精图治，枕戈尝胆，振起中兴之功，诚不愿蹈覆车之辙也。夫疑则当勿任，任则当勿疑。持狐疑之心者，来谗贼之口，愿致察于此。"上慰谕曰："无此，但朕思虑偶及之耳。其余章疏，见省览，非晚降出。"余拜谢而退。

李纲在口奏的同时，又进呈了《论君子小人札子》的书面文字，其中说：

臣窃谓国家艰难之际，图回事业，虽材智兼用，然帷幄腹心，非君子不可。何哉？君子爱君而不谋身，忧国而不谋家，以公忘私，以义忘利，而小人则反此。自昔人主信小人而任之，其国未尝不至于危亡。夫小人岂不欲安存，而恶危亡哉？然使之谋人之国，必致于此者，以其无远见，而操术然也。彼方以谋家保身、营私趋利为得计，而于国事恬不加恤；非不加恤也，以谓必不至于危亡，而不知恤也。

然而为人主者，曷尝不欲用君子，而退小人哉！卒之君子多不能安其身于朝廷，而小人常得志者，君子行道直，自信笃，去就轻，好恶正，故

175

也。行道直，则不能阿谀以取容；自信笃，则不能过防而远害；去就轻，则不为爵禄之所累；好恶正，则不为奸邪之所喜。自非人主明足以察，诚足以任，则君子虽欲有为于当世，不可得也。

陛下既得知人之要矣，更愿致察于君子、小人之间，天下不胜幸甚。[1]

李纲为了打破"谮诉之言，其入已深"，作了最大的努力，以求分辨君子和小人，强调"君子、小人若冰炭，势不两立，治乱安危，系其进退"，恳切希望皇帝对自己"疑则当勿任，任则当勿疑"。但是，不管他如何苦口婆心，与黄潜善、汪伯彦臭味相投的宋高宗，事实上却根本听不进其忠告和诤言，只是在表面上仍虚与委蛇而已。

黄潜善、汪伯彦等人遂看准时机，对李纲下手。他们选择的突破口，就是设法撤销张所的河北西路招抚司和傅亮的河东路经制司，以求迂回曲折地恢复"画河为界"的原议，他们为此制造了各种流言蜚语。据《梁溪全集》卷177《建炎进退志总叙》下之下记载：

初，张所既受招抚使之命，建言乞置司北京，候措置就绪，即渡河，移司恩、冀，以所募兵内结陷虏兵民，复怀、卫、濬三州，解邢、洺、磁、相、中山之围，以图收复真定。

既有期矣，所尚留京师，招集将佐，措置钱粮。而河北转运使、权北京留守张益谦奏，招抚司搔扰，不当置司北京。且言所欲起北京屯戍兵给用器甲为非是。缘置招抚司，河北盗贼白昼杀人，不若罢之，专以其事委帅臣。盖张悫久为河北都运，与益谦善。悫以余尝沮其执政，故附潜善、伯彦，相与谋，使益谦为此奏，以沮张所，而惑上意也。余奏上曰："张所画一，乞置司北京，候措置就绪日渡河。今所尚留京师，以召集将佐，故未行，不知益谦何以知其搔扰，而言不当置司。至于守兵器甲，不可辄那，当令招抚司具合用数申陈，自朝廷给降，可也。朝廷以金人攻围河北，民无所归，聚为盗贼，故置司招抚，因其力而用之，以解河北之急。岂缘置司，乃有盗贼？今京东、京西群盗啸聚，攻掠州县，岂亦招抚司所

---

1. 见《梁溪全集》卷63《论君子小人札子》，《历代名臣奏议》卷156。

致耶？方时艰危，朝廷欲有所经略，益谦小臣，乃敢非理公然沮抑，此必有使之者，不惩之，无以戒妄议而沮奸臣。"

上乃令降旨，招抚司依画一置司北京，就绪日疾速渡河，不得抽摘守兵。具合用器甲，申朝廷应副。如招抚到河北兵民，严行钤束，无令作过。张益谦令分析以闻。尚书省既札下矣，枢密院复以益谦申状将上取旨，凡千余言，痛诋招抚司，令北京行下州县出榜。

后数日，乃关过尚书省。余始见之，乃以枢密院画旨并尚书省元降指挥，同将上进呈，与伯彦、悫争于上前。余奏曰："张益谦所奏皆细故，情涉观望，尚书省已得旨行下，而枢密院又别取旨，痛诋訾之，此何理也？不过欲与益谦相表里，以细故而害大计，沮抑张所耳。朝廷以兵力不足，而河北之事急，故委张所以招抚，因兵民、盗贼之力，以捍强敌，而复故地。今措置甫就绪，行且成功，而沮抑之如此。州县将士知朝廷议论不同，安肯协力，弃事功于垂成，良可惜也！臣不知朝廷之于张所，欲其成耶？欲其败耶？欲其成，则不当沮抑之如此；欲其败，则不若罢去之。无使挟私害公，而不为国家虑也。沮抑一张所，有何所难，致误国家之大计，使河北兵民尽为金人之所得，河北州县尽为金人之所有，中原且弗能保，将谁任其责？靖康间，惟朝廷议论不同，无以公灭私之意，遂及祸。故今岂可复蹈覆车之辙耶！"伯彦、悫无以对，第云："初不知尚书省已降指挥。"上乃令枢密院改正，依前降指挥施行。

此次廷辩发生在八月初七日。[1]在李纲义正词严的指责下，作为枢密院长贰的汪伯彦和张悫"无以对"，皇帝也只得批准依李纲尚书省的"元降指挥"，"乃令枢密院改正"。此一回合的交锋，李纲算是胜者。但黄潜善、汪伯彦等未肯善罢甘休，一计不成，又生一计，转而瞄准了傅亮。据《梁溪全集》卷177《建炎进退志总叙》下之下继续叙述说：

（王）璞、（傅）亮行才十余日，枢密院复取旨，令留守宗泽节制，即日过河。亮申朝廷，以与前议及元降指挥不同，"今欲令过河，无不可

---

1. 《梁溪全集》卷180《建炎时政记》下。

者。但河外皆金人界分，本司措置，全未就绪。既过河后，何地可为家计？何处可以得粮？乌合之众，使复为金人之所溃散，何自可以得兵？亮等不足惜，第恐有误国事"。

余将上进呈，奏曰："河东今日之势，不同河北。河北所失不过数郡，其余皆为朝廷守，王师渡河，犹有驻泊得粮之处。河东州县，太半陷没。沿河一带，自解州、河中至河阳、怀、卫，皆为金人所据。今经制司军旅未集，遽违前议，驱之渡河，遂为孤军。倘为金人所覆，不知朝廷何所更得将佐、士卒，当此一道，而经略之。古者将帅不从中御，愿且如前议，尽将帅之智虑而责成。俟其淹旷时月而无功，则朝廷自有法以待之，何必驱之若是之遽？"而潜善、伯彦皆谓不使之亟渡河，且失机会，如亮等但欲逗遛耳。

余曰："兵事不可遥度，目下亦未见有机会可乘。但当委任将帅，使择利而动耳。今不恤其措置未办集，而驱之使渡河，正所以为贼饵，不见其利也。且亮等受命而行，才十余日，申明朝廷前后所降指挥不同，乃将帅之职，岂可便以为逗遛？如赵充国坚执屯田之议，不闻宣帝以为罪也。臣以谓不若只依前降指挥为便。"

上以潜善、伯彦执议，圣意颇惑，依违不决者累日。余留身，极论其理，且言："潜善、伯彦始极力以沮张所，赖圣度鉴察之，不得行其志，又极力以沮傅亮。盖招抚河北，经制河东，皆臣所建明，而张所、傅亮，又臣所荐用。力沮二人，乃所以沮臣，使不安其职。臣每鉴靖康大臣不和之失，凡事未尝不与潜善、伯彦商议而后行，不谓二人乃设心如此。如傅亮事理明白，愿陛下虚心以观之，则情状自见。"上曰："俟批出，只令依元降指挥，于陕府置司。"

至翼日，批出，乃云："傅亮兵少，不可渡河，可罢经制司，赴行在。"盖潜善留身密启之也。余留御批将上，奏曰："臣昨日论傅亮事，已蒙宣谕：俟批出，依元降指挥。继奉御批，乃罢亮经制使，不知圣意所谓？"上曰："亮既以兵少，不可渡河，不如且已。"

余奏曰："臣论傅亮，乞降指挥，非谓不使之渡河。缘亮昨乞于陕府置司，与金人对垒，募兵训练，择利过河，收复州县。朝廷已从其请。今行未半月，遽改命，使宗泽节制，即令过河。臣谓有不可者三：事从

## 第五章 恨无回天力 时危敢尸禄（李纲、宗泽）

中御，不尽将帅之虑，一也；军旅未集，驱乌合之众渡河，即成孤军，必为金人之所溃，二也；军溃之后，朝廷未有将佐、士卒，可以当河东一道之寄，三也。故臣以改命为非是，当依前降指挥，以责成功。今乃缘臣争论之故，并与经制司罢之。此必潜善等以私害公，阴有以荧惑圣听，欲以沮臣，使去耳。臣荷陛下特达之知，起自罪谪，付以国柄。方艰难之秋，但知一意以为国家，苟可以持危扶颠者，知无不为，庶几仰副委任之万一。诚以傅亮经制河东，乃今日所当为之大者。潜善等乃欲以非理沮罢之，此而可沮，则其他孰可为者？今御批犹未施行，愿陛下致察于此，尚容臣得待罪于宰司，以图报称。不然，臣岂敢尸禄，贪冒宠荣，以虚负天下之责哉！"

上曰："如傅亮人材，今岂难得。"余奏曰："臣尝与亮款语，观其谋略智勇，真可以为大将。询之士大夫，亦以为然。今以为经制副使，姑试之耳。假以岁月，必有可观。使亮如其所请，临敌退挠，而无成功，臣愿受误国之罪。今未尝用，而遽罢之，则不可。古之御将帅者，恐不如此。昔高祖何尝自知韩信，但以萧何荐之，遂为大将，设坛场，择日而拜之。何之所以知信者，亦以屡与之语而已。使高祖不能用何之言，而将韩信，则何亦必不敢当相位。今人材难得，而将帅之材尤为难，偶得一二，而朝廷所以辍那人兵，应副钱粮、器甲者，种种办具，非涉旬月，不能遣，而启行未几，遂以寸纸罢之。待将帅之轻如此，孰不解体，此臣所以深为陛下惜也。且潜善等所以必欲罢亮者，意不在亮，乃以沮臣。陛下不察，则臣亦何敢安职，恐终无以助陛下，致中兴之功。"

上无语，余以御批纳上前，曰："圣意必欲罢傅亮，乞以御批降付潜善施行。臣得乞骸骨，归田里。臣非敢轻为去就，更望陛下留神，熟思之。使亮不罢，则臣何敢决去。"因再拜榻前，上犹慰谕，谓不须如此。余既退，闻亮竟罢去，乃入表札求去。

以上只是李纲所接触到的片断情况，发生于八月十二日和十四日，[1]

---

1. 《梁溪全集》卷180《建炎时政记》下。关于张所和傅亮的拜罢，另可参见《要录》卷6建炎元年六月丁亥，卷7建炎元年七月己丑朔，丙辰，卷9建炎元年九月壬寅。

仅比关于张所的争议晚了五至七天。至于黄潜善、汪伯彦等如何密谋，如何怂恿皇帝罢傅亮，逐李纲等史实，已成永远的历史空白。事实上，宋高宗对傅亮几月前"陛下复归东都，则臣能守滑；陛下未归，则臣亦不能守也"的奏语，一直心存嫌恶。但他已不是单纯罢傅亮，而是决计通过罢傅亮，逼李纲提出辞呈，以逐出朝廷。按上引记录，李纲正论侃侃，说得宋高宗哑口无言。宋高宗明知理亏，分明拿不出名正言顺、堂堂正正的说词，却仍坚持"画河为界"，弃地两河，退避南方的决策，而只能行出尔反尔、反覆变诈之术。因为不罢李纲，不搬掉绊脚石，又何以推行此项基本决策？然而宋朝祖宗又留下了体貌大臣的传统，故宋高宗在表面上仍须与李纲虚伪地敷衍一通，以示圣恩的包容和宽厚。

应当说明，按汪伯彦掌管的"枢密院复取旨"，令河东路经制使司"听宗泽节制"，其实绝非是要扩大宗泽事权，而是旨在撤销李纲所设之河东路经制使司。一旦目标达到，"听宗泽节制"自然成为空文。

当时的宰执除左相李纲、右相黄潜善和知枢密院事汪伯彦之外，另有同知枢密院事张悫和尚书右丞许翰。正如李纲所述，他曾反对张悫出任执政，故张悫在对待张所与傅亮的问题上，确是附会了黄潜善和汪伯彦。不仅是李纲，宗泽和许翰也将张悫视为黄、汪一党。如宗泽上奏正式谴责说："仆射黄潜善、枢密汪伯彦、张悫，皆无远识见，无公议论，偏颇回遹，惟富贵是念。"[1] 许翰是在七月十五日任命的。然而上引李纲的记录中，不见许翰参政的议论，具体情况不清楚。正如前引李纲自述："然翰之来晚，不能有相助也。"

在李纲请辞宋高宗又虚假地拘留之际，殿中侍御史张浚也把握时机，出面配合黄潜善弹劾李纲。张浚是个复杂的人物，所为的坏事和败事居多，但还不能不算他是抗战派。他登上政治舞台的第一件大坏事，就是弹劾李纲。

张浚的劾奏原文今未传世，大致"以为纲虽负才气，有时望，然以私意

---

1. 《宗忠简公集》卷1《条画五事疏》。《要录》卷10建炎元年十月庚申作"臣窃见仆射黄潜善，福建人，枢密汪伯彦，徽州人，内张悫虽是北人，然无公识，无远见，议论偏颇"，文字稍异。

杀侍从，典刑不当，有伤新政，不可居相位。又论纲杜绝言路，独擅朝政，士夫侧立，不敢仰视。事之大小，随意必行，买马之扰，招军之暴，劝纳之虐，优立赏格，公吏为奸，擅易诏令，窃庇姻亲等十数事"[1]。据朱熹所写张浚行状说："宰相李纲以私意论谏议大夫宋齐愈，腰斩。公与齐愈素善，知齐愈死非其罪。谓上初立纲，以私意杀侍从，典刑不当，有伤新政，恐失人心。"[2]朱熹此件文字，其实是碍于与张浚儿子张栻的私人交情，照录张家提供的原文，有所曲笔。但《朱子语类》卷131说，李纲"相于南京时，建议三事。宋齐愈言之，其时正诛叛人，遂以宋尝令立张邦昌，戮之。当时人多知是立张邦昌，间有未知者，宋书以示之。及刑，人多冤。张魏公深言宋甚好人。宋，蜀人，当时模样，亦是汪、黄所使（令）。魏公（张浚）亦汪、黄荐。李罢相，乃魏公言罢也"。张浚"初赴南京，亦主汪、黄"。"如汪、黄在高宗初年为宰相"，"高宗初启中兴，而此等人为宰相，如何有恢复之望？"对张浚此事持批评态度，并且认为宋齐愈是汪、黄同党。按宋朝的惯例，台谏官提出弹劾，不管是非曲直，宰相和执政也只能向皇帝上交辞呈。

李纲深感事无可为，已非去位不可了。他最后一次面对，宋高宗仍虚情假意地挽留，说："卿所争事小，何须便为去就。"李纲说："潜善、伯彦自谓有攀附之功，方虚位以召臣，盖已切齿。及臣至，而议论伪楚，建请料理河东、北两路，谓车驾宜留中原，皆不与之同，宜其嫉，无所不至。臣东南人，岂不愿陛下顺流东下，为安便哉！顾一去中原，后患有不可胜言者！"有人说："公决于进退，于义得矣，如谗者何？"李纲说："大臣以道事君，不可则止，吾知全吾进退之节而已。畏祸患而不去，彼独不能讽言者诋訾，而逐之哉？天下自有公议，此不足虑。"[3]

尽管古代有严格的臣子规矩，李纲却在《乞罢第二表》中，无可抑勒

---

1. 《要录》卷8建炎元年八月乙亥。
2. 《朱文公文集》卷95张浚行状。按《名臣碑传琬琰集》中编卷55《张忠献公浚行状》的文字有异："宰相李纲以私意恶谏议大夫宋齐愈，加之罪，至论腰斩。公知齐愈死非其罪。既入台，首论纲，罢之，大略谓纲虽负才气，有时望，然以私意杀侍从，典刑不当，有伤新政，不可居相位。"
3. 《要录》卷8建炎元年八月乙亥，《宋史》卷358《李纲传》，《梁溪全集》卷177《建炎进退志总叙》下之下。

地强烈表述了他极端痛愤之情：

> 顾两河之土疆，乃中原之屏蔽。名城坚垒，棊辟相望；高山大川，蟠互交鎖。风气便用武之习，兵法坚戴宋之心，因而用之，靡不济者。堤防修，则泛滥自息；藩篱固，则堂奥可宁。机会在于一时，功利收于百倍。力陈至计，幸契渊衷。创招抚、经制之两司，择张所、傅亮为二帅。所建议于靖康之末，得朝部之民情；亮总戎于建炎之初，有大将之规略。皆采众论，匪徇私心。斋坛既登，戎车甫驾，时靡旬日之久，变生腹心之间。枢密降旨以沮所者踰千言，宸翰从中以罢亮者方寸纸。事同戏剧，人为咨嗟。而臣备位宰司，误膺国寄，既不能以先见之明杜谗口，又不能以至诚之意回天心。复何颜面？尚叨宠禄！[1]

就在当夜，宋高宗召礼部侍郎兼直学士院朱胜非起草李纲的罢相制。制词甚至追述到北宋末期，"论人臣之大戒，罪莫重于擅朝；置辅相以仰成，责尤严于误国"。说李纲"同流俗以沽名"，"谋谟莫效，狂诞罔悛，亏恭慎之前规，负弼谐之初望"，"以喜怒自分其贤愚，至赏罚（失当）于功罪。（出）令允符于清议，屡抗执以封还；用（刑有）拂于群情，必力祈于亲札。（第）欲（市）恩于己，靡思（归）怨于君"。"设心谓何，专制如此。忽览刻章之奏，且陈引咎之辞。顾物论以大喧，岂邦宪之可屈。宜解钧衡之任，俾从祠观之游"。李纲惨淡经营的相业，仅七十五日，便黯然下台，而且"责词甚严"[2]。朱胜非和李纲的私人关系，从此有很深的嫌隙。[3]德高、才大而望重的李纲，"出入系朝廷重轻"[4]，既被罢相，小朝廷也随之失去了主心骨。一个在异时异地决然可以施展抱负，辉耀史册的中兴名相，却落得如此可悲可叹的下场，这在宋高宗的小

---

1. 《梁溪全集》卷64。
2. 《会编》卷113，《要录》卷8建炎元年八月乙亥，《宋宰辅编年录校补》卷14，《宋史》卷358《李纲传》。
3. 《梁溪全集》卷119《与程给事第一书》。朱胜非在《秀水闲居录》中毁谤李纲，本书第十章第二节。
4. 《栟榈先生文集》卷16《具瞻堂记》。

朝廷中，却是无可避免的事。宋高宗后来愤恨地说："李纲孩视朕！"[1]

## 五、李纲罢相后的倒行逆施

李纲罢相，震动朝野，使一些稍有血性的士大夫感到难以保持缄默。在北宋末领导伏阙上书爱国群众运动的太学生、名士陈东，应宋高宗之召，正好在"八月十五日至行在所，即具状申尚书省，不报。因寓居神霄宫"，尚未得皇帝召见。[2]如前所述，他其实与李纲无一面之交，但闻知此讯，激于爱国义愤，就立即上书。关于他的上书，今存《宋陈少阳先生文集》卷3载有三份，看来经后人所删节，其大意是"论李纲不可罢，黄潜善、汪伯彦不可用，乞亲征，邀请二帝"[3]。但指责宋高宗"不当即大位，将来渊圣皇帝归来，不知何以处"一段文字，当时已广为流传，[4]肯定是被删去了。另一抚州崇仁县（今江西省）士人欧阳澈也上书，"极诋用事者"，并且"语侵宫掖"，指责宋高宗"宫禁宠乐"[5]，无非是批评皇帝沉湎女色，宠信宦官之类。

他们切直无隐的忠言，刺中了宋高宗的灵魂痛处，使他恼羞成怒。关于两人被害的一份重要原始记录，是今载于《宋陈少阳先生文集》卷8和《欧阳修撰集》卷7的许翰《哀词》，许翰说：

及纲罢相，翰犹缀班列奏事。一夕，见潜善独留甚久。翌日，上顾潜善曰："昨夕二人已处之矣。"因泛言："欧阳澈书论朕宫禁宠乐，恶有此事。陈东书必欲留李纲，归曲朝廷。"翰茫然，初不知其端也。既罢（朝），问潜善："上所处者何人？"曰："即（后所指）陈东、欧阳澈也。""处之如何，岂已逐之耶？"曰："斩之矣！"翰惊失色，潜善乃曰："今日方将论救，已不及矣。"因究其书何以不下政府，曰："独下

---

1. 《朱子语类》卷131。
2. 《宋陈少阳先生文集》卷6陈东行状。
3. 《会编》卷113，《要录》卷8建炎元年八月壬午。
4. 《挥麈后录》卷9。
5. 《欧阳修撰集》卷7和《宋陈少阳先生文集》卷8许翰《哀词》，《要录》卷8建炎元年八月壬午，《宋史》卷473《黄潜善传》。

潜善，故不得（以）相示。"是时伯彦、（张）悫皆不复问其本末，盖所与闻者也。伯彦等但称叹主上威神睿断。而潜善至堂，见应天府尹孟庾白事，独诘何以不关政府，而斩东等，微示愠色。盖潜善前留，本定此议，恶专其恶，故反推而远之也。

可见，确是宋高宗亲下"手批"，将两人处斩于应天府东市。陈东含笑对面有难色的吏胥说："畏死即不敢言，已言肯逃死乎！"他在临刑前作家书，"墨行整整，区处家事，皆有条理"，"略无惨戚战栗之意"。他们死后，还"枭首通衢，以竦天下"，人们"识与不识皆为流涕"[1]。宋朝祖宗家法，是强调优礼士大夫。宋高宗杀上书言事者，特别是名士，无疑是违背了宋太祖的誓约，甚至连黄潜善和汪伯彦也不敢承担此份罪责。后马伸弹劾黄潜善和汪伯彦奏说："或问陈东事，则答曰：'朝廷初不知。'盖谓事在陛下也。其过则称君，善则称己，有如此者。"[2]残杀陈东和欧阳澈，是宋高宗即位后亲自处置的第一件冤案，第一次文字狱。[3]此事给予许翰以极大的精神刺激。李纲也为此深感哀恸，抱恨终身，"每谓幽冥之间，痛此良友"[4]。

许翰说："纲忠义英发，舍之无以佐中兴。今纲罢，而留臣无益。"他又说："吾与东皆争李纲者，今东戮于都市，吾在庙堂，可乎？""因力求去"，黄潜善、汪伯彦"等皆怒，有逐之之意矣"[5]。他满怀悲愤，离开朝廷，对皇帝的秉性是看透了，可说是痛心、伤心，兼之寒心到了极点。许翰从此就选择了苟全性命于乱世，而再也不愿参政。后宋高宗"召

---

1. 《会编》卷113，《要录》卷8建炎元年八月壬午，《宋史》卷455《陈东传》，《欧阳澈传》，《四朝闻见录》乙集《王竹西驳论黄潜善汪伯彦》，《清波杂志》卷5，《宋陈少阳先生文集》卷6陈东行状，卷7李猷《赎尸记》，《欧阳修撰集》卷7欧阳澈墓表，《栟榈先生文集》卷16《具瞻堂记》。《宋史》说欧阳澈死年37岁，系误，据墓表，欧阳澈丁丑年生，丁未年死，应为31岁。
2. 《会编》卷118，《要录》卷17建炎二年八月庚申。
3. 关于宋高宗为杀害陈东和欧阳澈之元凶的考证，参见王曾瑜《岳飞和南宋前期政治与军事研究》第二编二、《陈东和欧阳澈之死》，河南大学出版社，2005年。
4. 《梁溪全集》附录二《行状》下。
5. 《会编》卷113，《要录》卷8建炎元年八月乙亥、丙戌，《宋宰辅编年录校补》卷14，《宋史》卷363《许翰传》。

复资政殿学士、提举万寿观,辞不至"[1]。

按"画河为界"的既定决策,河北西路招抚司自然必须撤销,而招抚使张所自然是宋廷的重点打击对象。张所刚发遣都统制王彦、统制岳飞等率七千装备不良的军队,渡过黄河,前往收复失地,贬谪张所的命令便于九月下达。黄潜善极其憎恨张所,认为过去将他流放江州尚不解恨,又通过宋高宗,将张所贬逐至岭南,这是宋时对官员极重的处分。张所一片丹心,忠于职守,投降派其实根本搜剔不到什么罪名,居然下此毒手,作为对弹劾黄潜善的报复,也足见时政之昏暗。张所后居留荆湖南路首府潭州,被土匪刘忠杀害。[2]这位"有材气谋略"之士,"勇于有为,敢任难事"[3],空怀报国抗金之志,小朝廷却根本容不得他发挥才能,竟未得以施展半点儿抱负。张所实际上又是被小朝廷活活糟蹋致死,赍恨以殁。在张所被贬后十多年间,仍是"身名凋丧,後嗣零落",几乎无人提及。只有岳飞感念遗恨和旧恩,为之上奏,要求褒表忠义,而宋廷也只是追复原官。[4]

左正言邓肃仍挺身为李纲主持正义,他上奏恳切而委婉地说:

窃惟人主之职,在论一相。陛下初登九五之位,召李纲于贬所,而任之以均衡,其待之非不专,而礼之非不厚。然李纲学虽正而术疏,谋虽深而机浅,固不足以上副眷注之诚矣。惟陛下尝顾臣曰:"李纲真以身徇国者!"今日罢之,而责词严甚,此臣所以窃有疑也。既非台章,又非谏疏,不知遣词者亦何所据而言之?臣若观望,岂复敢言?臣爱君,其敢默默乎?且两河百姓虽愿效死,而五月之间,略无统领,民心茫然,将无所适从矣?及李纲措置,不一月间,民兵稍集。今纲既去,两河之民将如何哉?伪楚之臣,罪当万死,前日纷纷,皆在朝廷。李纲先乞逐逆臣张

---

1.《要录》卷53绍兴二年闰四月癸丑,卷58绍兴二年九月庚辰,《宋史》卷363《许翰传》。
2.《要录》卷9建炎元年九月壬寅,《宋史》卷363《张所传》都不载张所贬谪的原因,其实无非是反映了官史为宋高宗的失政避讳。又两书说张所死于岭南贬所,今据《鄂国金佗续编》卷9《照会追复张所左通直郎直龙图阁省札》更正。
3.《宋陈少阳先生文集》卷3《上高宗皇帝第一书》。
4.《鄂国金佗稡编》卷11《乞以明堂恩奏张所男宗本奏》,《鄂国金佗续编》卷9《照会追复张所左通直郎直龙图阁省札》,《赐张所一资恩泽仍支银绢省札》。

邦昌，然后叛党稍能正罪。今纲既去，则叛臣将如何哉？叛臣在朝廷，政事乖矣；两河无兵，则夷狄骄矣。李纲于此，亦不可谓无一日之长也。昔者宣王所以为中兴之主者，内修政事，外攘夷狄而已。陛下圣德，过于周宣，所以修政事而攘夷狄者，岂可后哉！李纲一日之长，亦惟陛下采之。[1]

宋高宗遂将他罢官，黄潜善、汪伯彦等遂指使"言者极论其罪"，最后"罢归居家"[2]。

建炎二年（公元1128年）二月，张浚又劾奏秘书省正字胡珵。胡珵颇有文采，"陈东上书，攻六贼，言者谓珵尝润色其书"[3]，实际上参与了陈东领导的伏阙上书爱国群众运动。如前所述，他曾任李纲宣抚司幕僚，"尤蒙特顾"[4]。张浚指责他"挟谄媚之姿，躬奸回之性，沾沾可鄙，自托李纲，服童仆之役，而出入其寝室，朝夕交结，阴中善良。逮纲遭逐，营为百计，密招群小，鼓唱浮言。陈东之书，珵实笔削，意欲使布衣草莱之士，挟天子进退大臣之权，一时哄然，几致召乱。按珵罪状，天地不容，愿褫夺官爵，投之荒裔，永为臣子立党不忠之戒"[5]。宋高宗为此下诏说："秘书省正字胡珵交结权要，传导风指，讽谕狂生，扇摇国是，可特追所有官，勒停，送梧州编管。"[6]将他流放到当时的岭南炎荒之地，这当然是十分严厉的处分。

在李纲等一批忠臣义士被贬被杀之后，宋高宗遂得以按与黄潜善、汪伯彦等原定的决策，于十月一日将"行在所"自南京应天府迁往淮南东路扬州（今属江苏），[7]"凡（李纲）纲所规画军民之政，一切废罢"[8]。他在临行前下诏说：

---

1. 《梁溪先生文集》卷12《辞免除左正言第十三札子》，《历代名臣奏议》卷143。
2. 《要录》卷8建炎元年八月乙亥，《宋史》卷375《邓肃传》。
3. 元或明初《无锡县志》卷3上。
4. 《朱子语类》卷131。
5. 《要录》卷13建炎二年二月辛未。
6. 《要录》卷13建炎二年二月己卯，《鼠璞》卷上《陈东伏阙》。
7. 《要录》卷10建炎元年十月丁巳朔。
8. 《宋史》卷358《李纲传》。

朝廷以连年兵革，国势未强，所以长虑却顾，巡幸淮甸。访闻小人乐于侥倖，撰造言语，妄倡事端，意在煽惑军民，成其私计，不可不治。应敢妄议，欲摇动朝廷者，许人告，有官人转五官，白身人补保义郎。同谋或为首始谋之人能自首者，免罪，依此推恩。其同谋及知情曾见闻不告之人，并行处斩。[1]

宋高宗又下诏奖励告讦，企图以酷刑峻罚钳制天下之口，这进一步暴露了他秉性的极端残忍。

黄潜善、汪伯彦等当然不可能有任何高明的对金政策，无非一是南逃，躲避金军的兵锋，二是卑辱遣使求和。但骄狂的金人一意要吞灭宋朝，对宋的复国完全采取不承认态度，宋高宗一厢情愿地派人出使金朝，到建炎二年（公元1128年）为止，前后遣使五批，除了第一批外，后续的四批都被金方扣押。[2]

---

1. 《要录》卷9建炎元年九月癸丑。
2. 王曾瑜：《岳飞和南宋前期政治与军事研究》第二编一、《宋高宗的对金屈辱外交》，河南大学出版社，2005年。

第六章

泣涕收横溃　鏖兵京洛间
（宗泽）

## 第一节　山河破碎下的浩劫与抗争

中华古文明史,从目前的考古资料看,至少可追溯到四千三百年以上,但"总的看来,只有春秋、战国时期才是中国古代最大、最重要的变革期","唐宋之际的变化,肯定不如前一时期大"。近年来,一些学者热烈研究和宣传唐宋变革论,但是,依据前人治史的马克思主义结论,第一,唐宋同是以租佃制为主的农业社会;第二、唐宋同是实行专制主义中央集权的等级授职制的国家;第三,唐宋的思想文化界中占统治地位者,同是专制主义的意识形态和文化专制主义。"以上三条是根本性的,说明唐宋之际的中国社会并没有出现如同春秋、战国时期或1840年鸦片战争以后那样的剧变"[1]。

《孟子·梁惠王上》批评说:"明足以察秋毫之末,而不见舆薪。"对治史者而言,"察秋毫之末",就是要力求拥有尽可能多的历史细节知识,尽管任何高明的史家,也做不到对任何历史细节知识无所不知,一网打尽,而随着研究的拓展和深入,正常情况应是觉得自己不懂者愈来愈多,而非愈来愈少;"见舆薪"者,要求尽可能地把握历史发展的全局和大局。两者缺一不可。前述的三条是否可以说是"见舆薪"呢?若能把握以上三条,过度热议,什么情况和变卦都要勉强地挂靠到"唐宋变革论"上,有的又说不出其所以然,是否有此必要?

中华古史发展到宋朝,宋朝是当时全世界最高度发展的农业文明社会。宋代文明超过唐代文明,在经济、文化等方面取得宏大的进展。近代

---

[1] 王曾瑜:《唐宋变革论通信》,《纤微编》,河北大学出版社,2011年。

史家从宋代文明中发现若干近代文明的原始征象，但这并不意味着宋代文明已经接近，或者行将蜕变为近代文明。相反，从主流方面看，宋代文明正是传统文明的延续、深化和堆积。一种文明愈是发展得过于成熟，则蜕变为一种新的更高的文明，似乎就愈是积重难返，步履维艰。

在宋代文明的正常发展中，受到了两次严重的冲击和破坏，第一次是公元12世纪女真人的南下，第二次是公元13世纪蒙古人的南下。

中国历史上的民族战争虽多，而发生于公元12世纪的宋、金战争，是范围广、持续久、破坏大的民族战争，留下的史料又远多于前代。即使在宗泽和李纲身后的近一百年，自黄河以南，到长江以北的广阔地域，大多人口稀少，经济凋敝，没有恢复到北宋末年的水平。[1]南北分裂的局面，严重地阻碍社会经济的发展，给各族人民造成深重的苦难。从另一方面看，前辈学者张家驹先生将西晋与东晋之交的永嘉之乱、唐中叶安史之乱和北宋与南宋之交的靖康之难，列为深刻影响中国古代社会的经济、文化等演变的三个重大事件，大量北方汉人逃避战祸而南下，对经济和文化重心的南移，产生重大影响，[2]是很有见地，值得重视的。

正如恩格斯所说："每一次由比较野蛮的民族所进行的征服，不言而喻地都阻碍了经济的发展，摧毁了大批的生产力。但是在长时期的征服中，比较野蛮的征服者，在绝大多数情况下，都不得不适应征服后存在的比较高的'经济情况'；他们为被征服者所同化，而且大部分甚至还不得不采用被征服者的语言。"[3]女真族侵入中原，吸收了先进的汉族文明，固然使本民族取得了飞跃的进步。但是，这却是以先进文明被严重摧残，出现大破坏和大倒退为代价的。

近一千年间，中国北方主要是女真和蒙古两个民族互为雄长。女真族及其遗裔满族先后侵入中原，灭亡辽、北宋和明，建立了金朝和清朝。特别是清朝，在开疆拓土方面有其成就。但就坏的方面说来，金朝和清朝确

---

1. 南宋关于淮南东路、淮南西路、京西南路和荆湖北路地荒人稀的记载很多。《揽辔录》，《攻媿集》卷111《北行日录》记录了金朝河南地区的荒凉景象。《金史》卷47《食货志》也说，即使到金章宗初年，"河南地广人稀"。
2. 《张家驹史学文存》第198—200页，上海人民出版社，2010年。
3. 《马克思恩格斯选集》第3卷第222页。

有一些共同之处，例如：

第一，是进入中原之初的强烈破坏。酷烈的战祸遍及宋朝除四川、广南和福建以外的各路，对经济和文化造成很严重的破坏。金军所到之处，特别是对他们无法占领的地区，一律在事实上予以杀光、烧光和抢光。华北的广大汉族人口"或长驱不返（被抓去当奴隶），或迎敌而殂。威临而坠井、坠河者有之，势胁而自刎、自缢者有之。士民共戮，善恶同诛。有千里而离乡者，有一门而尽殁者。尸盈郊邑，血满道途"，"男女无分，白骨交横"[1]。"杀人如割麻，臭闻数百里"。人口的大量死亡，招致了恐怖的瘟疫；瘟疫的流行，又招致更多人口的死亡。[2]广阔的原野"井里萧然，无复烟爨"[3]，到处是惨不忍睹的景象。"淮南荐罹腥膻蹂躏，且群盗继之，民去本业十室而九空，其不耕之田，千里相望"[4]。后建炎三四年（公元1129—1130年）金军渡江作战，更是在撤兵地区施加十分残酷的焚戮。对明州"焚其城，惟东南角数佛寺，与僻巷居民偶有存者"，"遍州之境，深山穷谷，平时人迹不到处，皆为虏人搜剔，杀掠不可胜数"[5]。金军又在临安府城"纵火，三日夜烟焰不绝"[6]。"临安府自累经兵火之后，户口所存裁什二三"[7]。平江府被金军"纵火延烧，烟焰见二百里，凡五昼夜"[8]，"金人焚劫之余"，"士民死者近五十万人，得脱者十之一二而已"[9]。在建康城，"凡驱而与俱者十之五，逃而免者十之一，死于锋镝敲榜者盖十之四。城中头颅、手、足相枕藉，血流通道，伤残宛转于煨烬之间，犹有数日而后绝者"。后宋人收拾尸骨，"得全体四千六百八十有七，断折残毁不可计以全者又七八万"[10]。另一路金军则又在洪州等地实行

---

1. 《金文最》卷65李致尧《汾州葬枯骨碑》。此文虽说是河东路汾州的情况，各地大抵如此。
2. 《会编》卷96《靖康遗录》，《要录》卷4建炎元年四月庚申朔。
3. 《会编》卷36《靖康遗录》。
4. 《历代名臣奏议》卷260汪藻奏，《会编》卷149。
5. 《要录》卷31建炎四年二月丙子。
6. 《要录》卷31建炎四年二月庚辰。
7. 《宋会要》食货38之19。
8. 《挥麈后录》卷10。
9. 《要录》卷32建炎四年三月丁未。
10. 《景定建康志》卷43《义冢》。

屠城。[1]至于清军入关后的大肆屠戮，如扬州十日、嘉定三屠等，亦为史家所熟知。

金军具有刚脱离原始社会的强烈野蛮性。后绍兴三年，在饶风关之战后，金军"野无所掠，杀马而食，马且尽，遂杀（两）河签军（而）食之"[2]。"（两）河签军"是指河北与河东强行签发的汉人（金初称南人）当兵者。后完颜宗弼（兀术）在绍兴和议前攻入宋淮南一带，"辎重俱尽，有食奴婢者"，最后"辎重、骡马依稀四分，奴婢十中无六、七"。[3]残忍之至，充分地暴露了女真贵族的兽性。

第二，金朝和清朝都不同程度地强制推行落后的奴隶制，使北方社会发生严重倒退。金初女真民族显然处于奴隶社会的发展阶段。金太祖完颜阿骨打起兵反辽时，"遂命诸将传梃而誓曰：'汝等同心尽力，有功者，奴婢、部曲为良，庶人官之，先有官者叙进，轻重视功。苟违誓言，身死梃下，家属无赦。'"[4]可知当时女真社会成员大致分三类：一是奴婢、部曲，即奴隶，乃是相对于良人的贱人；二是庶人，即平民；三是有官者，即奴隶主贵族。金朝入侵中原，强制推行奴隶制，将大批汉族人口驱掠为奴。"其所得汉人，并削发，使控马荷担，得妇女，好者掠去，老丑者杀之"[5]。很多汉人被金军抓去当奴隶，用铁索锁住，耳朵上刺了"官"字，立价出售，在燕山府等地甚至专设买卖奴隶的市场。驱掳的汉人过多，就大批大批地坑杀，或者转卖到西夏、蒙古、室韦和高丽。奴隶的价格极为低廉，十个被俘的奴隶，到西夏只能交换得一匹马。[6]女真贵族还大放高利贷，"下令欠债者以人口折还"，使很多人沦为债务奴隶，[7]有时则干脆"豪压贫民为奴"[8]。按照女真社会的法律，罪犯的家属可以充当奴隶。在金朝的户籍中，"凡没入官良人，隶宫籍监，为监户；没入官奴婢，隶太

---

1. 《要录》卷30建炎三年十二月乙未。
2. 《中兴小纪》卷14，《皇朝中兴纪事本末》卷24。
3. 《会编》卷215《征蒙记》。
4. 《金史》卷2《太祖纪》。
5. 《会编》卷36引《靖康遗录》。
6. 《会编》卷98《燕雲录》，《要录》卷40建炎四年十二月辛未，《靖康稗史笺证·呻吟语》。
7. 《要录》卷132绍兴九年秋。
8. 《金史》卷84《耨盌温敦思忠传》。

府监,为官户"。此外,还有属于私人的"奴婢户"。这些都算是金朝的正式户名。[1]在奴隶制下,奴隶的来源不外有战俘奴隶、罪犯奴隶、债务奴隶等,金朝初期几乎是应有尽有。贪婪的女真贵族通过军事、政治、经济等手段,部分地破坏了中原农业社会固有的土地租佃关系,而扩大其奴隶制经济。这在华北广大的汉文明地区起着巨大的反动和倒退作用。[2]

第三,古代汉人长期保留蓄发习俗,《孝经·开宗明义章》说:"身体发肤,受之父母,不敢毁伤。"汉人将蓄发看得极重,按宋朝法律:"髡发,徒一年半。"[3]金朝强迫华北的汉民"剃头辫发",[4]"仰削去头发,短巾左衽,敢有违犯","当正典刑"[5],"禁民汉服,又下令髡发,不如式者杀之"[6],甚至"削发不如法者死"[7]。这在当时自然是对汉人的极大侮辱,严重地激化了民族矛盾。这类似于后来清朝初年留头不留发,留发不留头的政策。女真统治者还强征中原汉人当兵,时称"剃头签军"[8]或"两河签军"。汉人签军在金军中地位最为低贱,充当苦力,"冲冒矢石,枉遭杀戮"[9]。

第四,大规模地掠夺田地,清朝谓之圈地。金朝为了巩固对中原的统治,以女真族为主的猛安谋克户迁居华北,实行所谓"括地"[10],即强制没收汉民耕地,大量霸占田产,然后对猛安谋克户"计其户口,授以官田"[11]。其实类似于清朝初年的圈地运动。[12]这自然严重影响了广大汉族农

---

1. 《会编》卷3,《金史》卷45《刑志》,卷46《食货志》。
2. 关于金初奴隶制的扩张,详见王曾瑜:《宋朝的奴婢、人力、女使和金朝奴隶制》,《涓埃编》,河北大学出版社,2008年;漆侠、乔幼梅:《辽夏金经济史》第16章《金国建立后女真奴隶制的发展》,《漆侠全集》第5卷,河北大学出版社,2008年。
3. 《名公书判清明集》卷12《诱人婢妾雇卖》。又《旧唐书》卷79《傅奕传》:"西晋以上,国有严科,不许中国之人,辄行髡发之事。"
4. 《会编》卷115。
5. 《大金吊伐录》下《枢密院告谕两路指挥》。
6. 《要录》卷28建炎三年秋。
7. 《会编》卷132引《金虏节要》。
8. "剃头签军"一词,见《金佗稡编》卷4《鄂王行实编年》。
9. 《宋会要》兵15之3。
10. 《金史》卷47《食货志》。
11. 《要录》卷138绍兴十年。
12. 刘浦江:《辽金史论·金代土地问题的一个侧面——女真人与汉人土地争端》,辽宁大学出版社,1999年;漆侠、乔幼梅:《辽夏金经济史》第20章《金代的土地制度》,载《漆侠全集》第5卷。

民的生计。

第五，金朝的女真人进入中原后，"狃于宴安，习成游惰，非复曩时之旧"[1]。"游惰之人，不知耕稼，群饮赌博，习以成风，是徒烦有司征索课租而已"，"致竭一路终岁之敛，不能赡此不耕不战之人"[2]。在相当程度上说，女真人的汉化即是腐化。金朝迁居中原的以女真人为主体的猛安谋克户，也与清朝八旗子弟同样，经历了类似的腐化和衰败命运。

女真贵族的种种倒行逆施，激起了以汉族为主的各族人民激烈的、顽强的、持久的反抗斗争。

在东北的金太宗御寨，有几千名被驱掳北上的汉族奴隶。他们以上山砍柴为名，置办长柄大斧，计划举行起义，并劫持金太宗，杀过黄河。由于叛徒的告发，起义被扼杀，首谋者都遭金人杀害。[3]

燕山府刘立芸聚众起义，攻破城邑。他告谕民众说："吾欲致南北太平。"起义者纪律严明，"蕃、汉之民归者甚众"[4]。蓟州玉田县（今河北省玉田县）爆发杨浩与智和禅师领导的起义，队伍发展到一万余人。易州（治易县，今河北省易县）的刘里忙年仅十八，他领导的起义军也有一万多人。他们把截山险，邀击金军，对金朝形成一定威胁。[5]

河北与河东路人民举行强烈反抗。"逃避之人，连绵不绝"，"各收集散亡士卒，立寨栅以自卫，持弓刀以捍（贼）。金人屡遣人多方招诱，必被剿杀"[6]。"河北百姓皆以白绢为旗，刺血，上书'怨'字，迎杀金贼"[7]。"恩、冀之间，农民自置弓剑，保护一方，谓之巡社"，"相州以北，有山寨约五十余处，每寨不下三万人，其徒皆河北州县避贼者"[8]。

河东路代州（治雁门，今山西省代县）五台山和尚真宝率领一支义

---

1. 《历代名臣奏议》卷350卫泾奏。
2. 《金史》卷109《陈规传》。
3. 《会编》卷98《燕雲录》，《要录》卷12建炎二年正月。
4. 《要录》卷16建炎二年七月。
5. 《会编》卷98《燕雲录》。《靖康稗史笺证·呻吟语》说杨浩是燕山府潞县知县，玉田僧名一行，又说刘买（里）忙是中山府人，与《燕雲录》有异。
6. 《忠愍集》卷1《使还上殿札子三道》，《历代名臣奏议》卷333。
7. 《石林奏议》卷2《申大元帅府缴纳告谕军民榜牒状》。
8. 《松隐文集》卷26《进前十事札子》。

军,与强敌周旋,宁死不屈。[1]在文水县(今山西省文水县),保正石赪(chēng 古同赪)率领的队伍占据山险,屡败金军。石赪坚持斗争八个月,被完颜粘罕(宗翰)军所俘,钉在车上,臀部插入利刃,以施加肢解的酷刑相威胁,石赪毫无惧色。完颜粘罕(宗翰)亲自劝降,石赪厉声回答:"爷是汉人,宁死不降!"最终被害。[2]宋太原府将官(正将、副将或准备将)杨可发在繁畤县(今山西省繁畤县)召集二万多人的队伍,以五台山僧李善诺等为先锋将,遭完颜粘罕(宗翰)大军的攻击,义军战败,杨可发刺腹自杀。[3]另一武官何宏中也"收合散亡,立山棚七十四所,号令所及,千里而远"[4]。石州(治离石,今山西省吕梁市离石区)也聚合一支几万人的抗金义军,为首者号称"阎先生"。[5]

解州(治解县,今山西省运城市西南)的邵兴和邵翼兄弟团聚义兵,占据神稷山抗金。金兵俘虏了邵翼,企图胁迫邵兴投降。邵翼大骂敌人,惨遭杀害。邵兴誓不降敌,屡次痛击金兵。此外,由邵云领导的一支民间抗金武装,也同邵兴会合,两人"约为兄弟",坚持斗争。[6]小吏张昱"聚众数千",一度占守慈州(治吉乡,今山西省吉县)。[7]

河东红巾军看来不是一支统一的队伍。宋时百姓起而造反,或为盗匪,往往"私制绯衣巾"[8]。红巾军即是头裹红巾,以作抗金义军的标志。他们到处建立山寨,"每党不啻数千人","旌旗缤纷,鼙鼓震叠",声势其盛。[9]有一回,红巾军在泽州(治晋城,今山西省晋城市)、隆德府

---

1. 《宋史》卷455《僧真宝传》。
2. 《朝野遗记》作"石赪",《会编》卷143《金虏节要》作"石埻"。
3. 《会编》卷51《中兴遗史》。杨可发外号"杨麻胡",《金史》卷82《郭企忠传》也有关于杨麻胡的记载。
4. 《中州集》卷10何宏中传,《齐东野语》卷11《何宏中》。
5. 《金史》卷82《郭企忠传》。
6. 《会编》卷104,卷117,《要录》卷5建炎元年五月,卷16建炎二年七月,卷31建炎四年正月丁巳,《宋史》卷448《邵雲传》。《会编》和《要录》都说邵翼是邵兴之弟,据《忠正德文集》卷8《丙辰笔录》说,邵隆(邵兴后改名隆)"与其兄纠率乡民,屡与敌战。兄为敌获,大骂而死"。
7. 《会编》卷111,《要录》卷7建炎元年七月戊戌。
8. 《斐然集》卷18《寄张相》(其七),又《金佗稡编》卷4《鄂王行实编年》:"凡不为红头巾者,随我!"也是同样意思。
9. 《山右石刻丛编》卷19杨丹《襄垣县修城记》。

（治上党，今山西省长治市）一带袭击金营，金左副元帅完颜粘罕（宗翰）几乎被俘。女真贵族无法对付神出鬼没的红巾军，只能屠戮无辜的平民以泄愤，结果"亡命者滋益多，而红巾愈炽"[1]。

建炎初，北方抗金义军中有两支影响很大、声势甚盛者。一是五马山的抗金义军。河北西路庆源府（治平棘，今河北省赵县）赞皇县有一座山，"上有五石马"，取名五马山。[2]山上聚集一支起义军，由马扩和赵邦杰指挥。他们以宋高宗之弟信王赵榛的名义作号召，"两河遗民闻风响应，愿受旗、榜者甚众"，组成号称几十万人的武装。[3]金朝真定府获鹿县（今河北鹿泉市）知县张龚也起兵响应。刘里忙、杨浩、智和禅师等领导的燕云地区起义队伍，也和五马山建立了联系。[4]

二是王彦领导的"八字军"。河北西路招抚司都统制王彦率七千人马，自北京大名府渡河出征，攻拔卫州新乡县（今河南省新乡市）后，遭金军围攻。宋军在突围的战争中溃散了。王彦冲出重围，收得残部七百多人，退守卫州共城县（今河南省辉县市）的西山。为了表示宁死不屈的斗志，王彦和他的部属们都在脸部刺上"赤心报国，誓杀金贼"八个字。[5]两河忠义民兵傅选、孟德、焦文通、刘泽等部纷纷响应。最后，王彦一军发展到十多万人的队伍，与金军战斗近百次，收复绵亘数百里的地区。金军屡次进行围剿，有一次甚至围攻王彦的山寨，都以失败告终。"八字军"的威名很快传遍天下。[6]

宋金战争本质上是一次民族战争，是女真奴隶主和以汉族为主的各族

---

1. 《要录》卷9建炎元年九月壬辰。
2. 《读史方舆纪要》卷14。
3. 《会编》卷115，卷116，《要录》卷13建炎二年二月辛巳，卷15建炎二年四月。
4. 《靖康稗史笺证·呻吟语》。
5. 《会编》卷113，卷198王彦行状和《宋史》卷368《王彦传》作"赤心报国，誓杀金贼"，后四字在《要录》卷9建炎元年九月乙卯条中，被清人修《四库全书》时删去。《会编》卷198《林泉野记》，《周益国文忠公集·平园续稿》卷6《高宗御批陈（思恭）奏札跋》作"誓杀金贼，不负赵王"，前四字在《建炎以来朝野杂记》甲集卷18《八字军》中，或被清人篡改为"誓竭心力"，见《武英殿聚珍版书》。《浪语集》卷33《先大夫行状》作"尽忠报国，誓杀金贼"。
6. 《会编》卷198王彦行状，《要录》卷9建炎元年九月乙卯，《宋史》卷368《王彦传》。

人民之间的武装斗争,是奴役和反奴役之争,是野蛮和文明之争,是分裂和统一之争。

宋高宗、黄潜善、汪伯彦等投降派,视河北与河东之土地如异域,人民如弃物,他们一方面害怕金朝,另一方面也害怕和憎恶北方抗金义军。李纲、宗泽等抗战派当然十分重视北方的义军抗金。李纲坚持设河北西路招抚使司和河东经制使司,就是为了联系与组织北方的义军,收地两河。他不幸罢相后,河北西路招抚使司和河东经制使司相继撤销,而镇守东京开封府的宗泽事实上成为抗金的中心人物。两河、燕云等地的抗金健儿渴望接受宗泽的领导和指挥,宗泽也迫切需要他们的支援和配合,双方建立了密切而广泛的联系。

## 第二节  惠政拊疲瘵  金汤治城堑

宗泽从南京应天府出发,前往东京开封府赴任,时为七月。[1]东京留守范讷和开封府尹王襄先后罢官,宋廷遂以宗泽为延康殿学士、开封尹、东京留守。[2]《宗忠简公集》卷7《遗事》叙述开封城的劫难后的残

---

1. 关于宗泽赴任时间,各书记载有异,应在《要录》卷6建炎元年六月戊辰注作了考证。此书引宗泽《遗事》为:"六月乙亥(十七日),公至开封。"然而今存《宗忠简公集》卷7《遗事》为"公拜命,即日就道,以七月乙巳(十七日)到京城",相差一个月。今据《宗忠简公集》卷1《乞回銮疏》(建炎二年五月,通前后表疏,系第二十三次奏请)说:"陛下不以臣衰老无用,付之东京留钥。臣自去年七月到任。"应以宗泽自述为准。

2. 《梁溪全集》卷179《建炎时政记》中,《会编》卷109,《要录》卷6建炎元年六月乙酉。

破景象说：

> 京城自虏骑退归，楼橹尽废，诸道之师，杂居寺观，盗贼纵横，人情恟恟。时虏留屯河上，距京城无二百里，金鼓之声，日夕相闻。京畿千里之民，与京东、西连亘数千里，咸怀悚慄。

面对着危困的险局，宗泽凭藉其大勇敢、大气魄、大器局和大智慧，竟在较短时间内，即完成了重整开封的军政。

## 一、拘押金使，抗拒诏命

七月，金朝派遣少府少监牛庆昌、六宅使乐诜等一行，于七月来到开封府，由于金朝不承认南宋政权，而只携带了元帅右监军完颜谷神（希尹）致伪楚的书信，信中说：

> 昨者宋人不幸，赵氏败盟，由此出师，至于国都，乃废宋而造楚，本以示惩劝于后来者也。班师之日，定约具存，贵心腹以相知，凡事为而必达。距今累月，闻无一音，缅想其间，不知何似。所约陕西之地，已属夏国之疆，顷被彼人，请分兹土，伏冀早为割（画），用副悃诚。睽违去此既遥，动静于兹未悉。回复之际，次第相闻。[1]

显然，金朝方面明知伪楚已废，而仍出使宋朝的开封，其书信规格又不以掌握前沿最高的权力的左副元帅完颜粘罕（宗翰），而由地位稍低的元帅右监军完颜谷神（希尹）出面，其用意无非是刺探南宋的情报。《宋宗忠简公全集》卷9《宗忠简公事状》记载说：

> 一日，虏有八人，以使楚为名，直至京师。公讶曰："是必假此名，

---

[1]. 《大金吊伐录》下《元帅右监军与楚书》，金朝遣使时间，亦据此件。牛庆昌官名，《要录》卷6建炎元年六月乙亥作"虏使牛大监等八人"。其官名与《大金吊伐录》之"少监"略异。

以觇我之虚实。"因议状遗范公（讷）留守，请收置牢狴，奏取朝廷指挥。范公然之，即具奏。

当时东京留守范讷还未罢任，宗泽拘押金使，尚须征得他的同意。这对于处在交战状态的双方，其实是一件平常的措置，却使得了恐金软骨症的宋高宗君臣惶恐万状。宋高宗立即下诏，命令宗泽将金使"迁置别馆，优加待遇"。宗泽不服，认为"二圣在虏，必欲便行诛戮，恐贻君父忧。若纵之使还，又有伤国体。莫若拘縻于此，俟车驾还阙，登楼肆赦，然后特从宽贷"，他将释放金使与皇帝回銮开封联系在一起，并上奏说：

臣伏见我国家承平，几二百年，数世戴白之老，不识兵革，上下恬嬉，犹夷度日，不复以权谋战争为念。乃以贼虏诞谩为可凭信，朝廷恬视，不少置疑。不惟不曾教人坐作进退、击刺挽射之技，俾严攻讨；其间有实欲贾勇思敌所忾之人，士大夫不以为狂，则以为妄。因循苟且，以致贼虏颠越不恭，遂有前日之祸，臣不胜愤恨。

然兹非贼虏之能也，皆繇无诚实之士，鼓倡骄逸，率以敛迹逃避，曲辱不耻为智为勇耳。万一有慷慨论列，则掩耳不听，别造佞说，以相浮动。兹无他，大抵只欲助贼，张皇声势，直为我祖宗一统基业更不当顾藉，宜两手分付与贼虏耳！嗟乎！何不忠不义之甚也！臣每思念，涕泗交下，继之以血，此天地神明之所昭鉴。

臣恭惟渊圣皇帝靖康之初，信此和议，俾贼大获而归。去冬与今春夏，贼虏猖獗，大臣柔邪谀佞，蓄缩畏避者，不敢略有抗拒语，但以诡谲为诚实，包藏为智谋，缄默为沉鸷，遂致二圣蒙尘，后妃、亲王与无辜之人流离北去。想陛下龙潜济、郓，尝亲闻见张邦昌、耿南仲辈所为也。

陛下入继大统，即将前主和议者窜之岭外，使天下冤抑之气，一旦舒快。自后臣窃闻陛下日与二三大臣论思讲画，必欲大雪我庙朝之耻，激励卒伍，劝率义士，俾思剿绝，以正夷夏。不意陛下复听奸邪之语，又浸渐望和，迂回曲折，为退走计。臣愿陛下试一思之，陛下初即位，何故以讲和为非，遂逐当时议臣；陛下近日又何故只信凭奸邪与贼虏为地者之画，营缮金陵，迎奉元祐太后，仍遣省官迎太庙木主，弃河东、河西、河北、京东、京西、淮南、陕右七路千百万生灵，如粪壤草芥，略不顾恤。

比贼虏遣奸狡小丑，假作使伪楚为名，来觇我大宋虚实。臣见如是，因纳谏状与留守范讷，乞收贼虏奉使之人，置之牢狴，奏取朝廷指挥。庶激军民士庶怀冤之心，俾肯力战，仰赞陛下再造王室、中兴大宋基业之意。今却令迁置别馆，优加特遇。臣奉此诏令，忧思涕泣，心欲折死。不知二三大臣何为于贼虏情款如是之厚，而于我国家吁谟如是之薄。臣每思京师人情物价，渐如我祖宗时，若銮驾一归，则再造之功与中兴之烈，必赫奕宏大，跨商周而越汉唐矣！何奸邪之臣，尚狙和议，惶惑圣聪，伏望陛下察之。臣之朴愚，不敢奉诏，以彰国弱。此我大宋兴衰治乱之机也，臣愿陛下思之。陛下果以臣言为狂，愿尽赐褫削，投之瘴烟远恶之地，以快奸邪贼。臣之心不胜痛愤激切之至。臣藉藁阙下，以俟诛戮。谨录奏闻，伏候敕旨。[1]

宗泽在此奏中痛斥宋朝大多数"士大夫""因循苟且"的顽症，"不知二三大臣何为于贼虏情款如是之厚，而于我国家吁谟如是之薄"，是不点名地斥责黄潜善、汪伯彦之流，并且直接指责皇帝，"不意陛下复听奸邪之语，又浸渐望和，迂回曲折，为退走计"，"陛下近日又何故只信凭奸邪与贼虏为地者之画"，"弃河东、河西、河北、京东、京西、淮南、陕右七路千百万生灵，如粪壤草芥，略不顾恤"。在此奏末段持决绝的强硬立场，说自己"不敢奉诏，以彰国弱"，准备被"投之瘴烟远恶之地，以快奸邪贼"。如此激烈的文字，在今存宋人的奏议中，是十分罕见的，说明宗泽的痛愤，已至不可抑勒，而顾不得古代臣规的地步。

宋高宗不得不亲自下诏说：

卿弹压强梗，保护都城，宽朕顾忧，深所倚仗。但拘留虏使，未达朕心。朕之待卿尽矣，卿宜体此。[2]

针对宗泽拒不奉诏，黄潜善和汪伯彦正好抓住把柄，乘机在皇帝面前

---

1. 《宗忠简公集》卷1《奏乞依旧拘留虏使疏》，《历代名臣奏议》卷85。
2. 《宗忠简公集》卷7《遗事》。

大进谗言，他们对宗泽恨之入骨，巴不得将他置于绝境。御史中丞许景衡方新任，"病暑，未及朝，闻东京留守宗泽为当路所忌，将罢去"[1]，遂立即上奏，为宗泽辩护：

臣窃闻议者多指开封尹宗泽过失事，未知是否如何。泽之为人，及其为政，固不能上逃圣鉴。第未知果指何事而言也？若只缘拘留金国使人，此诚泽之失也。然（原）其本心，只缘忠义所激，出于轻发，未尽识国家事体耳，又未知别有何等罪犯也？然臣自浙度淮，以至行在，得之来自京师者，皆言泽之为尹，威名政术，卓然过人，诛锄强梗，抚循善良，都城帖然，莫敢犯者，又方修守御之备，历历可观。臣虽不识其人，窃用叹慕。以为去冬京城之内，不能固守，良由大臣无谋，尹正不（非）才之故。使当时有如泽等数辈，赤心许国，相与维持，则其祸变亦未至如此其酷也。往者不可咎，来者犹可追。今来只校其末节小疵，便以为罪，而不顾其尽忠报国之大节，则臣虽至愚，窃以为过矣。况泽昔在河朔，遭遇陛下，遮留拱卫，继参幕府，宣力为多；今尹天府，其绩效又彰彰如此，则其所为终始，亦可考矣。而议者独不能少优容之，其不恕亦甚矣乎！且开封宗庙、社稷之所在，其择人居守，尤非他州别路之比。今若罢逐泽，则当别选留守，不识今之搢绅，其威名政绩亦有加于泽者乎？若有其人，则除授交割，尚费日月，兵民亦未信服，防秋是时，计将奈何？若未有其人，则泽未宜遽然更易也。人材难全，久矣，惟圣人以天地为度，包容长养，兼收而并用之，庶几其有济也。其宗泽伏望圣慈上为宗庙、社稷，下为京师亿万生灵，特赐主张，厚加委任，使成御（戎）治民之功，天下幸甚。[2]

许景衡对宋高宗说明"得宗泽，方能保东京，有东京，行在始安枕"的道理，还是起了作用。宋高宗自然十分嫌恶宗泽，也听信黄潜善、汪伯彦之流的谗言，"将罢之"。他转而认识到开封府重地，实在别无合适人选，足以倚为国之长城，遂将许景衡奏封送宗泽，以安其心，以示自己的

---

1. 《斐然集》卷26《资政殿学士许公墓志铭》。
2. 《横塘集》卷9《论宗泽札子》，《历代名臣奏议》卷142。

宽恩。[1]宋高宗终于将李纲与宗泽区别对待，无非是李纲在朝，不逐出朝廷，就无法推行降金苟安政策，而宗泽在外，起不到左右朝政的作用，就只得暂且容忍了。

尽管如此，宗泽"犹不奉诏"，释放金使。[2]当年十一月，"河东军前通问使、宣教郎傅雱，副使、阁门宣赞舍人马识远至汴京"，"见留守宗泽，谕使纵遣所拘北使，泽不从"[3]。宗泽"拘留虏使，上屡命释之，泽不奉诏"。直到明年夏，宗泽病重，时充大金祈请使宇文虚中途经开封，"摄留守事"，才将金使释放。[4]

此事特别反映了宗泽的倔强和耿直。

## 二、整顿治安，平准物价

北宋的开封曾是当时世界上最大、最繁华的都会，但经历靖康之难后，治安很糟，物价飞涨，民不聊生。宗泽上任后，立即采取了铁的手段。他下令说："为盗者，赃无轻重，并从军法！"治安很快恢复正常，"豪强退缩，盗贼屏窜"。开封百姓异口同声称赞说："今有宗公，我不危矣！"[5]

开封平时的物资主要通过运河等河道供输，尽管经历战乱，尚不至匮乏，但"物价腾贵，至有十倍于前者"，并且居高不下，自然十分影响市民的生活和情绪，"郡人病之"。宗泽同僚属们商议，他说："此易事耳，都人率以食饮为先，当治其所先，则所缓者不忧不平也。"决定先从食品价格着手。

---

1. 《要录》卷8建炎元年八月乙酉，《中兴小纪》卷2，《皇朝中兴纪事本末》卷2，《宋史》卷363《许景衡传》。
2. 《宗忠简公集》卷7《遗事》说："公奉诏，即出八人，纵之，上表谢。"《宋宗忠简公全集》卷9《宗忠简公事状》和《宋史》卷360《宗泽传》所载相同。此乃讳避宗泽与宋高宗的矛盾，不敢承认宗泽拒不奉诏，而曲意篡改史实，而源自南宋《中兴四朝国史·宗泽传》之《宋史》本传又承袭曲笔。今从《要录》卷7建炎元七月丁未之考证。
3. 《要录》卷10建炎元年十一月辛卯。
4. 《要录》卷16建炎二年七月癸未朔。
5. 《宗忠简公集》卷7《遗事》。

他派人"问米麨之直,且市之,计其直,与前此太平时初无甚增"。又命厨师做笼饼,酒库酿酒,"各估其值,而笼饼枚六钱,酒每角七十足。出勘市价,则饼二十,酒二百也"。

于是宗泽招来作坊的饼师,严责他违令涨价,"即斩以徇。明日,饼价仍旧,亦无敢闭肆者"。他又召来买扑酒店的任姓修武郎,问明情况,"明日出令,敢有私造酒曲者,捕至,不问多寡,并行处斩。于是倾糟破瓴者,不胜其数。数日之间,酒与饼直既并复旧,其他物价不令而次第自减。既不伤市人,而商旅四集,兵民欢呼,称为神明之政"[1]。宗泽在七月上奏时说:

> 臣误被宸恩,差知开封府事,今到(二)十余日,物价市肆,渐同平时。[2]

这表明他只花了相当短的时间整顿,就取得立竿见影之效,"人情粗安,市肆商贾稍稍如旧"[3]。宗泽后在十月又上奏说:"臣自到京,奉扬陛下仁风,布宣陛下德意,今街巷市井,人情物态,皆已忻悦,敉宁嘉靖,同祖宗太平时。"[4]

开封城一条主要的财物运输线自然是汴河。属县陈留县一带的汴河一度决口,"干涸月余","四十余日漕输不通","两京乏粮,米价腾涌","京城大恐"。宗泽当即任命一个能干的官员陈求道治理,只用"七日,河尽复故道",李纲也在行朝命令都水使者陈求道、荣嶷和提举京城所陈良弼负责整修。修治完工,"纲运沓来","京师粮始足,米价始平","商贾始通,人情始渐复旧"[5]。开封的物资供应遂转

---

1. 《春渚纪闻》卷4《宗威愍政事》。
2. 《宗忠简公集》卷1《乞回銮疏》(建炎元年七月,通前后表疏,系第二次奏请),《历代名臣奏议》卷85,《会编》卷113,《要录》卷7建炎元年七月丁未。
3. 《宗忠简公集》卷7《遗事》。
4. 《宗忠简公集》卷1《乞回銮疏》(建炎元年十月,通前后表疏,系第八次奏请),《历代名臣奏议》卷85,《要录》卷10建炎元年十月庚申。
5. 《要录》卷7建炎元年七月丙申,《宋史》卷448《陈求道传》,《梁溪全集》卷175《建炎进退志总叙》上之下,卷180《建炎时政记》下。

入了正常状态。

### 三、部署防卫

关于宗泽部署开封府一带的防卫，原始的记载是他在建炎元年十月的上奏：

> 契勘京城四壁，濠河、楼橹与守御器具，其当职官吏协心并力，夙夜自公，率厉不懈，增筑开浚，起造辑理，浸皆就绪。臣又制造决胜战车一千二百两，每两用五十有五人：一卒使车，八人推车，二人扶轮，六人执牌，辅车，二十人执长枪，随牌辅车，十有八人执神臂弓弩，随枪射远。小使臣两员，专干办阅习车事。每十车差大使臣一员总领，为一队。见今四壁统制官日逐教阅坐作进退，左右回旋曲折之阵，委可以应用。又沿河十六县，与上下州军相接，作联珠寨，以严备御。[1]
>
> 臣为见寻常防河，只以数千卒伍，沿河分布，贼有数骑侵犯，即奔走溃散，不复支吾。臣今合京畿十六县，内有两县濒河，共七十二里，均之诸县，县管四里有畸，各令开河，阔一丈八尺，于南岸埋鹿角，连珠扎寨。贼有侵犯，并力御之。[2]

以上记录其实共分三个方面。第一，部署开封城内外的纵深防卫。宗泽组织军民，整修开封城的防护设施，包括疏浚护龙河，修理开封土城上的楼橹，守城器具等，又于"京城四壁，各置统领、守御使臣，每壁立界至，以所招义兵分隶之。随处置教场，为阅习训练之地"。此外，"又据形胜，立坚壁二十四所于城外，随大小驻兵数万。别选有谋略勇敢之士四人，充四壁提领"，宗泽则"往来亲按试之"[3]。

第二，沿黄河布防。开封府有"两县濒河"，他组织京畿十六县的居民，在七十二宋里河岸实行联防，"与上下州军相接，作联珠寨"。

---

1. 《宗忠简公集》卷1《乞回銮疏》（建炎元年十月，通前后表疏，系第八次奏请），《历代名臣奏议》卷85，《会编》卷113，《要录》卷10建炎元年十月庚申。
2. 《宗忠简公集》卷1《条画五事疏》，《要录》卷10建炎元年十月庚申。
3. 《宗忠简公集》卷7《遗事》。

第三，根据以往的作战经验，制造战车，教习车战，以对付女真铁骑。按决战战车一千二百辆，每辆五十五人的编制，就编组了六万六千人的野战军，"日逐教阅坐作进退，左右回旋曲折之阵，委可以应用"。这自然是开封守城军之外的机动兵力。即使到南宋晚期，"宗泽军以战车当其冲"，仍被视为对付女真骑兵的有效手段。[1]但机动兵力尚不止此。宗泽也重视骑兵建设，此后的记载表明，如宗泽曾派岳飞率五百骑，王宣率五千骑出击。

宗泽任河北兵马副元帅时的助手、都统制陈淬，时已调任恩州知州。[2]另有龙、神卫四厢都指挥使，保宁军承宣使，主管侍卫步军司公事闾勍驻开封。[3]闾勍"有膂力，善骑射。以班直补官"[4]。随着北宋亡国，原先的三衙制度已成空名。闾勍到东京开封府，只是为不敢回京的宋高宗装潢门面，其实已不能行使侍卫步军司长官原有的职权。然而他作为宗泽麾下的第一等武将和得力助手，还是克尽己责的。至于东京留守司属下的幕僚和统制等部将，今已无完整的名单传世。后来最有名者，则是统制岳飞。岳飞受河北招抚使张所赏识，原先隶属王彦出征，后与王彦不和，投奔宗泽。[5]

经过宗泽的大力整饬，融军民于一体，"内又团结班直诸班人兵，外则随寨军兵、百姓丁壮等，以备缓急之举，各有条序"[6]。据宗泽在奏中自述：

臣自去年七月到任，夙夜究心，营缮楼橹城壁，扫除宫禁阙廷，分布栅寨，训练士卒，教习车阵。比及终冬，诸事稍稍就绪，都城帖然，风物如旧。[7]

---

1. 《鹤林集》卷20《边备札子》。
2. 《宋史》卷452《陈淬传》。
3. 《要录》卷9建炎元年九月壬辰，卷12建炎元年正月甲辰。
4. 《会编》卷138《姓氏录忠义传》。
5. 《鄂国金佗稡编》卷4《鄂王行实编年》，《宗忠简公集》卷7《遗事》，《宋宗忠简公全集》卷9《宗忠简公事状》，《鲁斋王文宪公文集》卷14《宗忠简公传》，《宋史》卷360《宗泽传》。
6. 《宗忠简公集》卷7《遗事》。
7. 《宗忠简公集》卷1《乞回銮疏》（建炎二年五月，通前后表疏，系第二十三次奏请），《历代名臣奏议》卷86，《要录》卷15建炎二年五月己丑。

正好是在金军大举进攻前，宗泽完成了军事部署。

## 四、联络两河抗金义军

李纲主张创设河北西路招抚使司和河东经制使司，自然完全得到宗泽的支持。如前所述，汪伯彦掌管的枢密院一度通过宋高宗，令河东路经制使司"听宗泽节制"，自然是一个阴谋。但宗泽上任伊始，却积极联络这两个机构，这自然也是镇守开封所必须。今另存有一份他上任不久后给张所的书信：

某惶恐再拜，上覆河北西路招抚太傅，春和，恭惟钧候动止万福。窃惟即日虏兵大驱入寇，怀、卫等处声息甚紧。伏望招抚速持兵扼其去路，吾以重兵截其后。虏人知我军有备，自不敢进，待彼势疲，乘虚击之，无不克矣。强弱在此一举，机会莫失，不胜激切傒望之至。

按此处称张所为"太傅"，文字应有讹传。他提出以两路军马夹攻怀州和卫州的金军计划，并且在九月初七日离开封渡河，据《宗忠简公集》卷1《奏乞过河措置事宜札子》说：

臣契勘河北西路真定、怀、卫、濬等处，见有番贼占据，今又分留贼马，于洺州四向扎寨，密栽鹿角，意欲攻打。若河西诸州不守，即彼之奸计包藏不浅，京师虽为备御，未易可居。臣为见有上件事宜，已于今月初七（日）统押人马，自游家渡过河，会约河西忠义统制等商议，随宜措画，若事理可行，即一面召集，同心协力，以图收复，安集流移，为久远利。若贼势厚重，不可施行，即具所见利害的确便宜，画一敷奏。伏望圣慈体念河北系天下根本，河北不守，则干戈弓矢，（岂）易橐戢。臣每思前日之失，盖縁将相持赖太平，恬不为恤，朝进一言，暮入一说，惟以讲和乞盟为意。今更沿袭，不习武备，臣窃忧之。兵法曰："先为不可胜，以待敌之可胜。"臣不揆衰苶无能，见过河相度，别具奏闻者。

这是他统兵过河后的上奏，强调"惟以讲和乞盟为意。今更沿袭，不习武备，臣窃忧之"。史称他"引兵，至河北视师。时真定、怀、卫间，（虏）兵甚盛，州郡有乘城固守者，（虏）大治兵，为攻拔计。泽乃自游家渡过河，会河西忠义统制等，议所宜。翌日以闻，且乞罢讲和，仍修武备"。[1]可惜随着李纲的罢相，张所的被流放，两路军马夹攻的计划竟成画饼。宗泽在河北路前后停留六天，显然无法实施"召集""河西忠义统制"，"以图收复"的原计划，只能"自河北引兵还京师"[2]。

尽管如此，依前所述，河北西路招抚司所遣都统制王彦的部队，虽然未得及时与宗泽军协同作战，却以太行山为基地，建立"八字军"，并与宗泽保持了密切联系。依宗泽在十月上奏说：

臣见使王彦、曹中正在河西攻击，收复州县。西京、河阳、郑、滑等州，同为一体把截，探伺次第。贼虏畏詟，已不敢轻动，冒犯自速殄灭。[3]

其中所说的曹中正，在其他史籍中别无记录，看来也应是北方抗金义军的首领。但足见北方抗金义军确是接受宗泽的领导和指挥。这也是宗泽足以使"贼虏畏詟"的重要原因。宗泽在当月另一奏中报告：

迩者河阳水涨，断绝河梁，有姓马人妻王氏者，率众讨贼，贼势穷蹙，不知所为。此天亡虏寇之时也，天与不取，反其咎。欲因此时，遣间勍、王彦各统大兵，乘其危孤，大振军声，尽平贼垒。[4]

王氏女子可惜在史籍中失其名，当然是一位抗金的巾帼英雄，"率众讨贼，贼势穷蹙，不知所为"。宗泽还坚决驳斥了宋廷对当时民间抗金武

---

1. 《要录》卷9建炎元年九月甲午。
2. 《要录》卷9建炎元年九月庚子。
3. 《宗忠简公集》卷1《乞回銮疏》（建炎元年十月，通前后表疏，系第八次奏请），《历代名臣奏议》卷85，《要录》卷10建炎元年十月庚申。
4. 《宗忠简公集》卷1《乞回銮疏》（建炎元年十月，通前后表疏，系第十一次奏请），《历代名臣奏议》卷85，《要录》卷10建炎元年十月壬戌。

装的污蔑之词，说：

> 臣于（建炎二年）二月十八日祗受降到黄榜诏敕云："遂假勤王之名，公为聚寇之患。"如是则勤王之人皆解体矣。臣窃谓自虏人围闭京城，天下忠义之士愤懑痛切，感励争奋，故自广之东、西，湖之南、北，福建，江，淮，梯山航海，越数千里，争先勤王。但当时大臣，无远识见，无大谋略，低回曲折，凭信诞妄，不能抚而用之，遂致二圣北狩，诸亲骨肉皆为劫持，牵联道路。当时大臣不出一语，使勤王大兵前往救援。凡勤王人例遭斥逐，未尝有所犒赏，未尝有所帮（助），饥饿流离，困厄道路，弱者填满沟壑，强者（变）为盗贼。此非勤王人之罪，皆一时措置乖谬耳。
>
> 比来奸邪之臣方尔横肆，贼虏自然得势，强梁恶少无缘殄灭。窃念国家圣子神孙，继继相承，湛恩盛德，渗漉人心，沦浃骨髓。今河东、河西不随顺番贼，虽强为剃头辫发，而自保山寨者，不知其几千万人，诸处节义丈夫不顾其身，而自黥其面，为争先救驾者，又不知几万数也。今陛下以勤王者为盗贼，则保山寨与自黥面者岂不失其心耶？此语一出，自今而后，恐不复肯为勤王者矣。
>
> 噫！得天下有道，在得其民；得其民有道，在得其心。（得其心有道，所欲与聚，所恶勿施尔也。果陛下回銮九重，瞻拜宗庙，俾四方万里，知有朝廷不失祖宗旧物，此人心之所欲也。愿陛下与之聚之，以慰安人心。）陛下若驻跸淮甸，俾人颙颙之望，（惶惶）之情，未有所慰安，此人心（之所不欲）也。愿陛下勿阻遏之，以失人心。

但宋高宗对此奏"不报"[1]，这当然反映了双方抗金与降金的根本性的分歧。宗泽在建炎二年三月，当金军冬季攻势败退后，又上奏说：

> 河东、河北山寨义民，数遣人至臣处，乞出给榜、旗，引领举踵，日

---

1. 《宗忠简公集》卷1《乞回銮疏》（建炎二年三月，通前后表奏，系第十四次奏请），《历代名臣奏议》卷85，《会编》卷115，《要录》卷14建炎二年三月丙戌。

望官兵之至，皆欲戮力协心，扫荡番寇。[1]

宗泽上此奏时，其实已在筹备大举北伐，在他眼里，北方民间抗金自然是一支光复故土的重要军力。

## 五、收编群盗

正如前引宗泽所奏一针见血地指出，在北宋与南宋之交，很多"勤王人例遭斥逐，未尝有所犒赏，未尝有所帮（助），饥饿流离，困厄道路，弱者填满沟壑，强者（变）为盗贼。此非勤王人之罪，皆一时措置乖谬耳"。宗泽对待多股盗贼，是在抗金的大目标之下，取收编政策，也卓有成效。

当时王再兴拥众号称五万，"掠西京"，李贵拥众号称二万，"往来淮上"，两支队伍都被宗泽招收。[2]

濮州王善，人称王大郎。"善初为乱也，濮州弓兵执其父，杀之。善有众既盛，乃以报父仇为辞。攻濮州，不下；又攻雷泽县，亦不下"[3]。王善拥众号称数十万，直逼开封府，"谓京城残破，不足语勇，直欲据之"。宗泽闻讯，"料势未易敌，戒都统以下守城"，自己竟"单骑往，造其巢"。王善颇感惊讶，两人会面后，宗泽"略不出一语，但执其臂，仰天号恸"，语重心长地说："朝廷二百年涵养，当危难时，无一人出为时用。使当时如有公一二辈，岂复有今日之患！今正立功之秋。"王善深受感动，说："敢不效力！"当即受招。宗泽返回开封城，部属们都十分惊奇，而宗泽只是平淡地说一句："事毕矣！"王善准备率领部众归降，"且有解甲带甲之请"，宗泽只简单回复两字："从便。"王善到时前来，"以五百甲骑从，余皆解甲"。他们来到东京留守司衙门前，被守卫将士所制止，说："此留守司门，擅入者处斩！"王善当即遵命下马，

---

1. 《宗忠简公集》卷1《乞回銮疏》（建炎二年三月，通前后表奏，系第十六次奏请），《历代名臣奏议》卷86，《要录》卷14建炎二年三月己亥。
2. 《宗忠简公集》卷7《遗事》，《鲁斋王文宪公文集》卷14《宗忠简公传》。《要录》卷10建炎元年十月壬戌则称此两支队伍"群盗王再兴以兵数万人，（李）贵万余人，往来河上"，稍异。
3. 《会编》卷120。《宗忠简公集》卷7《遗事》将王大郎与王善误作两人。

进入参拜宗泽。宗泽加以抚慰，说："军礼不得不如此。"设宴招待。王善离开留守司时，请宗泽亲自到军营，抚慰其徒众。部属们"有请勿行者"，宗泽却"许之不疑，既入寨，第赏有差。自是军声大振"[1]。

杨进号称"没角牛"，"兵尤众，连扰京西诸郡"，"围光州甚急"，被宗泽所招。他对宗泽"尤所敬慕，愿效死，军声甚振"。宗泽对他说："军中老弱妇女，久被驱掳，吾不忍其无辜，宜尽释之。"杨进当即遵命，释放了约万人。"诸军所放几二万人"[2]。杨进军屯于开封城南，而王善军屯于城北，"二人气不相下。一日，领众相拒于天津桥，都人颇恐"。宗泽写一字条，告诫两人说："为国之心，固如是耶？当战阵立功时，胜负自见。"两人于是"惭沮而退"[3]。

丁进原是"寿春卒"，"被罪而窜，遇乱，复还乡里，聚众于苏村，后至数万，皆面刺六点，或'入火'二字。进自号丁一箭，遂围寿春府"，"围城二十五日，不能拔，乃引去"[4]。宗泽派人招降丁进，"以便宜补授，言于朝，招进充京城四壁外巡（检），以所部赴京城四面屯驻"[5]。丁进"初降也，人情鼎沸，谓其非真，管军间勍等以甲士阴卫"。宗泽说："不然，正当披心腹待之，虽木石可使感动，况人乎？"他"慰劳抚存甚至"，"待之如故吏"。丁进请宗泽到本营，宗泽"许之不疑"。此后其党徒"有阴结以乱京师者，进自简杀之，有相率逃遁者，自追，治之"[6]。

马皋原是丁进部众的第二号头领，十分勇悍。归附宗泽后，"每命出战，必先登"。与金军作战，"自阵中伤还"。宗泽"方问劳抚存之，而羽报又急"，宗泽问："谁可代汝行者？"马皋慷慨地回答："非皋不可！"他裹疮出战，几天后，"捷到，仍擒一酋长而归"。[7]马皋妻失其姓

---

1. 《宗忠简公集》卷7《遗事》，《鲁斋王文宪公文集》卷14《宗忠简公传》。
2. 《宗忠简公集》卷7《遗事》，《鲁斋王文宪公文集》卷14《宗忠简公传》，《要录》卷10建炎元年十月壬戌。
3. 《宗忠简公集》卷7《遗事》，《要录》卷15建炎二年四月戊午。王善，《鲁斋王文宪公文集》卷14《宗忠简公传》作王进。
4. 《会编》卷115，《要录》卷10建炎元年十一月。
5. 《要录》卷11建炎元年十二月庚辰，《宋史》卷24《高宗纪》作十二月辛巳。
6. 《宗忠简公集》卷7《遗事》，《鲁斋王文宪公文集》卷14《宗忠简公传》。
7. 《宗忠简公集》卷7《遗事》。

名,"自号一丈青",其实当时的巾帼英雄,"带甲上马,敌千人"[1]。后来"一丈青"在马前命部卒擎两面旗,分别题字"关西贞烈女"和"护国马夫人"[2]。

尽管如此,宗泽执法还是十分严明,绝不姑息纵容。他命收编的"降寇"赵海所部奉命屯守板桥。赵海"辄堑路设桥,以阻行者"。主管侍卫步军司公事闾勍的部兵到赵海营地一带,收割刍草。赵海竟将他们脔杀,说"我畏闾太尉耶?"宗泽闻知,立即召赵海前来。赵海带五百甲士随从。宗泽正在接客,他见到赵海,问道:"杀刍者谁?"赵海矢口抵赖,宗泽命令取出报告,向赵海宣读,"海具服,命械系狱"。客人说:"奈甲士何?姑徐之。"宗泽说:"诸公怯耶?治海者某,诸公何预。"他威严地吩咐赵海的副将说:"领众还营,赵海已械送所司,告偏裨,善护卒伍。"次日,即将赵海处决,"闻者股栗",知宗泽的威令不可犯。[3]

宗泽所以能收编大河以南的各种武装,是有着一个抗金的总目标。宗泽对收编的群盗,根据不同情况,有的仍保留其原来的编制,有的则按东京司军重新编组,"赏罚明,号令信,开心见诚,故人乐为用命也"[4]。他收编各类武装,却绝不宽纵,执法尚严。例如处斩了聚众抗金,[5]前来投奔的李旺,却命其弟李道接管这支抗金队伍。李道也欣然从命,没有怨尤。

胡寅赞扬说:"宗泽留守京师,一老从官耳,犹能致诚鼓动群贼,北连怀、卫之民,誓与同迎二帝,皆相听许,克期密应者无虑数十万人。"[6]

## 六、恳请宋高宗回銮京城

宗泽在建炎元年六月和七月刚赴任开封府后,就向宋高宗上奏,恳求回銮京城。他在第二奏中更明确地说明所以力请回銮的政见:

---

1. 《鄂国金佗稡编》卷4《鄂王行实编年》。
2. 《会编》卷138。
3. 《宗忠简公集》卷7《遗事》,《鲁斋王文宪公文集》卷14《宗忠简公传》,《要录》卷15建炎二年四月戊午。
4. 《宗忠简公集》卷7《遗事》。
5. 《会编》卷145,《要录》卷43绍兴元年三月,《宋史》卷465《李道传》。
6. 《历代名臣奏议》卷86,《斐然集》卷16《上皇帝万言书》。

臣前在临濮兵寨中，实忧群臣无远识见，恐赞陛下去维扬、金陵，又见京城有贼臣张邦昌僭窃，与范琼辈擅行威福，无所忌惮；所以曾暂乞驻跸南都，以观天意，以察人心，仰蒙听从。

臣误被宸恩，差知开封府事，今到（二）十余日，物价市肆，渐同平时。每观天意，眷顾清明；每察人心，和平逸乐。且商贾、农民、士大夫之怀忠义者，咸曰若陛下归正九重，是王室再造，大宋中兴也。臣窃料百僚中唱为异议，不欲陛下归京师者，不过如张邦昌等奸邪辈，阴与贼虏为地耳。臣愿陛下体尧、禹顺水之性，顺将士，顺商旅，顺农民，顺士大夫之怀忠义者，早降敕命，整顿六师，及诏百执事，示谒款宗庙，垂拱九重之日，毋一向听张邦昌奸邪辈阴与贼虏为地者之语，不胜幸甚！[1]

当时张邦昌早已"责授昭化军节度副使，潭州安置"[2]，宗泽指斥所谓"张邦昌奸邪辈阴与贼虏为地者"，当然是不点名地斥责黄潜善、汪伯彦之流。关于宗泽力主宋高宗回銮京城，南宋吕中《中兴大事记》有一段评论说：

李纲请营（南）阳，宗泽请幸京城，汪、黄请幸东南，三者不同。然京城之策为上，况宗泽数月间，城筑已增固，楼橹已修饰，垒壕已开浚，寨栅已罗列。义士已团结。蔡河、五丈河皆已通流，陕西、京东、西、河东、北盗贼皆已归附，又非靖康战守无备之比。失此一机，中原绝望矣！周之失计，未有如东迁之甚也。然李纲之请，又在宗泽规模未成之前，故其谋请先幸襄、邓，以系中原之望，西邻关陕，可以招兵，北近京畿，可以进援，南逼巴蜀，可以取财货，东达江、淮，可以运穀粟，俟两河就绪，即还汴京，亦可也。而汪、黄待高宗以乳媪护赤子之术，曰上皇之子，殆将三十人，今所存惟圣体，不可不自爱重，故建为幸东南之策。不知我往，寇亦往，上如扬州，而虏亦至扬州，上如镇江，而虏亦至镇江，

---

1. 《宗忠简公集》卷1《再乞回銮疏》（建炎元年七月，通前后表疏，系第二次奏请），《历代名臣奏议》卷85，《要录》卷7建炎元年七月丁未。《会编》卷113所载的文字中，除张邦昌外，另加耿南仲，按耿南仲时已贬黜，应为衍文。
2. 《要录》卷6建炎元年六月癸亥。

行幸所至，即为边面，譬如泉流，不知所届矣。[1]

吕中将宗泽与李纲的共同点和不同点，分析相当清楚。如前所述，李纲最初建策，"除四京外，以长安为西都，襄阳为南都，建康为东都"，但又说："议者谓车驾当且驻跸应天，以系中原之心，或谓当遂幸建康，以纾一时之患。臣皆以为不然，夫汴京宗庙、社稷之所在，天下之根本也。陛下嗣登宝位之初，岂可不一幸旧都，以见宗庙、社稷，慰安都人之心，下哀痛之诏，择重臣以镇抚之，使四郊畿邑之民入保，益治守御之具。为根本不拔之计哉！"[2]此后因宋高宗决计"巡幸东南，为避狄之计"，经过苦劝，才勉强达成"许幸南阳"。宗泽上此奏时，李纲尚未罢相，但从今存李纲的《建炎进退志》看来，宋高宗根本就没有将宗泽的两次奏请交付宰执们讨论。但"宗泽论车驾不宜南幸，宜还京师，且诋潜善等。潜善等请罢泽"，当时尚任尚书右丞的许翰"极论以为不可"[3]。宗泽的第三次上表为建炎元年九月，时李纲已经罢相。表中说：

然行在久留于别都，清跸未回于魏阙。逆胡尚炽，群盗继兴。比闻远近之惊传，似有东南之巡幸。此诚王室安危之所系，天下治乱之所关，仰祈圣虑之深详，宜戒属车之轻动。且以中国之倚恃，实为两河之盛强。前自虏骑长驱，列城畏遁，独怀忠愤，纠进义兵，力抗贼锋，率多俘馘。然久阙王师之助援，已深民庶之睽疑。近者虽时遣将徂征，渡河深入，尚阙肤功之奏，先传南幸之音。虑增四海之疑心，谓置两河于度外，因成解体，未谕圣怀。倘胡人乘之而纵横，则中国将何以制御？

臣叨膺委寄，代匮留司，兹缘密托于云天，偶遂救宁于畿甸。遽报翠华之移幸，深虞中外之难安。愿罄孤忠，冀回渊听。昔奉春委辂建策，犹止洛阳之都；张禹驿马抗章，尚返江陵之驾。矧丁圣世，曷愧前修。伏愿陛下秉虞舜察言之明，体成汤从谏之圣，辍巡南服，回驾汴都，以安东

---

1. 《要录》卷7建炎元年七月癸丑，《续宋中兴编年资治通鉴》卷1附吕中《中兴大事记》。
2. 《梁溪全集》卷58《议巡幸》，《历代名臣奏议》卷84。
3. 《宋史》卷363《许翰传》。

北兵民之情，以慰溥率云霓之望。则人神悦豫，夷夏谧宁，边陲指日以肃清，盗贼不令而衰息。咸资睿断，用杜危机。沥悃扣阍，罔避龙鳞之触；倾都拭目，伫迎天仗之还。愿俯徇于愚诚，誓益坚于忠愤。

但宋高宗"不报"[1]。宗泽第四次上奏也在当月，奏中说：

陛下既即位，乃宴安南京，四方闻之，怀疑胥动，递相鼓扇。闻诸州县，间有惊劫伤残之患。盖是小民无知，因疑致忧，因忧致变，旋相践踩，弗奠攸居。兹无他，由陛下寅畏过当，驻跸别都，俯徇奸谋，预图迁幸，使狡狯皇惑，敢尔横肆，盗据窃发，（因）循局蹐□□□以归畎亩，以操耒耜，铸剑戟为农器，思不犯于有司尔。

若陛下敕翠华之御，俾千乘万骑，回复辇毂，奠枕九重；臣窃谓可以垂衣裳而天下治，可以坐视天民之阜，王室自然再造，大宋可以中兴，尚何夷狄之足忧，盗贼之足虑乎！古先哲王，凡有大疑，必询之左右，又询之卿士，又询之国人，又询之卜筮。臣蒙陛下矜怜顾遇，待罪开封。臣夙夜思念，窃恐陛下所亲信左右辅弼之臣，于对扬献纳之际，不思祖宗创业之艰难，与致一统之匪易，轻徇臆说，有误国家大计。所以狂妄冒死，触犯天威。

宋高宗"再不报"[2]。在宗泽看来，唯有"回复辇毂，奠枕九重"，"王室自然再造，大宋可以中兴"，否则自然是"置两河于度外，因成解体"。他批评皇帝"宴安南京"，又"先传南幸之音"，并且直接指斥"陛下所亲信左右辅弼之臣，于对扬献纳之际，不思祖宗创业之艰难，与致一统之匪易，轻徇臆说，有误国家大计"。但忙于准备逃往东南的宋高宗，固然对宗泽的话根本听不进去，却仍然需要宗泽守卫旧京，以为屏蔽，故置之不理，就成了他最佳的应付之方。

---

1. 《宗忠简公集》卷2《乞回銮表》（建炎元年九月，通前后表疏，系第三次奏请），《要录》卷9建炎元年九月乙巳。
2. 《宗忠简公集》卷1《乞回銮疏》（建炎元年九月，通前后表疏，系第四次奏请），《历代名臣奏议》卷85，《要录》卷9建炎元年九月乙巳。

宗泽于当月又接连上三奏，奏中说：

若陛下回銮汴邑，是人心所欲也，愿陛下与之、聚之。陛下听奸邪畏避贼虏之言，妄议迁幸，是人心所恶也，愿陛下勿施尔也。老臣血诚，言不尽意。[1]

且我京师，是祖宗二百年积累之基业，是天下大一统之本根。陛下奈何听先入之言，轻弃之，欲以遗海陬一狂虏乎？臣观河东、河西、河北、京东、京西之民，咸怀冤负痛，感慨激切，想其慷慨之气，直欲吞此贼虏。陛下何忍怙听谀顺，而不令刚正之士，率厉同心，剿绝凶残乎？今东京市井如旧，上下安帖，但嗷嗷之人，思望翠华之归，谒款宗庙，垂衣九重，不啻饥渴之望饮食，大旱之望云霓也。臣窃谓陛下一归，则王室再造矣，中兴之业复成矣。[2]

臣虽老矣，尚当矍铄鼓勇，立办御敌之具，以图万全之举。然后扫除宫禁，严备扈从，奉迎銮舆，谒见九庙，非特使神祇、祖考安乐之，庶几中原增重，不失天下之大势也。不然，则是徒为走计尔，示虏以弱，非唯不恤两河，抑又不恤中原，且去宗庙、社稷而不顾，陛下岂忍乎？臣重为陛下惜者，此尔。故敢直输血诚。幸陛下留意无忽。

臣又自期，既已奉迎銮舆还都，即当身率诸道之兵，直趋两河之外，蹀血虏廷，非特生缚贼帅，直迎二圣以归，庶雪靖康一再之耻。然后奉觞玉殿，以为圣天子亿万斯年之贺。臣之志愿始毕矣。窃自谓爱陛下者，无逾老臣。然不知臣者，必指臣以为狂妄，臣亦非所恤也。伏望陛下观事之宜，察臣之心，则知臣之忠于为国。[3]

当时宋高宗"诏成都、京兆、襄阳、荆南、江宁府，邓、潭州皆备巡

---

1. 《宗忠简公集》卷1《乞回銮疏》（建炎元年九月，通前后表疏，系第五次奏请），《历代名臣奏议》卷85，《要录》卷9建炎元年九月乙巳。
2. 《宗忠简公集》卷1《乞回銮疏》（建炎元年九月，通前后表疏，系第六次奏请），《历代名臣奏议》卷85，《要录》卷9建炎元年九月乙巳。
3. 《宗忠简公集》卷1《乞回銮疏》（建炎元年九月，通前后表疏，系第七次奏请），《历代名臣奏议》卷85，《要录》卷9建炎元年九月乙卯。

幸，帅臣修城垒，治宫室，漕臣积钱粮"[1]，其实已经选定前去扬州。但六十九高龄的宗泽却"尚当矍铄鼓勇，立办御敌之具，以图万全之举"，宣称"舆还都，即当身率诸道之兵，直趋两河之外"，"直迎二圣以归，庶雪靖康一再之耻"。他万般无奈，只能对皇帝强调自己的忠心，"窃自谓爱陛下者，无逾老臣。然不知臣者，必指臣以为狂妄，臣亦非所恤也"。

宋高宗虽然对宗泽绝不领情，却将他的上奏，一次又一次发付中书省。颟顸的黄潜善和汪伯彦虽对宗泽的痛斥恨之入骨，也只能"屡笑宗泽癫狂"，执政张悫对宗泽的上奏还是有所感动，他说："如宗泽癫狂之士，多得数人，则天下定矣！"黄潜善和汪伯彦也为之"语塞"，无言以对。[2]

到了十月，宗泽在他的第八次奏请中，更袒露了请宋高宗回銮京城的紧迫心情：

> 顾臣犬马之齿六十有九，比缘陛下委付之重，常患才力不任，惕惕忧惧，近日顿觉衰瘁。倘万一溘先朝露，辜负陛下眷临怜悯之意，臣死目不瞑矣！……臣已修整御街御廊、护道杈子，平整南薰门一带御路。闻万邦百姓寓于京师者，日夜颙颙，望陛下迎奉祖宗之主，与隆祐太后、皇后、妃嫔、皇子、天眷归安大内，以福天下。臣夙夜忧思，眷眷念念，继之以泣。愿陛下怜臣孤忠，矜臣衰暮，惟恐心力不逮，或有误陛下国家大计。[3]

景迫崦嵫的宗泽，在九月时自称"矍铄鼓勇"，自我感觉还是体力和精力充沛；而于国难当头之时，鞠躬尽瘁之余，仅隔约一个月，"顿觉衰瘁"，自我感觉在体力和精力上出现了大的滑坡。这对六十九岁的老人，

---

1. 《要录》卷9建炎元年九月乙卯。
2. 《会编》卷117，《要录》卷9建炎元年九月乙巳，张悫时为同知枢密院事，《中兴小纪》卷2和《皇朝中兴纪事本末》卷3建炎元年十二月丙辰朔，张悫时为中书侍郎。估计张悫当是在他任执政时为此言，而今存记载并无确切的时间。
3. 《宗忠简公集》卷1《乞回銮疏》（建炎元年十月，通前后表疏，系第八次奏请），《历代名臣奏议》卷85，《要录》卷10建炎元年十月庚申。

当然是个危险的信号。但救国心切的他，根本不暇顾及如何颐养身心，以保寿康，却只是"夙夜忧思，眷眷念念，继之以泣"，"惟恐心力不逮，或有误陛下国家大计"。但如此耿耿丹心，却不能给宋高宗带来一丝一毫的感动。

宗泽在当月又另上两奏两表。宋高宗在逃往扬州时，按官样文章下诏，其中不得不开了一张"俟四方稍定，即还京阙"的空头支票。宗泽针对此语，连上两份贺表，希望借此吁请皇帝回銮开封。[1]宗泽特别首次指名道姓，专门批评宰执说：

臣窃见（仆射黄潜善，福建人，枢密汪伯彦，徽州人，内张悫虽是北人），皆无远识见，无公议论，偏颇回遹，惟富贵是念。朝入一言，暮入一说，皆欲赞陛下南幸。[2]

如前所述，张悫在朝中还是对宗泽有所支持，此事宗泽固然不知，而宗泽在大政方针上，还是将他视为黄、汪一党。他在五月的一个奏中，更不能抑勒满腔悲愤，对黄潜善、汪伯彦等人作了最严厉的谴责：

其不忠不义者，但知持禄保宠，动为身谋，谓我祖宗二百年大一统基业不足惜，谓我京城、宗庙、朝廷、府藏不足恋，谓二圣、后妃、亲王、天眷不足救，谓诸帝、诸后山陵园寝不足护，谓周室中兴不足绍，谓晋（室）覆辙不足羞，谓巡狩之名为可效，谓偏（安）之（霸）为可述，储金币以为贼资，桩器械以为贼用，禁守御之招募，虑勇敢之敌贼也，掊保甲以助军，虑流离之安业也。欺罔天听，凌蔑下民，凡误国之事，无不为之。[3]

---

1. 两表见《宗忠简公集》卷2《闻车驾将还阙贺表》（建炎元年十月，通前后表疏，系第九次奏请），《闻车驾议还阙贺表》（建炎元年十月，通前后表疏，系第十次奏请），《要录》卷10建炎元年十月壬戌。
2. 《宗忠简公集》卷1《条画五事疏》，《要录》卷10建炎元年十月庚申。
3. 宗忠简公集》卷1《遣少尹范世延机幕宗颖诣维扬奏请回銮疏》（建炎二年五月，通前后表疏，系第二十二次奏请），《历代名臣奏议》卷86，《会编》卷116，《要录》卷15建炎二年五月己丑。

表明了他对此类国贼的极端蔑视和愤慨。即使在宗泽的表中，仍然提及"顾惟宿奸之谗箭，无以中伤；乃如大佞之笑刀，莫能潜害"[1]。"赞主上远父与兄，乃巡南服；助奸臣赎壻与子，欲弃中原。百为秖肆于诞谩，一事罔由于诚实。迹状如此，情意可知"[2]。其中"助奸臣赎壻与子"一句，是指汪伯彦的儿子大理寺丞汪似和女婿都水监丞梁汝霖也当了金军俘虏，汪伯彦准备赎取。[3]即使是宋高宗被俘的正妻邢秉懿之父邢焕，也屡次规劝皇帝，说"宗泽忠劳可倚"，而"论黄潜善、汪伯彦误国，进战退守，皆无策可施"[4]，宋高宗也根本听不进去。宗泽正式得知宋高宗南逃，又在第十一次奏请中以十分悲愤、万分恳切的语气说：

伏愿陛下亟还京阙，以系天下之心，则孰不用命？且投机之会，间不容穗，愿陛下毋惑于奸臣之言，断自渊衷。臣自谓兹举可保万全，无可疑者也。或奸谋蔽欺天听，未即还阙，伏愿陛下从臣措画，勿使奸臣沮抑，以误社稷大计。陈师鞠旅，与之决战，扫尽胡尘，扩清海宇。然后奉迎銮舆，归还京阙，以快天下之心，以塞奸臣之口。臣蒙陛下知遇，誓效死节，区区愚忠，不能自已。[5]

显然，经过约四个月的整军经武，宗泽已经有了相当把握，可以发出"陈师鞠旅，与之决战，扫尽胡尘，扩清海宇"的豪言，却非空言和大话。

"大一统"原是公羊学阐发的儒家义理，经西汉董仲舒大力提倡，"就成了儒家政治理想的主旨，和中国专制主义皇权的纲领和旗帜"。"大一统"观念在中华历史上所起的正面作用，是维护多民族国家的长期

---

1. 《宗忠简公集》卷2《谢除资政殿学士进阶朝奉大夫表》。
2. 《宗忠简公集》卷2《乞回銮表》（建炎二年三月，通前后表疏，系第十八次奏请）。
3. 《会编》卷73，《宋史》卷473《汪伯彦传》。
4. 《要录》卷18建炎二年十一月辛丑，《宋史》卷465《邢焕传》。
5. 《宗忠简公集》卷1《乞回銮疏》（建炎元年十月，通前后表疏，系第十一次奏请），《历代名臣奏议》卷85，《要录》卷10建炎元年十月壬戌。

统一，成为爱国主义的旗帜，负面作用是加强皇帝的专制淫威。[1]

在今存宗泽的文字中，特别强调了"大一统"的观念，如前引"天下者，我太祖、太宗肇造一统之天下"，"是欲蹈西晋东迁既覆之辙尔！是欲裂王者大一统之绪为偏霸尔"[2]，"大抵只欲助贼，张皇声势，直为我祖宗一统基业更不当顾藉，宜两手分付与贼虏耳"[3]，"且我京师，是祖宗二百年积累之基业，是天下大一统之本根"，"愿陛下以祖宗二百年大一统基业为意，不可忧思过计，而信凭邪佞自为身谋者之语，早敕回銮，则天下幸甚！"[4]"恭惟京师是我太祖皇帝肇造大一统之本根也"[5]。他强调"再造中兴我太祖、太宗奕世一统宝绪，毋蹈东晋既覆之辙，毋安积薪未燃之火"[6]。他又特别批判"今之士大夫，志气每下，议论卑陬，上者不过持禄保宠，下者不过便文自营。曾不能留心恻怛，为陛下思承祖宗二百年大一统之基业为可惜"[7]。宗泽在三月的表中，再次尖锐抨击奸佞之辈的卖国行径：

逮陛下入承丕绪，偶大臣密奏于偏言。讬曰时巡，意图偏伯，忘宗庙、朝廷之重，违（天地、神明）之心，弃大一统之规模，毁二百年之基业。且天下，陛下之天下，彼奸臣何恤于存亡？如京师，陛下之京师，想憸佞安知夫去就？但知亲属，归在江、湖；宁顾中原，变为夷狄。[8]

他在四月的另一表中，又批评和苦劝说：

---

1. 周良霄先生《皇帝与皇权》第三版第341—352页，上海古籍出版社，2014年。
2. 《宗忠简公集》卷1《上乞毋割地与金人疏》，《历代名臣奏议》卷348，《会编》卷108，《要录》卷5建炎元年五月戊戌。
3. 《宗忠简公集》卷1《奏乞依旧拘留虏使疏》，《历代名臣奏议》卷85。
4. 《宗忠简公集》卷1《乞回銮疏》（建炎元年九月，通前后表疏，系第六次奏请），《历代名臣奏议》卷85，《要录》卷9建炎元年九月乙巳。
5. 《宗忠简公集》卷1《乞回銮疏》（建炎二年正月，通前后表疏，系第十二次奏请），《历代名臣奏议》卷85，《要录》卷12建炎二年正月丁未。
6. 《宗忠简公集》卷4《上李丞相书》。
7. 《宗忠简公集》卷1《乞回銮疏》（建炎二年三月，通前后表疏，系第十五次奏请），《历代名臣奏议》卷85，《要录》卷14建炎二年三月己亥。
8. 《宗忠简公集》卷2《谢传宣抚谕并赐茶药表》（建炎二年三月）。

陛下缵承宝绪，绍述丕图，当奄九有而有为，体三无而无外。奈有奸臣之臆说，与凭贼虏之诞辞。忘周宣之中兴，循晋惠之往辙。天下之来勤王者使去，义夫之黥救驾者弗知。两河保山寨之忠民，四方作草窃之贼子。皆缘陛下久驻跸于淮甸，咸思慕于翠华。怀抑郁而吁天罔闻，致猖狂而迁善无路。果还法驾，大肆鸿恩，人当澡雪以归农，虏亦遁逃而屏迹。遹追一统之大，丕昭万世之休。[1]

批判宋高宗"忘周宣之中兴，循晋惠之往辙"，可谓一针见血。在宋朝的奏议中，如宗泽这般尖锐的、毫不留情的，无比痛切的抨击，是非常罕见的。宗泽目睹宋高宗即位之初的一系列畏敌、逃跑与投降行为，其满腔的愤怒与悲痛，再也无法抑制，迸发而出。

总之，维护和恢复大一统，"遹追一统之大，丕昭万世之休"，就是宗泽的爱国主义基调。爱国主义本质上就是对祖国的热爱和忠诚。中国传统文化讲究忠孝，忠的本质是忠于祖国，孝是敬祖宗，孝父母。当然，随着时移世易，宋时"大一统"的含义与现代有所差异，[2]但宗泽的忠，本质上无疑就是忠于祖国，中华大一统的主张和理念，仍是今日的中华儿女所必须继承和发扬者。

---

1. 《宗忠简公集》卷1《乞回銮疏》（建炎二年四月，通前后表疏，系第十九次奏请），《要录》卷15建炎二年四月己未。
2. 随着中国的发展，各个历史时期的"大一统"的概念自然不同，而逐渐有所扩大。即使以南宋人而论，据《宗忠简公集》卷1《乞回銮疏》（建炎二年四月，通前后表疏，系第二十三次奏请）说，"北首燕路，访大辽子孙，兴灭继绝，约为与国，则燕、蓟之感恩荷德，不患不为吾用"。"两河故地自此决可收复"。其大一统概念似以收复两河为止。然而岳飞则有"唾手燕云""痛饮""黄龙府"之语。

## 第三节 "宗爷爷"威名震天下

金军按盛夏避暑,秋冬用兵的惯例,在建炎元年秋冬到二年春,向宋朝发动了新的进攻。宋方记载说:"是秋,金人分兵,据两河州县,惟中山、庆源府,保、莫、邢、洺,[1]冀、磁、绛、相州,久之乃陷。"[2]除了绛州属河东路外,其他州府都属河北路,但以上统计不全,例如北京大名府、棣州[3]等,仍归宋朝控制。当年为金天会五年,金方记载则说,当年九月,"(完颜)阇母取河间,[4]大败宋兵于莫州,雄州降。(完颜)挞懒克祁州,永宁军、保州、顺安军皆降"[5]。

尽管大河以北相当比例的土地,仍由宋朝占据,但骄狂的金军将帅依上次战争的经验,认为宋军孱弱而卑怯,不堪一击,他们挟灭辽破宋以来最盛的气势和军威,根本不管两河地区尚未完全占领与否,也根本不考虑如何集中兵力,只是分兵,向大河以南的京东、京西和陕西各路,发起了全面进攻。金军大体仍分东、西两路。西路军仍由左副元帅完颜

---

1. 《要录》卷7建炎元年七月甲午,《宋史》卷24《高宗纪》载宗室"右监门卫大将军、贵州团练使士珸以磁、洺义兵复洺州"。

2. 《宋史》卷24《高宗纪》。《要录》卷15建炎二年四月丁卯载:"自二帝北狩,两河州郡外无应援,内绝粮储,悉为金所取。惟中山、庆源,保、莫、祈、洺、冀、磁、相、绛,久而陷之。"河北无祈州,"祈"当为"祁"或"邢"之误。

3. 《要录》卷11建炎元年十二月戊辰:"金人围棣州,守臣、朝奉大夫姜刚之率军民拒守,围城一十有七日,不拔而去。"

4. 《会编》卷114,《要录》卷10建炎元年十一月辛亥和《宋史》卷24《高宗纪》则说,重镇河间府于十一月陷落。时间与《金史》有异。

5. 《金史》卷3《太宗纪》。

粘罕（宗翰）、元帅右监军完颜谷神（希尹）等指挥；东路军因"二太子"、右副元帅完颜斡离不（宗望）病死，改由"三太子"完颜讹里朵（宗辅）任右副元帅，另有元帅左监军完颜挞懒（昌）、"四太子"完颜兀术（宗弼）等负责。此次战争自西至东，可分陕西、京西、开封和京东、河北四个战场。

十一月到十二月初，完颜讹里朵（宗辅）、完颜挞懒（昌）、元帅左都监完颜阇母、完颜兀术（宗弼）等军"自燕山率众由清、沧渡河，以寇山东"，完颜粘罕（宗翰）军"自云中率众下太行，渡河阳"，完颜粘罕（宗翰）另命完颜娄室、完颜撒离喝（杲）等统兵"自同州渡河，攻陕西"，又派完颜银术可等军南侵京西腹地，"以寇汉上"[1]。以下对四个战场予以分别叙述。

一、京东、河北战场：金东路军号称"徇地山东"，即京东路，其实也继续在河北路攻城略地。按金方记载，完颜讹里朵（宗辅）"发自河间，徇地淄（今山东淄川附近）、青（今山东青州市）"[2]，完颜兀术（宗弼）随完颜讹里朵（宗辅）"徇地淄、青。宗弼败宋郑宗孟数万众，遂克青州。复破贼将赵成于临朐，大破黄琼军，遂取临朐。宗辅军还，遇敌三万众于河上，宗弼击败之，杀万余人"[3]。完颜阇母军"克潍州"[4]。随从攻青州和潍州（今山东潍坊市）者尚有赤盏晖、乌延吾里补等将。[5]参对宋方记载，淄州并未被金军攻下，而潍州和青州是在建炎二年正月失陷。潍州知州韩浩"率众死守，城陷，力战死。通判朱庭杰身被数箭，亦死。权北海县丞王允功、司理参军王荐皆全家陷没"，还有寄居官周中"阖门百口"殉难。青州陷落时，"知临淄县、奉议郎陆有常率民兵拒守，死于阵。知益都县、承议郎张侃，知千乘县丞、迪功郎丁兴宗亦死"[6]。在金军

---

1. 《皇朝中兴纪事本末》卷3建炎元年十二月，《会编》卷114，《要录》卷11建炎元年十二月癸亥。宋方记载不载完颜挞懒（昌）和完颜阇母，今据《金史》卷71《阇母传》，卷77《昌传》补。宋方记载又载完颜撒离喝（杲）为完颜娄室副将，从攻陕西，今依《金史》卷84《杲传》，不取。
2. 《金史》卷3《太宗纪》，卷19《世纪补》。
3. 《金史》卷3《太宗纪》，卷77《宗弼传》。
4. 《金史》卷3《太宗纪》，卷71《阇母传》。
5. 《金史》卷80《赤盏晖传》，卷82《乌延吾里补传》。
6. 《要录》卷12建炎二年正月癸卯，《宋史》卷448《韩浩传》。

此次进攻中,宋朝京东路失陷者也仅是青州和潍州。但随着金军的退去,又旋即收复。[1]

另据金方记载,完颜挞懒(昌)在天会五年至六年,"徇地山东,取密州(今山东省诸城市)。迪虎取单州(今山东省单县),挞懒取钜鹿,阿里刮取宗城,迪古不取清平、临清,蒙刮取赵州,阿里刮徇下濬、滑、恩及高唐,分遣诸将趣磁、信德,皆降之"。[2]密州和单州尚在京东路南部,而参照宋方记载,密州和单州降金是建炎三年的事,[3]《金史》记载中有时间颠倒错乱的情况,[4]此为一例。

总的看来,金东路军虽一度攻入京东路的北部,主要还是在河北路一带攻城略地。[5]至于完颜兀术(宗弼)等的军事行动,留在后面再作分析。

二、陕西战场:金西路军分作三支。据《金史》卷72《娄室传》:"宗翰往洛阳,使娄室取陕西,败宋将范致虚军,[6]下同、华二州,克京兆府,获宋制置使傅亮,遂克凤翔。阿邻等破宋大兵于河中,斡鲁破宋刘光烈军于冯翊。讹特剌、桑衮败敌于渭水,遂取下邽。"[7]按宋方记载,建炎元年十二月,完颜娄室"至河中府(今山西省永济市西),官军扼蒲津西岸,娄宿患之,夜潜由上流龙门清水曲履冰渡河",先破韩城县(今陕西省韩城市)。金军又占领同州(今陕西省大荔),知州郑骧死难。[8]建炎二年正月,金军包围并攻破京兆府(今陕西省西安市),守臣、京兆府经略使唐重战死,而傅亮投降。[9]完颜娄室"既得长安,即鼓行而西,进

---

1. 《要录》卷19建炎三年正月丁亥。
2. 《金史》卷77《昌传》。
3. 《要录》卷27建炎三年闰八月己丑,卷28建炎三年九月壬子。
4. 又如《金史》卷82《乌延胡里改传》:"(天会)八年,攻庐州,至柘皋镇,胡里改领甲士三十为前锋,执宋所遣持书与刘四厢锜者七人。"此肯定是宋绍兴十一年,即金皇统元年的柘皋之战时事,却错乱至十一年前。
5. 《金史》卷19《世纪补》。
6. 据《会编》卷114,《要录》卷7建炎元年七月丙午,卷12建炎二年正月戊子,范致虚已改任知邓州,不在陕西。
7. 另见《金史》卷3《太宗纪》。
8. 《会编》卷114,《要录》卷11建炎元年十二月戊辰,甲戌,《宋史》卷448《郑骧传》。
9. 《会编》卷115,《要录》卷12建炎二年正月戊子,戊戌,《宋史》卷447《唐重传》。

陷凤翔府，陇右大震"[1]。金军"既陷同州，系桥以为归路，西陷陕、华、陇、秦诸州，秦凤经略使李复生降，陕右大扰"。但鄜延经略使王庶死守鄜州（今陕西省富县），"檄召河南、北豪杰，共起义兵击贼，远近响应"。陕西义兵首领有孟迪、种潜、张勉、张渐、白保、李进、李彦仙、张宗等，"兵各以万数"[2]。李彦仙很快成为南宋初的一员名将，他率领人马，屡破金军，于四月收复陕州（治陕县，今河南省三门峡市西），同义兵首领邵兴会师。[3]三月，熙河经略使张深守熙州，"历军民为城守计，遣兵马都监刘惟辅将三千人骑御之"。金军"恃胜不虞。黎明，军进，短兵相接，杀伤大当。会惟辅舞稍，刺其先锋将、孛堇黑风"，使金军"夺气"。完颜娄室连遭挫败，只得"遁走"[4]。可知《金史》的记载确是扬胜讳败，讳言完颜娄室的先胜后败。但也在四月，张严率军追击，遇金伏兵，"兵败，被杀"。然而一员偏裨小将吴玠却在青溪岭麾兵击破金军，从此崭露头角。[5]

三、京西战场：完颜粘罕（宗翰）除派遣完颜娄室一支攻陕西外，亲自率本军孟州州治河阳县（今河南省孟州市）渡黄河。"时西京统制官翟进扼河清白磊，带御器械郑建雄守河阳"，金军"不得济"。完颜粘罕（宗翰）"乃屯重兵于河阳北城，以疑建雄，而阴遣万户银朱（完颜银术可）自九鼎[6]渡河，背攻南城。银朱陷南城，建雄遂溃"。金军渡河成功，在偃师县破宋姚庆军，姚庆战死，金军遂突入西京河南府城，而"翟进率军民，上山保险"。完颜粘罕（宗翰）又麾兵于十二月八日"犯汜水关"[7]。

前已交代，岳飞因与王彦不和，投奔宗泽，但东京留守司的官员按照军法，追究岳飞违背军法，脱离王彦的罪责。一向执法严明的宗泽，却对岳飞格外宽贷，只是将他降官秉义郎。据《宋宗忠简公全集》卷9《宗忠

---

1. 《会编》卷115，《要录》卷12建炎二年正月。
2. 《要录》卷12建炎二年正月癸卯，卷13建炎二年二月。
3. 《会编》卷115，《要录》卷13建炎二年二月，卷14建炎二年三月，《宋史》卷448《李彦仙传》。
4. 《会编》卷116，《要录》卷14建炎二年三月庚子。
5. 《会编》卷116，卷195吴玠墓铭，卷196《吴武安公功绩记》，《要录》卷15建炎二年四月丙寅，《宋史》卷366《吴玠传》。
6. 唐宋时，黄河在此段设九鼎渡，参见《太平广记》卷395《张应》，《新五代史》卷45《张全义传》，《宋会要》食货15之7。
7. 《会编》卷114《金虏节要》，《要录》卷11建炎元年十二月癸亥。

简公事状》记载：

> 秉义郎岳飞犯法，请正典刑，公一见，奇之，曰："此将材也！"使立功赎罪。适羽报虏犯汜水，公遣飞为踏白使，以五百骑授之，曰："汝当为我立功！"飞即行，大捷而凯还，补为统领。

汜水关大致即是古虎牢关，[1]乃是介于宋东京和西京之间险隘。就今存史料看，岳飞在汜水关的小捷，似可算是东京留守司军的第一次出击。

尽管岳飞取得初胜，而金军仍继续东进。据《三朝北盟会编》卷114记载：

> 十二月八日癸丑，金人陷郑州，知军州事董庠弃城走。前知阶州董庠者，因来勤王，溃散，无所归。宗泽留守东京，令庠知郑州。金人犯境，泽出兵援之，为金人所败，庠亦弃城而走。金人不入郑州而退去，遂专往京西。

晚出的《建炎以来系年要录》虽参考了《三朝北盟会编》，但记载稍异，应另有所据。此书卷11建炎元年十二月癸亥条说：

> 先是，知阶州董庠以勤王兵入援，溃散，无所归。东京留守宗泽以庠知郑州。泽闻金兵入境，遣将刘达援之，未至，庠弃城走。是日，银朱至郑州，不入城而去，遂径如京西，中原大震。

从时间上说，十二月八日应是金军"犯汜水关"的确切日期，后来的《宋史》卷24《高宗纪》记载相同，郑州的陷落当在此后。但宗泽派兵"为金人所败"，还是"遣将刘达援之，未至"，而郑州已失陷，由于缺

---

1. 据《通鉴释文辩误》卷12，胡三省说，"余按汉之成皋，周之虎牢也"，"成皋县即改为汜水县，关亦改呼为汜水关"。《旧五代史》卷75《晋高祖纪》："由此庄宗从兵大溃，来归明宗。明宗寻遣帝，令率兵为前锋，趋汜水关。"《宋史》卷255《宋偓传》："父廷浩，尚后唐庄宗女义宁公主，生偓。廷浩历石、原、房三州刺史。晋初，为汜水关使。"

## 第六章 泣涕收横溃 鏖兵京洛间（宗泽）

乏佐证，姑两说并存，而似以后一记载的可能性较大。

两处记载称金完颜银术可军"至郑州，不入城而去，遂径如京西"，应为属实。在京西战场，据《金史》卷72《银术可传》载："宗翰趋洛阳，（完颜）赛里（宗贤、盖天大王）[1]取汝州，（完颜）银术可取邓州，杀其将李操等。萨谋鲁入襄阳，（完颜）拔离速入均州，（耶律）马五[2]取房州，擒转运使刘吉、邓州通判王彬。拔离速破唐、蔡、陈三州，克颍昌府，沙古质别克旧颍昌。"[3]

按宋方记载，金军于十二月二十四日己卯，攻破汝州，杀京西北路提点刑狱谢京。[4]《金史》卷3《太宗纪》所载日期相同，"赛里下汝州"。汝州（今河南省汝州市）是金军攻破京西路的第一州。建炎二年正月，进犯京西路的金军主将完颜银术可又率部攻取邓州（今河南省邓州市），"安抚使范致虚弃城走"，转运副使刘汲率众出战，死难。[5]金完颜拔离速率部攻陷均州（今湖北省郧县东南），[6]耶律马五军又攻陷房州（今湖北省房县）。[7]至于金将萨谋鲁率部穿帮主襄阳府，宋方并无记载。正月下旬，金军焚邓州城，"金兵四面纵火，尽驱城中人入木寨中。后四日，拥之而去，中途量给食，细民之死者殆尽"[8]。

二月初，完颜拔离速率北撤的金军攻陷唐州（今河南省唐河县），"遂纵焚掠，城市一空"[9]。二月中旬，他又率金军破蔡州（今河南省

---

1. 《金史》卷70《宗贤传》失载此事。完颜赛里称盖天大王，据《靖康稗史笺证》之《青宫译语》《呻吟语》《宋俘记》。
2. 马五姓耶律，据《金史》卷80《阿离补传》。
3. 《金史》卷72《彀英传》，《拔离速传》等。
4. 《会编》卷114，《要录》卷11建炎元年十二月己卯。
5. 《会编》卷114，《要录》卷12建炎二年正月戊子，《宋史》卷25《高宗纪》，卷448《刘汲传》，《金史》卷3《太宗纪》，各书日期有异。
6. 《会编》卷114，《要录》卷12建炎二年正月丙申，《宋史》卷25《高宗纪》，《金史》卷3《太宗纪》，各书日期有异。
7. 《会编》卷115，《要录》卷12建炎二年正月丁酉，《宋史》卷25《高宗纪》，《金史》卷3《太宗纪》，各书日期有异。
8. 《要录》卷12建炎二年正月辛亥，《宋史》卷25《高宗纪》，而《会编》卷115作二月二日丁巳。
9. 《会编》卷115，《要录》卷12建炎二年二月戊午，《宋史》卷25《高宗纪》，《金史》卷3《太宗纪》，各书日期有异。

汝南县），"围之数日，城陷于东南隅，居人自东奔者皆达，其余皆死"。知汝阳县丞郭赞骂敌而死，"金人遂焚掠城中而去"[1]。接着，又攻陷淮宁府（即陈州，今河南省淮阳县），知州向子韶殉难。[2]至于金军破颍昌府（今河南省许昌市），金方记载系于二月末，[3]宋方记载却"不得其年月"，而知府孙默遇害。[4]

总的说来，金军向广大京西腹地的进犯，其目标之一可能也是要捉宋高宗，《宋史》卷448《刘汲传》说："于是金人复渡河，谍知邓州为行在所，命其将银朱急攻京西"。但更重要者，应是破坏和威胁宋朝东京开封府的后方，行包抄之势。在故金军大量掳掠宋朝人口，"遂迁洛阳、襄阳、颍昌、汝、郑、均、房、唐、邓、陈、蔡之民于河北"[5]，按照女真社会的发展水平，被俘的汉民自然一律充当战俘奴隶。在宋金战争中，"京西路残破为甚"[6]。在京西的大平原上，金朝凭藉女真铁骑，简直是横行无忌，三个月之内，对京西路实施大破坏，却还只是"残破为甚"的起点。金军凡是遇着一时不能占领的地区，就进行毁灭性的、残酷的破坏，始于此时。三年后，完颜兀术（宗弼）军渡江后的残杀和焚掠，则更甚于此。

四、开封外围战：金军尽管兵力分散，而进攻的重点，自然还是东京开封府。

据《金史》卷3《太宗纪》，天会五年，即建炎元年十二月，金将"阿里刮徇地濬州，败敌兵，遂取滑州"。滑州（今河南省滑县）属京西路，是开封北面的门户。《金史》卷77《昌传》也说，金东路军"阿里刮徇下濬、滑、恩及高唐"。但宋方记载则说，"金右副元帅宗辅既渡河，议先攻汴京，且分兵趋行在"，而攻开封的金将是完颜兀术（宗弼）。[7]记载宗泽事迹时间较早的《宗忠简公墓志铭》说，建炎"元年十二月，西犯

---

1. 《会编》卷115，《要录》卷12建炎二年二月癸酉，《宋史》卷25《高宗纪》，《金史》卷3《太宗纪》，各书日期有异。
2. 《会编》卷115，《要录》卷12建炎二年二月丙子，《宋史》卷25《高宗纪》，《金史》卷3《太宗纪》，各书日期有异。
3. 《金史》卷3《太宗纪》。
4. 《要录》卷12建炎二年正月注。
5. 《金史》卷3《太宗纪》，卷74《宗翰传》。
6. 《会编》卷176，《历代名臣奏议》卷90吕颐浩奏。
7. 《要录》卷11建炎元年十二月己卯。

汜水，北侵胙城"，胙城县（今河南省延津县东北）是滑州所属最南端的县，紧逼开封府界封丘县。从时间上说，宋金双方的记载相同。可知金东路军是从北方的滑州胙城县进逼开封府。

另一支西路军，据成书时间较早的《金虏节要》记载，完颜粘罕（宗翰）军占领西京河南府后，"且遣女真万户银术辈寇汉上。粘罕不自行者，以时宗泽守东京，恐泽邀其后。故自据西京，与泽相持，使汉上之兵无后顾之忧也"[1]。完颜粘罕（宗翰）军夺据郑州后，就从西面进逼开封。

显然，金东、西两路军对开封实行钳形攻势，无非是企图重演一年前，两军会师开封城下的喜剧。但旧梦却无法重圆，因为对手已完全不同，他们遭遇了宗泽所率东京留守司军的顽强阻击和反击。据《宗忠简公集》卷7《遗事》的记载：

> 十二月甲子（九日），边寨驻于大河之北，大会酋长，引兵至河上，稍稍南渡，西犯汜水，北侵胙城。虏人虽知公名，不敢轻入，亦时拥众，以扰濒河州县。滑州以南沿河诸寨，欲并兵力战，断河梁，申乞授师。议者曰："贼锋未易当，不若坚守自固。"公笑曰："去冬城溃，正坐此耳！厥鉴不远，尚可袭乎？"命统制刘衍趋滑，刘达走郑，各提兵二万，战车二百乘，以分冲突之势；且戒诸将不得轻动，极力保护河梁，以俟大兵过河，毋致临期误事。虏闻之，夜断河梁而遁，所获甚众。

如前所述，金西路军犯汜水关是在十二月初八日，金东路军"驻于大河之北"即在次日，他们渡过黄河，占领滑州，并"侵胙城"。宗泽认为，不能坐守开封城，"坚守自固"，而确定了在开封城外围，进行阻击战和反击战的方针。他"命统制刘衍趋滑，刘达走郑，各提兵二万，战车二百乘"。两支军队各配备战车二百辆，是准备举行野战和城市争夺战。刘达一支显然未能制止郑州的第一次失陷，而刘衍一支则是成功地将金军逐出黄河南岸的滑州，"虏闻之，夜断河梁而遁，所获甚众"，这是指金东路军的败退。《建炎以来系年要录》卷11建炎元年

---

1. 《会编》卷114。

十二月已卯条对此补充如下:

> 金人闻之,夜断河梁而遁。完颜宗弼乃遣使告左副元帅宗维(应为宗翰,宋方记载误作宗维),谓独力难攻。宗维将辍西京之行,并围汴京。既而知泽未可图,遂已。

参对前引金方记载,最初攻占滑州者,应是金偏将阿里刮所部,阿里刮甚至史失其姓,其地位显然低于完颜兀术(宗弼),开封既然是战略要地,攻开封的金东路军主将应是完颜兀术(宗弼)。由于《金史》记载往往扬胜讳败,故《金史》卷77《宗弼传》不载他率军攻击开封,实因此战失败而讳言,不足成为否定完颜兀术(宗弼)率军攻开封之证据。事实上,全部《金史》中根本无只言片语涉及此次开封外围战,无非是讳败而已。完颜兀术(宗弼)在金军中以敢战和"乏谋而粗勇"[1]著称,况且与完颜粘罕(宗翰)有派系矛盾,他也是在不得已的情势下,才向完颜粘罕(宗翰)求援,可知刘衍一军的成功。

宗泽《遗事》未交代刘达一军在郑州的战况,但据宋方可靠记载,金军于建炎二年正月十六日辛丑,方再次攻破郑州,凡"围城八日而陷",通判赵伯振"率兵巷战,为流矢中,坠马,虏剖其腹而杀之"[2]。金方记载则说,当月"郑州叛入于宋,复取郑州"[3]。"宋董植以兵至郑州,郑州人复叛。宗翰使诸将击董植军,复取郑州"[4]。与宋人记载有异,但表明郑州自经金完颜银术可攻略,知州董庠弃城后,却一度重归宋军掌控。到建炎元年岁末,开封城安然无恙,与去年的惨状形成鲜明对比。

建炎二年正月,两路金军再次发起进攻。七日壬辰,金军"以知滑州王宣善战,不敢窥其境,乃遣兵自郑州抵白沙,距京才数十里,都人甚恐"[5]。白沙镇属开封府中牟县,[6]这是金军在此战中第一次突入开封府

---

1. 《忠穆集》卷5《论边防机事状》,《景定建康志》卷48《吕颐浩传》。
2. 《要录》卷12建炎二年正月辛丑,《宋史》卷25《高宗纪》。
3. 《金史》卷3《太宗纪》。
4. 《金史》卷74《宗翰传》。
5. 《要录》卷12建炎二年正月壬辰,《宋史》卷25《高宗纪》。
6. 《元丰九域志》卷1。

界。但对照上引记载，可知金军当时只是越过郑州界，尚未攻郑州城。直"抵白沙"者当然是金西路军，而往后记载表明，金东路军也应同时渡过黄河，并攻占滑州等地。《宗忠简公集》卷7《遗事》记述正月的战事说：

> 二年正月壬辰，复自郑入，直抵白沙镇，距京三四十里，都人恐甚。房先坚壁不动。寮属请间，议守御之策，公方延宾围棋，笑语如无事时。众莫敢言，退而分布部伍，撤吊桥，披甲登城，都人愈恐。公始知之，戒诸将曰："何事自尔张皇？"命诸军将士解甲归寨，曰："刘衍等在外，必能为我御敌。"选精锐数千，以益之，戒曰："宜绕出房后，设伏归路，毋轻出战，伺其至，则纵兵夹击。"且谕僚属曰："上元密迩，盍奉旧法以迎之。"命榜诸市，张灯五日，暂弛夜禁，往来军马，不异平日。房游骑至城下，疑不敢入。人亦不知所惧。衍与房遇，大战，败之，收复延津、胙城、河阴，至滑州，尚有屯兵州之西三十里，衍分兵夜捣之，大捷，悉得其辎重。甫及收灯之夕，捷书鼎至，众始知元夕正王师接战于板桥之时。公谓僚属曰："吾知刘衍必胜，百姓可使由之，不可使知之。若得豫闻，徒扰扰败吾事。"

此段记事还是如实地反映宗泽的从容镇定，这来源于他在军事上的胆略和自信。女真骑兵虽然也有侦察部队到达开封城下，却绝不敢贸然进城，他们也明白洞开的城门正是陷阱，一旦入城，其驰突之长技在街道上根本无以发挥，反而成为被围歼的对象。《建炎以来系年要录》卷12将刘衍板桥之胜系于建炎二年正月十五日庚子，正是开封百姓照旧欢度元宵的当天。金军虽于次日攻占郑州，但东京留守司军又"收复延津（属开封府）、胙城、河阴（属孟州），至滑州"。可知在王宣军失守后，刘衍军又重占滑州。宗泽说："刘衍等在外，必能为我御敌。"可知他所派遣的军队并非只有刘衍一支。另据《鄂国金佗稡编》卷4《鄂王行实编年》所载岳飞所部在正月的战绩说：

> 春正月，合巩宣赞（失其名）军，与金人战于胙城县，大败之。又战

于黑龙潭、龙女庙侧官桥,皆大捷。擒女真李千户、渤海、汉儿军等,送留守司。

此段记事可补宗泽《遗事》之不足,而黑龙潭位于卫州汲县(今河南省卫辉市)西。[1]正月的战事互相胶着,尽管金军攻占郑州,但东京留守司军击退金军进犯,属主流。

二月初二日,金军再次攻犯开封,《宗忠简公集》卷7《遗事》记事如下:

二月丙辰,虏骑再犯东京。[2]公遣统制官李景良、阎中立,统领郭俊民等领兵万余,趋郑,[3]遇虏,大战,为虏所乘,中立死之,俊民降虏,景良以无功南遁。公捕得之,谓曰:"一胜一负,兵家之常,不胜而归,罪亦可恕,私自逃遁,是无我也!"命斩之,管军闾勋、统制官蓝整等咸为景良乞贷,责以后效,公姑收系之,后竟斩首以徇。继俊民与虏将史官人、[4]燕人何仲祖、[5]王义等,以数百骑直抵八角镇(属祥符县),[6]与都巡检丁进遇,进擒之,生致麾下。初欲持书诱公,公毅然曰:"郭俊民,吾统兵官也,失利就死,尚可为忠义鬼,后有知者,不失血食。今全躯苟活,反为虏人持书,以胁中原,有何面目见人乎?"命斩之。谓史官人曰:"京城不守,主上巡幸,领重兵在近甸,命我守此,有死而已。何不以死敌我,而反以儿女语胁我耶?"亦命斩之。顾谓仲祖曰:"尔本吾宋人,胁

---

1. 《读史方舆纪要》卷49。
2. 此处原作西京,按当时金军尚占西京,今据《要录》卷13建炎二年二月丙辰改。
3. 《要录》卷13建炎二年二月丙辰,《续宋中兴编年资治通鉴》卷1,《宋史全文续资治通鉴》卷16和《宋名臣言行录》别集上卷5《宗泽》都作"趋郑、滑",虽只一字之差,其实却有金西路军或是东、西两路军之别。但此战后两日,刘衍即自滑州凯旋,应以宗泽《遗事》所载为准,可知李景良等只是迎战金西路军。
4. 《宋宗忠简公全集》卷9《宗忠简公事状》作"虏将史仪",从宗泽的处置看,史仪应为女真人,而用汉姓汉名。但查《金史拾补五种》第二种卷2《汉姓女真姓的对照说明》,女真人之相应使用汉姓者,无史姓。
5. 《要录》卷13建炎二年二月丙辰,《宋史全文续资治通鉴》卷16和《宋名臣言行录》别集上卷5《宗泽》作"何祖仲"。
6. 《元丰九域志》卷1。

从而来,岂出得已。"命释缚,犒以酒肉,纵之。

东京留守司军万余人在此战败绩,当然不能说是小败。但从宗泽在事后的处置看,仍一如既往,毫不气馁。二月初四日,即李景良等军战败后两日,"刘衍自滑州引兵还汴京"[1]。但二月初十日,"金人犯滑州"[2],《宗忠简公集》卷7《遗事》关于迎战金军第三次犯滑州的记事如下:

戊午(四日),刘衍领兵凯还,入自郑门,公劳问士卒,第赏奏功,散犒金帛有差。虏知衍班师,甲子(十日),复入滑。报至,公谓诸将曰:"滑当冲要,必争之地也,有虞,则京师不可守。不欲再烦诸将,可为我守城,当亲提兵取之。"内儒将张撝越众曰:"撝当效力!"公甚喜,选兵五千付之,特加赏劳,士卒忻然而行。公戒撝曰:"若众寡不敌,毋轻战,以需援师。"公亲饯于郊,撝兼程至滑。已巳(十五日),撝身率将士,与虏遇。虏骑十倍于撝,将士请曰:"众寡不敌,宜少避其锋,以求援兵。"撝曰:"退而偷生,何面目见宗公乎?"鏖战至暮,杀伤相当,虏为少却。援不至,撝为所害。公闻报,遣统领官王宣领五千骑援之,且戒之曰:"虏惟恃众,当设奇以取胜。"宣以辛未(十七日)至滑城,与虏大战于北门,士卒争奋。虏忽退兵河上,宣曰:"虏必夜渡河上。"收兵不追,虏果夜渡,及半,以千人进击之,斩首数百级,杀伤甚众。报至,公即令宣权知滑州,且令载撝丧还京。公为服缌麻,哭于佛寺,出俸饭僧,哀恸感人,复诣其家,优厚抚恤。至死事之家,遣官问劳,出钱帛给之。人咸曰:"死则荣矣!"条奏功绩,且乞撝恤典甚厚。

正如宗泽所说:"滑当冲要,必争之地也,有虞,则京师不可守。"他志在必守,经历张撝和王宣前后出战,东路金军又第三次被逐出滑州。但当月开封府南的淮宁和颍昌两府失陷,淮宁知府向子韶"遣其弟子率赴

---

1. 《要录》卷13建炎二年二月戊午。
2. 《要录》卷13建炎二年二月甲子。

东京留守宗泽，乞援，兵未至，城陷"[1]。另一颍昌府也救援不及，宗泽只能在事后任命裴祖德假直秘阁、知颍昌府。[2]金完颜银术可等军破淮宁和颍昌两府，虽对开封府呈包围之势，却未径犯开封府，只是押解大量战俘奴隶西去。

宋高宗在二月宣布将宗泽进文阶官朝奉大夫，加文职资政殿学士。[3]朝奉大夫只比原官朝请郎加一官，为从六品，[4]宗泽的政绩和军功如此突出，仅加一官，显然是黄潜善和汪伯彦有意贬抑。但资政殿学士却又是"宠辅臣之去位者"，为正三品。[5]他的文阶与文职品位之间显然很不协调。

经历了二月的激战，金军显然再不敢直犯开封城，三月在开封外围无战事。因陕西战事的逆转，完颜粘罕（宗翰）只能亲自统军，支援完颜娄室，"迁西京之民于河北，尽焚西京而去"。三月十六日，"河南统制官翟进复入西京"。"东京留守宗泽言于朝，即以进为阁门宣赞舍人、知河南府，充京西北路安抚制置使"。但完颜粘罕（宗翰）虽然退出西京河南府城，又"留完颜宗弼屯河间府，左监军完颜希尹、右都监耶律余睹屯河南白马寺"[6]。宗泽在当月的上奏中报告喜讯：

> 方今辇毂之下，民俗安靖，宗庙、社稷俨然如故，以致收复伊、洛，而房酋过河，捍蔽滑台，而胡骑屡败。河东、河北山寨义民，数遣人至臣处，乞出给榜、旗，引领举踵，日望官兵之至，皆欲戮力协心，扫荡番寇。以几言之，则大宋中兴之盛，于是乎先见矣。以时言之，则金贼灭亡之期，于是乎可必矣。[7]

---

1. 《要录》卷13建炎二年二月丙子。
2. 《要录》卷12建炎二年正月。
3. 《要录》卷14作建炎二年三月二日丙戌，与《宗忠简公集》卷2《谢除资政殿学士进阶朝奉大夫表》，卷7《遗事》，《宋宗忠简公全集》卷9《宗忠简公事状》为二月二十三日丁丑，《要录》疑误。
4. 《宋史》卷168《职官志》。
5. 《文献通考》卷54《职官考》，《宋史》卷168《职官志》。
6. 《要录》卷14建炎二年三月庚子，《宋史》卷452《翟进传》。
7. 宗忠简公集》卷1《乞回銮疏》（建炎二年三月，通前后表疏，系十六次奏请），《历代名臣奏议》卷86，《要录》卷14建炎二年三月己亥。

## 第六章 泣涕收横溃 鏖兵京洛间（宗泽）

到四月初夏，按女真人的用兵规矩，已进入避暑休兵的时节，然而在大河以南，宋金双方却在休兵一月后，再行会战。其作战地点一是滑州，二是西京河南府。《宗忠简公集》卷7《遗事》关于第四次滑州之战的记述如下：

> 四月甲寅，磁州统制官赵世隆、世兴兄弟以兵三千来归，人以为疑。公曰："世隆本吾一校耳，必无他，有所诉也。"翌日，拜于庭，公面语之曰："前日杀守臣者谁？"世隆曰："事非得已，众以无粮，欲杀斯人，以止乱耳。"公笑曰："河北陷没，而吾宋法令上下之分，亦陷没耶？"顾左右拽出，斩之。众兵露刃立庭下，世兴佩刀侍侧，左右莫不寒心。世隆既执，公徐谓世兴曰："汝兄犯法，当诛，固应无憾。汝能奋志立功，足以雪耻矣！"世兴叩头请罪，曰："公之号令如此，水火毕入！"会滑州报，虏骑有屯城下者，公谓世兴曰："试为我取滑州。"世兴忻然受命，出告诸部曲曰："吾兄擅杀守臣，已正典刑。吾属元帅释而不问，使我辈共取滑州，以赎前过。"众亦鼓舞请行，公遗以金碗、战袍、银枪等物，部属之赐有差。世兴辞以出，以戊午日至滑，掩虏不备，获级数百，得州以归。公厚赐之。

前已交代，宗泽统兵离开磁州时，"以州事付兵马钤辖李侃"，后赵世隆等杀李侃，推通判赵子节权知州。[1]赵世隆遂率部南下，役奔宗泽。按《建炎以来系年要录》卷15的分日记事，四月初一日甲寅朔，赵世隆兄弟到开封参见宗泽，而赵世兴重新夺回滑州，时为四月五日戊午。

西京之战，是宋军主动攻击金元帅右监军完颜谷神（希尹）和元帅右都监耶律余睹的营寨，如前所述，他们屯兵白马寺一带。当时，行在御营司中最敢战的左军统制韩世忠奉命到前沿增援。京西北路安抚制置使翟进联合韩世忠部，大名府路都总管司统领孟世宁部，还有前述宗泽招降的京城都巡检使丁进部，进击金营。四月十三日，宋军乘夜劫营，不料"金兵先知，反为所败"。翟进"又导世忠与金战于文家寺，会丁进失期，而统

---

[1]. 《会编》卷130，《要录》卷15建炎二年四月甲寅朔。

领官、阁门宣赞舍人陈思恭以后军先退,王师败。金乘胜追击,至永安后涧。世忠被矢如棘,其将张遇以所部救之,乃力战得免"。完颜谷神(希尹)率部乘胜"复入西京","斧诸门入"。翟进虽"率士卒巷战",并不能挽回战局,而其次子翟亮牺牲。韩世忠军退到开封,又与丁进部"不和,军士相击无虚日。世忠虑有变,遂收余兵数千人南归"。应当承认,韩世忠与东京留守司军相处,没有愉快的记录。但完颜谷神(希尹)和耶律余睹得知完颜粘罕(宗翰)已收兵北撤,"亦弃西京去,留万户茶曷马戍河阳",只在黄河以北的孟州保留军事据点。[1]宗泽为加强西京防守,特别是保护宋朝的皇陵,保奏"乞差崔兴知西京、专一保护陵寝",主管侍卫步军司公事闾勍"充保护陵寝使",宋廷对翟兴未予委任,而批准了闾勍的任命。[2]

宗泽在"四月十二日"信中说:

滑州番众尽遁,桥亦断之,见措画过河,收复河西州军。若得万乘归,即天下太平可必致矣。[3]

他另在五月上奏,进一步报告当时的军事形势说:

臣观京师,城壁已增固矣,楼橹已修饰矣,龙濠已开浚矣,器械已足备矣,寨栅已罗列矣,战陈已阅习矣,人气已勇锐矣。汴河、蔡河、五丈河皆已通流,泛应纲运。陕西、京东、滑台、京、洛,番贼皆已掩杀溃遁矣。[4]

以宣和七年冬到靖康二年春战事,与建炎元年冬到建炎二年春战事相

---

1. 《要录》卷15建炎二年四月丙寅,《宋朝南渡十将传》卷5《韩世忠传》,《宋史》卷452《翟进传》。
2. 《要录》卷15建炎二年四月,《宗忠简公集》卷7《遗事》,《宋宗忠公全集》卷9《宗忠简公事状》。
3. 《宝真斋法书赞》卷二二《宗忠简留守司二札家书吾友三帖》。
4. 《宗忠简公集》卷1《乞回銮疏》(建炎二年五月,通前后表疏,系第二十一次奏请),《历代名臣奏议》卷86。

比，变化相当明显。在前一次战事中，宋军根本上没有野战能力，至多只能进行守城战，而金军所到之处，大致如摧枯拉朽。如果说还能以孤军在野战中与金军角力者，主要还是河北兵马副元帅宗泽的南下援师。然而到了下一次战事中，宋军的战斗力显然有相当提高，而主要的战争形式，则是野战和城市争夺战，虽然双方还是互有胜负，最终金军只能退出黄河以南。宗泽虽然不是前沿的统帅，而他所统的东京留守司军，无疑成了抗金的中坚。在宗泽的培育下，仅半年有余，东京留守司军已锤炼成一支胜不骄，败不馁，能打硬仗的部队。

再就开封的战事而论，从靖康元年到建炎二年，开封城经历三战。第一战，如前所述，虽李纲部署抗击，却受宋钦宗等掣肘，使金军得以订立城下之盟而去。第二战，是在失败主义情绪的笼罩下，宋朝完全乱了方寸，而金军却巧妙地运用军事与和谈两手，赢得全胜。[1]第三战，却是在宗泽的果敢指挥下，经历紧张和激烈的硬仗与恶战，虽然双方互有胜负，而军势臻于极盛的金军，却最终不得不全面败退。对骄狂的金军而论，当然是重大的挫败，甚至在宗泽身后，余威尚存，金军再也不敢对开封大举进攻，这不能不说是创造了当时军事史上的奇迹。

战后，宗泽统率的东京留守军号称一百八十万，"所赍粮可给半载"，"兵革之盛，前此未有"[2]。"虏人甚尊惮之，对南人言必称宗爷爷"，"爷爷"意为"父"[3]。一个原先并不知兵的七旬老人，居然成了速成的军事家，两宋最优秀的统兵文臣，威名震天下，当然是奇迹。

前面说过，岳飞投奔宗泽，当上统领，但在建炎元年冬到建炎二年春战事中，他的军功尚非是头等的。然而宗泽还是看上岳飞，在战后休整时，就有闲暇找岳飞谈话，要他学习阵法。《鄂国金佗稡编》卷4《鄂王行实编年》却将此事误系于建炎元年初，宗泽任河北兵马副元帅时，但此

---

1. 参见王曾瑜《北宋末开封的陷落、劫难和抗争》，载《丝毫编》，河北大学出版社，2009年。
2. 《宗忠简公集》卷7《遗事》，《要录》卷15建炎二年四月丙寅。
3. 《宋宗忠简公全集》卷9《宗忠简公事状》，《宋史》卷360《宗泽传》。《老学庵笔记》卷1和《剑南诗稿》卷27《书愤》则又补充说，"群盗降附者百余万，皆谓汝霖曰'宗爷爷'"。"剧盗曾从宗父命"。

237

段记录仍不可不引：

> 泽大奇先臣，谓之曰："尔勇智材艺，虽古良将不能过。然好野战，非古法，今为偏裨尚可，他日为大将，此非万全计也。"因授以阵图。先臣一见，即置之。后复以问先臣，先臣曰："留守所赐阵图，飞熟观之，乃定局耳。古今异宜，夷险异地，岂可按一定之图。兵家之要，在于出奇，不可测识，始能取胜。若平原旷野，猝与虏遇，何暇整阵哉！况飞今日以裨将听命麾下，掌兵不多，使阵一定，虏人得窥虚实，铁骑四蹂，无遗类矣。"泽曰："如尔所言，阵法不足用耶？"先臣曰："阵而后战，兵之常法，然势有不可拘者，且运用之妙，存于一心。留守第思之。"泽默然，良久，曰："尔言是也。"

文中既称"留守"，而不称"元帅"，可知应是在岳飞建炎元年冬投奔宗泽后之事。至于晚出的章颖《岳飞传》的相关记事，无疑采自《鄂王行实编年》，而稍作文字上的调整，不必再录。另据《宋宗忠简公全集》卷9《宗忠简公事状》的记述，时间是在岳飞汜水关得胜升统领之后：

> 公曰："尔智勇才略，古良将不能过。但好为野战，非万全计。"因授以阵图。飞答曰："阵而后战，兵法之常，运用之妙，存乎一心。"公是其言，共参机务，飞由此知名，后迁（统）制。

可知正是在讨论阵法之后，岳飞方才升迁统制。《宗忠简公事状》此段对话，《宋史》卷365《岳飞传》所述大致相同。

> 泽大奇之，曰："尔勇智才艺，古良将不能过。然好野战，非万全计。"因授以阵图，飞曰："阵而后战，兵法之常，运用之妙，存乎一心。"泽是其言。

按《宋史》卷365《岳飞传》源于南宋《中兴四朝国史》之《岳飞传》，《中兴四朝国史》之《岳飞传》其实是章颖《岳飞传》的一个简缩本，而章颖《岳飞传》又大致源于《鄂王行实编年》。[1]由此可见，《中兴四朝国史》之《岳飞传》的此段对话，并非采自章颖《岳飞传》，却是源于《宗忠简公事状》。

岳飞当统领时，"掌兵不多"，从前述战况看来，其所部未曾当东京留守司的主力使用。当统制以后，所统兵力应有增加，但即使在宗泽身后半年，岳飞也只"有兵二千"[2]。

按史籍上记载的东京留守司统制有刘衍、刘达、李景良、阎中立、蓝整、王师正、杨进、王善、张用、薛广等，但在宗泽身后，往往在今存史籍中默默无闻，肯定无多少作为，也有战死者，如薛广，有叛变者，如王善等。唯一的例外则是岳飞。故黄震评论说，宗泽"虽身不及用，尚能为我宋得一岳飞"[3]。岳飞后来组建岳家军，其基干正是原东京留守司军，并且继承了宗泽治军用师的优良传统。

女真人对敬畏的对手，遵从汉人避名讳的习俗，而称"爷爷"。在南宋前期，前有"宗爷爷"，后有"岳爷爷"，都是金朝女真贵族最敬畏的对手。[4]

朱熹特别称赞说："宗泽守京城，治兵御戎，以图恢复之计，无所不至。上表乞回銮，数十表乞不南幸，乞修二圣宫殿，论不割地。其所建论，所谋画，是非利害，昭然可观。观其势，骎骎乎中兴之基矣。"[5]

---

1. 参见王曾瑜《岳飞和南宋前期政治与军事研究》第一编三〇、《从南宋官私史书中的岳飞传到〈宋史·岳飞传〉》，河南大学出版社，2005年。
2. 《金佗续编》卷27黄元振编岳飞事迹。
3. 《黄氏日抄》卷91《跋宗忠简行实》。
4. 《鄂国金佗稡编》卷8《鄂王行实编年》，卷20《吁天辩诬通叙》。
5. 《朱子语类》卷132。

## 第七章

## 大呼过河身已僵(宗泽)

## 第一节　谋划大举北伐

建炎二年（公元1128年）三月，宗泽遣统制官王师正擒获金军中的"辽酋"王策于大河岸。[1]《宗忠简公集》卷7《遗事》对此事记载最详：

> 有王策者，本契丹酋豪，善用兵，有筹略，虏委任甚专。尝从千余骑，往来河上，措置边事。公密令统制官王师正擒之，生致麾下。公释缚解衣，坐之堂上，与之饮食，从容与语曰："契丹，本我宋兄弟之国，今女真辱吾主，又灭而国，汝何不悟！义当协谋，以刷社稷之耻，他日复修旧好。我亦何忍杀汝！"策感泣曰："策至庭下，自意必死，今蒙再生之恩，且闻公之意，使策晓悟，敢不尽死节以报！"已而使就馆舍，待之如礼。公时呼与语，因问虚实，尽得其谋。公大举之计遂决，召诸将谓曰："汝等有忠义之心，乐相归附，当思我宋二百年涵养之恩。今二圣远在沙漠，君父巡幸未返，能同心协谋，剿灭狂虏，期还二圣，以立大功乎？当立请回銮，与诸君亲行。主上虽封侯建节，肯以充赏。"

王策既称"契丹酋豪"，契丹人无非是耶律（或歧译移刺）和萧（或歧译石抹）两姓，其中"耶律"或改汉姓"王"[2]，王策已改用汉姓汉名。他感激宗泽的"再生之恩"，故能"因问虚实，尽得其谋"。从王策处了

---

1. 《宋史》卷360《宗泽传》，《宋宗忠简公全集》卷9《宗忠简公事状》，《要录》卷14建炎二年三月丙戌。
2. 陈述：《金史拾补五种》第161页，科学出版社，1960年。

解到的金军的实情，也坚定了宗泽大举北伐的决心和信心。

一、与五马山抗金义军的联络和被阻断

在宗泽的北伐计划中，与北方抗金义军联系和配合，自然是重要的组成部分。

前述五马山义军作为号召人物的信王赵榛，是宋徽宗第十八子，[1]或疑其伪。[2]且不论信王赵榛之真伪，但当时宋高宗、宗泽等都认为是真信王。[3]三月至四月，马扩奉信王之命，先到开封联络宗泽，又去行在扬州见皇帝。马扩临行前，信王赠七绝二首：

全赵收燕至太平，朔方寸土比千金。羯胡一扫銮舆返，若个将军肯用心？

遣公直往面天颜，一奏临朝莫避难。多少焦苗待霖雨，望公只在月旬间。[4]

渴望抗金功成，山河一统的焦灼心情，跃然纸上。马扩抵达开封，交付信王致宗泽信，"并以信王二诗示之"[5]，此信说：

---

1. 《宋史》卷246《信王榛传》。
2. 《靖康稗史笺证·呻吟语》："（建炎二年八月）是月，信王长女生，田氏出"；"（绍兴元年）十二月，信王次女生"；"（绍兴二年）九月，信王三女生"；"（绍兴三年九月）初五日，信王四女生"；（绍兴五年五月）信王五女生"；"（绍兴十年）六月十九日，信王薨"。《靖康稗史笺证·宋俘记》："榛天眷二年六月十九日，殁五国。曾娶田氏，天会六年、九年、十年、十二年，天眷元年，历生五女。燕人赵恭曾托榛名，号召山贼助宋，榛以疑狱收禁。事雪，勒赐汪氏为妾。"按以上两处记载，信王赵榛之四女、五女出生时间有异，信王赵榛之死亡时间，亦差一年。邓广铭先生据此认为是假信王，参见《岳飞传》，载《邓广铭全集》第二卷第43页，河北教育出版社，2005年。陶晋生先生则认为是真信王，参见《南宋初信王榛抗金始末》，载《边疆史研究集》，商务印书馆，1971年。
3. 《会编》卷116《续（茆斋）自叙》，载马扩到扬州上殿面奏，"遥聆玉音甚厉，曰：'信王是太上皇帝之子，朕之亲弟，岂不认得书迹，何疑之有？'连日'何疑之有'。"
4. 《会编》卷116《续（茆斋）自叙》。
5. 《会编》卷116《续（茆斋）自叙》。

某咨目，顿首上呈领尹、元帅、延康台座。春和，伏惟辅国宣劳，神相忠勤，台候多福。某切以国家多艰，金贼入寇，两犯京城，劫迁二圣，下及血属三千余口，长驱北去。某到庆源，遽谋逃窜，得贼中忠义数人为力，遂脱膻网。今具河北事宜利害，敷奏圣上，窃恐奸臣贼子障蔽难达。某素知公梗檗敢为，竭节报国。遂再具奏，烦公多方缴奏，使之得到御前，得兵速至，不胜万幸。自余更冀上为庙朝，倍保台重，前膺大拜，祝望之至。不宣。[1]

信中说他虽"敷奏圣上"，却恐怕"奸臣贼子障蔽难达"，而对赤胆忠心的宗泽寄予厚望，请他"多方缴奏，使之得到御前"。宗泽看后，当然十分感动和重视，他对马扩说："儿子方欲赴行在，不若先以诗进呈，如何？"他指望二首七绝，能够感动皇帝，马扩表示同意。[2]据《宝真斋法书赞》卷22《宗忠简留守司二札家书吾友三帖》载：

承节郎刘晟赍到皇弟信王蜡封奏状，并与留守咨目，遣差宗机宜赍蜡封奏，恭诣行在投进，须至指挥。右札付宗机（宜）照会，赍赴行在投进施行，准此。建炎二年三月初十日押。

其中所说的"宗机宜"，当然是儿子宗颖，按照宋制，"帅臣子弟充书写机宜文字"。[3]他于三月上旬或中旬，特奉父命，与马扩等人同去行在扬州，"投进施行"。信王上奏，今仅存一份概略，说：

臣窃见邦傑与扩累与贼战，皆获小捷，其忠义之心，坚若金石。臣自陷虏中，颇知其虚实。贼今稍惰，皆怀归心，且屡败于西夏，而契丹亦出攻之。今河北、河东十陷七八，惟山西一带，诸寨乡兵约十余万，力与贼抗。但昼夜暴露，民事失时，率皆困窘，兼阙戎器。臣多方存恤，借补官资，使忠义之徒，竭节不变。惟望朝廷早遣兵来援，不然，久之，恐反为

---

1. 《宗忠简公集》卷1《信王咨目》。
2. 《会编》卷116《续（茆斋）自叙》。
3. 《宋会要》刑法1之20。

贼用，则河南难保。宜乘此时，速取所失州县，以副民望。臣愿陛下念祖宗创业之艰，二圣播迁之难，于布衣小官中，选其先公后私，为国家效死之人，付以事权，即下明诏，委臣总大军与诸寨乡兵，约日齐举，决见成功。仍给空名诰敕二万道，及河东、河北兵马元帅印，付臣佩之。臣粉骨碎首，所不敢惮。况于陛下，以礼言则君臣，以义言则兄弟，其忧国念亲之心，恭想无异。兴言及此，不觉流涕。[1]

"其忧国念亲之心"，溢于言表，恳切之至，但人与人的感情或是完全不能相通。"黄潜善等皆疑非真"，无非是打算认定信王乃伪冒，但"天子识其字"，表面上算是认了亲人，而其实却心怀鬼胎。宋高宗煞有介事，发表"皇弟、检校太傅、庆阳、昭化军节度使、信王榛为河外兵马都元帅"[2]，实际上却"反相防闭"，"诏旨络绎，令一人一骑不得渡河"应援。[3] 马扩离开行在之前，黄潜善与汪伯彦"乃以乌合之兵付扩，且密授朝旨，使讥察之。扩行，复令听诸路帅臣节制。扩知事变，遂以其军屯于大名"[4]，竟回不得五马山。因传言信王有"渡河入京城之谋"，宋高宗五月初又下旨，宣称"朕将还阙，恭谒宗庙"[5]，无非是害怕信王入开封城，与自己争夺皇位。

宗泽特命宗颖与马扩同去行在朝见，原是抱有极大的热情和期待，结果，自然是宗颖全然无功而返，甚至连今存宗泽的传记、墓志之类，也并无片言只语，涉及此事。无非是宋高宗的小朝廷严禁他与五马山的抗金义军联络和协同，使此事的隐情和真相，竟成历史的空白。

## 二、规划和部署大举北伐

四月以后，天气逐渐炎热，宗泽审度形势，认为在六月里，女真骑兵不耐酷暑，弓不劲，马不肥，正是大举北伐的天时和良机。他"大举之

---

1. 《要录》卷15建炎二年四月。
2. 《要录》卷15建炎二年四月。
3. 《会编》卷116《续（茆斋）自叙》。
4. 《要录》卷15建炎二年四月。
5. 《要录》卷15建炎二年五月乙酉。

计遂决",就召集众将问道:"能同心协谋,剿灭狂虏,期还二圣,以立大功乎?"宗泽一边说,一边激动得落泪,众将回应:"今四方义士,云集京师,几二百万人,所赍粮可给半载。亦尝密遣人,直抵两河探伺,闻所陷州县,每处不过数百人,余皆胁从,令衣塞服,此辈日望王师来。某等愿即日渡河,以尽死节。"宗泽考虑大军进发之后的后勤供应,又说:"进取,老少可于逐寨边处,踏逐未复业田亩,权借耕植,各有自赍牛具、种粮,无者官给。"众人都表示赞同。[1]

宗泽与马扩、王彦等义军首领共同商讨制定了北伐的军事计划,在宗泽建炎二年五月的上奏中说"吾方大举六月之师,一道由滑、濬,一道出怀、卫,涉河并进"[2]。五月的最后一次奏请回銮疏中,宗泽的北伐计划更为具体:"臣欲乘此暑月,遣王彦等自滑州渡河,取怀、卫、濬、相等处;遣王再兴等自郑州,直护西京陵寝;遣马扩等自大名,取洺、赵、真定;杨进、王善、丁进、李贵等诸头项,各以所领兵分路并进。"[3]此奏虽然提及马扩,却又只字不提徒有"河外兵马都元帅"空名的信王所统五马山抗金义军,自然可体会到宗泽的苦衷。但马扩一军的进攻计划包括了五马山所在的赵州,即庆源府,其用意还是十分明显的。

此外,史称宗泽"以大名(府)当冲要",移檄河北东路提点刑狱郭永,要他"与帅杜充、漕张益谦相掎角。永即朝夕谋战守具。因结东平权邦彦为援,不数日,声振河朔,已没州县皆复应官军。金人亦畏之,不敢动"[4]。杜充和张益谦当然是误国败事的家伙,但郭永却是危难时节的荩臣,他联络了曾与宗泽一起出兵救开封的,京东西路安抚大使、兼知东平府权邦彦,[5]准备共同配合宗泽的北伐大业。

王彦所统八字军,当然是一支北方的重要军力。宗泽对王彦的安排由

---

1. 《宗忠简公集》卷7《遗事》,《宋宗忠简公全集》卷9《宗忠简公事状》。
2. 《历代名臣奏议》卷86,《宗忠简公集》卷1(建炎二年五月,通前后表疏,系第二十三次奏请),《要录》卷15建炎二年五月己丑。
3. 《历代名臣奏议》卷86,《宗忠简公集》卷1《奏乞回銮仍以六月进兵渡河疏》(建炎二年五月,通前后表疏,系第二十四次奏请),《要录》卷15建炎二年五月辛卯。
4. 《宋史》卷448《郭永传》,《浮溪集》卷20《郭永传》。
5. 《要录》卷8建炎元年八月丁卯。

"制置两河军事"改为"河北制置使",[1]但此后又有变化。据《三朝有北盟会编》卷198王彦行状记载:

  公方缮甲治兵,约日大举,直趋太原,断石岭关,以临代北,告期于东京留守、资政殿大学士宗泽。泽得以便宜从事,奏拟公武功大夫、忠州防御使、河北制置使,遣书延公会议。公将兵万余,将发,悉召诸寨统兵官,指挥授方略,以俟会合。既行,虏以重兵尾袭,而不敢击,遂济河。既至京师,宗泽握公手曰:"公力战河北,以沮金人之心腹,忠勇无前,海内所闻。然京师者,朝廷根本,某累上章,邀车驾还阙。愿公宿兵近甸,以卫根本。"公即以所部兵马付留守司,因差统制官张伟统辖,于滑州界沿河沙店,以上下埽把截。令公量带亲兵,赴扬州行在所。

  宗泽临时命令王彦"量带亲兵,赴扬州行在所",原是为了借重王彦的威名,先迎请宋高宗回开封,然后再"乘此暑月,遣王彦等自滑州渡河,取怀、卫、濬、相等处"。此外,东京留守司统制官薛广、张用、王善亦拟与王彦协同,"会兵收复两河",他们所部的首要目标,是解相州之围。但事与愿违,[2]据《三朝有北盟会编》卷118记载,宋廷竟拖延到十月,即在宗泽身后:

  五日丙辰,王彦转官,免对。
  宗泽遣王彦赴行在也,有旨,令阁门引见上殿。是时,朝廷已遣宇文虚中、杨可辅为祈请使,议和。而彦见黄潜善、汪伯彦,力陈两河忠义民兵引颈以望王师,愿因人心向顺,大举北征,犄角破贼,收复故地。言辞激切,大忤潜善、伯彦之意。是日,降圣旨,王彦沿河宣力日久,特与转武翼郎、除阁门宣赞舍人,仍旧带行拟元官,遂不得对。王彦为御营平寇统领官。
  上以王彦为御营平寇统领官,与平寇前将军范琼归京师。彦素知琼臣节不著,难与共事,即称疾求医。有旨令真州将治。彦居真州,闭门远

---

1. 《要录》卷15建炎二年五月丙申。
2. 《要录》卷17建炎二年九月丁未。

迹，不与人通。琼领彦兵而去。[1]

宗泽所倚重的一员名将，却被宋高宗的小朝廷有意扣在行朝，根本不容王彦重返开封，在抗金战场大显身手，竟闲废不用。滑州是开封门户，如前所述，去冬今春，东京留守司军经反复而激烈的交锋，方夺据此地。八字军的主力本由宗泽差统制张伟暂时代统，即驻于滑州，以作北伐的前进基地。王彦率少量亲兵入朝后，这支抗金劲旅也被小朝廷调遣后方，竟归北宋亡国时罪恶昭著的范琼统率。

以上的记载都表明了宗泽对收复河北的军事部署。至于河东，宗泽显然取消了王彦八字军"直趋太原，断石岭关，以临代北"的原计划。六月"东京留守宗泽承制以（王）庶权陕西制置使，[2]（曲）端权河东经制使"，无疑是倚重文臣王庶和武将曲端经略河东路了。

鉴于春天的军事得失，宗泽十分注重西京河南府的防卫。如前所述，他计划"遣王再兴等自郑州，直护西京陵寝"，还嫌不足，故又另命重要助手闾勍。四月，宗泽已上奏，"以保宁军承宣使、主管侍卫步军司公事闾勍为保护陵寝使"[3]，"命勍军河南，欲会合王彦、杨进等，以图河北"。他给闾勍配置的得力部将，就是新任统制岳飞。但这支部队因某些缘由，却是在宗泽身后，方按原部署进驻西京。[4]

宗泽深知，大举北伐，没有民众的支持，是不可能取胜的。他平日里在东京"营缮楼橹城壁""训练士卒""教习车阵"[5]，也同步对民众进行宣传与联络工作。他对被金军占领州县出示榜文：

> 访闻边寨中，多是我国积善良民，偶失备御，被驱掳，髡头绞发，装

---

1. 参见《会编》卷198王彦行状，《要录》卷18建炎二年十月丙辰，《宋史》卷368《王彦传》。
2. 《要录》卷16建炎二年六月，《宋史》卷372《王庶传》。
3. 《要录》卷15建炎二年四月，《宗忠简公集》卷7《遗事》，《宋宗忠简公全集》卷9《宗忠简公事状》。
4. 《会编》卷117，《鄂国金佗稡编》卷4《鄂王行实编年》。
5. 《历代名臣奏议》卷86，《宗忠简公集》卷1《乞回銮疏》（建炎二年五月，通前后表疏，系第二十三次奏请），《要录》卷15建炎二年五月己丑。

著塞服，侵犯州县。其赤心忠孝，思念生处父母血属，但无路自新，实可怜悯。当所遣大兵前去，恐仓卒之间，不暇辨别，枉有杀戮。汝等若不忘生长坟墓、乡井，痛心悔祸，可以相助，回戈掩杀贼人，永为我宋太平赤子，耕养自如。各请照知。

宗泽对原辽统治区的契丹人、汉人（时沿用辽朝旧称"汉儿"）等，一贯采取正确的政策，据《宗忠简公集》卷7《遗事》记载：

契丹、九州人日有归中国者，曰："公之威名，外疆敬服。"每有擒获来者，公遣契丹、汉儿引边坐侧，推诚与语曰："契丹与大宋修盟好，旧矣。今女真小国，既灭天祚，又侵凌中国。契丹臣民，宜与我共奋忠义，杀灭群凶，以刷君父之耻。吾心即汝心也，我不忍杀汝。"即释之，仍给资粮使去，及令持公据为照，曰："契丹、汉儿自与我宋盟约，几百年，实兄弟之国。顷缘权臣奸议，遂结金人，坏乱耶律天祚之后。今将欲发大兵过河，尽行剿除，又恐仓卒之际，不暇辩理，枉有杀戮。已约大军期，应契丹、汉儿特给公据，仰各收执，以为信验。"又各令持数百本，归散国人。后有自燕来者，云契丹、汉儿皆愿得公据，以俟王师。

与西夏、高丽等结成抗金联盟，也是宗泽北伐计划的重要一环。他上奏说："遣一使泛海道入高丽，谕以元丰惇好之旧，令出兵攻金人之西；又复遣官从间道趋河东，谕折氏修其旧职，以固吾圉；使三陲交攻金国，令彼应敌不暇。吾方大举六月之师"[1]。他在另一奏中，提出"朝廷遣使，声言立契丹天祚之后，讲寻旧好。且兴灭继绝，是王政所先，以归天下心也，况使虏人骇闻，自相携贰邪？仍乞遣知几辩博之士，西使夏，东使高丽，喻以祸福。两国素蒙我宋厚恩，必出助兵，同加扫荡"[2]。

---

1. 《历代名臣奏议》卷86，《宗忠简公集》卷1（建炎二年五月，通前后表疏，系第二十三次奏请），《要录》卷15建炎二年五月己丑。
2. 《历代名臣奏议》卷86，《宗忠简公集》卷1《奏乞回銮仍以六月进兵渡河疏》（建炎二年五月，通前后表疏，系第二十四次奏请），《要录》卷15建炎二年五月辛卯。

但总的说来，尽管宗泽惨淡经营，呕心沥血，尽可能周密地规划和部署北伐大业，却遭到宋高宗小朝廷的不断阻挠和破坏。当时宋朝存在着两套水火不容的方针和谋划。宋高宗于五月命宇文虚中复职资政殿大学士，充大金通问使，杨可辅为副使，使名又旋即改为卑屈之至的大金祈请使。[1]小朝廷专注于派祈请使，祈望割地请和，故必须倾注全力，竭尽一切可能的办法、手段和诡计，阻止宗泽大举北伐。

# 第二节 生命垂尽 三呼"过河"

## 一、最终的抗争和呐喊

宗泽北伐计划的一个重要环节，当然是恳切呼吁宋高宗"回銮"旧都，亲自主持北伐大业。这在中国古代的专制皇权下，是可以理解的。

四月和五月，宗泽还特别两次上奏，提出为宋钦宗预修道教的上清宝箓宫，理由是"渊圣将来还归，未有苾止之处"。龙德宫"孔安如旧"，"将来迎奉道君皇帝自可临御"，"使天下知陛下悌于兄"，"使天下知陛下孝于父"[2]，他显然完全猜中了宋高宗的心病，特别是在皇帝即位之初，多少担心难兄回来争位。宋高宗在表面上只能率先提出"同徯两宫之复，终图万世之安"[3]，但其实却另有其难言之隐。前引宗泽奏中即已直率

---

1.《会编》卷117，卷120，卷215，《要录》卷13建炎二年二月壬戌，卷15建炎二年五月丙申，《宋史》卷371《宇文虚中传》，《金史》卷79《宇文虚中传》。

2.《历代名臣奏议》卷3，《要录》卷15建炎二年四月己巳，五月己丑，《宗忠简公集》卷1《再奏乞修宝宫疏》。

3.《会编》卷101。

地、尖锐地抨击"二圣""不足救"的议论,他提出此议,无非也含有让皇帝安心之意。在建炎初的抗战派中,知宋高宗之深者莫如宗泽,但宋高宗不予回复。

如前所述,宋高宗五月初发表"还阙"之旨,旨在阻止信王"渡河入京城之谋"。表面上似乎与宗泽的"回銮"之请相呼应。其实不过是故作姿态,只要信王不南下,他也决不会往北挪动一步。

正是在五月,宗泽仍然接连上了最后的四份"乞回銮"奏,连同以前奏表,共计二十四份。如前所述,他在去年已届六十九岁的高龄,从十月开始,体力"顿觉衰瘁",居然勉力劬劳,仍以旺盛的精力和斗志,支撑了冬春之际的鏖兵。在第二十三份奏中,宗泽报告将"大举六月之师",他满怀着决战必胜的信心,"二圣、天眷自此决有归期,两河故地自此决可收复"。他特别强调:

臣犬马之年已七十矣,陛下不以臣衰老无用,付之东京留钥。臣自去年七月到任,夙夜究心。……今日之事,臣愿陛下以时果断而行之,毋惑谗邪之言,毋沮忠鲠之论。倘陛下以臣言为是,愿大驾即日还都,使臣为陛下得尽愚计。若陛下以臣言为非,愿陛下即日放罢老臣,或重窜责,臣所不辞。惟明主可与忠臣言,臣故昧死以闻。[1]

最恳切的言辞,最中肯的说论,最深刻的抨击,最清楚的是非利害,已经在历次奏表中说尽,而无可再说了。"惟明主可与忠臣言",尽管限于古代的君臣关系,而宗泽分明是点着宋高宗的鼻子,问他算不算"明主"?逼着他对是否回銮,是否"使臣为陛下得尽愚计","或重窜责"表态。史称宋高宗"优诏答之"[2],表面上说得十分动听:"渴闻鸣跸之音,屡举回銮之请。备观忠荩,深可叹嘉。"[3]其实无非是沿用了虚与委蛇,我行我素的故技。

---

1.《历代名臣奏议》卷86,《宗忠简公集》卷1《乞回銮疏》(建炎二年五月,通前后表疏,系第二十三次奏请),《要录》卷15建炎二年五月己丑。
2.《要录》卷15建炎二年五月己丑。
3.《宗忠简公集》卷7《遗事》,《会编》卷117《中兴遗史》文字稍异。

因宗泽的请求根本得不到满足，在第二十四份奏中，他再次特别强调了自己的年岁：

臣犬马之齿，今年七十矣，勉竭疲驽，区区愚忠，所见如此。臣愿陛下早降回銮之诏，以繫天下之心。臣当躬冒矢石，为诸将先。若陛下听从臣言，容臣措画，则臣谓我宋中兴之业，必可立致。若陛下不以臣言为可用，则愿赐骸骨，放归田里，讴歌击壤，以尽残年。频烦上渎天听，悚恐待罪。[1]

仍是旧话新说，证明宗泽之忠言谠论，已到无可再说的地步，宋高宗却还是"不报"[2]。尽管宗泽的苦口婆心的奏表到此终止，但仍继续部署北伐大业。

转瞬便是六月，宗室赵子砥自燕京逃归东京，于十一甲子日见到宗泽，又"与诸四方勤王之师，朝夕聚议"。宗泽见赵子砥谈论起金朝虚实情伪，"历历耸听"，打算让赵子砥一同领兵，过河北伐。赵子砥辞以"陷虏踰年，天幸生还，急欲奔趋行在朝见，具奏二圣动静，面进道君宸翰，以宽主上圣虑"[3]。但宗泽已完成北伐的部署，"赍金银、兵械，纤悉毕具，行有日矣"[4]。不料数天后，宗泽这位满怀爱国主义热情，斗志极端顽韧的老人，历尽刀光和血影的围逼，心力交瘁；饱受冷眼和横眉的夹攻，忧愤成疾。他感愤小朝廷"从中沮之"，说"吾志不克伸矣"！终于"疽发于背"[5]，而一病不起。

---

1. 《历代名臣奏议》卷86，《宗忠简公集》卷1《奏乞回銮仍以六月进兵渡河疏》（建炎二年五月，通前后表疏，系第二十四次奏请），《要录》卷15建炎二年五月辛卯。
2. 《宗忠简公集》卷7《遗事》，《宋宗忠简公全集》卷9《宗忠简公事状》。
3. 《会编》卷98赵子砥《燕云录》。
4. 《会编》卷117《靖康小雅》。
5. 《宗忠简公集》卷7《遗事》，《宋宗忠简公全集》卷9《宗忠简公事状》，《鲁斋王文宪公文集》卷14《宗忠简公传》，《要录》卷15建炎二年五月辛卯，《宋史》卷360《宗泽传》。

## 二、骨朽犹应此念存，死前恨不见中原[1]

宗泽年届古稀的人生，屈沉下僚三十五年，然而在山河破碎的紧急关头，却在最后横跨三年，实则两整年多的短暂人生中，激于伟大的爱国志节，终于大放生命的异彩。在去冬今春的惨烈鏖战中，他全凭崇高的激情，支撑着"衰瘁"的体力，"薾然衰惫，强尔支持"[2]，居然仍能精神矍铄地指挥着军事的胜利，创造了宋金战史中的奇迹。但年岁和体力已无以不饶人，宗泽身上所包蕴巨大的爱国主义能量，释放到了极限，就必然是油干灯灭。既然一病不起，其沉疴已不容再缠绵迁延了。

正在宗泽病危之际，小朝廷所命的"资政殿大学士、充大金祈请使宇文虚中至东京"，临时"摄留守事"，剥夺了宗泽的事权。他的任务也很明确，必须执行降金乞和的方针，第一要务是立即将宗泽坚持扣押的金使牛庆昌等人释放。[3]此事已清楚表明了小朝廷的旨意，是绝对要阻止宗泽北伐计划的实施。至于危病中的宗泽是否与宇文虚中会面，是否得知释放金使的事，已缺乏记载。

关于宗泽人生最后阶段的记载，以《宋宗忠简公全集》卷9《宗忠简公事状》记述最详，今照录于下：

一时权臣忌公成功，从中沮之。公叹曰："吾志不得伸矣！"积愤成疾，疽发于背。诸将入问疾，公矍然，曰："吾以二帝蒙尘，主上驻跸于外，忧愤成疾。诸公能为我歼灭丑虏，以成主上恢复之志，虽死无恨。"众皆堕泪，同声应曰："愿留守善保贵体，无遽出此言。敢不尽力！以负留守之望。"诸将退，惟岳飞在侧，公复叹曰："（吾度不起此疾，古云）：[4]出师未捷身先死，长使英雄泪满襟！"翌日，风雨晦冥，公临启手足，连呼"过河"者三，无一语及家事。公薨年七十，为建炎二年戊申七月十二日未时也。

---

1. 摘自《剑南诗稿》卷37《太息》（其三）。
2. 《宗忠简公集》卷2《谢传宣抚谕并赐茶药表》（建炎二年三月）。
3. 《要录》卷16建炎二年七月癸未朔。
4. 此句据《宗忠简公集》卷7《遗事》补。

此段记载与其他记载不同之处，是宗泽十分感慨地吟哦杜甫诗时，"惟岳飞在侧"。关于宗泽的确切死期，各书记录有异，但大致是七月无疑。[1]

在弥留之际，宗泽上《遗表》。他"为文不事雕琢，浑然天成"[2]，《遗表》依然体现了这种文风，更是中华古代爱国主义的雄文和杰作，以中华古代骈文特有的骈四俪六的对偶美，掷地铿锵的韵律美，充分抒发了宗泽生命垂尽时的沉郁悲愤，鞠躬尽瘁，慷慨激烈，豪情壮志，而至死不泯。今将此文抄录于下：

心期许国，每输扶厦之忠；死不忘君，犹积恋轩之意。魂魄将离于形体，精忱愿达于冕旒（中谢）。伏念臣猥以朴忠，受知渊圣，擢自困踬羁穷之际，付以寇虏往来之冲。适遇陛下出总元戎，察臣粗著劳效，坐筹密计，俾臣得预属僚。逮夫践祚之初，首录孤危之迹。寇攘未泯，暂为淮甸之巡；宗庙斯存，委守留司之钥。力小任重，志大心劳。誓殄羯胡，再安王室。但知怀主，甘委命于鸿毛；无复偷生，期裹尸于马革。夙宵以继，寝食靡宁。斯民获奠枕之安，胡马无饮河之意。事为纷至，黾勉惟多。回视颓龄，已迫桑榆之晚景；益坚素节，每期松柏之后彫。岂谓余生，忽先朝露。尚扶病以治事，敢爱己以顾私。阴阳之寇洊深，药石之功莫效。少延残喘，庶毕愿言。昨有招安到杨进等，约其众多，无虑百万。昔尝为寇，颇聚众以震师；今已革心，欲为国而戡难。足踵道路，云集都城。已涓吉而戒涂，拟成功于指日。干戈未举，舟壑忽移。神爽飞扬，长抱九泉之恨；功名卑劣，尚贻千古之羞。仰凭睿眷之深，必无生死之异。属臣之子，记臣之言，力请銮（舆），亟还京阙，上念社稷之重，下慰黎民之心。命将出师，大震雷霆之怒；救焚拯溺，出民水火之中。夙荷君恩，敢忘尸谏。颙昂法座，无繇再望于清光；枯朽微生，从此永辞于宸扆。臣无任，云云。[3]

---

1. 宗泽死日各书记载不一，《要录》卷16为七月初一日，《宋史》卷25《高宗纪》为七月初四日，《宗忠简公集》卷7《遗事》，《宋宗忠简公全集》卷9《宗忠简公事状》和《鲁斋王文宪公文集》卷14《宗忠简公传》为七月十二日，《会编》卷117作八月。据《要录》卷16建炎二年七月十三日乙未注，朝廷前一日得宗泽死耗，似应以《要录》所载为准。然而《遗事》等记载，又来源于宗泽亲属所述。

2. 《宋宗忠简公全集》卷9《宗忠简公事状》。

3. 《宗忠简公集》卷2《遗表》。

## 第七章 大呼过河身已僵（宗泽）

宗泽弥留之际，"连呼'过河'者三，无一语及家事"，以未能如期北伐，恢复中华一统，而"长抱九泉之恨"，"尚贻千古之羞"。将"属臣之子，记臣之言，力请銮（舆），亟还京阙，上念社稷之重，下慰黎民之心。命将出师，大震雷霆之怒；救焚拯溺，出民水火之中"，作为临终至瞩。此种伟大而深沉的爱国主义情怀和强音，真足以感天地而泣鬼神，值得中华民族的后世子孙永远崇敬、感奋而弘扬。

这是七月一个晦暗的日子。开封城里，悲风回荡，愁云泣雨，似乎是苍旻在向伟大的民族忠魂致哀。每个角落都是一片号啕痛哭之声，广大军民最诚挚地悼念不朽的英灵。宗泽在生前常对子弟们说："人谁不死，等死耳，有补于国，吾荣多矣！"[1]但在国难深重的特殊时刻，人们所能感受到宗泽之死的分量，主要还不是一个"荣"字，而是劫难临头之下最深沉的哀恸。"都人为之号恸，朝野无贤愚，皆相吊出涕，三学之士千余人，为文以哭"[2]，朱熹追述当时的情景说："其家人方入棺，未敛，军兵攒出大厅，三日祭吊，来哭不绝，祭物满厅无数，其得军情人心如此！"[3]

宋代的所谓"三学之士"，前后含义有所变化。北宋晚期，是指"太学、律学、武学生"[4]。尽管宋高宗躲到了南方，而故都的三学仍未迁移行在，人数达千余人。三学生的祭文历述和表彰宗泽的功烈，其末尾更表达了三学生的至哀至痛，其文如下：

语及二圣，号呼拊膺，愿身督战，以济中兴。属纩之际，犹未忘情。世谓金石，浸烁不侵，公之忠诚，逾石与金。谗人何辜，訕议日寻，皇天后土，实鉴此心。呜呼哀哉！人之无禄，丧我元老，天为雨泣，賫汝中道。稚子庸夫，罢市相吊，悍将骄卒，投兵痛悼。某等受恩甚渥，大庇久依，天子谁忍，弃子如遗。九原可作，繄谁与归？兴言及

---

1. 《敬乡录》卷10陈炳《宗忠简公画像赞》。
2. 《要录》卷16建炎二年七月癸未朔，《宋宗忠简公全集》卷9《宗忠简公事状》。
3. 《朱子语类》卷132。
4. 《宋史》卷164《职官志》，《宋朝诸臣奏议》卷79程颐《上哲宗三学看详条制》。

此，涕血交颐。[1]

祭文除了对宗泽予以高度评价外，也指斥了小朝廷的"谗人"，表明他们对朝政的昏暗有足够的了解。

朱熹在吴芾神道碑中记载当时的一段史实说："建炎初，宗泽留守东都，天下倚以为重。一日，士女倾都南下，皆行哭失声，言：'宗公死矣！'公时未仕，客临安，闻之呜咽流涕，终夕不寐，为诗哭之，语甚悲壮。即日传播，邮亭、传舍处处题写，读者至为感泣。"[2]吴芾此诗如今保存在《湖山集》卷4《哭元帅宗公泽》：

呜呼哀哉元帅公，百世一人不易逢。堂堂天下想风采，心如铁石气如虹。正色立朝不顾死，半生长在谪籍中。真金百炼愈不变，流水万折归必东。落落奇才世莫识，欲知劲草须疾风。维时中原丁祸乱，胡尘涨天天蒙蒙。众人畏缩公独奋，毅然来建中兴功。雄图一定百废举，复见南阳起卧龙。

呜呼哀哉元帅公，翩然遗世何匆匆？无乃天上亦乏才，故促我公还帝宫。公还帝宫应有用，何忍坐视四海穷！（呜呼）四海正困穷，兴仆植僵赖有公。公虽居东都，天下日望公登庸。公今既云亡，天下不知何时康？正如济巨川，中流失舟航。当今士夫岂无人，请问谁有公器业？谁如公忠良？公虽不为相，德望振要荒。公虽非世将，威棱詟豺狼。

伟哉奇节冠今古，我试一二聊铺张。靖康（元）年（秋），胡虏正披猖。庙堂惊失色，愁覤赤白囊。公首慨然乞奉使，欲以口伐定扰攘。朝廷是时未知公，公之（素）志不获偿。忧国耿耿思自效，再（乞）守土河之旁。命下得磁州，翌日径束装。下车未三日，虏骑已及疆。虏人闻公亟退舍，兵马不敢临城隍。顷之得兵数十万，康邸赖公王业昌。及公领留守，北顾宽吾皇。恩威两得所，春雨兮秋霜。余刃曾不劳，危弱成安强。奸雄尽胆落，谁敢乱纪纲。

呜呼哀哉公死矣，民今有粟安得尝。犬羊乘我虚，近复陷洛阳。[3]洛阳

---

1. 《宗忠简公集》卷7。
2. 《朱文公文集》卷88。
3. 时间勋、岳飞等驻守洛阳，洛阳并未陷落，应系传闻之误。

去东都,雉堞遥相望。不闻敢侵犯,岂是军无粮。祇畏我公霹雳手,气慑不复思南翔。呜呼哀哉公死矣,秋高马肥谁与防?天子久东狩,去冬幸维扬。都人心恋主,谓言何相忘?朝夕望回辇,断肠还断肠。公独以死请,百请意愈刚。呜呼哀哉公死矣,万乘何时归大梁?咄咄肉食人,尚踵蔡与王,奸谀蔽人主,痛毒流万邦。人怨天且怒,意气犹洋洋。所冀我公当轴日,尽使此曹膏剑铓。呜呼哀哉公死矣,始知国(病)在膏肓。

我公我公经济才,设施曾未(竟)所长,但留英声与后世,永与日月争辉光。此死于公亦何憾,顾我但为天地伤。我闻天下哭公者,哀痛何啻父母丧。父母生我而已耳,安能保我身无殃。都人此时失所依,波迸东下纷苍黄。我公我公不(复)见,秋风在处生悲凉。百身倘可赎,我愿先以微躯当。灵丹如可活,我愿万金求其方。彷徨竟无起公计,安得长喙号穹苍!

呜呼哀哉元帅公,太平时节君不容,及至(艰难)君始用,民之无禄天不(从)。呜呼哀哉元帅公,古来有生皆有终,唯公存亡系休戚,千年万口长怨恫。嗟我草茅一贱士,念此抑郁气拂胸,衔哀忍涕何有极,愿以此诗铭鼎钟。

吴芾虽是个远离朝政的书生,但对朝政的昏暗,宗泽之死对国是的至重影响,是十分清楚的,"咄咄肉食人,尚踵蔡与王,奸谀蔽人主,痛毒流万邦",认定黄潜善和汪伯彦就是蔡京和王黼再世。"呜呼哀哉公死矣,始知国(病)在膏肓","古来有生皆有终,唯公存亡系休戚"。吴芾尽管发出了"百身倘可赎,我愿先以微躯当",但人死不得复生,他真不知宗泽死后,"膏肓"的国病是否能够医治?

处于贬谪地位的李纲,闻此噩耗,痛断肝肠,"方时危而失此一人,其可哀也矣!赋诗以哭之":

时危念人杰,济物须材雄。寻常龌龊姿,讵可收奇功?英英宗夫子,邈与古人同。抱器实磊落,秉心郁精忠。影缨仕州县,山立不妄从。青松虽未高,已足凌蒿蓬。涉世多龃龉,失官久龙钟。擢居河朔郡,烟尘正昏蒙。今上在藩邸,持节使虏中。力争不可往,高牙建元戎。王室遂再造,廊庙当畴庸。同朝共排媚，一麾江汉东。见我论世故，慷慨泪沾胸。荐之守留钥，付以节制隆。惠政拊疲瘵，威声慑奸凶。金汤治城堑，楼橹欻以崇。出师京洛间，屡挫黠虏锋。邦畿千里宁，夸说百岁翁。抗疏请还阙，北伐归两宫。辞直志鲠亮，天子为动容。奸谀更切齿，恨未能关弓。乃同归鄩人，感愤殒厥躬。皇天不憖遗，吾道何其穷！骅骝竟委离，冀北群遂空。梁摧大厦倾，谁与扶穹窿？安能百身赎，坐为四海恫。人亡国殄瘁，天意真憒憒。中原气萧瑟，洒涕临西风。[1]

此诗的"归鄩人"，用引用楚汉相争时范增的典故。李纲自然十分清醒，因而在感情上也加倍痛苦，国难未已，这个一意屈膝苟安的小朝廷，其实全仗着真正具备大勇敢、大气魄、大器局和大智慧的宗泽，在勉力支撑危局，不由不发出"梁摧大厦倾，谁与扶穹窿"近乎绝望的哀声。

### 三、九地黄流乱注[2]

宗泽去世后，"都人以公子颖居戎府，素得士心，相与请于朝，愿加奖拔，以继父任"[3]。的确，宗颖"慨然有忠愤之气"[4]，"实一时之英杰，忠诚忧国，不愧古人，其沉默有谋，人咸以为有乃父留守之遗风"[5]，为人们所普遍称赞。但是，以宋高宗为首的投降派当然不会同意开封官民的请求，让宗颖继任，而是另命北京留守杜充继任东京留守、开封尹。

宋廷要求杜充"遵禀朝廷，深戒妄作，以正前官之失"[6]。杜充本是"有志而无才，好名而无实，骄蹇自用"[7]之人，其实也不劳宋高宗与黄潜善、汪伯彦的叮咛和告诫，他"无意于敌，尽反泽所为"。他上任伊始，立即终止宗泽的北伐部署。宗泽在世时，"既定先以薛广、张用、王善前驱统离城

---

1. 《梁溪全集》卷32《哭宗留守汝霖》。
2. 摘自《芦川归来集》卷5《贺新郎》。
3. 《宋宗忠简公全集》卷9《宗忠简公事状》，《要录》卷16建炎二年七月甲辰，《宋史》卷360《宗泽传》。
4. 《要录》卷58绍兴二年九月甲子，《庄简集》卷11《乞差文臣屯兵庐州状》。
5. 《相山集》卷24《上江东宣抚李端明书》。
6. 《要录》卷16建炎二年七月甲辰。
7. 《要录》卷14建炎二年三月丙戌，《宋史》卷475《杜充传》。

下"，薛广所部向相州挺进，因王善和张用两部未去会师，当年八月，薛广与金军"战于相州，败死"。[1]相州城在经过近两年的苦守后，在建炎二年十一月被金军攻破，守城赵不试自杀。河东和河北的最后一批州县，包括北京大名府，全部被金军占领。宗泽在世时，与北方义军约定六月出师，配合宋军北伐，杜充却断绝了对北方义军的联系与支持。著名的五马山寨也被攻破，信王赵榛下落不明。[2]"宗泽在则盗可使为兵，杜充用则兵皆为盗矣"[3]。"河北诸屯豪杰皆散，而充又务诛杀，故城下兵复为盗去，掠西南州县，数岁不能止"[4]。宋朝大约丧失三分之一的土地，主要正是在杜充主持前沿军务之时。

留守判官宗颖"屡争不从"，上疏劾杜充倒行逆施，"朝廷谓充有威望，可属大事"[5]。宗颖不能再忍受杜充的胡作非为，"力丐终丧"[6]，被迫离开东京。宗泽作为一个中国古代标准的清官，"自奉甚薄，方谪居时，饘粥不继，吟啸自如。晚年俸入稍厚，亦不异畴昔，食不兼味，衣敝不易。尝曰：'君父当侧身尝胆，臣子乃安居美食耶？'所得俸赐，遇寒士与亲戚贫困者，辄分之，养孤遗几百余人"[7]。"亲族故旧，窭而无归，皆仰公以活，以故家无留储"[8]。他的灵柩运到镇江府，"与夫人陈氏合葬于京岘山"[9]。

建炎三年（公元1129年），面对金军行将发动的新攻势，杜充施展狡计，决定自己率领东京留守司主力军南撤，责成副留守郭仲荀守开封。郭仲荀也如法炮制，命留守判官程昌寓接替防务，自己逃亡南方。"杜充既去，昌寓以无粮不可留，引所部还蔡"[10]，将守城责任推给上官悟。建炎四年（公元1130年）二月，金军攻陷开封城，权东京留守上

---

1. 《会编》卷118，《要录》卷17建炎二年九月丁未。
2. 《会编》卷117，《要录》卷17建炎二年秋。
3. 《要录》卷16建炎二年七月甲辰注，卷20建炎三年二月已注引吕中《大事记》。
4. 《会编》卷118。
5. 《要录》卷18建炎二年十月戊辰，《宋史》卷475《杜充传》。
6. 《宋宗忠简公全集》卷9《宗忠简公事状》。
7. 《要录》卷16建炎二年七月癸未朔，《鲁斋王文宪公文集》卷14《宗忠简公传》。
8. 《宗忠简公墓志铭》。
9. 《宗忠简公集》卷7《遗事》，《宋宗忠简公全集》卷9《宗忠简公事状》。按《宗忠简公事状》和《宋宗忠简公全集》10，岳珂《重修忠简宗公功德院记》，赵善湘《宗忠简公享堂记》说，岳飞"奉敕"陪同宗颖"扶柩"南下归葬。时岳飞正驻守西京，抗击金军，到建炎三年初，方回开封，又接踵有战事，时间不合，似有可疑。
10. 《要录》卷26建炎三年八月乙丑。

官悟"出奔,为盗所杀"。当时开封城中"仓廪皆空""人皆缺食",士兵"乃出城四外,挑野菜而食""粮食之绝,四外皆不通,民多饿死"[1]。开封城陷落时,这个曾经是当时全世界最繁华的城市,曾由宗泽苦心守护,屹若金汤的城市,当时城中"强壮不满万人"[2],竟濒临荒寂的境地。

《宋史全文续资治通鉴》卷17引吕中《中兴大事记》对建炎之政作了相当好的概括:

方上之在相州也,虏兵未退,此申包胥哭于秦庭之时也。时则当以宗泽进兵京城之请为义,而黄潜善、汪伯彦沮之。迨上之次济州也,虏兵已退,此晋大夫反首菱舍之时也。时则当以宗泽邀虏归路之请为义,而汪、黄又沮之。迨上之即位南京,此肃宗即位灵武,二年而复两京之时也。时则当以李纲独留中原之请为义,而汪、黄又沮之。中兴之初,纲在内,泽在外,此天拟二人,以开建绍之业者也。而纲为汪、黄所沮,才七十五日而去位,岂非天邪!泽为汪、黄所沮,未及一年而愤死,又岂非天邪!纲罢而汪、黄相于内,泽死而杜充继于外,天下事一变矣!纲在位,则措置两河,兵民稍集;纲去,则经制、招抚罢,而两河无兵矣。纲在位,则伪臣、叛党稍正典刑;纲去,则叛臣在朝,而政事乖矣。纲在则泽之志行,纲去则泽之志沮。泽在则盗可为兵,充守则兵皆为盗。泽在则粘罕遁,充用则虏至维扬矣。内无纲,外无泽,此建炎之失其机,则汪、黄二人为之也。

建炎时的国势至此犹如大河横溃,不可收拾,但其关键自然不在黄潜善和汪伯彦两人,而在于宋高宗重用此两人,吕中此段文字的基本缺点,是囿于古代的臣规,不能指责身为罪魁祸首之宋高宗,而全部诿罪于黄潜善和汪伯彦,这当然有失于公平和公正。

---

1. 《要录》卷26建炎三年八月乙丑,《宋史》卷26《高宗纪》。
2. 《会编》卷132,卷133,卷137,卷140程昌寓传,《要录》卷24建炎三年六月乙亥,卷26建炎三年八月乙丑,卷31建炎四年二月丁亥。

# 第八章

## 贬谪流离路修长（李纲）

## 第一节　此身飘坠到沧溟　北望凄然欲断肠

李纲罢相后，宋廷屡加贬黜。建炎元年十月，因"殿中侍御史张浚论纲罪未已"，宋高宗下令"观文殿大学士、提举杭州洞霄宫李纲落职，依旧宫祠"[1]，即削除观文殿大学士之职名。

十一月，仍因张浚论罪不已，说他"邪险不正，崇设浮言，足以鼓动流俗，非窜之、殛之，上无以谢宗庙，下无以谢生民，次无以严君臣之分，而国是纷纷，陛下黜陟之典，终不能明于天下"。"惟纲不学无术，始肆强忿"。"纲之用心，在于专营小人之誉"。"今陛下驻跸维扬，人情未安。纲居常州无锡县，去朝廷不三百里。纲既素有狂愎无上之心，复怀怏怏不平之气，而常州闾阎，风俗浅薄，知有李纲而已。万一盗贼群起，藉纲为名，臣恐国家之忧不在金人，而在萧墙之内。以为李纲者，陛下纵未加铁钺之诛，犹当窜之岭海遐远，无盗贼之处，庶几国家可以少安"。宋高宗又下令"银青光禄大夫、提举杭州洞霄宫李纲鄂州（今湖北省武汉市武昌区）居住"，而中书舍人汪藻所起草的贬谪制词中竟有"朋奸罔上，有虞必去于驩兜；欺世盗名，孔子首诛于正卯"之语。[2]居然将李纲比喻为传说中虞舜放逐的驩兜，孔子诛杀的少正卯。[3]

---

1. 《要录》卷10建炎元年十月甲子。
2. 《要录》卷10建炎元年十一月戊子，《会编》卷199，《宋宰辅编年录校补》卷14，《黄氏日抄》卷66，《浮溪集》卷12《李纲落职鄂州居住制》，卷23《贺李纲右丞启》。
3. 汪藻是个朝秦暮楚的小人，他其实与李纲早有交往，参见《梁溪全集》卷16《次韵子美寄汪彦章同游惠山之作》，《鹤林玉露》乙编卷2《前褒后贬》。

建炎二年，宋高宗"有旨，左降官不得居同郡，而责授忻州团练副使范宗尹在鄂州，乃移纲澧州（今湖南澧县）居住"。又因御史中丞王绹论奏，十一月，宋高宗下令"银青光禄大夫、提举西京嵩山崇福宫李纲责授单州团练（副）使、万安军（治万宁，今海南万宁市）安置"[1]。"言者攻李纲，以六不可贷之罪，谓人臣有一于此，必伏斧锧，而远窜之于鲸波南海之表"。所谓"言者"，乃是郑毂，"验于奏议则无据，按于施为则无迹，特以撰造文致，倾陷大臣，当时遂信行之，又以美官激劝之"[2]。他此时便从右司谏升右谏议大夫。[3]

## 一、归无锡，谪鄂州

李纲离开行都南京应天府后，"扁舟返东吴，却理梁溪舻"[4]，回到无锡县。今存有《九月八日渡淮》诗说：

长淮渺渺烟苍苍，扁舟初脱隋渠黄。平生见此为开眼，况复乞身还故乡。嗟余涉世诚已拙，径步不虞机阱设。空余方寸炳如丹，北望此时心欲折。[5]

李纲在致陈瓘之侄孙陈渊的信中，悲愤、直抒胸臆地说：

某迁拙寡与，逢时艰难，进不能持危扶颠，以济国家之急；退不能防患保身，以为自安之计。力小任重，不自度量，过情之誉暴集，无实之毁随至，再奋再踬，几至于颠踣，而无所容。[6]

---

1. 《要录》卷18建炎二年十一月甲申。
2. 《历代名臣奏议》卷47胡安国《时政论·核实》，《斐然集》卷25《先公行状》，卷26《右朝奉大夫集英殿修撰翁公神道碑》。
3. 《要录》卷18建炎二年十一月丙戌。
4. 《梁溪全集》卷19《建炎行》。
5. 《梁溪全集》卷17。
6. 《梁溪全集》卷114《与陈几叟主簿书》。据《两宋名贤小集》卷208《默堂集》，陈渊亦字几叟，说他是"瓘之犹子"。《宋史》卷376《陈渊传》只载他字知默，而说他是陈瓘"诸孙"，《要录》卷51绍兴二年正月戊子称他是"瓘兄孙"，应为可信。

尽管备受挫折和打击，却仍是寸心如丹，不改初衷，只是感叹时势，忧"心欲折"。他在另一《宝剑联句》诗中，抒发自己的壮心说：

黠虏称兵急，王师击鼓镗。氛埃期扫荡，心胆为开张。
未斩楼兰级，那销黔首疮？几回开匣罢，但欲引杯长。[1]

李纲又在另一诗中，倾诉了同样的怀抱：

从国步多艰难，胡骑长驱窥汉关。阴风惨淡随杀气，见雪反使摧心颜。古来治理初无别，中国浸强胡浸灭。坐令和气变阳春，肉食于今未宜忽。迁愚放逐恩已宽，敢惮道远貂裘寒。空余炯炯寸心赤，中夜不寐忧千端。素发飘萧头已满，百年光景行将半。未知梦幻此生中，几回看雪光凌乱？会当扫荡豺狼穴，国耻乘时须一雪。酒酣拔剑斫地歌，心胆开张五情热。[2]

据李纲后来上奏辨明当年的毁谤说：

臣自建炎元年八月内，乞罢左仆射职事，蒙恩除观文殿大学士、提举杭州洞霄宫，任便居住。乘船欲归常州无锡县居止。十月间，至镇江府，闻有辛道宗下叛兵，自秀州作过，迤逦由苏、常前来。即顾客舟，由大江内以归，初不曾与辛道宗下叛兵相遇。当时臣弟从事郎纶在无锡县，与知县郝渐商议，说谕叛兵，不曾焚毁邑屋。臣是时方到镇江府，初不与知。言者乃谓臣遣弟迎贼，倾家赏犒设，制绯巾数千顶以与之，实为不根。坐此落职，鄂州居住。[3]

大约在十一或十二月，李纲接到贬"鄂州居住"的朝命，即动身前去荆湖北路。建炎二年春，李纲途经江南东路宣州宁国县（今属安徽

---

1. 《梁溪全集》卷17。
2. 《梁溪全集》卷17《次韵季弟善权阻雪古风》。
3. 《梁溪全集》卷65《辩谤奏状》，又见卷117《与秦相公第一书别幅》。

省），留下了"春光不为干戈薄，花县纵观桃李开"之句。[1]又赋诗说："我行黟歙间，山陇如黏蚝。"转眼到了夏季，"自鄱阳（县）泛江至星子（县）"，"及兹夏潦涨，弭节俯江皋"，"巨浸与天永，东流日滔滔"[2]。此次行程穿越了鄱阳湖，"舍舟星子渚，遂作庐山游"[3]。

李纲在庐山徘徊若干时日。他与另一罢官赋闲的挚友许翰在此地相会，共游庐山东林寺和西林寺。东林寺为佛教名刹，有悠久的历史，早在东晋时代，名僧慧远便在此寺讲经说法。"东林大禅苑，殿阁杰以雄。西林乃律居，僧房小玲珑"[4]。两个年龄相差约二十多岁的故人，在患难时会面，自然有说不尽的心事和感叹。但今存史料中却没有留下多少痕迹。许翰赠诗说："公为逐客向何州？我亦求家赋远游。邂逅二林成晤赏，寂寥千古想风流。"然而在"寂寥千古"的四字中，又包含了多大的辛酸。李纲的和诗则说："迂疏又复谪南州，假道江山得胜游"，"回首中原意萧瑟，此生漂泊任云浮"。他还是一如既往，在"谪南州"的流离困顿之中，念念不忘中原。[5]

此后，他仍与许翰多有诗文和书信往还。许翰的晚年，只能在道家虚无清净的精神世界中，时而研读和疏解儒经，无可奈何地销磨着雄心壮志。李纲赠诗说：

胡尘暗中原，河洛皆穹庐。衣冠竟南渡，故国靡复余。
襄陵大岳裔，亦尔困征涂。颠沛不忘道，呻吟曳长裾。
如公巨川舟，岂止清庙瑚。（愧）吾正羁束，未能踵汉疏。[6]

许翰今存也有与李纲的书信，互相切磋儒经。[7]李纲也为许翰的作品撰文《书襄陵〈春秋集传〉后》和《书寄崧老〈易传〉后》。[8]

---

1. 《梁溪全集》卷17《宁国县圃杂花盛开二首》。
2. 《梁溪全集》卷17《自鄱阳泛江至星子》。
3. 《梁溪全集》卷17《晚出南康游庐山》。
4. 《梁溪全集》卷18《西林寺》。
5. 《梁溪全集》卷18《同许右丞游东西二林》。
6. 《梁溪全集》卷23《再次韵崧老见和之作》。
7. 见《襄陵文集》卷9《答丞相李伯纪书》，《再答李丞相书》。
8. 《梁溪全集》卷163。

李纲途经德安县（今属江西省），[1]过江南西路与荆湖路分界的苦竹岭，赋诗称"绝岭横鸟道，江湖从此分"[2]。他于"夏末即抵湖外，属沿江盗贼，传报纷错，宿留通城、崇阳间"，"岁且尽"[3]。流放途中，幼弟李纶辞去官位，一直陪着兄长，他们进入鄂州界的通城县（今属湖北省），崇阳县（今属湖北省）也属鄂州。李纲算是遵朝命，来到了鄂州，只是阻于寇攘，未得去鄂州城。时属初秋，李纶尽了护送之责，眼看就要回归无锡县。李纲赋诗相送说：

半载相从作远游，物华苒苒又新秋。江南山水（共）清赏，湖外风烟成独留。家远为传安稳信，时艰增重别离忧。渚宫此去无多地，怅望（自）登黄鹤楼。

陆离长佩切云冠，泽畔行吟且（纫）兰。我已安心为逐客，子今何事亦抛官？江湖鸿雁初寥落，风雪鹡鸰相急难。归去家山见诸季，为言努力且加餐。[4]

他用"陆离"两句，反映自己有着屈原一般的孤臣逐客情怀，而"鹡鸰"一句的典故，则来源于《诗经·棠棣》的"脊令在原，兄弟急难"，对幼弟深表感激和歉疚，"时艰增重别离忧"。天下危难的形势，更增重了李纲忧国忧民的沉痛："道阻每怀千里念，时危岂为一身忧！"[5]他在另一首诗中更进一步表现了他的某种绝望："人生如汝亦劳哉！他时寄骨西江上，烦汝还须得得来。"[6]李纲还有一首怀念李纶并寄李维、李经的诗说：

我昔谪沙溪，尔送至虎丘。相携观剑池，共坐苍崖陬。霜寒草木衰，肃肃天地秋。慷慨论世故，岂复知离愁。中间谪云安，尔病家山留。独与仲及叔，分携浙江头。潮声来海门，风雨助飕飕。银涛蹙天起，泛此一叶

---

1. 《梁溪全集》卷18《德安食枇杷》。
2. 《梁溪全集》卷18《过苦竹岭二首》。
3. 《梁溪全集》卷110《崇阳与许崧老书》。
4. 《梁溪全集》卷18《次通城送季言弟还锡山二首》。
5. 《梁溪全集》卷22《仲辅和寄送季弟诗复次韵寄之》。
6. 《梁溪全集》卷18《季言送至湖外往无为掣姊旅衬》。

身。及兹谪武昌，尔复从我游。……胡虏气方横，盗贼起如蝥。中原暗锋镝，江汉屯貔貅。尔归议迁徙，已有定论不？黄屋尚漂泊，吾敢怀燕休？但愿复相见，一解无穷忧。泫然念苍生，岂为吾身谋！[1]

其"无穷忧"，到底还是"泫然念苍生，岂为吾身谋"，这在中国古代的历史条件下，又是何等崇高的精神境界！另一首《有感》诗，也同样表达了他当时身处危境，却仍不忘为国难献身之情：

自怜许国心犹壮，却笑谋身术已疎。
二圣未还民未靖，尚思痛哭奏囊书。[2]

到了中秋节，李纲又给三个弟弟寄诗说：

前年（河）内中秋月，玉帐初寒铁衣滑。羽书（狎）至不成眠，坐伴清光到明发。是时季弟在幕中，病隔纱窗共谈说。出师未捷身已（危），继被宸章召还阙。去年中秋寓宋都，金针篆字看除书。夜同叔弟坐月下，仰望赤气环斗枢。经营两河初就绪，斥罢将帅良非图。陵晨廷争不可得，上还印绶归东吴。今年谪官旅湖外，又值中秋有佳气。纤云四卷天无河，月色满庭如泼水。缅怀诸季会合难，但与阿宗相劳慰。举杯邀月应笑人，处处相逢万余里。我生端遇国步艰，出入将相三年间。功名富贵亦何有？慨念四海悲汹澜。心驰沙漠关塞远，身堕江湖风露寒。不须更问世间事，但愿对月身常闲。[3]

在中国传统的团圆之夜，李纲与兄弟，与家眷却不得团圆，在他身边，唯有"阿宗"，即二十岁的次子李宗之陪伴。他"父子相随万里余"[4]，"两被迁责，皆次子宗之从行"[5]。"但与阿宗相劳慰"，浓重的

---

1. 《梁溪全集》卷18《怀季言弟并简仲辅叔易》。
2. 《梁溪全集》卷18。
3. 《梁溪全集》卷20《中秋望月有感》。
4. 《梁溪全集》卷24《九日怀梁溪诸季二首》。
5. 《梁溪全集》附录一《年谱》。

旅情乡思，油然而生，然而身处"身堕江湖风露寒"的困境，却仍"慨念四海悲汹澜。心驰沙漠关塞远"，还是爱国英雄的襟怀和本色。

另一个关怀李纲的亲戚，则是其妻弟张焘，字子公。张焘特别寄李纲一面大铜镜，李纲作诗为报，说"我观大圆鉴，莹澈靡瑕垢"。"英英张子公，辍赠意独厚。使我正衣冠，更似别妍陋。嗟予罹百忧，半世困驰骤。苍浪齿发衰，已觉成老丑。幸兹置宽闲，闭户念往咎。冠欹与佩落，颠倒（散）襟袖。平生遭谤讟，白黑坐分剖"。"鉴焉何所施？无乃虚授受。聊持戏凤匣，藏此蟠螭纽"[1]。他在另一诗中则回复和感叹自己的处境：

功名身外两悠悠，有意功名已可羞。与世浮沉非我意，观时进退岂人谋！不能为国辟百里，祇欲归耕老一畴。[2]

李纲得知张焘当上湖州通判，又寄诗说："喜君再拥朱轓贰，顾我今成白发翁。"[3]

翁挺字士特，建州崇安县人。李纲称"惟我与兄，为外昆弟。卯角相从，情均同气。我钝而鲁，兄敏而慧"[4]。两人是远亲，江南东、西路经制使翁彦国之"女为纲弟维妇"，而翁挺是翁彦国兄翁彦约之长子。[5]北宋末，翁挺也是李纲的幕僚，并因而贬责。后李纲在绍兴四年（公元1134

---

1. 《梁溪全集》卷18《张子公以圆鉴见寄作诗报之》。
2. 《梁溪全集》卷18《次韵张子公见寄二首》。
3. 《梁溪全集》卷20《张子公再得湖倅因书寄之》。
4. 《梁溪全集》卷165《祭翁士特郎中文》。
5. 《要录》卷7建炎元年七月丁巳，卷18建炎二年十二月丁巳，《宋会要》职官70之5，《龟山先生全集》卷32《翁行简墓志铭》，《万姓统谱》卷1。《梁溪全集》卷177《建炎进退志总叙》下之下："盖（黄）潜善以（翁）彦国于余为姻家，故密启之，以为瞽瞆之端也。既得上批札，适同日得江宁府奏状，彦国已死，又吴昉无职名可落。金谓官观太优，将上取旨，上曰：'彦国已死，不须行遣。'"此处李纲自称翁彦国为"姻家"。《会编》卷104说，"翁彦国暴赋横敛，致乱东南"，"李纲以姻党，昵彦国，庇之"。《中兴小纪》卷2建炎元年七月丁巳与《皇朝中兴纪事本末》卷2有相似记载，应来源于黄潜善之诋诬，《要录》卷7建炎元年七月丁巳不取此说。《四朝闻见录》乙编《翁中丞》："公为李丞相纲姻娅。李之用公。本以才选。李既罢政。浮溪汪氏（藻）行制词，丑诋李公，目为'群小之宗'。"

年）所作《〈五峰居士文集〉序》中说，翁挺"天才秀发，器业夙成，年未成童，已知声律，能赋诗，有惊人语。及长，该极群书，贯穿今古，落笔即数千言。既而游行四海，渡浙江，寓淮楚，窥衡湘，观光上都，宦游赵、魏之邦，尽交其豪俊。以故为文雄深雅健，渊源浩博，能备众体。而尤长于诗，其五言、七言，属对律切，风清调深，其古风歌行，浑厚简淡，凌厉奋发，绝去笔墨畦径间，追古作者，信乎天下之奇才也"。"早游国庠，屡冠多士，声华籍甚，而名不题于雁塔；晚登仕版，对扬文陛，受知人主，而位不过于星郎；触时相怒，窜逐流离，得病以死，而年仅逾于知命"[1]。此序谈了翁挺一生的大略。

建炎二年，李纲贬责"湖外"，仍与翁挺通问不绝，他听说翁挺迁居，寄诗说：

闻道胶山寺，幽深过惠山。僧房穿窈窕，石溜落屏颜。地僻车马绝，山空松桂环。钟声清霭外，刹影白云间。旅泊君得计，飘流吾念还。时危暂安适，景胜且跻攀。耿耿寸心赤，萧萧双鬓斑。抢攘悯瓯越，寂寞堕荆蛮。风月三千首，轩裳五两纶。戎车伤浩荡，彩服美斑斓。天地旌麾满，江湖鸥鹭闲。何时共樽酒？世路正多艰。[2]

尽管"寂寞堕荆蛮"，"萧萧双鬓斑"，李纲仍是"耿耿寸心赤"，伤世忧时，"抢攘悯瓯越"，"戎车伤浩荡"，"天地旌麾满"。他另有《翁士特见示山字韵诗两篇复次前韵寄之》和《次韵士特试谷帘泉见怀之作》两诗，[3]不必备录。

李纲尽管身处逆境，但立拳拳忧国爱民之心，却不可能有片刻安闲。当初秋时节，"西风陨高梧，秋暑退残热"，他又转念想到金军会又一次南侵："边防久凋残，河洛据戎羯。中原无长城，何以限逸越？传闻今年春，关辅已喋血。强兵健马区，乘间肆陵蔑。况兹柔脆乡，岂复劳龁啮。江汉非不深，天险为人设。要害无重兵。一苇自可绝。恬然不为备，庙算

---

1. 《梁溪全集》卷138。
2. 《梁溪全集》卷20《闻翁士特携家居胶山》。
3. 《梁溪全集》卷20，卷22。

岂有说。"[1]

当年另一件对李纲打击极大的事件，当然是传来了宗泽辞世的噩耗。他对这个年长一辈的英雄深致哀痛："安能百身赎，坐为四海恫。人亡国殄瘁，天意真懵懵。中原气萧瑟，洒涕临西风。"[2]已如前述。十月，李纲接到朝命，"移澧州"[3]。

## 二、流放炎荒极地

李纲是在"戊申冬至日""赴澧阳"，澧阳为澧州别名。他给三个弟弟寄诗说：

缇室初回律管阳，貂裘还是旅殊乡。可堪身向三湘远，更觉愁随一线长。棣萼相思劳梦寐，郊禋成礼想旂常。羁臣与国同休戚，老眼犹期见治康。[4]

当时李纲正得眼病，在治疗中。当时他还收到妻张氏两个外甥的寄诗，就以诗回复，表示谢意："《渭阳》正续《离骚》赋，频寄诗来慰客愁。"[5]此处是用《诗经·渭阳》"我送舅氏，曰至渭阳"的典故。他又接家书，"报黄氏女生外孙"，也以诗回寄说："怪底朝来鹊噪门，家书元报女生孙。"[6]也算是给这个羁臣带来一点喜悦，愁颜稍开。

李纲"自蒲圻（今湖北省蒲圻市）、临湘（今湖南省临湘市西）趋岳阳（岳州，今湖南省岳阳市）"，"鄂渚何尝一日安，澧阳犹喜远江干"，"还驱征骑向三湘，行尽骚人放逐乡"，使他更怀念屈原，"更欲投书吊汨罗"，却仍以诗言志，"变心从俗吾何敢！千古骚人共此愁"，"益坚节操行吾志"[7]。

---

1. 《梁溪全集》卷19《西风行》。
2. 《梁溪全集》卷32《哭宗留守汝霖》。
3. 《梁溪全集》附录一《年谱》。
4. 《梁溪全集》卷22《戊申冬至日有怀诸弟时赴澧阳》。
5. 《梁溪全集》卷22《张氏二甥寄诗可喜》。
6. 《梁溪全集》卷22《得梁溪家书报黄氏女生外孙》。
7. 《梁溪全集》卷23《自蒲圻临湘趋岳阳道中作十首》。

## 第八章 贬谪流离路修长（李纲）

李纲大约到达岳州时，接许翰寄诗，还要向他"借《春秋集传》，又欲借《易》"。李纲回赠诗说：

胡尘暗中原，河洛皆穹庐。衣冠竞南渡，故国靡复余。襄陵大岳裔，亦尔困征涂。颠沛不忘道，呻吟曳长裾。如公巨川舟，岂止清庙瑚。愧我正羁束，未能踵汉疏。[1]

李纲抵达澧州，"寓天宁僧舍"[2]。但"待罪澧阳，纔息肩，复闻有海南之行，不胜惶惧。束装，俟命即上道。然传报已久，而命犹未至，益以震悚"[3]。他终于收到远谪海南岛的命令，"见报，以言者论六事，其五皆靖康往故，其一谓资囊士人上书，以冀复用，谪居海南"。他在"震惧之余"，作诗说，"力（小）安能胜万钧，退藏深渺欲全身。大恩不报有余责，何必烦言浪指陈"，对于"烦言"，不得不微露不平和愤懑之情，但转念"尼父乘桴居九夷，管宁浮海亦多时。古来圣贤犹如此，我泛鲸波岂足悲"，心态又归平和了。[4]

李纲又走上漫长的谪路，途经益阳县（今湖南省益阳市）、[5]湘乡县（今湖南省湘乡市）和邵州邵阳县（今湖南省邵阳市），为了"避谤，不敢取道衡岳"[6]，抵达广南西路首府桂州，[7]再南下本州阳朔县（今广西壮族自治区阳朔县）。[8]李纲来到象州（今广西壮族自治区象州县），时值建炎三年（公元1129年）春，"路入春山春日长，穿林渡水意徜徉"。"竹屋茅檐三四家，土风渐觉异中华"。"炎荒景物随时好，何必深悲瘴疠乡"[9]，藉以自我排遣。他又南下贵州（今广西壮族自治区贵港市）。[10]据

---

1. 《梁溪全集》卷23《再次韵崧老见和之作》。
2. 《梁溪全集》卷23《至澧阳寓天宁僧舍有感》。
3. 《梁溪全集》卷110《澧阳与许崧老书》。
4. 《梁溪全集》卷23《谪居海南五首》，参见卷65《辩谤奏状》。
5. 《梁溪全集》卷23《益阳白鹿寺》。
6. 《梁溪全集》卷23《自湘乡趋邵阳有感五首》。
7. 《梁溪全集》卷23《桂林道中二首》。
8. 《梁溪全集》卷23《道阳朔山水尤奇绝》。
9. 《梁溪全集》卷23《象州道中二首》。
10. 《梁溪全集》卷23《次贵州二首》。

他与前宰相吴敏信中说："区区自过象郡，颇觉为岚气所中，饮食多呕，姑少留怀泽将理。"[1]贵州别名怀泽。[2]

在此必须交代一下建炎二年末至三年初的政事。宗泽不幸逝世后，宋高宗的小朝廷犹如一条失去脊骨的丧家之犬。建炎二年十二月，宋高宗将右相黄潜善迁左相，知枢密院事汪伯彦升右相。拜黄潜善的制词赞扬他"出处著三朝之望，险夷更百变之难"，"首倡兴王之业，独高佐命之勋"，"遭时多故，宏济大艰"。拜汪伯彦的制词赞扬他"德器群公之表，威名万里之冲"，"顷佐命于戎衣，久宣劳于枢管。历时滋久，俊誉益孚"。宋高宗说："潜善作左相，伯彦作右相，朕何患国事不济！"[3]难怪朱熹后来脱离了古代的臣规，无比感慨地评论说："高宗初启中兴，而此等人为宰相，如何有恢复之望！"[4]

宋高宗将军国大事一概交付黄潜善和汪伯彦，自以为可以专心致志地在行宫享受和淫乐，而高枕无忧。不料乐极生悲，建炎三年初，金军五六千骑突击扬州，企图活捉宋高宗。宋高宗虽仓皇狼狈逃窜，结果却造成扬州历史上史无前例的悲惨劫难。

宋高宗逃到杭州，只得下罪己诏，罢免黄潜善和汪伯彦。但在罢相前，黄潜善和汪伯彦仍为自己的禄位作最后挣扎。他们为宋高宗策划发布德音，"释诸路囚杂犯死罪以下，士大夫流徙者悉还之，惟责授单州团练副使李纲不以赦徙"。理由是若开释李纲，会得罪金朝，[5]实际上是害怕李纲复相。正如大儒胡安国评论说："特下赦音，元恶大憝，皆得原涤，而李纲独不与焉。此虽假借朝廷诏令行之，安能掩天下之公论乎？颠倒是非，变乱名实，莫斯为甚矣！"[6]李纲在象州给吴敏写信，悲愤地说：

在八桂睹德音，闻车驾南渡，仓卒惊扰，感愤弥日，不能自已。事势

---

1. 《梁溪全集》卷112《（贵）州答吴元中书》。
2. 《方舆胜览》卷40，《记纂渊海》卷15。
3. 《会编》卷119，《要录》卷18建炎二年十二月己巳，《宋宰辅编年录校补》卷14。
4. 《朱子语类》卷131。
5. 《要录》卷20建炎三年二月乙丑。
6. 《历代名臣奏议》卷47胡安国《时政论·核实》。

遂尔，奈何！恩霈旷荡，独不沾濡，而谴谪之辞弥重，罪魁怨府，萃于一身，惭怍震惧，益无所容。[1]

因朝政昏暗，宦官们作威作福。武将苗傅和刘正彦又在三月发动兵变，一度迫使宋高宗退位。史称苗刘之变或明受之变。文臣吕颐浩和张浚，武将韩世忠、刘光世和张俊发兵救驾，才平定此次政变。

尽管古代的交通与信息闭塞，李纲大约在贵州时，接连得到了苗、刘之变及平定的消息。他最初"伏读三月六日内禅诏书，及传将士榜檄，慨王室之艰危，悯生灵之涂炭，悼前策之不从，恨奸回之误国，感愤有作，聊以述怀"：

忆昔廷争驻跸时，孤忠欲挽六龙飞。莱公谩有亲征策，亚父空求骸骨归。灵武中兴形势便，江都巡幸士心违。累臣独荷三朝眷，瘴海徒将血涕挥。[2]

真可谓是痛断肝肠，却又空"将血涕挥"。他另给吴敏信说："睹三月六日内禅诏旨，王室变故，遂至于此，痛愤何言！""宣和间，王、蔡、童、梁所以谋身者至矣，然卒不免；靖康间，唐、聂之徒所以谋身者亦至矣，然又不免；至汪、黄则又巧过于数子，然又有今日之事！"[3]李纲接着又"伏睹四月五日赦书，銮舆反正"。[4]他在当年"端午日次郁林州（今广西壮族自治区玉林市）"，写诗说：

久谪沅湘习楚风，灵均千载此心同。岂知角黍萦丝日，却堕蛮烟瘴雨中。榕树间关鹦鹉语，藤盘磊珂荔枝红。殊方令节多凄感，家在东吴东复东。[5]

---

1. 《梁溪全集》卷111《象州答吴元中书》。
2. 《梁溪全集》卷23《伏读三月六日内禅诏》。
3. 《梁溪全集》卷112《（贵）州答吴元中书》。
4. 《梁溪全集》卷24《伏睹赦书有感二首》。
5. 《梁溪全集》卷24《端午日次郁林州》。

三月二十九日，他尚在贵州，即与吴敏通信，谈论到陈东遇害等时事：

> 建炎初，张所首论江夏兄弟之奸，以散官安置。既而吴给论汪，送部。其后颍川极论二人，以谓必误中兴，遂置极法。次年春，（宦官）邵成章因张遇事有言，缴申二人，亦窜逐。布衣魏祐连上五书，闻亦不得其死。其秋，马伸疏十五事攻之，谪山东监当，尚不知今存亡也。颍川之书，甚明白激切，初无指斥之语。但论此二人，中其要害，故下毒手，以绝来者。[1]

此信历数建炎初政的罪恶，使用古代名门的郡望姓氏作隐语，如"颍川"是指陈东，"江夏兄弟"是指黄潜善兄弟。前已交代，陈东上书中有指责宋高宗"不当即大位，将来渊圣皇帝归来，不知何以处"的文字，但李纲似未必看到，说陈东"初无指斥（乘舆）之语"，即骂宋高宗的话，不合事实。李纲不好议论皇帝，但说黄潜善和汪伯彦"下毒手"，也属事实。李纲《谪居海南五首》诗也用隐语愤慨地说："刚道资囊上书者，不知谁继颍川生？"[2]另在哀悼东汉祢衡诗中，更悲愤地高呼："醜哉杀士名，千古不可忘！"[3]他到达郁林州后，"恭闻诏书褒悼陈少阳，赠官，与一子恩泽，赐缗钱五十万"，方得以作诗，深致哀悼，"平昔初无半面交，危言几辨盖宽饶。幽冥我已惭良友，忠愤君应念本朝"。"血沾斧钺虽因我，心在宗祊岂计身！宿草已深难一恸，临风空有涕沾巾"。"忠血他年应化碧，英魂今日已生光。先生愤懑诚昭雪，九死南迁岂自伤"。但在当时专制政治的历史条件下，仍只能歌颂皇帝圣明，"无心圣主如天地，著意奸臣似虎狼"[4]。在今天看来，既是可以理解的，也是可笑的。

李纲来到雷州（今广东省雷州市），宋时雷州和海南岛都属广南西路。经历长期流放，李纲的健康状况衰退，"远投瘴海"，虽"短发白

---

1. 《梁溪全集》卷112《怀泽与吴元中别幅》。
2. 《梁溪全集》卷23。
3. 《梁溪全集》卷19《五哀诗·汉处士祢衡》。
4. 《梁溪全集》卷24《恭闻诏书褒悼陈少阳四首》。

而早衰"，却"寸心丹而不改"[1]。雷州的县治和州别名都是海康。[2]他赋诗说：

《华夷图》上看雷州，万里孤城据海陬。萍迹漂流遽如许，骚辞拟赋《畔牢愁》。沧溟浩荡烟云晓。鼓角凄悲风露秋。莫笑炎荒地遐僻，万安更在海南头。[3]

《畔牢愁》是汉扬雄所作的赋名。"风露秋"，证明他是秋天到达此地。[4]他另给许翰寄信说：

秋高，江外气候已凉，伏惟燕处多裕，钧候多福。某以黎寇未靖，尚驻海康，官军进讨，贼势稍衰，早晚遂南渡矣。自抵岭海，幸与小子无恙，然从者物故过半，瘴疠之乡，真可畏也！[5]

信中反映了岭南的荒凉，以至"从者物故过半"。又到了中秋，"月色佳甚"，李纲"与宗之对酌天宁寺宝华堂"，更有一种天涯万里的凄凉："去年今夕寓通城，犹有新诗寄弟兄。一自橐囊来海上，更无系帛付鸿征。"[6]六月初一日，李纲长子李仪之生子，[7]但辗转传至雷州，已是中秋之后，对李纲而言，自然"殊慰老怀，时在雷州，著《易传》，适至震卦，因名之曰震孙，以诗寄仪之"。诗中说："浮雷名震因观《易》，他日趋庭使学《诗》。无复区区如尔父，定须了了胜吾儿。"[8]震孙应是李震的小名。[9]

到十一月初三日，即黄潜善和汪伯彦罢相后大半年，宋高宗面对金军

---

1. 《梁溪全集》卷4《乘桴浮于海赋》。
2. 《宋史》卷90《地理志》，《方舆胜览》卷42，《记纂渊海》卷16。
3. 《梁溪全集》卷24《次雷州》。
4. 《梁溪全集》附录一《年谱》。
5. 《梁溪全集》卷110《海康与许崧老书》。
6. 《梁溪全集》卷24《中秋月色佳甚与宗之对酌天宁寺宝华堂》。
7. 《梁溪全集》附录一《年谱》。
8. 《梁溪全集》卷24《得家书报长子仪之房下得孙男》。
9. 《梁溪全集》附录二《行状》下。

275

在建炎三年冬的大举进攻，惶惶不可终日，才下令说："责授单州团练副使、昌化军安置李纲罪在不赦，更不放还。缘累经恩赦，特许自便。"[1]

因海南岛发生变乱，李纲只能暂留雷州，"海上群黎亦弄兵，征车数月旅山城。稽留谪命兢惶甚，正坐绯巾惩沸羹"[2]。李纲与李宗之等来到地角场，[3]按李纲自述："次地角场，以疮疡，不果谒伏波庙。俾宗之摄祭，期以二十五日渡海。一卜即吉，夜半乘潮解缆，星月灿然，风便波平，诘旦已达琼管。"[4]宋廷的"特许自便"的赦令行程达一个月，方才到达海南岛。李纲另有在雷州的留题，记述了此次渡海之行："余谪万安，次雷阳，适海南黎寇猖獗，艰阻，留寓天宁丈室累月。闻官军既破贼，即日成行。南渡次琼管。不三日，祗奉德音，蒙恩听还。往返才十日，复天宁旧馆。"[5]

李纲原以为此行"分死海上，不归骨中州"[6]，不料短短十天，就结束了宋代视为畏途的海南岛贬谪生涯。但他的笔下仍留下了此地特殊的荒凉风貌的珍贵史料：

四郡环黎母，穷愁最万安。峒氓能悯寇，泷吏岂欺韩？草屋聚筥里，孤城瘴海端。民居才百数，道里尚艰难。径陆忧生蜑，乘桴畏怒澜。飓风能破胆，疠气必摧肝。去死垂垂近，资生物物殚。舶来方得米，牢馨或无餐。树芋充嘉馔，芦蠃荐浅盘。菱藤茶更苦，淡水酒仍酸。黎户花缦服，儒生椰子冠。槟榔资一醉，吉贝不知寒。[7]

宋代的棉花称吉贝或木棉，产量甚少，而海南岛与隔海相望的腹地不同，不产丝麻，只产吉贝。经济和文化十分落后的海南岛，其逐步发展，

---

1. 《要录》卷29建炎三年十一月丁未。
2. 《梁溪全集》卷24《闻官军破黎贼作两绝》。
3. 据赵效宣先生《李纲年谱长编》第126、127页考证，地角场即递角场，有理。
4. 《梁溪全集》卷24《次地角场俾宗之设祭伏波庙》，卷133《武威庙碑阴记》。
5. 《方舆胜览》卷42《雷州》。
6. 《梁溪全集》卷114《与李封州致远书》。
7. 《梁溪全集》卷24《次琼管二首》。

尚是宋以后的事。李纲"留十日，复渡海而北，往来皆便风，无惊涛之恐"。[1]尽管如此，他仍"赋诗见志"说：

儋耳三年时已久，琼山十日幸尤多。
却收老眼来观国，尚冀中原早戢戈。[2]

他后又在雷州赋诗说：

梦中曾过鬼门关，敢冀君恩听北还。
父子相随幸良厚，仆奴半死涕空潸。
余生幸尔脱垂涎，鸡肋安能拒老拳。
万里得归辞瘴海，三年奔命厌征轩。[3]

说尽了下"瘴海"，"过鬼门关"，以至"仆奴半死"的辛酸。李纲本人也"得重腄之疾，行立皆妨"。古人常说人情冷暖，世态炎凉，这在某人遭遇患难时，就区分得格外清楚。李纲"自适岭海，不敢复与中州士大夫通问"[4]。但有一周姓"贤契"，今失其名，字元中，[5]他特别到崇阳县，看望李纲。后又"蹈前约，往返数千里，冒犯瘴疠，间关险阻"，前往海南岛。虽与李纲"道途相失"，未得在海南岛会面，却使李纲十分感动，他写信说："荷意之厚，何以当之！嗟乎！仆远谪，虽平生亲旧，有不复相闻者；而足下眷眷于我如此，当于古人中求，然不免为今人所笑，奈何？"[6]

另一士人姓虞，字祖道，今也失其名。李纲赋诗说，作小序说："罪

---

1. 《梁溪全集》卷114《与周元中书》。
2. 《梁溪全集》卷24《次琼管后三日奉德音自便二首》。
3. 《梁溪全集》卷24《初发雷阳有感二首》。
4. 《梁溪全集》卷114《与向伯恭龙图书》。
5. 《嵩山文集》卷17《周元仲字序》说："泰州周灵运请字于予，以一字表其名，曰元。"今存福州鼓山石刻存有绍兴元年与李纲同游者为"淮海周灵运元仲"。但不能判明周元仲即是周元中。
6. 《梁溪全集》卷114《与周元中书》。

谪海上，中州亲故罕通问。独虞君祖道，相从湖、海，踰年北归，同途次容南，赋诗识别。"他陪伴了李纲南下海南岛的全程，直到北归后，彼此才在容州（今广西壮族自治区容县）惜别。李纲的诗说：

饱经忧患莫如吾，暮景余生寄一桴。独子相从来瘴海，岂知还得共归途！应观天下奇男子，解笑人间浅丈夫。老去山林养衰疾，好音时与系飞凫。（许崧老闻虞君同泛海，以书语人曰："此天下奇男子也。"因全用其语，"浅丈夫"，聊取的对耳。）[1]

当虞生伴随李纲渡海时，确实也是置生死于度外，而不问是否还有"归途"。对李纲而言，也真是"艰难愧深情"。当众多"浅丈夫"蝇营狗苟之际，也有卓尔不群的"奇男子"，世界方显得丰富多彩。

## 三、流放期间的著书立说

中国古代的传统说法是"大上有立德，其次有立功，其次有立言"，"此之谓三不朽"[2]。李纲在万般无奈之中，只能追求立言。他在建炎二年八月开始撰写《迂论》，共七十八篇，[3]并赋诗说：

长笑梁溪翁，平生有余拙。于今欲行古，无乃亦痴绝。施之廊庙间，放步足已跌。下帷更潜思，又复广陈说。从来坐言语，得谤今未歇。曾不少创懘，說說只强聒。惟堪覆酱瓿，讵足议往辙。掉头谓不然，此理君未察。立言与行事，垂世初不别。身穷言乃彰，贻范有前哲。周文拘羑里，《易·象》乃成列。仲尼道不行，褒贬代赏罚。屈原因椒兰，泽畔采薇蕨。《离骚》体《风》《雅》，光可争日月。虞卿罢赵相，梁魏颇屑屑。世亦传《春秋》，端为穷愁设。圣贤垂简编，往往因愤发。"避谤不著书"，陆子良已黜。区区祸福间，何足议宏达。泛览古人心，一一可坐阅。大略观规模，微情析毫发。幽光发干将，潜愿戮饕餮。会有知我人，

---

1. 《梁溪全集》卷25《虞祖道相从湖海》。
2. 《左传》襄公二十四年。
3. 《梁溪全集》卷137《〈迂论〉序》，卷145至卷154有《迂论》十卷。

玩味为击节。安知千载后，观乐无季札？岂能继《潜夫》，粗可仿荀悦。子云方草《玄》，解嘲何可缺。[1]

他明知"从来坐言语，得谤今未歇"，却"曾不少创惩，譊譊只强聒"，仍期望"会有知我人，玩味为击节。安知千载后，观乐无季札"。他在《〈迂论〉序》中也作了相同的表述：

闲居杜门，谢绝宾客，念恩省咎之外，无所用心。则取古之君臣、贤士大夫，与夫奸邪佞谀、乱臣贼子，其所施为，是非、成败、治乱、兴亡之迹，可以垂鉴于后，而今之事宜，所当变通于昔者，极其理而论之。其意以谓身既废放，不得展（尽）底蕴，以济国家之急；姑以智虑所及，载之空言，以俟后之君子，亦不为无补。[2]

李纲所阐述的正论与诤言，当然是对时弊有很强的针对性，他说：

君子、小人之分，义与利，公与私而已。夫谋身之智周，则爱君之仁薄，虑国之计至，则保身之术疏，是二者不可得而兼也。[3]
抗大敌，建大事，而志不立，规模不先定者，未有能成功者也。[4]
宰相，以道事君者也，故以固宠谋身为深戒，以荐进人材为职者也，故以妒贤嫉能为最忌。[5]

且不说当时，即使在今天看来，此类议论也仍有现实意义。到十月二十日，李纲又在崇阳县"僧舍中"，完成了《建炎进退志》十卷，[6]忠实记录了他任相的经历，为后世留下了信史，今存《梁溪全集》卷174至卷

---

1. 《梁溪全集》卷19《著〈迂论〉有感》。
2. 《梁溪全集》卷137《〈迂论〉序》。
3. 《梁溪全集》卷145《论君子小人之分》。
4. 《梁溪全集》卷147《论志》。
5. 《梁溪全集》卷148《论宰相》。
6. 《梁溪全集》卷177《建炎进退志总叙》下之下，附录一《年谱》。

177《建炎进退志总叙》，乃是节录，共四卷。[1]他另写了《建炎行》长诗"百二十韵"，他在诗末沉痛地说：

吁嗟乎苍天，乃尔艰国步！譬犹大厦倾，著力事撑柱。居然听颓覆，此身何所措？又如抱羸瘵，邪气久已痼。不能亲药石，乃复甘粔籹。膏肓骨髓间，性命若丝缕。安得和缓徒？举手为摩拊。驯致海宇康，苍生有环堵。[2]

在中国古代，为儒经作新的注释，自然是儒学家们表现学术造诣的崇高事业。李纲在流放途中还"著《论语详说》十卷，《易传内篇》十卷，《外篇》十二卷"[3]。今存《梁溪全集》卷24有《寓郁林著〈易传〉有感》诗，说自己在郁林州，"谪来海峤远兵戈，精义微言得切磋"。当时，他在给许翰、吴敏的信中，也对《周易》《论语》的义理多有讨论。[4]李纲后在致向子諲的信中也说，自己在"远谪中，了得《易传》《论语说》"[5]。可惜其《论语详说》今已佚亡，甚至不见宋人另外著录。另据俞琰《读易举要》卷4说：

丞相昭武[6]李纲伯纪撰《梁溪易传》九卷，《外篇》十卷，按序、内、外篇凡二十三卷。《内篇》（《训释》），《上、下经》，《系辞》，《说卦》，《序卦》，《杂卦》并《总论》，合十卷。《外篇》《释象》七，《明变》一，《训辞》二，《类占》一，《衍数》二，合十三卷。[7]今阙《总论》《训辞》《衍数》，存者十九卷。盖罢相迁谪时所作。其书未

---

1. 如《要录》卷5建炎元年五月乙未正文及注，卷6建炎元年六月丁亥正文及注，都载有今存《建炎进退志》节录本不存之佚文。
2. 《梁溪全集》卷19。
3. 《梁溪全集》附录一《年谱》。
4. 参见《梁溪全集》卷110至卷113。
5. 《梁溪全集》卷114《与向伯恭龙图书》。
6. 《记纂渊海》卷10，邵武军"郡号昭武"，《方舆胜览》卷10同。
7. 《梁溪全集》卷163《书寄崧老〈易传〉后》作"所著《易传》九卷，《总论》一卷，《外篇》《释象》七卷，《训辞》三卷，《明变》《类占》《衍数》各一卷，合二十二卷"。稍异，可能尚非定稿。

行于世，馆阁亦无之。莆田郑寅子敬从忠定之曾孙得其家藏本，今考《梁溪集》，绍兴十三年所编，其训辞、二序已亡，有录，无书，则其家亦亡逸久矣。岂有其序而书实未成耶？其书于辞、象、变、占无不该贯，可谓博矣。

《直斋书录解题》卷1和《文献通考》卷176《经籍考》文字稍异：

《梁溪易传》内、外篇，共十九卷：
丞相昭武李纲伯纪撰，案序、内、外篇凡二十三卷。《内篇》《训释》《上、下经》《系辞》《说》《序》《杂卦》并《总论》，合十卷。《外篇》《释象》七，《明变》一，《训辞》二，《类占》一，《衍数》二，合十有三卷。今《内篇》阙《总论》，《外篇》阙《训辞》及《衍数》下卷，存者十卷。盖罢相迁谪时所作。其书未行于世，馆阁亦无之。莆田郑寅子敬从忠定之曾孙得其家藏本，顷倅莆田日，借郑本传录。今考《梁溪集》，绍兴十三年所编，其训辞二序已云有录，无书。则虽其家亦亡逸久矣。岂有其序而书实未成耶？其于书辞、变、象、占无不该贯，可谓博矣。

今《梁溪全集》卷134存有《易传内篇序》《易传外篇序》《释象序》《明变序》《衍数序》《类占上序》和《类占下序》七篇，另有《训辞上序》和《训辞下序》保留目录。《易传内篇序》和《易传外篇序》说，"余以罪谪海上，端忧多暇，取《易》读之，屏去众说，独以心会"。"余年运而往，行将知命，学《易》于忧患之中"。"书始于建炎三年己酉之中秋，时谪居海上，行次雷阳。成于四年之仲春"。"著《易传内、外篇》《训释》《上、下经》《上、下系》《说卦》《序卦》《杂卦》《总论》，合为十卷。《外篇》《释象》七，《明变》一，《训辞》二，《类占》一，《衍数》二，合为十有三卷，凡二十有三卷"。"盖《易》者，学道之筌蹄；此书又学《易》之筌蹄，鱼兔已得，则筌蹄虽忘焉，可也"。《梁溪易传》全帙今亦已佚亡，仅存七篇序。但《易传内篇序》和《易传外篇序》的以下三段话，又代表了李纲对《周易》基本精神

281

的理解：

六经皆所以载道，而《易》以道阴阳，故刚柔相推，而生变化，天道备矣。圣人系辞焉，而明吉凶，以尽人事，所以和同天人之际，而使之无间也。古文日月为易，日，阳也，月，阴也，月遁日迈，一昼一夜，相推而生明。阳奇阴耦，一刚一柔，相推而成卦。故曰："阴阳之义配日月。"又曰："刚柔者，昼夜之象也。"圣人观变于阴阳，而立卦，发挥于刚柔，而生爻卦。爻具而谓之《易》者，盖专以变易为义。先儒谓《易》含三义，有不易、简易之意者，非也。故自太极兆而为奇耦，自奇耦积而为乾坤，自乾坤索而为六子，自八卦相重相错而为六十四卦，无非变者。六爻之义易以贡，变动不居，周流六虚，上下无常，刚柔相易，不可谓典要，唯变所适，此所以谓之易欤！易也，道也，神也，异名同实，其旨一也。"生生之谓易"，"一阴一阳之谓道"，"阴阳不测之谓神"，三者浑沦而不相离。语其大则范围天地，语其小则充足毫末。刻雕众形，橐钥万化，自有形至于无形，自有心至于无心，莫不综摄乎此。则《易》之为书，何为者耶？载此而已。刚柔有自然之体，奇耦有自然之数，上下内外有自然之位，进退往来有自然之序，消息盈虚有自然之理，皆所以载天道也，而人事存焉。是以圣人察卦爻之变，因其有是象，则系之以是辞。以爱恶情伪之相感，为吉凶悔吝之端；以君子小人之消长，为治乱安危之本。其所以告人，使避凶趋吉，虽不离于日用之间，而精义入神，有出于思为之表，和顺于道德，而理于义，穷理尽性，以至于命。此学者所以不可不尽心也。

《易》有圣人之道四焉，以言者尚其辞，以动者尚其变，以制器者尚其象，以卜筮者尚其占。《易》本于数，而数不与焉，极其数，遂定天下之象，数兼于象故也。有数而后有象，有象而后有变，有变而后有占。而鼓天下之动，则存乎辞，辞所以该极象数，各指其所之，而明吉凶，以示人者也。古之学者必备是四者，然后足以窥圣人作《易》之旨。故有推步气候律历之学，所以知数也；有正卦互体俯仰之学，所以观象也；有卦变时来消长之学，所以察变也；有五行世应，游魂归魂之学，所以考占也；有训诂其言，解释其义之学，所以修辞也。

近世学者，唯尚言辞，务明其义，而象、数、变、占之学，皆失其传，则不得圣人之旨多矣。今卦爻之象变具在，含蓄妙意，发挥至理，示人甚明，顾弗深考。而占筮术数之法，载于经传者，班班可见，苟能精以思虑，默契于心，则古人之学不难到也。圣人作《易》之旨，虽非即此而可穷，亦非舍此而能得，不凿不拘，唯其是之为从而已。

《周易》在中国古儒经中是一部蕴含相当丰富的自然与社会哲理的著作，其文辞艰晦难懂。历代注家蜂起，又大致分象数和义理两派。李纲的无疑不赞成完全排斥象数，而是主张兼采两家之长。李纲研读《周易》，其诗有"《易》书顾我耽成癖"[1]之句，无疑是惮精极虑，下了很大的功力。

关于《论语详说》，今仅存《梁溪全集》卷138有《〈论语详说〉序》，其篇末说：

余谪官多暇，与次子宗之讲说，颇多正之。因笔其言而成书，目之曰《论语详说》。夫博学而详说之，将以反说约也。推明圣人之旨，说之不患乎详，而反说约者，在乎自得之而已。顾学识芜浅，不足以窥圣言难知之奥，岂敢传诸学者，姑以训道子侄，开其童蒙可也。旧以两字命篇，如《学而》《述而》之类，体制不雅，辄取篇之首句易之，效《老子》名章之义，厘为二十卷。书始于武昌郡，以建炎戊申（二年）之仲冬；成于郁林郡，以建炎己酉（三年）之仲夏；改定于长乐郡（福州），以绍兴甲寅（四年）之初秋云。

在相当短的时期内，完成了《迂论》《建炎进退志总叙》《论语详说》《梁溪易传》等，可知李纲虽身处逆境，而其著述能力还是十分旺盛而顽强。

---

1. 《梁溪全集》卷24《古律两篇答郁林王守》。

## 第二节　兵戈满眼栖何地　海上归来路更长

从建炎三年冬，金军分两路渡江南侵，纵横江南东、西、两浙和荆湖南、北五路，屠戮焚掠，实施毁灭性的破坏，制造了极惨重的劫难。宋高宗小朝廷不得不流亡和漂泊海上，一直逃到温州（今属浙江省）。直到建炎四年（公元1130年）春，金军被迫北撤，青年统制岳飞率兵克复建康城，将金军最终逐出江南。宋朝的偏安局面开始逐渐形成，从建炎四年到绍兴五年（公元1135年），前后六年，方得以平定内部变乱，稳定统治。但金朝又取政治攻势，于当年建立刘豫伪齐傀儡政权，并且放纵奸细秦桧归宋。

### 一、归心如飞归路长

李纲北归雷州，稍作盘桓，在干戈扰攘之际，竟回不得残破的无锡。他与李宗之等一行在建炎三年十二月十九日，时值立春，来到化州（今广东化州市），化州别名龙化。[1]按其自叙：

> 立春日，龙化道中得家问，诸季已挈家，渡浙江，如剑川。又闻江西颇有群盗啸聚。遂决意由五羊（广州）趋循（州）、惠（州）、潮阳（潮州），假道闽中以归。[2]

---

1. 《记纂渊海》卷15。
2. 《梁溪全集》卷24《立春日龙化道中得家问三首》。

信中的"剑川"，宣和时，处州龙泉县一度改为剑川县，后复旧名。[1]
赵效宣先生认为，李纲的外祖父吴家，三妹夫周家都在此地，[2]李家前往避难，有一定道理。故李纲在诗中说："远信来时岭峤春，浮家已在浙江滨。更传赣水方虞寇，须向闽山与问津。"[3]因金军的兵祸，无锡梁溪李家也不得不逃难到"浙江滨"。李纲后在一封信中又叙述了此后的行程，说：

岁尽抵容南，传报虏骑深入，江、湖间大扰，道塞不可行。宿留至春暮，得寇退报。且知家寓鄱阳属邑，幸无虞。乃由藤、梧、康、端、广、惠、循、梅，以趣临汀，意欲身留建、剑间，遣子弟挈家来会。适有王璯溃军之变，不果。因自盱江访家于山谷中，幸骨肉少长无恙。[4]

原来在战乱年代，梁溪李氏在剑川县也无法安居，又"寓鄱阳属邑"，投奔李纲妻张氏娘家所居的江南东路饶州。容南应是容州（今广西壮族自治区容县）别名。李纲途经容州北流县（今广西壮族自治区北流市），到州治普宁县。[5]建炎三年的除夕之夜，他又只能与次子李宗之对酌，赋诗说：

四年除夕旅殊方，海上归来路更长。暮景飞腾催老病，余生留滞且炎荒。传闻寇盗纷惊扰，叹息江湖堕渺茫。杳杳东吴家万里，椒盘谁与颂馨香？[6]

父子怀念战祸时期的家人，倍觉凄凉。直到三月暮春清明节，他们方才得到了家书。古语称"宁为太平犬，莫作乱世人"[7]，只有经历战祸

---

1. 《宋史》卷88《地理志》。
2. 《李纲年谱长编》第131页。
3. 《梁溪全集》卷24《立春日龙化道中得家问三首》。
4. 《梁溪全集》卷114《与周元中书》。
5. 《梁溪全集》卷24《过北流县八里游勾漏观留五绝》。
6. 《梁溪全集》卷25《除夜与宗之对酌怀家》。
7. 元施惠《幽闺记》第十九出《偷儿挡路》。

的人，才能有此真切的感受。在"天地干戈满"[1]之际，平安"家书抵万金"[2]。李纲为此作诗，"去国三年久，离家万里余"。"南荒炎瘴地，槐火又清明。海峤无春色，江湖有战声"。"欲归归未得，留滞绣江滨。感慨伤春望，侨居多北人。苍生未苏息，黄屋尚蒙尘。王室艰危极。潸然泣老臣"。"欲挽天河水，滂沱洗甲兵"[3]。尽管本人处此困境，而一颗忧国忧民之赤心，仍跃然纸上，在他的心目中，祖国的危难仍重于一切。李纲在一封信中说：

后一年，竟以人言，遂涉鲸波，罪衅之深，分死海上，不归骨中州矣。大恩听还，实出望外，第深感涕。与贱累辈相别，跨涉四年，归心如飞。至容南，适感瘴气，又传报江、湖间寇盗，惊扰纷纷。忧愤之深，宿病大作，须调治稍安，及道路无梗，然后敢行。[4]

待"调治稍安"，又是打听到"道路无梗"，李纲父子于建炎四年"四月六日，离容南陆行，趋藤山"[5]，藤山应是藤州（今广西壮族自治区藤县）的别名。当地富有原始松林，"自容趋藤山路，古松皆合抱百余尺，枝叶扶疏，行人庇赖。为取松明者所刳剔，因而摧颠，十已六七"。李纲不觉为之"可惜"[6]。

李纲在藤州稍住，就取水路到梧州（今广西壮族自治区梧州市）。梧州的县治和别名都叫苍梧。[7]李纲在此地留诗说：

常诵苍梧云正愁，岂知理棹此间游。火山冰井旧传有，桂水藤江相合流。念远心如嘶北马，逾年行遍峤南州。[8]

---

1. 《全唐诗》卷223杜甫《夜闻觱篥》。
2. 《全唐诗》卷224杜甫《春望》。
3. 《梁溪全集》卷25《清明日得家书四首》。
4. 《梁溪全集》卷114《与李封州致远书》。
5. 《梁溪全集》卷25《趋藤山古风》。
6. 《梁溪全集》卷25《藤山路古松为取松明者所刳剔》。
7. 《方舆胜览》卷40，《记纂渊海》卷15。
8. 《梁溪全集》卷25《晚泊苍梧有感》。

"念远心如嘶北马",表述了他渴望与家人团聚的急切心情。李纲一行由梧州进入广南东路地界,大约是沿水路东行,途经封州(今广东省封川)[1]和康州(今广东省德庆)。时值盛夏,"五月炎荒气郁蒸"。[2]但他对康州的景物颇有好感,,"江山连肇庆,云物接苍梧"。"环抱大江流,层峦翠霭浮"。"景物冠南州。来值炎蒸日,翻惊风雨秋"[3]。

李纲辗转达来到肇庆府(今广东省肇庆市)。肇庆府原名端州,以出产石砚闻名,李纲为端砚作诗。[4]他们一行途经广州界,却似未入广州城,而是径入广州增城县和惠州博罗县之间的罗浮山一带,稍用停留。罗浮山是罗山与浮山的合称。[5]他们"舣舟泊头镇","遂作罗浮游"[6]。此时,"家问自闽中转来",李纲先后寄三位弟弟两首诗:

兵戈满眼归何地?云木连天思结巢。[7]

江海相望万里余,干戈阻绝久离居。沉鱼断雁杳何所?一纸千金初得书。身脱鲸波真偶尔,家邻兵火幸恬如。弟兄老矣何为者?相约罗浮同结庐。[8]

他看中罗浮山的佳景,一时甚至拟在此定居,与兄弟们"同隐罗浮"[9]。李纲又给翁挺寄诗:

遭遇登黄阁,平生志寝丘。爇头无寸效,失脚落遐陬。一去苍龙阙,三惊白露秋。贾生时欲恸,平子不胜愁。鄂渚何曾到,兰江未许留。孤城逾地角,绝岛在鳌头。父子同双影,箪瓢付一舟。飘零已知幸,奇绝敢言

---

1. 《梁溪全集》卷25《封川赠李致远郎中》。
2. 《梁溪全集》卷25《江行即事八首》。
3. 《梁溪全集》卷25《泊晋康横翠亭二首》。看来康州亦别名晋康。
4. 《梁溪全集》卷25《次庆府有感》,《端石砚》。
5. 《元丰九域志》卷9,《舆地纪胜》卷99《惠州》。
6. 《梁溪全集》卷26《罗浮山宝积延祥寺古风》,卷133《游罗浮山行记》。
7. 《梁溪全集》卷26《再赋一章寄诸季约同隐罗浮》。
8. 《梁溪全集》卷26《家问自闽中转来走笔寄诸弟》。
9. 《梁溪全集》卷26《再赋一章寄诸季约同隐罗浮》。

游。望断归来鹤，情孚不下鸥。波涛从汹涌，鼓角助清幽。忽奉日边令，容还峤北州。天恩方肉骨，厉鬼漫持矛。力拯中兴业，深防不戴雠。当车虽怒臂，见险莫扶辀。往事追何及，来功勉或收。舍垣宜葺补，风雨正飕飕。离索何其久，吟哦谁与酬？管宁终着帽，王粲且登楼。阻绝江南信，淹留海上洲。归心良耿耿，去路尚悠悠。见说鲸奔网，仍传盗聚蠡。不知供羽卫，今有几貔貅？瓯越亦远矣，江淮已定不？视天真懵懵，知命罢休休。水有朝东性，蒌非恤纬忧。吾徒强餐饭，肉食自深谋。[1]

感叹自己虽仍怀"力拯中兴业"的大志，却是"父子同双影，箪瓢付一舟"，而"归心良耿耿，去路尚悠悠"。

李纲一行继续上路，"泛舟循、惠间"[2]，"自鹅城乘舟至河源"[3]，河源（今属广东省）为惠州属县。在河源县，一天"夜霁，天象明润"，李纲痛切地赋百韵诗说：

岌然国势虺，人谋益回遭。飘腾虏骄横，搏逐逾鹰鹯。前年蹂关陕，杀气摩东川。去年破山东，轻驱犯淮壖。今年扰江湖，深寇台与温。东南几藩府，接境遭刘虔。将帅望风遁，巨贼摩其肩。屠戮到稚乳，焚烧无尺椽。翠华亦飘荡，泛海御楼船。士卒颇携贰，谁与守四边？内变不能弭，何以御外患？哀哉烝黎心，戴宋何其坚！肝脑涂草野，不忍负国恩。乃知祖宗德，渗漉深渊泉。如何廊庙谋，略不加矜怜？堂堂艺祖业，挥斥极八埏。谁陈退避策？一一欲弃捐。儿戏失两河，甘心丧中原。虽为东南行，初不治篱藩。[4]

国家的惨重劫难，使他忧心如焚。他们又"自河源陆行如循（今广东省龙川县）、梅"二州（今广东省梅州市）。[5] "六月欲徂暑"，李纲"宿

---

1. 《梁溪全集》卷26《次韵士特见怀古风》。
2. 《梁溪全集》卷26《泛舟循惠间山水清绝谩成口号四首》。
3. 《梁溪全集》卷26《自鹅城至河源道中有感》。
4. 《梁溪全集》卷26《夜霁天象明润成百韵》。
5. 《梁溪全集》卷26《自河源陆行如循梅》。

兴宁县（今属广东省）驿"，兴宁县处循州东，写诗有"怀家千里梦，许国一生心"之句。[1]他们终于抵达广南东路与福建路交界处的梅州。"自梅趣汀，行小路，硗埆危甚，六月十一日，宿金沙寺"，宋代的梅州还是相当荒凉，"林深晴有雾，土旷昼稀烟"[2]。李纲"自金沙（寺）至梅口，宿农家"，"夏夜宿山庄，风吹禾稼香"[3]，其时已至夏末，终于进入福建路的汀州（今福建长汀）界。

有位士人钱湿，字申伯，[4] "相迎于武平"县（今属福建省）。他是五代吴越钱镠后裔。[5]钱湿显然极富文采，"百家小说都成诵，一藏魔言独记持"[6]，李纲后写诗称他"君家三世五制举，名与嵩华争嵯峨。玉堂金马皆故物，高文大策垂不磨。今君落笔妙天下，该洽辩博如悬河"[7]。"钱郎与世苦不谐，胸次徒抱经纶才。行年五十犹未试，蟠蛰虽久恣风雷。扫除习气趣空寂，华藏重重恣游历"[8]，显然是位厌倦世事，无意功名的士人。他自"自海陵（泰州，今江苏省泰州市）避地临汀（汀州），闻"李纲"北归"，而特地前往迎接。李纲赠诗说，"海峤经行遍，还为闽岭游"。"我脱鲸波险，君罹寇盗惊。睽离四寒暑，会遇两蓬萍。访旧半为鬼，问津多阻兵"[9]。时值初秋，"相逢闽岭得同行，秋早凄然风露清"。钱湿陪伴李纲一行，经上杭县，[10]又北上宁化县，"追送至宁化栖隐寺，赋诗识别"。李纲为此赋诗，感慨"连年淮海怅离居，十日相从乐有余"[11]。故人相逢，情谊深厚，也是流离中的快事。

---

1. 《梁溪全集》卷27《宿兴宁县驿二首》。
2. 《梁溪全集》卷27《宿金沙寺》。
3. 《梁溪全集》卷27《自金沙至梅口宿农家》。
4. 《崇祯泰州志》卷6，《梁溪全集》卷167《宋故追复龙图阁直学士赠少师钱公墓志铭》。
5. 《梁溪全集》卷27《钱申伯自海陵避地临汀闻余北归相迓于武平赋诗见意二首》，卷121《答钱巽叔侍郎书》。参见赵效宣先生《李纲年谱长编》第139页考证。
6. 《梁溪全集》卷30《申伯见和有未肯承当之意次韵报之二首》。
7. 《梁溪全集》卷30《有诏举贤良方正作诗勉钱申伯使继世科》。
8. 《梁溪全集》卷31《送钱申伯如邵武》。
9. 《梁溪全集》卷27《钱申伯自海陵避地临汀闻余北归相迓于武平赋诗见意二首》。标点本篇名与后重复，有误。
10. 《梁溪全集》卷27《次韵申伯上杭道中见示二首》。
11. 《梁溪全集》卷27《钱申伯追送至宁化栖隐寺赋诗识别》。

李纲一行自福建路转入江南西路，先寄诗给兄弟们，"闽山行尽碧巉岩，稍见川原云木参。万里瘴岚来海外，一溪烟水到江南"。"侯门稚子鹤立久，浮海先生霜鬓多。可惜光阴四寒暑，只于来往与消磨"，[1]以示重相会心情之急切。他们北上建昌军（今江西省南城），此地别名盱江，古文有时也称盱江，[2]游览了名胜麻姑山，一览亭等处，[3]转入江南东路信州贵溪县（今属江西省），"归次贵溪仙岩，新罹寇盗，焚荡孓然，始见兵火之迹"，"极望皆成瓦砾堆"[4]。大致在八月，李纲方得到达饶州德兴县，与家人团聚。他后来在给吴敏信中说："自前年秋还家，得与骨肉辈相聚，饱食逸居，早眠晏起，素餐之愧，夫复何言！"[5]

到了中秋，李纲与三位兄弟，另有曾任幕僚邹柄"昆仲""望月同饮"。邹柄字德久，是名臣邹浩之子。在李纲宣抚使司的幕府中，号称与他"所与亲密，朝夕不相舍者"[6]，彼此情谊极深。李纲至此方有一点儿好的心情，赋诗说：

五年客里过中秋，今夕安知无此愁？共喜银云开碧落，坐看蟾魄过西楼。清光著物殊他夜，好景于人散百忧。人月皆圆那易得，莫辞大白十分浮。[7]

李纲从海南岛渡海北归，虽归心似箭，而经广南西路和广南东路，再到福建路，又转入江南东路和西路，竟历时大半年。李纲有一和北宋词人贺铸的《六么令》"金陵怀古"词，是在"鄱阳席上作"，鄱阳既是饶州县治所在，又是别名。[8]此词说：

---

1. 《梁溪全集》卷27《入江西境先寄诸季二首》。
2. 《方舆胜览》卷21，《记纂渊海》卷11。
3. 《梁溪全集》卷27《游麻姑山二首》，《北归（次）盱江一览亭二首》。
4. 《梁溪全集》卷27《次贵溪仙岩见兵火迹二首》。
5. 《梁溪全集》卷113《再与吴元中书》。
6. 《靖康要录笺注》卷11靖康元年十月一日。
7. 《梁溪全集》卷27《中秋与诸季及德久昆仲望月同饮》。
8. 《方舆胜览》卷18。

长江千里，烟澹水云阔。歌沉《玉树》，古寺空有疏钟发。六代兴亡如梦，苒苒惊时月。兵戈凌灭，豪华销尽，几见银蟾自圆缺。

　　潮落潮生波渺，江树森如发。谁念迁客归来，老大伤名节。纵使岁寒途远，此志应难夺。高楼谁设，倚阑凝望，独立渔翁满江雪。[1]

"迁客归来，老大伤名节"，却是"此志应难夺"。以天下为己任，对祖国的忠诚，始终如一。

## 二、漂泊干戈行路难

李纲兄弟相聚不久，由于金军被逐出江南，李纶决定"还锡山省先垄"，李纲遂赋诗话别：

四年谪去远桑梓，万里归来纷甲兵。
却恨此身方抱病，扫坟不与汝同行。
胡雏南牧浙河空，多幸依然马鬣封。
劳汝遥传一掬泪，霜前为洒万株松。
每忧吴会太繁雄，虏骑凭陵掌股中。
若到新经兵火地，莫将有限悼无穷。[2]

拜扫祖茔，自然是行孝道的大事。他估计李纶的行程，大致在霜降日前可归无锡，但自己却"抱病"，不能同去，只能有劳幼弟"遥传一掬泪"。诗中仍然对"虏骑凭陵"，充满着愤慨。他另写诗"简邹德久昆仲"说，诉说衷肠：

楚氛未静狼烟起，翠华摇摇无定止。谋臣猛将如云屯，坐视胡雏渡江水。我归自南时正艰，缭络间关万余里。问津处处皆战场，访旧往往成新鬼。伤心不忍顾浙河，故园已在荆棘底。幸然家寓大江东，窈窕精庐山谷

---
1. 《丞相李忠定公长短句》。
2. 《梁溪全集》卷27《送季言弟还锡山省先垄四首》。

里。当时百口还满前，况复添丁长童稚。衣冠南渡多流离，骨肉无虞能有几？生还已荷皇天慈，见汝更使清愁洗。夜阑秉烛疑梦中，破悲为笑且欢喜。在原真赴鹡鸰难，玉树还许蒹葭倚。眷言兄弟同友生，风雨鸡鸣未云已。闽山深处是吾乡，携幼扶衰又将徙。安得庙社固根基，一使寰区尽蒙祉。[1]

庆幸在"衣冠南渡多流离"之际，尚能"骨肉无虞"，"百口还满前，况复添丁长童稚"，然而全家不打算在德兴县久留，"闽山深处是吾乡，携幼扶衰又将徙"，应为十月。李纲后来又在致周元中（元中为字）信说：

自盱江访家于山谷中，幸骨肉少长无恙。留两月，与姻戚会聚，始得扶老携幼，归寓昭武之泰宁，盖乡邑也。地僻民淳，方且安之。偶邻境盗起，连破数县，环视皆战区，势不可处，则又冒险迁徙，得达长乐。[2]

信中叙述了他自建炎四年秋后到绍兴元年的转徙。他从江南西路建昌军到江南东路德兴县后，"留两月"，然后"扶老携幼"，归老家福建路邵武军，但不住故里邵武县，却住泰宁县（今属福建省）。大约是因为此县"山水之胜，冠于诸邑"。依李纲自述，"迨建炎末，蒙恩归自海上，来居泰宁"[3]。"秋半次鄱阳，初冬携家还乡"[4]，则居住泰宁，应为十月。他在"冬至后四日，修供"当地的"罗汉岩"佛寺。[5]李纲在绍兴元年正月二十二日给宋晫信中也说：

连年奔走，缭络万里，深冒瘴氛，疲病有不可胜言者。近自江东携

---

1. 《梁溪全集》卷27《归自海外成长句兼简邹德久昆仲》。
2. 《梁溪全集》卷114《与周元中书》。
3. 《梁溪全集》卷133《邵武军泰宁县瑞光岩丹霞禅院记》。
4. 《梁溪全集》卷114《与许振叔徽猷书》。
5. 《梁溪全集》卷27《冬至后四日修供罗汉岩四首》，卷165《邵武军泰宁县罗汉岩设供疏》。

家，以居闽境。跧伏深僻，庶几少安。而邻邑群盗蜂起，殊未奠居，迫不得已，又须远适。茫然未知税驾之所，忧患之余，何以堪之！[1]

实际上，此次转徙竟成了逃难。李纲在一首诗中交代：

> 我来寓杉江，客馆未暖席。纷然群盗起，环境暗锋镝。束装呼仆夫，又复事远适。峨峨章源岭，峻峭初未识。攀缘仅能进，十步九倾侧。风吹雾雨来，草木尽矛戟。朝登暮始降，落日半天赤。儿童饥屡啼，徒御疲已极。薄游玉华洞，庶可稍休息。东郊遽不开，蜂蚁迭吞食。避寇如避弩，吾敢惮行役。驱车适沙阳，颇喜田野辟。虽经兵火余，邑屋幸如昔。旧游疑梦中，一一有遗迹。[2]

身为祖父的李纲，带领全家，"儿童饥屡啼，徒御疲已极"，旅途狼狈。他们先逃到将乐县（今属福建省），再到曾谪居的南沙县，方稍有生意，再经南剑州（别名延平）[3]州治剑浦县（今福建省南平市）。李纲全家"自剑浦乘舟至水口，溪流方涨，备见湍激奔猛之状"[4]。他们最终逃到了福州长乐县（今福建省长乐市），时值夏季。据李纲自述：

> 梁溪病叟，蒙恩归自海上。绍兴辛亥之夏，始挈其孥，寓居长乐之天宁寺。寺踞南山，栋宇宏丽，回睇城郭，江山环复，尽登览之胜。然面势北向，南风不来，夏秋之交，炎蒸郁勃，虽有高檐广庑，如坐甑中。病叟益不能堪。其明年，乃规模逃暑之地，于方丈之东，得屋数楹，高显新洁，而寺僧以墙壁壅之，限为小屋。居昧昧也。[5]

---

1. 《梁溪全集》卷114《与宋景晋待制书》。据《周益国文忠公集·省斋文稿》卷31《徽猷阁待制宋公（暎）墓志铭》，宋暎字景晋。"暎"，《宋集珍本丛刊》本《周益公文集》所载同，而《四库》本作"暎"，应误。
2. 《梁溪全集》卷28《闻建寇逼境携家由将乐沙县以如剑浦》。
3. 《方舆胜览》卷12，《记纂渊海》卷10。
4. 《梁溪全集》卷28《自剑浦乘舟至水口》。
5. 《梁溪全集》卷133《松风堂记》，参见卷28《松风堂长篇》。

宋时大的佛寺道观，常有空房，供流寓的官员、士人等旅宿或居住。但毕竟空房少，李纲的两位兄弟只能"散处长乐外邑"，李纲不免"怅然有怀"，写诗说："去岁初从海上回，重阳相与醉高台。那因寇盗迁南土，阻插茱萸共一杯。老矣但思情话切，蹙然更望足音来。"[1]尽管如此，李纲的生活总算暂时安定下来。

李纲的贬谪和流离生涯，竟前后历时五年。

---

1. 《梁溪全集》卷28《九日诸季散处长乐外邑怅然有怀二首》。

## 第九章

## 忧国维知重　谋身只觉轻
（李纲）

# 第一节　出镇荆湖

自扬州逃难，黄潜善和汪伯彦罢相后，不断有人提出，李纲应当复相，以拯救危局。但宋高宗却有自己的主见，他说："士大夫间有言李纲可用者，朕以其人心虽忠义，但志大才疏，用之必亡人之国，故不复用。"[1]后对吕颐浩罢相时，他又说："颐浩功臣，兼无误国大罪，与李纲、黄潜善不同。"[2]还是将李纲定为"误国大罪"。但他对黄潜善和汪伯彦任相时的某些做法，特别是因杀陈东和欧阳澈，背上恶名，也深感后悔，故下诏褒赠，已如前述。迫于现实，宋高宗不得不对李纲逐步取消处分。建炎四年七月，他下令，将前宰相"责授单州团练副使李纲""复银青光禄大夫，责授崇信军节度副使吴敏复通议大夫"[3]。绍兴元年正月，又令"银青光禄大夫李纲提举临安府洞霄宫，以纲有请也"[4]，出任宫观闲官。八月，时儒学者、右文殿修撰胡安国献言："如纲才气，亦不易得，特以疏直，几至杀身。望行辨雪，稍复故官。"于是"银青光禄大夫、提举临安府洞霄宫李纲复资政殿大学士，通议大夫、提举临安府洞霄宫许翰，中大夫、提举临安府洞霄宫李邴并复端明殿学士"[5]，这是以资政殿大学士的虚职，恢复了前任宰相的资格。但经路途传递，李纲接到两次新

---

1. 《要录》卷27建炎三年闰八月乙酉。
2. 《要录》卷32建炎四年四月丙申。
3. 《要录》卷35建炎四年七月乙丑。《会编》卷141为八月。
4. 《要录》卷41绍兴元年正月庚申。
5. 《要录》卷46绍兴元年八月庚寅。

命，分别为当年三月和九月。[1]

从绍兴元年冬到二年（公元1132年）正月，福建路的一件大事，是大将韩世忠出任福建、江西、荆湖宣抚副使，率大军破建州（今福建省建瓯市）城，平定范汝为变乱。韩世忠率部到福州，李纲赠诗，其序言说：

> 某靖康丙午春，以尚书右丞充亲征行营使。时少师韩公实隶麾下，每嘉其有忠勇迈往之气。建炎丁未夏，蒙恩召除右仆射，赴行在所。少师迓于睢阳远郊，戈甲旌旗，辉映道左。迨今六年，某以罪戾忧患之余，卧病江海。少师被命，宣抚闽部，相见，有故人恋恋之意。既而躬率将士，克复建城，讨荡群寇，一方宁谧，奏功凯旋，将复言别。随行有旧赐紧丝战袍、镂装松文剑、镀金银缠笴枪、金花团牌。山林病夫，无所用之，辄以为赠。愿持此为圣主折冲御侮，讨叛，敌忾，建中兴之功，使衰病者增气，不其韪欤！[2]

在破建州城时，李纲出于仁心，还做了一件积德的好事：

> 初，世忠疑城中人皆附贼，欲尽杀之。资政殿大学士李纲时在福州，见世忠曰："建州百姓多无辜。"世忠受教，及城破，世忠令军人悉驻城上，毋得下。植旗于城之三隅，令士民自相别，农者给牛种，使耕，商贾者弛征禁，为贼胁从者汰遣，独取其附贼者诛之。由是多所全活。及师还，父老请祠之，世忠曰："活尔曹者，李相公也。"[3]

李纲恢复了前宰相的地位后，与朝士们的交往自然增多。绍兴元年八月和九月，宋高宗分别任命吕颐浩复任左相，秦桧由参知政事升右相。

吕颐浩陪伴宋高宗度过了最艰难的岁月，也主张抗金。李纲《奉寄吕丞相元直》诗说："好施长策复邦畿。海滨病叟无他望，侧耳天声畅国

---

1. 《梁溪全集》附录一《年谱》。
2. 《梁溪全集》卷28《以旧赐战袍等赠韩少师二首（并序）》。
3. 《要录》卷51绍兴二年正月辛丑。

威。"[1]又在给吕颐浩第一封信中称赞说，"相公秉心克一，经德不回。励忧国爱君之诚，精忠自许；膺出将入相之任，文武兼资"。此类话可能还有客套的成分。"伏承垂训，能平内寇，然后可以御外侮，此言尽当今之要务矣"[2]，表明两人此议相同。但吕颐浩显然不想善待李纲，他曾对皇帝说："臣等与纲素无嫌隙，原其心，非故欲误国，但志大才疏耳。"[3]

秦桧的真实身份自然是奸细。[4]尽管他编造了如何归宋的谎言，但一部分爱国士大夫已经看透其奸细本质。如曾经与秦桧在北宋后期有交往的翟汝文，虽被秦桧援引为参知政事，却说："天下人知桧真大金之奸细，必误国矣！"[5]向子忞说："与桧同时被执军前，鲜有生也。独桧数年之后，尽室航海以还，非大奸能若是乎！"[6]但另一部分爱国士大夫却惑于秦桧在北宋末的表现。如名儒胡安国，《朱子语类》卷131记载，"秦桧之入参时，胡文定有书与友人云：'吾闻之，喜而不寐！'""胡康侯初甚喜之，于家问中云：'秦会之归自虏中，若得执政，必大可观。'"

连深谋远虑、明察是非的李纲，也并未辨识，秦桧任参知政事和右相，他都致启祝贺，"持汉节而南归，殆天所相"，"方正人之登用，知善类之有依。纶綍既颁，中外胥庆"。"国势增泰山之重，人心如流水之归。中兴可期，公论胥庆"。"直方以大，温恭而文。立大节于宗祐倾危之秋，膺重任于朝廷艰难之日"[7]，显然对秦桧充满期望。李纲还致信尚任参知政事的秦桧，信中称赞说，"建炎初，次南都，闻公当朝廷变故之际，精忠许国，临大节而不可夺"。"惟公直谅公忠，久孚中外"，说明李纲也惑于秦桧在北宋末的表现。但李纲也在信中强调，"窃愿以一言为献者，杜子美所谓'公若登台辅，临危莫爱身'而已"。"公生明，偏生暗。以公用心，则一切法成；以私用心，则一切法坏。故人臣极位，以公

---

1. 《梁溪全集》卷28。
2. 《梁溪全集》卷114《与吕相公别幅》。
3. 《要录》卷27建炎三年闰八月乙酉。
4. 参见王曾瑜《关于秦桧归宋的讨论》，《丝毫编》河北大学出版社，2009年。
5. 《会编》卷220《中兴姓氏录》，《宋宰辅编年录校补》卷15。
6. 《要录》卷136绍兴十年六月乙丑，《卢溪文集》卷47《故左奉直大夫直秘阁向公行状》作向子忞。
7. 《梁溪全集》卷130《贺秦参政启》，《贺秦相公启》。

名之。眷注之隆，早晚当正钧轴，摄念如此，天下幸甚"[1]！李纲已看出，秦桧不久会拜相，故以此告诫。

秦桧与李纲通书信，不过虚与委蛇而已。但李纲还是坦诚介绍："舍弟三人，仲（李维）不事事，常慕马少游之为人，如某者，正其所悯笑也。叔（李经）方委以家事。季（李纶）往浙东亲迎，皆不果来。故虚合辟亲属差遣。蒙询问，故详及之。如蒙公朝使某有祁奚之举，此三人者，皆国士也。"[2] 又谈论几个幕僚，"惟梁泽民、邹柄、黄锾为旧僚。泽民谙练事务。柄直谅，有其先人之风。锾好学，有吏材。故敢复行辟置"[3]。"邹柄者，志完（邹浩字）侍郎之子，学问、节操、才识皆过人"[4]。又说"妻弟张焘，蒙陶镕记注之选，非相公以人才为意，汲引寒畯，何以得此，第深感服"[5]。至少当时秦桧的真面目尚隐而不露，故李纲根本没有看穿。

绍兴二年初，宋廷决定要剿灭荆湖路四股最大的盗匪，其首领为曹成、马友、李宏和刘忠，以曹成一支为最强。正月末，宋廷下札通知岳飞，命他统率军马，从江南西路前往潭州，担任知州、兼荆湖东路安抚使、都总管的差遣。[6] 二月，宋廷又起用李纲，升观文殿学士，任荆湖、广南路宣抚使，命令岳飞等将领都归他"节制"[7]。但因李纲辞免与皇帝不允，[8] 迁延来回，直到闰四月，李纲方受命，于二十四日，"假福州贡院开司，五月六日，启行"[9]，由统制任士安部护卫前往。[10]

---

1. 《梁溪全集》卷114《与秦参政书》。
2. 《梁溪全集》卷118《与秦相公第八书别幅》。
3. 《梁溪全集》卷117《与秦相公第二书别幅》。
4. 《梁溪全集》卷118《与秦相公第九书别幅》。
5. 《梁溪全集》卷118《与秦相公第十书别幅》。
6. 《鄂国金佗续编》卷5《权知潭州并权荆湖东路安抚都总管省札》，《要录》卷51绍兴二年正月壬寅。
7. 《梁溪全集》附录一《年谱》，《要录》卷51绍兴二年二月庚午，《北山小集》卷27《李纲除观文殿学士荆湖广南路宣抚使兼知潭州》。
8. 《苕溪集》卷48《赐李纲辞免知潭州不允诏》，《赐李纲再辞免知潭州（不）允诏》。
9. 《梁溪全集》卷29《五月六日率师离长乐乘舟如水口二首》，附录二《行状》下，《要录》卷53绍兴二年闰四月乙酉。
10. 《梁溪全集》卷65《乞拨还陈照等人兵奏状》，卷69《乞拨还韩京等及胡友等两项军马奏状》，卷72《开具本司差到任仕安等兵马人数留韩京等军马奏状》。

时年正好五十的李纲，在启程之际，"忧畏之余，思虑万端，连夕不瞑，数日须发顿白，遂成衰翁"[1]。按宋朝文臣统兵的体制，他算是当上荆湖、广南四路的大军区司令，却一无兵，二无供军的钱粮，使他忧心如焚。他深悉"今日之事，惟兵将、钱粮为急"[2]，不断上奏，又给吕颐浩、秦桧二相等写信，要求分拨军队，供应钱粮，说自己"提千余疲卒，以临数十万盗贼，安能有济？"[3]李纲也十分担心岳飞孤军进入荆湖，他上奏和写信说：

窃虑岳飞所率兵数不多，钱粮阙乏，未必能济。非得韩世忠统率大兵前去措置应援，及将福建、江西、荆湖宣抚司划刷到诸路钱粮通融应副，深恐未能早见招捕了当。[4]

得密院近降指挥，曹成如犯广南，令岳飞追袭掩击。深虑势力不敌，未能决胜，非得韩少师率兵一行，恐难制其死命。[5]

但岳家军却在韩世忠大兵未到之前，已于四月至闰四月击破了曹成军的主力。后李纲得知情况，在信中说：

孟（庾）、韩（世忠）二帅以重兵来临，久驻庐陵，皆未曾料理。独曹成一项，为岳飞所破，余党有就降意，将欲了当。

李纲曾忧虑和设想了就任后的各种困难和麻烦，不料岳飞的军事胜利，竟将最大的忧虑，解决在就任前，因此看中了岳飞，称赞他"年齿方壮，治军严肃，能立奇功，近来之所少得"，断言他"异时决为中兴名将"。李纲建议将岳家军留驻荆湖一带，他甚至在致参知政事翟汝文和给事中程瑀的信中说，"岳飞留，则（孟庾、韩世忠）二帅可还；二帅还，

---

1. 《梁溪全集》卷117《与秦相公第四书别幅》，卷119《与权枢密第一书》，卷120《与邹德久通判书》。
2. 《梁溪全集》卷119《与翟参政书》。
3. 《梁溪全集》卷115《与吕相公第一书》。
4. 《梁溪全集》卷66《乞令韩世忠相度入广西招捕曹成奏状》。
5. 《梁溪全集》卷115《与吕相公第三书别幅》，卷117《与秦相公第三书别幅》。

某乃可到任,交割措置"。"为今之计,非留岳飞在本路,决无可为之理"。但宋廷决定岳飞仍率军回江南西路,李纲还因此与岳飞发生了小小的不快。[1]

但李纲行程颇慢,"力疾上道","次南剑"州,[2]转入汀州宁化县(今属福建省)。清《绩语堂碑录》录李纲绍兴二年五月《草仓祠句诗》,[3]而《全闽诗话》卷3《李纲》所载此诗相同,而为今存《梁溪全集》所佚:

显应庙诗刻,在宁化县西三里草仓,有显应庙神,为草仓将军,姓长孙,名山。宋李纲南谪日,过此题诗云:"不愁芒屦长南谪,满愿灵旗助北征。酹彻一杯揩泪眼,烟云何处是三京?"

《全闽诗话》说诗写于"李纲南谪日",系误。此诗表明他尽管在执行"平内寇"的任务,仍念念不忘中原。

五月二十五日,李纲"入邵武军界","前去祖茔展省"[4]。在月末和六月初,祭拜祖坟,并以"甥孙"身份,祭黄履墓。[5]宋廷原命李纲"先往广东置司捍寇,俟(孟)庾、(韩)世忠抚定盗贼毕,赴潭州"[6]。当他"总师已次建昌(军)、南丰(建昌军属县,今属江西省),本欲取便道赣上,为广东之行。忽被受金字牌降到指挥。以曹成已就招抚,令径往长沙(潭州)之任"[7]。因宋廷改命他"速往潭州置司"[8],李纲行经南丰

---

1. 《要录》卷55绍兴二年六月戊戌,《梁溪全集》卷72《开具本司差到任仕安等兵马人数留韩京等军马奏状》,卷115《与吕相公第五书别幅》,卷116《与吕相公第七书别幅》,卷118《与秦相公第七书别幅》(六月十七日南丰发),《与秦相公第十一书别幅》,卷119《与翟参政书》,《与程给事第一书》,《宋会要》职官41之25—26。
2. 《梁溪全集》卷115《与吕相公第四书别幅》。
3. 台北:新文丰出版公司《石刻史料新编》第2辑第1册352页。
4. 《梁溪全集》卷68《经过邵武军乞往祖茔展省奏状》。
5. 《梁溪全集》卷165《祭黄大资政文》《祭高祖妣文》《祭曾祖妣祖妣文》《祭叔祖文》。
6. 《要录》卷54绍兴二年五月丙子。
7. 《梁溪全集》卷115《与吕相公第五书别幅》。
8. 《要录》卷56绍兴二年七月己巳。

县为六月十七日前后，[1]七月，经抚州（今江西省抚州市）和临江军（今江西省樟树市临江镇），[2]转入吉州（今江西省吉安市）。因"须犒军物，而榷货务官不时与，纲械系之"，并弹劾江南西路转运副使韩球。[3]当时荆湖四大寇的解决，竟出乎意料的顺利。就在六月初一日，李宏进入潭州，杀马宏。下旬，韩世忠军又入潭州，逮捕李宏。七月，韩世忠又平刘忠。[4]李纲则于七月"十四日，已离吉州"城，[5]"第以沿路疾病之故，及州县应副夫力，多累日而后集，师行不无稽滞"。[6]"八月十一日次茶陵县，入湖南界"[7]。

此次行程横跨四个月，实际上也是三月有余。李纲自称"忧患之余，衰病日加，岂复可当阃外之寄！上恩不容逊避，黾勉力疾就道，触隆暑，戴星而行，遂成疟痢。加以思虑萦心，夙夜震悚，髭发顿白"[8]。三四个月的奔波忙碌，日夜殚精竭虑，加之患"疟痢"，健康状况恶化，为前所未有。他正好行年五十，而其人生也步入了衰老期。按中国古代的生活和卫生条件，人生寿夭标准，五十岁已届标准的老年。"六八（48岁）阳气衰竭于上，面焦，发鬓颁白"[9]。"五十之年，心怠力疲，俯仰世间，智术用尽，西山之日渐逼"[10]。此外，也与他所带任士安所部军兵有关。宋军以步兵为主，军队移屯，往往拖妻带子，扶老携幼，阻滞行程。

但李纲在沿途还是不断处理宣抚司的政务，包括给宋高宗上奏，给吕颐浩和秦桧写信，提出各种建议和要求，并且在七月，以便宜任命"左朝奉郎、通判全州赵志之权湖南转运判官"[11]。

李纲在六年前，曾到过荆湖路，此次重新进入这片的劫难土地，不由

---

1. 《梁溪全集》卷118《与秦相公第七书别幅》（六月十七日南丰发）。
2. 《梁溪全集》卷119《与程给事第二书》，《与程给事第三书》。
3. 《要录》卷56绍兴二年七月己巳，《梁溪全集》卷76《乞专责江西漕臣吴革应副钱粮奏状》，卷118《与秦相公第十一书别幅》（吉州），卷121《与秦相公书》。
4. 《要录》卷55绍兴二年六月庚寅朔，乙卯，卷56绍兴二年七月丙子，庚辰。
5. 《梁溪全集》卷118《与秦相公第十书别幅》。
6. 《梁溪全集》卷118《与秦相公第十二书别幅》。
7. 《梁溪全集》卷29《八月十一日次茶陵县入湖南界有感》。
8. 《梁溪全集》卷120《与张柔直左司书》。据《宋史》卷379《张焘传》，张焘字柔直。
9. 《黄帝内经·素问》卷1《上古天真论》。
10. 《容斋五笔》卷3《人生五计》。
11. 《要录》卷56绍兴二年七月。

## 第九章 忧国维知重 谋身只觉轻（李纲）

痛心疾首：

> 忆昔湖南全盛日，郡邑乡村尽充实。连年兵火人烟稀，田野荆榛气萧瑟。我初入境重伤怀，空有山川照旄节。试呼耆老细询问，未语吞声已先咽：自从虏骑犯长沙，巨寇如麻恣驰突，杀人不异犬与羊，至今涧谷犹流血。盗贼纵横尚可避，官吏贪残不堪说，挟威倚势甚豺狼，刻削诛求到毫发。父子妻孥不相保，何止肌肤困鞭挞。上户逃移下户死，人口凋零十无八。九重深远那得知？使者宽容失讥察。今朝幸睹汉官仪，愿使斯民再苏活。我闻此语心如摧，平生况有阳城拙。行移州县遣官僚，尽罢科须治奸猾。巨蠹摧穷付囹圄，社鼠城狐扫巢穴，削平群盗拊疮痍，报政何须待期月。[1]

李纲另有诗作，也痛陈荆湖一带祸难之惨："隔江望城郭，瓦砾稀人烟。十里无草木，髡尽群山颠。"[2] 又如潭州，"长沙自昔号繁雄，兵火连年一扫空"。"昔年假道过长沙，烟雨蒙蒙十万家。栋宇只今皆瓦砾，生灵多少委泥沙！"[3] 李纲赴任时，"百雉城闉，鞠惟榛莽；万家阛阓，半是茅茨"，因而屡次发生火灾。[4]

李纲怀抱拯救国难和苍生的强烈愿望，希望在荆湖路有所作为。依李纲自述："余行次衡阳，弹压曹成七万余人，出湖南境。移师衡山，降步谅二万众。既入长沙，次日，即遣师降王进三千人于湘乡县七星寨，复破王俊三千余人于邵州。其余群盗，以次讨定，凡五万余选择精锐，得万二千人，分隶诸将。境内遂安，流移归业。"[5] 他直到"十月间，初次长沙"[6]。江南西路兵马副钤辖张中彦"以讨捕驻军广州，胁制州县，供亿以万计，一路为之震扰"，不服朝命。李纲"察中彦意，乐为郡，檄令权知

---

1. 《梁溪全集》卷29《八月十一日次茶陵县入湖南界有感》。
2. 《梁溪全集》卷29《宿岳麓寺》。
3. 《梁溪全集》卷29《初入潭州二首》。
4. 《梁溪全集》卷165《禳火设醮青词》。
5. 《梁溪全集》卷29《罢归二首》序，卷116《与吕相公第九书别幅》。
6. 《梁溪全集》卷116《与吕相公第十书别幅》。

岳州。中彦果至，即械送狱，遂并其军"[1]。这都是继破四大寇以后，进一步解决当地的治安。

潭州"遭兵火，官府之属，尺椽无有，市井萧然"，李纲着手重建州城。他"遣官造州宅、便厅、门庑、堂屋之类"。又"及甲杖库、州官廨舍、两狱、仓库等。又造营房六千余间。民稍归业，易草舍以瓦屋，城市始就绪"[2]。"潭州自为敌所破，城壁皆坏。李纲以为汗漫难守，请截三分之一"，但"未及成"[3]。

潭州"旧无屯兵，自李纲为宣抚使，始将兵校二万一千余人戍其地"[4]，后成为荆路安抚司军。李纲又在潭州制造车船。车船装备了最原始的螺旋桨，"其大有至三四十车者"，每车有两个轮，"鼓蹈双轮势似飞"，"施于大江重湖，以破长风巨浪，乃其所宜"。"创造战舰数十艘，上下三层"，"募水军三千人，日夕教习，以（绍兴三年）二月十八日临清门按阅，旌旗戈甲一新"[5]。他制造车船，募习水军的目标，是镇压日渐壮大的杨么叛军，认为"此贼据重湖之险，为数路患，猖獗久矣"。"但恨无水军，而战舰未备"[6]。"治战舰、水军，每日教阅，稍俟其精熟，即可深讨巢穴"[7]。

面对"奸贪争弄权，诛求到骨髓"[8]的惨境，李纲大力惩治贪官污吏。"械右朝奉郎、知醴陵县张觊属吏"[9]。他上奏，并给吕颐浩写信说："潭州累年为盗贼所据，有权通判张掞，与孔彦舟、马友交通，挟贼之势，恣为不法，权长沙令、使臣林之问等为之牙爪。科率钱米，多入其家，公然置买田宅，书填官告，出卖入己，赃汙狼籍，以钜万计，莫敢谁何。本

---

1. 《要录》卷59绍兴二年十月壬寅，《梁溪全集》附录二《行状》下作"张忠彦"，参见《梁溪全集》卷72《张忠彦不肯赴本司公参乞依旧归江西任奏状》。
2. 《梁溪全集》附录二《行状》下。
3. 《要录》卷66绍兴三年六月癸丑。
4. 《要录》卷78绍兴四年七月辛亥。
5. 《梁溪全集》卷29《教习战舰五绝》，卷103《与宰相论捍贼诸子》，卷121《与吕安老龙图书》（九月二十二日）。
6. 《梁溪全集》卷120《与吕提刑第二书》。
7. 《梁溪全集》卷120《与折仲古龙学书》。
8. 《梁溪全集》卷29《宿岳麓寺》。
9. 《要录》卷60绍兴二年十一月甲戌。

路权摄官乘时据攘，虽皆有情弊，然此两人为之冠，舍而不治，何以惩奸？"[10]他"勾追张掞、林之问、张杰等，枷项，送所司"。"勘到张掞入己赃二万七千八百余贯，（纽）绢一万三千九百余匹，林之问入己赃一万二千四百余贯，（纽）绢六千七百余匹"[11]。当时因频年战祸，"州县官类多权摄，乘时为奸"。权官和摄官之类都是临时委派，或以吏任官。李纲大力整顿吏治，"其余州县权摄官，以渐易置，为民所诉讼者，乃按治之。于是望风引退者甚众，赃吏稍戢矣"[12]。当然，在当时的专制政治制度下，"赃吏稍戢"之说，是较为符合实际的。

李纲"方入境之初，趋见长老，问民所疾苦，皆谓所苦者，无甚于盗贼与科须"[13]。科须即是科配，亦称科敷、科率、配率等。李纲上奏，并给吕颐浩写信，说"其间形势官户、人吏率皆不纳，承行人吏又于合纳人户公然取受，更不催纳。其催纳者尽贫下户，因缘抑勒，情弊百端，民不聊生。其逐年合纳夏秋正税，却更不行催理。盖缘受纳正税，交收皆有文历，难以作弊。其科敷之数，以军期急迫为辞，类皆不置赤历，亦无收支文字可以稽考。又一路州县官吏多系权摄，与人吏通共作弊，侵渔骚扰，莫甚于此"。如"衡州诸县逐次科敷，本州行下逐县，令科钱三万贯，米五千硕。安仁县却令每亩出钱二百五十文，米五升，一县之田约计三十万亩，则科敷之数，钱计合出七万五千贯，米计合出一万五千硕。衡阳县令每亩出钱五百文，米一斗，一县之田约三十万亩，则科敷之数，钱计合出一十五万贯，米计合出三万硕。通衡州五县计之，一次科敷所出钱米不可称计"。"且以今年计之，应副曹成及岳飞并福建宣抚人兵，已是三次科率，民力安得不困"[14]。他"乃檄州县，非使司命而擅科率者，以军法从事，应日前科须之奉，并以正赋准折"[15]。

---

10. 《梁溪全集》卷116《与吕相公第八书别幅》（潭州）。
11. 《梁溪全集》卷74《按发张掞等在任取受不法奏状》，《推勘张掞等不法奏状》。
12. 《梁溪全集》附录二《行状》下，《要录》卷60绍兴二年十一月甲戌。
13. 《梁溪全集》附录二《行状》下，卷118《与秦相公第十二书别幅》。
14. 《梁溪全集》卷71《乞下本路及诸路转运司科敷钱米于田亩上均借奏状》，卷116《与吕相公第七书别幅》（衡州），卷118《与秦相公第十三书别幅》（衡州）。
15. 《要录》卷60绍兴二年十一月甲戌。

此外还有所谓加耗，"江东、西、湖南、北有至于纳加耗米四石，仅能了常赋米一石者"，加耗使实际税额竟增加四倍。"荆、湘间民户输纳税米，率四硕，始了纳一硕，百姓穷困"。李纲"檄漕司行下州县，除官耗外，不许转增加升合"[1]。以上两项措施，多少减轻些民间的赋税负担。

李纲在荆湖一带励精图治，力求不负朝廷委寄。农业生产开始有所恢复，"湖湘间累年为群寇所扰，困于科敷，民多流徙，迩来盗贼稍息，别无重敛，已渐归业。田畴悉已耕垦，道傍有起屋而居者"[2]。绍兴二年冬，"长沙颇稔，得税米四十余万硕，军需遂以足用"[3]。他"自到本路半年矣，养兵二万，钱粮之类，皆躬自料理均节，民不告病"，"廪有余粟，库有见缗"[4]。到绍兴三年（公元1133年）春，李纲给前来接任湖南安抚使、兼知潭州折彦质交代说：

目今有兵二万三千余人，将佐多堪使唤者。初至长沙，当马友、李宏变故之后，钱粮阙乏。躬自料理均节，养兵半年，未尝横敛，粗亦足备。目今州县仓有米三十余万硕，库有钱二十余万贯，上江诸州不与焉。朝廷降赐，初止银万两，钱二万贯，逐旋收拾，今有银六万余两，金二千余两，经制、回易钱各五万贯。[5]

李纲对吕颐浩是有好感的，他赠诗说，"许国精忠不计身，据鞍矍铄迈前闻"，"劳公力赞中兴业，衰病安然卧白云"[6]。"出拥雕戈入衮衣"，"手扶日月还黄道"，"好施长策复邦畿"[7]。他对吕颐浩是十分真诚的。鼓动吕颐浩离朝，出外都督军事，其实是包含着秦桧企图排挤吕颐浩的阴谋。李纲不知内情，却力劝"相公不可一日去上左右"，必须"处

---

1. 《梁溪全集》卷63《乞减上供数留州县养兵禁加耗以宽民力札子》，附录二《行状》下，《历代名臣奏议》卷107。
2. 《梁溪全集》卷116《与吕相公第十一书别幅》。
3. 《梁溪全集》附录二《行状》下。
4. 《梁溪全集》卷120《与吕提刑第五书》。
5. 《梁溪全集》卷120《与折仲古龙学书》。
6. 《梁溪全集》卷28《寄吕相元直》。
7. 《梁溪全集》卷28《奉寄吕丞相元直二首》。

中以制外"[1]。《梁溪全集》卷29《到长沙月余即上章复丐宫祠以诗陈情寄吕丞相元直》诗中说：

衰病投闲不记年，误恩暂到楚江边。布宣威德销群盗，循抚疲癃理废田。报国固将求尺寸，乞身又欲老林泉。归欤晚节知无愧，赖有元台为保全。

尚觊望对方能"保全"自己，然而吕颐浩显然有意排斥李纲，九月，他口奏宋高宗，说"李纲纵暴，恐治潭无善状"。"纲之朋党与蔡京一体，靖康伏阙，荐纲者皆其党，陈公辅、张焘、余应求、程瑀鼓唱太学生，杀戮内侍，几至大变"。宋廷下令，"荆湖、广东宣抚使李纲止充湖南安抚使，湖北、广东并还所部"。当时，"前执政为帅者，例充安抚大使"，吕颐浩有意将李纲的头衔中"减'大'字"，发出了"将罢"的信号。[2]此外，李光"尝遗吕颐浩书，称李纲凛凛有大节，中外畏服，颐浩以白上"，宋高宗说："如此等人，非司马光、富弼，谁能当之。"吕颐浩"因言光与其侪类结成党与，牢不可破"。"上以为然"，于是"端明殿学士、江南东路安抚大使、兼知建康府李光落职，提举台州崇道观"[3]。

吕颐浩对李纲取排斥态度，还可以追溯到他与秦桧的政争。当年八月，秦桧罢右相，宋高宗亲"谕朝廷，终不复用，仍榜朝堂"。秦桧任宫观官赋闲，[4]一时似乎无东山再起之可能。"吕颐浩和秦桧的政争，确实存在着两人战与和的政见分歧，也存在着无原则派系倾轧的因素"[5]。在当时形势下，宋廷中抗战派和投降派的分野尚不明显，加之秦桧"行诡而言

---

1. 《梁溪全集》卷115《与吕相公第四书别幅》。
2. 《要录》卷58绍兴二年九月庚辰，辛巳，《宋史》卷362《吕颐浩传》，卷396《权邦彦传》，《苕溪集》卷38《李纲知潭州兼安抚大使》。
3. 《要录》卷58绍兴二年九月丙戌。
4. 《会编》卷151，《要录》卷57绍兴二年八月甲寅，卷58绍兴二年九月戊午朔，《宋史》卷473《秦桧传》，《宋宰辅编年录校补》卷15，《北海集》卷7秦桧罢相制。
5. 参见王曾瑜、史泠歌《南宋宰相吕颐浩和朱胜非的重要事迹述评》，载《琐屑编》。

谲，外缩而中邪"[1]，他的真面目尚未彻底暴露。被视为秦桧一党，而遭罢黜的官员之中，也有张焘，他"坐秦桧党，为吕颐浩所斥"，"落职与宫观"[2]。此外，被秦桧所笼络的儒学家胡安国，他到宋廷后，"荐李纲可用"，说"纲为小官，宣政间敢言水灾事"，致力于劝说皇帝命李纲复相。但宋高宗却予以回绝，说："纲多掠世俗虚美，以此协比成朋，变白为黑，相附者争称之。"[3]故心胸狭隘的吕颐浩也因此将李纲视为政敌，尽管李纲根本不可能干预朝政，他与秦桧也根本说不上勾结。

李纲任"湖、广宣抚使"时，"请于所在州军造酒"，曾得到宋高宗批准。十月，吕颐浩又争取皇帝下诏："帅臣、统兵官以公使酒酤卖者，取旨论罪。"[4]这又主要是针对李纲而发。

十二月，宋高宗下令罢李纲荆湖南路安抚使，改提举西嵩山崇福宫的闲官。此前，右司谏刘棐曾"屡言纲跋扈"[5]。他为吕颐浩所信用，吕颐浩举荐他出任谏官"将以逐（秦）桧也"[6]。刘棐在十一月改任台州知州。[7]但在他下任前弹劾李纲。原来李纲任宣抚使时，"请择人摄所部守贰，理为资考"，得到宋廷批准。"又乞所差权官到任，其吏部先差下人，虽到，更不放上，内有材能之人，别行辟置"。刘棐的弹奏说："此乃藩镇跋扈之渐，若久任之，将使军民独知有纲，不知有陛下，知有宣使，不知有朝廷，非国之利，非纲之福。"又说李纲在"靖康中，力主邢倞结（耶律）余睹之议，又令姚平仲夜劫敌栅。迁迫之祸，皆自纲发之"。"纲与吴敏诬上皇，欺渊圣，谓宣和传授，出于己意。寄居福州，招纳贿赂。移文江西，增益制书。方命矫制，不恤国事"，共计连上四章。右谏议大夫徐俯也出面弹劾。[8]吕颐浩从九月开始的各种动作，无非是要将李纲赶出政坛，到此就水到渠成。

---

1. 《宋史》卷381《黄龟年传》。
2. 《要录》卷57绍兴二年八月壬子。
3. 《要录》卷57绍兴二年八月壬辰，《宋宰辅编年录校补》卷15。
4. 《要录》卷59绍兴二年十月己酉，《宋会要》食货21之20。
5. 《要录》卷58绍兴二年九月辛巳。
6. 《要录》卷57绍兴二年八月己酉。
7. 《要录》卷60绍兴二年十一月甲戌。
8. 《要录》卷61绍兴二年十二月甲午，《宋宰辅编年录校补》卷15。

此外，时任右相的朱胜非亦参与其事，据胡寅论奏，他"及再入相，首讽台谏官论纲旧恶。时纲为湖广四路宣抚，治状方著，并无过举。胜非不恤国事，以私憾而罢之"[1]。

李纲在官场遭受了过多的打击和沉浮，当得知将他的实职差遣由荆湖、广南路宣抚使降为荆湖南路安抚使后，其实已明白宋廷的用心了。他在十月上奏说：

臣仰迫天威，力疾就道，冲冒暑热，得痁疟之疾，久不痊愈。既到本路，夙夜黾勉，究心职事，以图尺寸之效，少报大恩。而臣忧患之余，疾病交攻，志虑凋落，动辄遗忘。深恐无以仰副委任之意，有误国事。伏望圣慈察臣数千里冒暑远来，到本路已及三月馀日。……依旧除臣一在外宫观差遣，别选能臣，付以四路重寄。[2]

此奏尚是在他得知罢免"四路重寄"之前。他又在给吕颐浩的信中说：

某近者辄以衰病，不堪阃寄，仰渎钧听，复丐宫祠，必蒙矜亮，曲赐陶铸。重念某忧患异于他人，诬谤至今未息，实不可任军旅之事。徒荷相公推挽之力。[3]

宣抚司之罢，不为细故，两奉教墨，皆不及之，不知何谓，第深惶恐。[4]

后一信已经提到罢宣抚司的问题。他又继续说：

某前书辄布恳悃，仰干钧听，欲复丐宫祠，以便衰疾。荷眷照之厚，必蒙矜从，然尚未被命，尤窃震恐。……某孤拙之迹，忧患异于他人，此

---

1. 《历代名臣奏议》卷182，《斐然集》卷15《再论朱胜非》。
2. 《梁溪全集》卷74《乞宫祠奏状》。
3. 《梁溪全集》卷116《与吕相公第九书别幅》。
4. 《梁溪全集》卷116《与吕相公第十书别幅》。

相公所知。昨者误恩，付以湖、广重寄，惶惧不敢当。蒙上遣使趣行，不容逊避，又承相公训谕再三，故力疾就职。[1]

到绍兴三年正月二十三日，李纲尚未得知自己已经罢官，又继续写信说：

某屡布诚悃，仰干钧听，欲复丐宫祠，退归山林，以养衰疾。章上已久，至今未闻成命，第深震悚。顾孤拙之迹，素荷知照，谅蒙保全，使得尽进退之义。更望曲赐垂念，不胜幸甚！[2]

他的二月十九日信则已得到罢官令：

窃见邸报，以言者论列，有旨特差宫祠，不胜震惧。重念某忧患余生，罪衅深重，招致人言，不敢自明。上恩宽覆，未遽窜殛，止处之闲地，仰戴天地之德，第深感涕。自非都督、特进、仆射相公矜怜有素，曲赐保全，何以得此？惭荷之情，无以为喻。[3]

尽管全是自责和客套的话，而满腔悲慨，实在言外。其《罢归二首》诗说，"起废无因许退藏，报恩欲效短中长"，"破贼功名嗟寂寞，吞燕志气已凄凉"，"大将呼来若小儿，片言罢去复何疑"[4]，其《宫祠谢表》则说"众毁销骨，虽贻投杼之嗟"，[5]仍是直抒自己的愤懑之情。即使在两年之后，李纲仍在上奏中追怀此回荆湖之行的积憾：

不敢力请，抚疾就道。既至本路，招捕盗贼，循拊流移，整缉军马，经理财用，策驽砺钝，庶以少副委任之意。惟知竭力以向前，不虑烦言之

---

1. 《梁溪全集》卷116《与吕相公第十一书别幅》。
2. 《梁溪全集》卷116《与吕相公第十二书别幅》。
3. 《梁溪全集》卷116《与吕相公第十三书别幅》。
4. 《梁溪全集》卷29。
5. 《梁溪全集》卷76。

在后。凡造不根之谤,率皆可骇之辞。[1]

尽管李纲只能释去重负,退养山林,但他对反攻恢复中原,却仍义不容辞地留下了重要建议和精心设计,他初到潭州,就写诗说:"祗愿吾皇假年月,直从襄汉定中华。"[2]史籍记载:

纲尝言:"荆湖之地,自昔号为用武之国。今朝廷保有东南,制御西北,当于鼎、澧、荆、鄂皆宿重兵,使与四川、襄汉相接,乃有恢复中原之渐。"未及行而纲废。[3]

李纲所以力图将岳家军留在荆湖,也是与他上述战略考虑有关。他在六月尚未赴任潭州前,上奏说:

今来岳飞破曹成十万之众,群盗皆以胆落,若使稍留本路,措画招捕,功倍他日。盗贼平定之后,荆湖自此可以料理,日为防秋之计,控扼上流,实系国体。

万一沿江或有警急,臣预行排办舟船,自潭州至江州,顺流不过数日可到。臣当躬率本司军马,与岳飞水陆并进,以为应援,西不相妨;而于荆湖西路,为利甚大,措置群盗,可以永绝后患。臣谓策无出于此者。[4]

隐隐透露了李纲原先的设想,是与岳飞共同在荆湖建立"恢复中原"的战略区,然而因宋廷将岳家军迅速调离,使他的设想终成泡影。

他与北宋末年的深交、给事中程瑀[5]通信,又进一步说:

承谕,天下形势在荆南(荆南府,今湖北省荆州市),恐未为确论。

---

1. 《梁溪全集》卷79《辞免(江西安抚制置大使兼知洪州)第二奏状》。
2. 《梁溪全集》卷29《初入潭州二首》。
3. 《要录》卷61绍兴二年十二月甲午。
4. 《梁溪全集》卷68《乞令岳飞且在潭州驻扎仍乞拨还韩京等军马奏状》。
5. 《要录》卷51绍兴二年二月丁卯,《要录》卷57绍兴二年八月甲午,《北山小集》卷27《太常少卿程瑀给事中》。

今日至要处，乃在襄阳，控引川、陕，襟带江、淮，下临旧都，连年弃置，不复料理，失此，则中原不复可图矣！虽然，能立，能步，然后可以趋走。今日国体犹未能立，而欲趋走，可乎？[1]

前面说过，李纲任相时的"建巡幸之策，以关中为上，襄阳次之，建康为下"，在中原已失的形势下，他的目光更盯住了襄阳府，希望以此地为中心，将荆湖两路和京西南路，建设成反攻复土的基地。然而他的精心设计，却一旦毁于吕颐浩无原则的派系倾轧之中。这对李纲而言，自然是又一次政治打击，尽管其分量比上一次流放海南岛为轻。

## 第二节　衰年万事懒　此志有谁知

### 一、身心衰老，写作不辍

李纲只能退养长乐，他的心境自然是十分复杂的。既厌恶官场的喧嚣和倾轧，有追求安闲和清净的渴望，但依他的秉性和素志，就更有有志不得伸的深沉苦痛。

绍兴三年二月末，他离开潭州，没有想到，自己不过居位半年，竟受当地吏民夹道相送。在中国古代普遍恶浊的地方政治下，这位清官当然是极受人民欢迎者。他写诗抒怀，"恭承嘉惠半年余，千里宣风愧术疏。岂有恩威思将士，漫劳稚耋拥轮舆"。"多谢吏民相眷恋，使君此去欲悬

---

1. 《梁溪全集》卷119《与程给事第四书》，可参见卷121《与吕安老龙图书》（九月二十二日）。

车"[1]。李纲"自长沙至醴陵，道中田皆垦辟，道傍有筑室而居者"。战祸之后的复苏，也使感到喜悦，写诗说："年来盗贼若冰销，襁负归民满四郊。烟雨一犁初破土，江村环堵且诛茅。疮痍不扰生新肉，燕雀无虞返旧巢。"[2]"春暮"三月，他路经抚州（今江西省抚州市），抚州的县治和别名都是临川，[3]见到"江上风光烂不收"，又不由感叹"一年春物又将休"[4]。

李纲回到福建路，"自水口泛舟如长乐"，终于家归长乐县，赋诗感慨地说："万事纠纷何日了？一生襟抱有谁知？落帆已到钓台侧，恰似南柯梦觉时。"[5]他又从天宁寺"迁居城东报国寺"。从此安居下来，颐养天年。赋诗说自己"吾年半百行休矣，万事悠悠皆可忘"，表明对人生暮景的厌倦。[6]他后来致当时已下野的秦桧信中说："区区自抵长乐，屏迹郊外，一切谢绝人事，得以休养疲病，良切自幸。第以族大累重，侨寓远方，犹仰微禄，未能挂冠，深以素餐为愧耳。"[7]又致李光信中也说："区区自去夏，归自湖湘间，即杜门不出，罕见宾客，聊以休影息迹。"[8]

前面说过，湖湘一行，使李纲的健康状况出现较大的滑坡。可以有一个明显的对比，五十岁出头的李纲，其体力和精力肯定还不如六十五岁出头的宗泽。尽管李纲身心迟暮衰老，却仍写作不辍，如前所述，到绍兴四年"初秋"，即七月，他完成了《论语详说》。此外，也同时完成了《梁溪易传》的修订，还著有《建炎时政记》和《宣抚荆广记》二十卷。[9]他在给潘良贵的信中说：

承见索所著《易传》，殊荷不鄙。仆顷在海上，无所用心，取《易》读之，观象会意，恍若有得。因以其说著于篇，非敢效古人训经以垂世，

---

1. 《梁溪全集》卷29《初去长沙有感》。
2. 《梁溪全集》卷29《自长沙至醴陵道中田皆垦辟道傍有筑室而居者》。
3. 《方舆胜览》卷21，《记纂渊海》卷11。
4. 《梁溪全集》卷29《春暮江南道中》。
5. 《梁溪全集》卷29《自水口泛舟如长乐》。
6. 《梁溪全集》卷30《自天宁迁居城东报国寺》。
7. 《梁溪全集》卷121《与秦相公书》。
8. 《梁溪全集》卷121《与李泰发端明书》。
9. 《梁溪全集》附录一《年谱》。

姑备遗忘而已。自还中州，念欲删改成一家言，日因多故，因循未果。去年春，归自荆湘，寓居长乐郊外，杜门谢客，终日萧然。始得稍亲笔墨，寻绎旧学，精虑深考，为翦其繁芜，粗成条理。思得卓识博闻之士，相与讲习，磨砻淬砺，证其是而黜其非，增益其所未至，庶几不悖圣人作《易》之旨。常病未有其人。

今子贱以过人之聪明，介然自守，不以世之毁誉动其心，退居闲处，甘于枯淡，将与外生死、忘得丧者游，而能惠然同我所好，此固仆之所愿进其说，以求是正也。仆曩与襄陵许崧老著《春秋集传》，书成出示，义有未安，仆必一一为言之。崧老亦多见从。朋友道丧久矣，振而起之，正在我辈。崧老既没，微子贱，我何望哉！谨以所著《易传》《内篇》《上、下经》，致左右。

仆自经忧患以来，险阻艰难，靡不备尝。既不得竭其愚，以徇国家之急，故自讬于空言，心力尽于此书。愿子贱日置几案，闲暇则试取观之，其有乖戾悖于义理去处，悉为签出，略以数字，道其所以。当复思索，以从来诲。

他信中又说：

建炎初，荷上恩，虚席以待，备位才两月余。议论与用事者不合，不敢虚负天下之责，遽引身以退，曾无毫发之补，至今自愧。近奉诏旨，俾追省当时所施行者，为《时政记》以闻。衰病遗忘，文籍散失，才得十之一二，已奏篇，以塞明命矣。辄以别本及所建明并乞罢札子二十余首录去，恐子贱当时到行朝，仓卒不知本末，可以见其梗概也。七八年间，如一梦然，追寻往事，第使人感慨耳。[1]

潘良贵，字子贱，史称他"刚介清苦，壮老一节"[2]。他其实只是在李纲"未贵"时，两人在淮南有一面之交，"把酒笑语，通夕不寐"，遂成

---

1. 《梁溪全集》卷121《与潘子贱龙图书》。
2. 《宋史》卷376《潘良贵传》。

知音。[1]建炎初，任左司谏，配合李纲弹击失节官员。李纲在信中称他"提宫龙图职事"，应是任直龙图阁、主管亳州明道宫的闲官。[2]在李纲心目中，潘良贵是继许翰之后，另一个能与自己切磋儒经者。

此信当然是写于绍兴四年（公元1134年）。他当年"四月得旨，令省记编类建炎元年三月以后《时政记》"[3]。故李纲遂编写《建炎时政记》，客观地叙述自己拜罢经历，以及与黄潜善、汪伯彦的争议，进献皇帝。宋高宗也不得不承认李纲的记录"皆是实事"[4]。《建炎时政记》三卷，今编入《梁溪全集》卷178至卷180。对照以前所写的《建炎进退志总叙》，内容大致相同，但较为简略而含蓄，多叙史实，少发议论，这当然是因进呈宋高宗之故。但二十卷的《宣抚荆广记》可惜今已佚亡。李纲还编著《中兴至言》十篇，包括《明本要篇第一》《修政事篇第二》《治军旅篇第三》《理财赋篇第四》《审形势篇第五》《备器用篇第六》《察机权篇第七》《尚谋策篇第八》《议恢复篇第九》《议奉迎篇第十》，此书完成于绍兴五年（公元1135年），今亦佚亡，唯有《〈中兴至言〉序》存于《梁溪全集》卷139。

李纲不顾衰老，奋笔著述，如前所述，是为了"立言"。正如前引信中所说："自经忧患以来，险阻艰难，靡不备尝。既不得竭其愚，以徇国家之急，故自托于空言。"其实，其急切的报国之心又何尝少衰。

人们也应当特别注意李纲的文论，南宋刘宰鉴于当时的士风与文风，曾感慨地说："文以气为主。年来士大夫苟于荣进，冒干货贿，否则喔咿嚅唲，如事妇人，类皆奄奄无生气。文亦随之。"[5]《梁溪全集》卷138《〈古灵陈述古文集〉序》说：

> 唐史论文章，谓"天之付与，于君子、小人无常分，惟能者得之"。信哉！斯言也。虽然，天之付与，固无常分，而君子、小人之文，则有辨

---

1. 《梁溪全集》附录三《潘舍人》祭文。
2. 《要录》卷92绍兴五年八月癸丑。
3. 《梁溪全集》附录二《行状》下。
4. 《要录》卷87绍兴五年三月乙酉。
5. 《漫塘文集》卷12《通常州余教授》。

矣。君子之文务本，渊源根柢于道德仁义，猝然一出于正，其高者裨补造化，黼黻大猷，如星辰丽天，而光彩下烛，山川出云，而风雨时至。《英》《茎》《韶》《濩》之谐神人，菽粟布帛之能济人之饥寒，此所谓有德者，必有言也。小人之文务末，雕虫篆刻，缔章绘句，以祈悦人之耳目，其甚者朋奸饰伪，中害善良，如以丹青而被粪土，以锦绣而覆陷穽，羊质而虎皮，凤鸣而鹜翰，此所谓有言者，不必有德也。君子既自以功业行实，光明于时，而其余事，发为文章，后世读者，想望而不可即，此岂特其文之高哉，人足仰也！小人乃专以利口巧言，鼓簧当世，既不足以取信于人，而恃才傲物，以致祸败者多矣！由是言之，文以德为主，德以文为辅，德文兼备，与夫无德而有文者，此君子、小人之辨也。

古人早就强调的"文以气为主"[1]，将"道德文章"并提，[2] "必先道德而后文学"[3]，或是"先道德而后文艺"[4]。李纲以华丽畅达的语言，透彻地切中"德"与"文"的关系，显然比上述议论高明而深刻，时至今日，仍有指导意义，而决不过时。

## 二、故人凋零的伤痛

按李纲后来的自述："曾未一岁间，闻吴元中薨于柳（州，今广西壮族自治区柳州市），崧老东归薨于虔（州，今江西省赣州市）。"[5]绍兴二年十一月下旬，"资政殿学士、提举临安府洞霄宫吴敏薨"[6]。李纲在罢官离任前的绍兴三年正月，才得到吴敏病逝的消息。他在二十日给荆湖南路提点刑狱吕祉[7]的信中说："吴元中遽薨谢，殊可痛悼。其家尤为狼狈，欲

---

1. 曹丕《典论》。
2. 《东都事略》卷72《欧阳修传》。
3. 《全唐文》卷518梁肃《常州刺史独孤及集后序》。
4. 宋濂《文宪集》卷25《凝熙先生闻人公行状》，王祎《王忠文集》卷24《凝熙先生闻人公墓表》。
5. 《梁溪全集》卷30《追和许崧老诗二篇》序。《要录》卷66绍兴三年六月戊子说他死于吉州，疑"虔"字有误。
6. 《要录》卷59绍兴二年十一月甲申。
7. 《要录》卷56绍兴二年七月辛未，卷64绍兴三年四月壬辰。

归葬三衢（衢州别名，[1]今浙江省衢州市），道路梗阻如此，何缘得达。已劝其不若谋葬衡山，未知肯见从否？"[2]他还致挽诗，提及"宣和之季靖康初，同力同心卫帝居"的旧情。[3]

李纲另一位北宋末政府中的深交，当然是许翰。许翰曾赋诗说，"平生我三友，四海吴李孙。抱能不时施，戎马生中原。孙既北随难，落日胡尘昏。吴亦南投荒，蛮瘴愁朝暾"。"忠臣泣庙社，志士伤丘园。欲持一寸胶，往澄九河浑"[4]。孙是指北俘北上的孙傅，吴是指吴敏，李当然是指李纲。绍兴三年六月，许翰卒于吉州。[5]李纲为此写祭文与挽诗，深致哀痛之意：

夫子相知一纪前，定交握手自忘年。长松老鹤骨格古，粹玉精金操守坚。出入三朝昭大节，漂流万里正华颠。皇天不慭遗元老，空使苍生共黯然。

多闻直谅复疏通，近世交游少似公。盖代才名同贾谊，平生述作类扬雄。笔踪高古今那有，诗调清新老更工。知识年来凋丧尽，不堪洒泪落秋风。

我之识公，逾二十年。史馆同僚，饱闻绪言。枢府槐堂，两接官联。引身以退，归骑联翩。我谪湖外，公寓江边。邂逅相遇，庐山之樊。握手深谈，达旦不眠。我谪岭海，触冒瘴烟，与死为邻，鲛鳄垂涎。尺书屡及，夫岂相怜？迨其北归，喜见颜间。愿言相从，杖屦林泉。云何奄忽，朝露溘先。伤心涕零，《三友》之篇。[6]

他追述了彼此的交谊，高度评价了故交的经术和政治操守，其中称"忘年"，自然表明许翰的年龄比李纲大了不少，故李纲在赠诗中或称他

---

1. 《方舆胜览》卷7，《记纂渊海》卷10。
2. 《梁溪全集》卷120《与吕提刑第五书》。
3. 《梁溪全集》卷32《哭吴丞相元中二首》。
4. 《梁溪全集》卷28《许崧老〈三友篇〉赠珪老》。
5. 《要录》卷66绍兴三年六月戊子。《宋史》卷363《许翰传》说他死于五月。
6. 《梁溪全集》卷32《哭许崧老右丞二首》，卷165《祭许崧老文》。

为"襄陵翁"或"翁"。[1]后庐山东林寺"珪禅师自江西见过",李纲重阅许翰遗诗二首,"读之怆然",又依其韵追和说,"胡尘暗神州,宝玦悲王孙。六龙转淮海,荆棘生中原"。"皇天不憗遗,三友独我存。去岁适湖湘,戈甲照旗旛。龙城得吴书,心契久益敦。襄陵寓营道,诗句来清温。回头失良友,谁能诘其源"[2]。

李纲哀悼的另一位故人是翁挺。翁挺应是在绍兴三年春辞世的。李纲于三月二十二日作祭文,"致祭于故考功郎中士特翁兄之灵",说:

呜呼士特,何遽然也!文追古人,识超当世。而蹭蹬场屋,蹉跎仕涂者,岂非天耶!大器晚成,寿考是宜。为杞为梓,如璋如珪。云胡不淑,而止斯耶!武夷之山,盘礴坤倪。独锺秀气,抉摘杳微。玉佩琼琚,以昌其诗。所以垂不朽者,其在兹耶!惟我与兄,为外昆弟。卯角相从,情均同气。我钝而鲁,兄敏而慧。每策驽蹇,以追骐骥。我忝近司,兄止郎位。茫茫大钧,孰能问以此意耶?丧乱以来,亲朋凋坠。平生故人,半为新鬼。衰病忧患之余,亦岂能久于此世耶?罢帅言还,迩兄故栖。抚棺视窆,事与愿违。聊陈薄奠,侑以此辞。英爽如在,庶几能听之耶?尚飨![3]

此文饱含着深情,特别是因不能亲往临奠,而倍加伤痛。"丧乱以来,亲朋凋坠。平生故人,半为新鬼。衰病忧患之余,亦岂能久于此世耶?"说尽了他已值桑榆晚景的凄凉和感伤心态。

### 三、张浚释嫌

前已交代,建炎元年,张浚登上政坛所做的第一件坏事,就是当黄潜善和汪伯彦的鹰犬,弹劾李纲。此后,他又成了苗刘之变的救驾功臣,官居知枢密院事,以川、陕宣抚处置使,全权负责川陕战场。他轻率决定,

---

1. 《梁溪全集》卷28《周元仲来自湖外传示崧老赠东林珪〈三友篇〉读之慨然因次其韵》。
2. 《梁溪全集》卷30《追和许崧老诗二篇》。
3. 《梁溪全集》卷165《祭翁士特郎中文》。

在耀州富平县（今陕西省富平县北）与金军进行大规模会战，招致陕西大部分失陷，又冤杀大将曲端。但任用名将吴玠，扼守川陕交界，在绍兴元年和四年的和尚原、仙人关之战中，大败金军。张浚在绍兴四年二月回到东南行都，受到弹劾，三月，宋高宗责罚张浚"福州居住"[1]，因此便与李纲有所交往。

张浚志大才疏，向来自命不凡，也经常文过饰非。但经历一系列事变之后，对当年弹劾李纲，却有所悔悟。张浚行状有如下一段建炎三年的记事：

时渡江大赦，独李纲以言者论列，贬海外，不放还。公论奏，逆党如吴开、莫俦顾反得生归。纲虽轻疏，亦尝为国任事，乃不得赦，天下谓何？上用公奏，纲得内徙。始公尝论纲罪，至是独为伸理，其用心公明，无私好恶，类如此云。[2]

此段记载当然还是企图从正面肯定张浚，以此不妨再引前述张浚建请对李纲加重处罚的奏语，"纲既素有狂僈无上之心，复怀怏怏不平之气"，"臣恐国家之忧不在金人，而在萧墙之内。以为李纲者，陛下纵未加鈇钺之诛，犹当寘之岭海遐远，无盗贼之处，庶几国家可以少安"。从此类语言变成说李纲"为国任事"，也可知其蛛丝马迹。此外，如《三朝北盟会编》卷199引朱胜非《秀水闲居录》说：

关、陕之陷自此始，至今言败绩之大者，必曰富平之役也。追还薄谴，俾居福州。而纲自南还，亦寓是州焉。先是，纲百计求复用，富于财，交结中外而未效。及浚至，纲谓此奇货可居，倾心结纳。浚亦自云，深悔前日之言，相与欢甚。

朱胜非的言论显然有攻讦李纲和张浚的成分。但向来喜欢文过饰非的张浚，居然说出"深悔前日之言"，以至与李纲"相与欢甚"，据李纲后

---

1. 《要录》卷73绍兴四年二月丙午，卷74绍兴四年三月丁卯。
2. 《朱文公文集》卷95张浚行状。

319

来致张浚信中,也有同样说法:

数年前,纲寓居闽中,杜门不出,以养衰病。适阁下自枢廷均逸,弥节海邦,谦光过人,惠临衡宇,因从容樽俎间,奉谈笑而款襟抱,侧听绪余。追悔昔日之非,深明当世之务。[1]

显然,李纲在信中绝不可能对当事人说谎。后李纲逝世,张浚所献的祭文和挽诗最多,他公开说"十相从明主,惟公望最隆"[2],自愧弗如,就决非是李纲以财宝"倾心结纳",所能买到的。故史文称"张浚之谪福州也,纲亦寓居焉。浚服其忠义,除前隙,更相亲善"[3],应符合事实。

## 第三节 老病上长策 孤忠尚握拳

如前所述,李纲一直很关注襄阳府在反攻复中原中的地位。绍兴二年到三年,宋将李横等军北伐,被金军与伪齐军击败,襄阳府等地失守。绍兴四年五月至七月,按宰相朱胜非等人的主张,岳飞统兵北伐,一举收复襄汉六郡,大败金与伪齐联军,这是南宋首次收复大片失地。岳家军从此接管了宋金之间的中部战场,成为抗金的中坚力量。当年冬,金朝与伪齐大举进犯淮南,其实已成强弩之末。但宋高宗本人仍然惊慌失措,一度准备南逃。他最终还是听从宰相赵鼎劝告,下令亲征。退闲中的李纲,曾赋

---

1. 《梁溪全集》卷126《与张相公第二十六书》,《会编》卷199。
2. 《梁溪全集》附录三《挽诗》。
3. 《要录》卷82绍兴四年十一月辛酉,卷94绍兴五年十月乙卯。

## 第九章 忧国维知重 谋身只觉轻（李纲）

诗明志："我生半世困漂泊，巧言谗谤饱所经。杜门却扫与世绝，欲室两牖忘雷霆。"[1]但一旦闻知此讯，报国的热忱又义不容已，遂于十月二十三日[2]力疾上疏说：

> 臣世受国恩，尝蒙眷奖，擢置近司。虽以罪戾，退伏海滨，荷保全之大德，未尝食息少忘。朝廷安危休戚，实与国家同之。敢竭愚瞽，以今日捍御贼马事（势），陈为三策以献，庶几千虑一得，仰裨庙筹之万一。伏望圣慈特垂省览，赦其狂瞽，而取其区区之忠，臣不胜幸甚。
>
> 臣窃以伪齐刘豫以蛇豕之姿，挟金人虎狼之势，僭窃名号，盗据旧都，逾五年矣，包藏祸心，久而未发。今者辄敢遣其孽子，率叛将，驱遗民，借助强敌，与之南牧，侵扰淮甸，睥睨江（左）。虽兵之众寡，谋之浅深，难以遥度而预料，然吾之所以捍御之策，不可不用其至。恭惟陛下天锡勇智，洞照事机，慨然出自英断，将亲总六师，以临大江。则翠华所幸，保据形胜，号令诸将，使相应援，信赏必罚，将士乐从，貔貅之师，百倍其气，虏之退屈，已在目中。睿谟克壮，其计得矣。然臣窃谓'解杂乱纷纠者不控拳，救斗者不搏撠，批亢捣虚，形格势禁，则自为解耳'。昔人用兵，多出于此。魏赵相攻，齐师救赵，田忌引兵，以趋大梁，则魏兵释赵而自救，齐师大破之于马陵。兵家形势，从古已然。
>
> 今伪齐悉兵南下，其境内必虚。而岳飞新立功于襄汉，其威名已振，亦既班师，屯于武昌，伪齐必不虞其再至也。陛下倘降明诏，遣岳飞以全军间道疾趋襄阳，更摘湖南、北骁将锐兵为之继援，命信臣总统，乘此机会，捣颍昌以临畿甸，电发霆击，出其不意；则伪齐必大震惧，呼还丑类，以自营救，王师追蹑，必有可胜之理。此举非惟牵制南牧之兵，亦有恢复中原之兆，此上策也。
>
> 朝廷或以兹事体大，馈饷之费，调发之烦，仓卒未能办集。则銮舆

---

1. 《梁溪全集》卷30《春晓闻众禽声有感》。
2. 李纲上奏日期见《梁溪全集》103《与宰相论捍贼札子》，李纲自称"某于十月二十二日已曾具奏，以今日捍御贼马事势，陈献三策，自福州入急递投进"。《要录》卷82绍兴四年十一月辛酉载："及浚召入，纲因以奏疏附之，执政进呈。"此书将十一月十六日辛酉作为宰执大臣进呈之日，说李纲以此奏附张浚进呈，系误。又《中兴小纪》卷17与《皇朝中兴纪事本末》卷31之下则称此日"降诏奖之"。

驻跸江上,势须号召上流之兵,如岳飞、王瓔及湖南、北诸将部曲。除留屯外,各摘精锐军马,尽集官私舟船,逐路应副钱粮,命将统率,顺流而下,旌旗金鼓,千里相望,以助声势,则敌人虽众,岂敢南渡。仍诏韩世忠、刘光世帅其全师,进屯淮南要害之地,设奇邀击,绝其粮道,贼必退遁。保全东南,徐议攻讨,此中策也。

万一有借亲征之名,为顺动之计,委一二大将,捍敌于后,则臣恐车驾既远,号令不行,诸将无应援协济之谋,卒伍有溃散摽掠之势,士气既索,人心不固,控扼一失其守,贼得乘间深入,州县望风奔溃,其为吾患,有不可胜言者矣!此最下策也。

或谓臣曰:往岁金人南渡,以退避得计,今胡为而不可?臣应之曰:不然,金人南渡,利在侵掠,既得子女玉帛,而时方暑,则势必还师。朝廷因得收复残破州县,还定安集,渐成区宇。故在当时,为退避之计,则可。今为是役者,伪齐也,使之渡江而南,必谋割据,得一县则占一县,得一州则占一州,得一路则占一路,师不徒还,而奸民溃卒,见利忘义,幸灾乐祸者,从而附之,声势鸱张,则将何以为善后之策哉?故在今日,为退避之计,则不可。况伪齐所驱胁而来,皆京东、西、关陕之民,非金人比。借有虏骑,势必不多。朝廷措置得宜,将士用命,则安知此贼非送死于我。昔符坚以百万之众侵晋,而谢安以偏师破之,顾一时机会,所以应之者如何耳。

臣愚伏望圣慈特降臣章,与二三大臣熟议之。臣自经忧患以来,衰病交攻,志气凋落,加有重腿之疾,步履艰难。方国家多事之秋,既不能执干戈,以卫社稷,又不获负羁靮,而扞牧圉。夙夜忧叹,(辜)负大恩,死不瞑目。徒有拳拳之诚,不能自已。故敢以刍荛之说,上渎天聪。《传》曰:"狂夫之言,圣人择焉。"愿陛下无以人废言,非特臣之幸也,(实天下之幸也)。[1]

李纲与皇帝虽然遥隔千里,却洞悉其肺肝,故特别强调了"最下策"就是南逃避敌,而"为退避之计则不可"。他的上策其实就是围魏救赵之

---

[1]. 《梁溪全集》卷77《陈捍御贼马奏状》,《历代名臣奏议》卷232。

## 第九章 忧国维知重 谋身只觉轻（李纲）

计，却反映他谋略之高超，而非其他在朝的宰执大臣可比。李纲又另外给宰相赵鼎和重新出任知枢密院事的张浚写信。前一信更强调说：

> 朝廷自渡江，以临吴越，今六年矣。平居闲暇之时，玩岁愒日，未尝图虑所以为立国之策。相公爰立，未数日间，适有警急之报，乃当艰难莫大之任，屏去近年退避之说，奋然进讨，蹈危求安，真古社稷之臣所自任也。更望于事平之后，博采众言，以定保有东南，恢复中原之至计。某虽迂陋，敢不竭尽愚虑，继此愿有献焉。幸望恕察。
> 
> 某自靖康以来，数经忧患，非他人之比。加以衰病相仍，已为明时之废人，但屏迹山林，采薇散发，以终余年，岂敢复与世故！今者朝廷艰棘，不能缄默，辄复进其刍荛之言。盖以朝廷安，则山林安，利害休戚，实与国同之。故敢冒昧自竭，庶几涓埃之补，区区此情，必蒙钧照。[1]

李纲对赵鼎评价甚高，"屏去近年退避之说"，"真古社稷之臣所自任也"，更期望他"定保有东南，恢复中原之至计"。此外，他又给赵鼎发公文，提出"宜防备生兵"，"宜防备海道"等十条具体建议。[2]但赵鼎往后的表现，却并未朝李纲期望的方向发展，可见本书后述。李纲给张浚的后一信说：

> 区区忧愤，不能自已，辄陈三策以献，谨录副本拜呈。捣虚最为上策，以弱为强，可收奇功，钧意以为如何？中策可以御寇，出于下策，其患有不可胜言者！惟公忠义贯日月，自任以天下之重，愚者之虑，傥有所合，愿入侍帷幄，力赐开陈，庶几有补万一，莫大之幸。某衰病，屏迹山林，岂复敢与世故！愿朝廷安，则山林之间亦安，毕精竭虑，尽其拳拳之诚而已。恃眷照之厚，当亮此意也。[3]

双方释嫌之前，在李纲的心目中，无疑是将张浚视为黄潜善和汪伯彦

---

1. 《梁溪全集》卷121《与赵相公书别幅》。
2. 《梁溪全集》103《与宰相论捍贼札子》。
3. 《梁溪全集》卷121《与张德远枢密书别幅》。

323

之鹰犬。现在李纲已明白,张浚还是主张抗金,故信中有"惟公忠义贯日月,自任以天下之重"之语。

一位"衰病交攻"的"废人",却仍"毕精竭虑,尽其拳拳之诚",千古之下,益显其爱国正气之崇高。但宋高宗只知头痛医头,脚痛医脚,实行消极防御,虽然对李纲下诏奖谕,[1]却决不会采用他的上策。宋廷只是命岳飞率师东下,救援淮西。金与伪齐联军遭遇各种困难和失利,终于在岁末仓皇退兵。

绍兴五年正月,按照宰相赵鼎的建议,宋高宗下诏,向前任宰执等"访以攻战之利,备御之宜,措置之方,绥怀之略,令悉条上焉"[2]。尽管当时朝廷抗战气氛高涨,而诏中"备御之宜",仍然表明宋高宗欲守不欲攻,而"绥怀之略"更表明他企图苟安讲和,所以诏中根本就不提最重要的恢复之计。于是,前任的宰相和执政便应诏纷纷上奏,条陈己见。但按各人的立场、观点和主张,实际上依然划分为主战与主和两个营垒。其中最有代表性的,是五个前任宰相的上奏。

汪伯彦的上奏,虚拟了"决战将军"和"万全元老"的争论,最后则以"决战将军"被"万全元老"说服作结尾,曲曲折折,但又明白无误地表述了自己的政见。他借"万全元老"之口说,"御戎之道,来则惩而御之,去则守而备之,不贵追也","未可急追,以侥幸一时之功"。"恢复之计,不患逆刘之难除,患金狄之未衰,不患金狄之未衰,患吾措置有失缓急。缓其所急,则图成长久之功;急其所缓,则效见目前之利。失之毫厘,差之千里,可不慎乎!""与其急于目前之追奔,不若修政,以为善后之计"[3]。汪伯彦表面上是主守,骨子里其实仍是主和。

秦桧的奏对说,"靖康以来,和战之说纷纷然,言战者专欲交兵,而彼己之势未必便;言和者专事恳请,而军旅之气因以阻,皆非至当之画。为国者自有正理,不必以虚张为强,亦不必以力弱为怯"。"臣顷归朝廷,妄进狂瞽,令刘光世通书房酋,说其利害,以为得地则归(刘)豫,

---

1. 《梁溪全集》卷77《奖谕诏书》。
2. 《会编》卷171,《要录》卷84绍兴五年正月己酉《梁溪全集》卷77《询问边防利害诏书》。《会编》将此事系于绍兴七年,系误。
3. 《会编》卷173。

失亡则在虏。即蒙陛下听纳施行，不旋踵，虏果退师。豫邀之东平，百端说诱，虏言候儿孙长大，与你图此"。此处他将张荣抗金义军逐退金兵之功，归结为"通书虏酋"所致。他还说："海州（今江苏省连云港市西南）擒获汉儿高益恭，稍知文字。臣又尝妄议，俾携酋长书归，谕以立国之体，当明顺逆，助豫则叛者得利，金国何以统众，款本朝，则河南之地自非金国所欲，若渊圣所割河朔，既立有盟约，岂敢睥睨。又明言不当留朝廷所遣信使，以致不敢再遣。得旨作书，纵益恭北还。旋有所留一二使人来归，后所遣使，始不拘留。"秦桧专门重提这些往事，旨在说明自己和议主张已初见成效。如前所述，高益恭其实是秦桧自金归宋所带的"亲信"。他说，"自古两国相敌，力强者骄，不足深较"。"臣前奏乞安慰狂虏，当用所获虏人，令诸将通其酋长书，明言止欲讨叛，而不敢轻犯大国"[1]。他既有罢相的前戒，不敢明目张胆地鼓吹屈辱媾和。但他与汪伯彦的上奏主旨在和而不在战，应是无可置疑的。

吕颐浩上奏说：

卑辞屈己，祈请讲和……而虏性贪婪，吞噬未已。自王伦之回，跨四年矣，岁岁举兵，侵（犯）川口，去年虽不曾出兵，而移师南来，大入淮甸，又与刘豫同恶相济，其志岂小哉！今幸狄人已退，若不用兵，则五月间必传箭于虏中，令乡民备八月点集，秋冬间复举兵至淮甸。在我支梧赋敛，终至财力困竭，此不可不用兵也。况不用兵，则二圣必不得还，中原之地必不可复，伪齐资粮必不可焚。或曰如此遂废讲和一事耶？臣对曰：不然，古者交兵，使在其间，既不可因战而废和，又不可因和而忘战。间遣使命，再贻书以骄之，复示弱以绐之，而我急为备，出其不意，乘时北伐，此用兵之利也。

察贼之势如彼，度我之势如此，若不用兵，恢复中原，则必有后时之悔，岂（可少）缓哉！

臣事陛下（之）久，出入将相逾（五）年，平日尝以谓若不举

---

1. 《会编》卷172。以上诸奏，《会编》系于绍兴七年正月，《要录》卷87绍兴五年三月亦载诸奏，但文字经清人篡改。前任宰执上奏时间应以《要录》注中的说明为准，《会编》系误。

325

兵，则必不能还二圣，复中原……决不可苟暂时之安，而忘北向争天下之事。[1]

朱胜非上奏说：

今内外劲兵无虑三十万众。兵既众矣，患无可作之气，今则勇气可作。气既作矣，患无可乘之机会，今则机会可乘。不于此时，速谋进取，使既作之气复堕，当乘之机复失，以数年尝胆之勤，为一旦噬脐之悔，可胜惜哉！[2]

从以上两份奏议看，吕朱两人主战的态度是明确的，没有疑义。李纲上了一份颇长的奏议，全面而深入地提出自己的抗金谋略和计划，今摘录其重要部分如下：

臣窃以僭逆之臣，挟强悍之虏，提兵南向，傲扰淮壖。其意盖料朝廷蹈前日退避之辙，得以乘间渡江，凭陵东南。不虞六飞亲临江上，号令既行，赏罚既明，将士摧锋，俘馘系路，虏气挫屈，潜师遁逃。此盖陛下睿谋宏远，天威（英）断之所致。宗社无疆之休，中外臣子之共庆也。然臣区区之愚，窃愿陛下勿以贼马退遁为可喜，而以僭逆未诛，仇敌未报为可愤；勿以保全东南为可安，而以中原未复，赤县神州犹污于腥膻为可耻；勿以诸将屡捷为可贺，而以军政未修，士气未振，尚使狂寇得以潜逃为可虞，则中兴之期，可指日而俟。臣谨考往古之迹，揆方今之宜，条具攻战、守备、措置、绥怀之策以献。

议者或谓贼马既退，当遂用兵，为大举之计。臣窃以为不然。譬如弈棋，先当自生，乃可杀敌；生理未固，而欲浪战以侥幸，此非制胜之术也。高祖先保关中，故能东向，与项籍争；光武先保河内，故能出征，以降赤眉、铜马之属；肃宗先保灵武，故能破安、史，而复两京。今朝廷以

---

1. 《会编》卷176，《历代名臣奏议》卷90，《忠穆集》卷2《上边事善后十策》。
2. 《会编》卷176。

东南为根本，倘不先为自固之计，将何以能万全胜敌？又况将士暴露之久，财用调度之烦，民力科取之困，谓宜大为守备，痛自料理，使之苏息，乃为得计。

议者又谓贼马既退，当且保据一隅，以苟目前之安。臣又以为不然。譬如弈棋，舍局心而就边角，迫蹙褊小，浸以衰微，何以取胜？秦师伐晋，以报殽之师；诸葛亮佐蜀，连年出师，以图中原。不如是，不足以立国。高祖在汉中，谓萧何曰："吾亦欲东耳，安能郁郁久居此乎！"光武破隗嚣，诏岑彭曰："人苦不知足，既平陇，复望蜀。"此皆帝王以天下为度者也。不如是，不足以混一区宇，戡定祸乱。又况祖宗之境土，岂可坐视沦陷，不务恢复。今岁不征，明年不战，使贼势益张，而吾之所纠合精锐士马，日以损耗，何以图敌？谓宜于防守既固，军政既修之后，即议攻讨，乃为得计。

李纲的方略十分清楚，既反对"浪战以侥幸"，又反对"保据一隅，以苟目前之安"，"岂可坐视沦陷，不务恢复"。他秉持自古相传的大一统观念，力主必须"混一区宇，戡定祸乱"。他接着说：

臣伏读诏书。有曰："朕将虚己以听，择善而从。君臣之间，期于无隐。利害之决，断以必行。"臣三复圣训，不知涕泗之交颐也。何则？君臣之遇，（号为）千载一时。听言用谋，尤其所难。未信而言，则有谤己之嫌；交疏言深，则有失身之戒。盖虽朋友，尚不易言，而况于君臣之间乎？今陛下求治之切，诏（旨）如此，而臣以忧患之余，孤危特甚。欲浅言之，则何以副陛下期于无隐之训；欲深言之，则虑有犯颜逆鳞之怨。感惧交中，进退维谷。虽然，陛下当艰危多故之秋，诏臣以丁宁恻怛之意，缄默不言，臣则有罪，有君如此，其忍负之？（故）敢冒鼎镬刀锯之诛，以布心腹肾肠之实，惟陛下幸察。

臣窃观陛下有聪明睿智之姿，有英武敢为之志，然自临御，迨今九年，国不辟而日蹙，事不立而日坏，将骄而难御，卒惰而未练，国用竭，而无赢余之蓄，民力困，而无休息之期。陛下忧勤虽至，而未足以成中兴之业者，则群臣误陛下之故也。陛下自近年以来，所用之臣，凡几人慨然

327

敢任天下之重，建事立功？与夫充位备员者，（固）皆不逃于圣鉴。夫用人如用医，必先知其术业可以已病，然后使之进药，而责成功。今于医者之术业，初不详究，而姑试之，则虽日易一医，何补病者？殆将饮药以加病而已。平居无事，小廉曲谨，初似无过，而乏济时之大略；忽有扰攘之故，则错愕无所措手足，不过奉身（而）退，（以）天下忧危之重，委之陛下而已。不知何补于国家，陛下亦安取此？

李纲充分施展了专制政治下的言事技巧，不得不对皇帝说点儿违心的奉承之语，却对宋高宗即位九年的政绩，取完全否定的态度。在他看来，且不说黄潜善和汪伯彦，就是如吕颐浩、朱胜非，还有赵鼎和刚上任的右相张浚，都"乏济时之大略"。估计这是从金与伪齐军犯淮南，而根本不考虑他提出的"上策"，而知其才略。李纲继续直抒己见说：

大概近年所操之说有二：闲暇则以和议为得计，而以治兵为失策；仓卒则以退避为爱君，而以进御为误国。众口和之，牢不可破。然累年之间，冠盖相望，而初不得其要约，翠华蒙尘，而尚未有所定居。上下苟且偷安，而不为长久之计，天步益艰，国势益弱，执此之由。大运有开，天启宸衷，超然远览。悟前日和议之失，而亲总六师；惩前日退避之非，而亲临大敌。逆臣、悍虏数十万众，饮马江干，虽未能扫荡邀击，尽歼丑类，而天威所临，已足以使之震怖，不敢南渡，潜师宵奔。则和议之与治兵，退避之与进御，其效概可睹矣。今贼马虽退，而虏情狡狯，变诈百出，未大惩创，疆场相望，道里不远，安知其秋高马肥，不再来扰，使（我）疲于奔命哉！是宜明诏于却敌之初，求善后之策也。

臣夙夜为陛下深思，所以为善后之策者，无他，在尽反前日之所为，解琴瑟而更张之。先定其论，如弈棋之立意，后图其功，如弈棋之置子，必可得志。臣请试陈其说。窃观自古创业、中兴之主，必以兵胜，而为亲征之计者，其意岂谓必冒矢石，履行阵，而后可哉。黄屋所临，人心自（效），赏罚既当，士气奋张，用能成功。故高祖既得天下，击韩王信、陈豨、黥布，未尝不亲行间；光武自即位，至平公孙

## 第九章 忧国维知重　谋身只觉轻（李纲）

述，十三年间，无一岁不亲征。本朝艺祖、太宗定维扬，平泽、潞，下河东，皆躬御戎辂；真庙亦有澶渊之行，措天下于义安。此所谓始于勤劳，终于逸乐者也。退避之策，可暂而不可久，可一而不可再，退一步则失一步，退一尺则失一尺。往时自南都退而至于维扬，则关陕、河北、河东失矣；自维扬退而至于江、浙，则京东、西失矣。万一有虏骑南牧，复将退避，不知何所适而可？航海之策，万乘冒风涛不测之险，此尤不可者。惟当于国家闲暇之时，明政刑，治军旅，选将帅，修车马，备器械，峙糗粮，积金帛。贼来则御，俟时而奋，以光复祖宗之大业，此最上策。杜牧所谓"上策莫如自治"也。臣愿陛下自今以往，勿复为退避之计，可乎？

臣又观古者敌国善邻，则有和亲，仇雠之邦，鲜复遣使。岂不以衅隙既深，终无讲好修睦之理故耶？东晋渡江，石勒遣使于晋，元帝命焚其币，而却其使。彼遣使来，且犹却之，此何可往！假道于僭伪之国，而自取辱，无补于事，祇伤国体。金人自知罪恶之重，惧我必报，其措意为如何？而我方且卑辞重币，屈体以求之，其不推诚以见信，决矣！器币礼物，所费不赀，使轺往来，坐索士气，而又邀我以必不可从之事，制我以必不敢为之谋，是和卒不成，而徒为此扰扰也。非特如此，于吾自治自强之计，动辄相妨，实有所害。金人二十余年以此策破契丹，困中国，而终莫之悟。夫辨是非利害者，人心所同，岂真不悟哉？聊复用此，以侥幸万一，曾不知为吾害者甚大，此古人所谓"几何侥幸而不丧人之国"者也。臣愿陛下自今以往，勿复遣和议之使，可乎？

此二说者既定，然后择所当为者，一切以至诚之意为之，先后本末，各有次第。俟吾之政事修，仓廪实，府库充，器用备，士气振，力可有为，乃议大举，则兵虽未交，而胜负之势已决矣。

陛下勇智天锡，春秋鼎盛，欲大有为，何施不可，要在改前日之辙，断而行之耳。昔仲虺之称汤，不称其无过，而称其改过不吝。盖帝王改过之道，如天地之无心，是则行，非则改，何惮之有？郦食其劝高祖铸印，以封六国之后，子房一言，则趣销之。封德彝劝太宗用刑法，以威天下，魏郑公一言，（则）行仁义，遂致贞观之治。无损盛德，而大功可成，岂窃窃然畏人之议己哉！陛下视建炎以来，其所措置，是

329

耶？非耶？以为是，则何以不见其效？以为非，则安可复蹈其辙？[1]臣前所陈，皆改辙之道，非循旧迹所能为也。择善而从，斟酌而行，则在（圣裁矣）。

臣以至愚极陋之质，荷陛下非常特达之知。龙飞之初，虚席以待，眷遇之礼，迈于等伦。特以志广材疏，自度不足以任天下之责，力丐罢政。无补国事，每自愧惕。违去阙庭，九更寒暑，犬马之心，何尝不在赤墀之下。自以罪戾远屏，不敢复与世故，刍荛之言，久不上达。近者边报警急，戎辂亲临，臣子之情，不胜愤懑，故敢冒昧，以三策为献。伏蒙圣慈特降诏书奖谕。今者又奉诏旨，咨以当世之务。而臣不量荒浅，冒进狂瞽之说，以渎天聪。昔太宗谓魏郑公为敢言，谢曰："陛下导臣使言，不然，其敢数批逆鳞哉！"今陛下盛德过于太宗，臣虽无魏公之敢言，然展尽底蕴，亦思虑之所（极）也。良药苦口，而利于病，忠言逆耳，而利于行，在陛下察之而已。况臣自经忧患，衰病交攻，气息奄奄，日与死迫，常惧先犬马填沟壑，无（仰）以报盛德之万一。今得奉明问，摅至情，臣愿足矣！虽死之日，犹生之年也。伏望陛下哀怜，赦其愚直，而取其拳拳之忠，实天下之幸。[2]

李纲看准了宋高宗一直心存苟安乞和之意，而根本不想收复故土，其上奏的主旨是强调"改前日之辙，断而行之"，所陈"皆改辙之道，非循旧迹所能为也"。他特别强调了"勿复为退避之计"和"勿复遣和议之使"两条。

在中华古史上固然有不少两国相争，不通来使的旧例，如李纲所举晋元帝与石勒。但即使通使，以外交辅助军事，亦非断然不可行。问题在于宋高宗一直是将"遣和议之使"，作为降金苟安的一条必由之路。故李纲力主断绝此路，这表明他的见识之高超，确是非至少同意遣使的吕颐浩、

---

1. "视建炎以来，其所措置，是耶？非耶？以为是，则何以不见其效？以为非，则安可复蹈其辙"一句，《会编》卷172作"陛下近降亲征诏书，深悔酿成之后，措置之失，可谓盛德之举矣。然则今日措置，安可复蹈前日之辙"。

2. 《会编》卷171，卷172，《梁溪全集》卷78《奉诏条具边防利害奏状》，《历代名臣奏议》卷84。

赵鼎、张浚等人可比。尽管他已身处"衰病交攻，气息奄奄，日与死迫，常惧先犬马填沟壑"的困境，却是正论侃侃，苦口婆心，切中要害。正如他在致张浚信中所说，此奏是他"日夜念此至熟，毕情竭虑，展尽底蕴，以上此奏，亦思虑之极也"[1]。

表面上，宋高宗在七月还是下了亲笔手诏，予以嘉奖："诏卿首陈三策，适投却敌之机；继上六条，大阐兴邦之略。意拳拳而曲折，言凛凛而高明。有发予衷，如对卿言。此乃卿精忠许国，诚节表时，虽在燕闲之中，不忘开济之事。肆披夙蕴，因致良规，省阅再三，嘉叹不已。"此手诏原文，[2]今又存于《龟溪集》卷4《赐李纲诏》，可知是参知政事沈与求为皇帝草拟的，在某种程度上正是代表了沈与求对李纲的评价。但上述改弦更张的议论，且不说宋高宗，就连当时的宰相赵鼎和张浚也不能接受，张浚说："使事兵家机权，后将辟地复土，终归于和，未可遽绝。"[3]枉费了李纲报国救民的一片苦心。李纲后在致监察御史任申先的信中，就对两回上奏的背景和主旨作了进一步说明：

> 淮甸警急，朝廷悟前日措置之非，决策亲临，士气颇振。比闻贼马已遂遁去，虽未能奋击，歼其丑类，然亦足少挫虏气，使不敢南渡。回思前日退避，其平居玩岁愒日，不为自强之计，良可惜也。方事之初，尝具三策以献，误蒙奖谕。数日前，又承诏旨，令条具攻战、守备、措置、绥怀之策来上，已具奏闻。深愧志虑浅短，无以副下问之意。辞多，未果录去，今录前所上三策，并诏书、谢表等至左右，幸一观也。[4]

绍兴五年二月，宋高宗"用明堂恩"，下令"观文殿学士、提举临安

---

1. 《梁溪全集》卷121《与张枢密书别幅》。
2. 《梁溪全集》卷79《亲笔诏书》，《要录》卷91绍兴五年七月壬午。
3. 《宋史》卷28《高宗纪》。
4. 《梁溪全集》卷121《与任世初察院书》。任世初为任申先之字，参见《梁溪漫志》卷2《北门西掖不以科第进》。另据《挥麈录余话》卷1，"靖康初，李伯纪荐任申先世初，自布衣锡对"。宋钦宗"即批出，赐进士出身"。"世初，伯雨之子也"。

府洞霄宫李纲复观文殿大学士"[1]。如前所述，李纲编著《中兴至言》十篇，又于当年进呈宋高宗。他在序言中明确说：

昨者被奉诏旨，条具边防利害，虽竭愚虑，以塞清问，犹未能尽其区区所欲言者。夙夜精思，至忘寝食，谨以己见，撰成《中兴至言》十篇，辄敢缮写投进，以尘乙夜之览。……辞旨芜浅，虽不足以裨庙算之万一，亦臣之毕精竭虑，欲图报圣恩拳拳之至意也。[2]

他嫌前次长奏尚不足以尽其意，不惜"夙夜精思，至忘寝食"而写作，指望使皇帝有所感悟，但结果却又是枉费了很多心血。进入行宫，还不是成了一堆废纸。

## 第四节　经营江西

### 一、罢相后的唯一一次朝见

事实上，对李纲复相的问题，某些爱国士大夫的呼声一直很高。例如当宋高宗令前宰执上奏议论对金方略时，前参知政事李邴上奏说："方今大臣，如吕颐浩气节高亮，忠力慨然，李纲识度宏远，威名素著，必自简于宸衷。愿陛下于二人者择其一，起而用之，必有以报陛下。"[3]

因张浚"数于上前言其忠，赵鼎尝为纲辟客，亦为上言，纲才器过

---

1. 《会编》卷166，《要录》卷85绍兴五年二月丙戌。
2. 《梁溪全集》卷139《〈中兴至言〉序》。
3. 《会编》卷173。

人"。绍兴五年十月，宋高宗发表"观文殿大学士、提举西京嵩山崇福宫李纲为江南西路安抚制置大使、兼知洪州"[1]。李纲屡次辞免，不获批准。[2]他遂"乞赴行在奏事"，到绍兴六年（公元1136年）"正月十九日，三省同奉圣旨，依所乞"。李纲在二月"初十日到信州（今江西上饶市，实时属江南东路）"，"遵依圣旨指挥，星夜趱程，趋赴行在"[3]。另按李纲给宰相赵鼎的信中自述："岁除受命，本欲单骑之任，适海寇邅犯福之闽安，人情惊扰，寓居城外，相去密迩，遂有挈家之谋。上元日，起离长乐，又值阴雨连绵，山路崎岖，几于寸进。今已幸脱闽境，数日间可至上饶（信州别名和县治[4]），自三衢（衢州）登舟，顺流而西，度此月下澣之初，可到行在。"[5]

南宋爱国词人张元幹（1091—1171），字仲宗，号芦川居士，福州永福县人。[6]李纲出任宣抚使，救太原时，据张元幹后在李纲祭文中说：

奈何反挤公，则有河东之役。仆尝抗之曰："榆次之败，特一将耳，未当遽遣枢臣。此卢杞荐颜鲁公使李希烈也，必亏国体。"且陈以祸福利害，退而告公。公虽壮我，而为我危之。既不及陪，属同列有择地希进之谄，即投劾以自白，议者犹不舍也。是岁秋九月，幸与公同日贬，凡七人焉。流落倦游，回首十有四载于兹矣。[7]

可知当时张元幹也随李纲贬官。南宋时，张元幹"辛亥休官"，[8]即

---

1. 《会编》卷168，《要录》卷94绍兴五年十月乙卯，《斐然集》卷12《李纲江西安抚制置大使》。
2. 《梁溪全集》卷79《辞免江西安抚制置大使兼知洪州奏状》，《辞免第二奏状》，卷80《辞免第三奏状》，《辞免札子》。
3. 《梁溪全集》卷80《乞降旨閤门到日先次引见上殿奏状》。
4. 《方舆胜览》卷18，《记纂渊海》卷10。
5. 《梁溪全集》卷122《与赵相公第三书》。
6. 张元幹户贯据《芦川归来集》卷10《宣政间名贤题跋》，王浚明称"永福张仲宗，国士也"。《周益国文忠公集·平园续稿》卷7《跋张仲宗送胡邦衡词》作"长乐张元幹"，乃后人追述，应以前一说为准。
7. 《梁溪全集》附录三，参见《苕溪渔隐丛话》后集卷36。
8. 《芦川归来集》卷4《上平江陈侍郎十绝》序。

绍兴元年（公元1131年），"年方四十一已致仕"。[1]张元幹在李纲祭文中又说：

> 辛亥至己未（绍兴九年），九载之内，公多居闽。岁时必升公之堂，获奉觞豆间，乃登高望远，放浪山巅水涯，相与赋诗怀古，未尝不自适而返。若将终焉，无复经世之意。迨夫酒酣耳热，抚事慷慨，必发虞卿、鲁仲连之论，志在忧国。

反映了彼此志同道合，过从甚密。张元幹"寄李伯纪丞相"的《贺新郎》词，是其爱国词的代表作：

> 曳杖危楼去。斗垂天，沧波万顷，月流烟渚。扫尽浮云风不定，未放扁舟夜渡。宿雁落，寒芦深处。怅望关河空吊影，正人间鼻息鸣鼍鼓。谁伴我，醉中舞。
> 
> 十年一梦扬州路，倚高寒，愁生故国，气吞骄虏。要斩楼兰三尺剑，遗恨琵琶旧语，漫暗涩，铜华尘土。唤取谪仙平章看，过苕溪，尚许垂纶否？风浩荡，欲飞举。[2]

判断此词的写作年代应有两句。一是"十年一梦扬州路"，宋高宗自建炎元年将行在迁到扬州，到绍兴六年，正好为时十年。二是"过苕溪，尚许垂纶否？"按李纲自建炎元年罢相，只有在绍兴六年二月，赴行在临安府，朝见宋高宗。[3] "过苕溪"，苕溪是乌程县的溪流，可作湖州之别名，[4]垂纶即是垂钓，应是使用姜尚"垂纶于渭滨"[5]的典故。当时宋廷的抗金气氛较为高涨，张元幹期盼李纲朝见后复相，如周代姜尚那样，举恢复之大计。但决定权是在皇帝，故有"尚许垂纶否"的问话。

---

1. 《芦川归来集》曾噩序。
2. 《芦川归来集》卷5。
3. 《要录》卷98绍兴六年二月癸亥，《梁溪全集》附录一《年谱》。
4. 《方舆胜览》卷4《安吉州》。
5. 《魏书》卷72《阳固传》。

## 第九章 忧国维知重 谋身只觉轻（李纲）

此后又有"风浩荡，欲飞举"之语，在他看来，当时的抗金形势颇好，正是国士们有为之际。[1]并非只有张元幹一人，很多爱国士大夫都盼望李纲再相，"国人诵言，公去必复，图回开济，扶危定倾"[2]。"公逸祠宫，无虑十年。人皆谓公，宜在庙堂"[3]。"世方望公，在君左右，克终往绪，光复先业"[4]。当然，张元幹等人期望宋高宗复相李纲，根本上只是幻想。

李纲此次赴临安朝见，共面对三次。二月"二十四日，到国门"，宋高宗"特御内殿，三赐引对"。第一次在二月二十五日，第三次在三月初一日，"朝辞，得旨引见，上殿"。李纲对此次朝见，无疑是作了最充分的准备，"所进呈札子凡十有六"[5]，包括《论中兴札子》《论金人失信札子》《论襄阳形胜札子》《论和战札子》《论朋党札子》《论财用札子》《论营田札子》《论赈济札子》《论江西军马札子》《论江西钱粮札子》《论虔州盗贼札子》《论福建海寇札子》《乞宫祠札子》《论常平札子》《议迎还两宫札子》《辨余堵事札子》，今存于《梁溪全集》卷81和卷82。

《论中兴札子》强调说，"势有强弱，事有成败，虽弱而有可成之机，虽强而有必败之兆，顾其理之如何耳。譬如医者之疗病，不问形之壮羸，惟察脉之治否。兴亡之理，何以异此？"只要措置得当，"因利乘便，大振天声以临之。臣将见四方响应，飙举云集，沛然有不可御者。中兴之期，已在指掌之中矣"[6]。李纲此奏主要是批判中兴无望，只图苟

---

1. 此词历来考证其创作时间不一，如唐圭璋、潘君昭、曹济平先生《唐宋词选注》第347页，北京出版社，1982年；还有王兆鹏先生《张元幹年谱》，《宋人年谱丛刊》第7册4711页，四川大学出版社，2003年；都定为绍兴八年，前者说："这时李纲知洪州（今南昌市），闻讯上书，反对和议，后罢居长乐。张元幹当时寓居福州，为李纲上书坚持抗金的精神所感动，写了这首词送他，表示支持。"以上两书之系年似可商榷。
2. 《梁溪全集》附录三《薛待制》祭文。
3. 《梁溪全集》附录三《邵抚干》祭文。
4. 《梁溪全集》附录三《程尚书》祭文。
5. 《会编》卷169，《要录》卷98绍兴六年二月癸亥，卷99绍兴六年三月己巳，《梁溪全集》卷84《论进兵札子》，附录一《年谱》，附录二《行状》下。关于李纲"朝辞"日，《要录》做三月己巳（二日），与《行状》差一天。
6. 此奏又见《历代名臣奏议》卷85。

安之说。

《论金人失信札子》其实是针对宋高宗多次说难兄宋钦宗、李纲等失信于金人，"殊不知失信在金人，而不在中国；彼方恃虎狼之威，假信义之说以责我。吾之人谋回遹，方震怖之不暇，岂敢与之争是非曲直哉！徒受失信之名，使士大夫与夫将士、兵民茫然，不知所仗，此不可以不辩也"。"愿陛下降臣此章，与大臣熟议，发德音，下明诏，详述自宣和、靖康以来，失信在彼，而不在此。使中外士大夫与夫将士、兵民周知其故，晓然不疑。庶几在我有辞，人百其勇，士气日振，戡乱定功，莫此为先"[1]。

《论和战札子》再次批判遣使求和，"中国为和所误者多矣，十余年来，持和议之说，一切苟且，希冀万一者，何其纷纷也！夫靖康之间，彼以敌国待我，尚可言和；至建炎以来，见于文檄，彼其待我者为如何？乃欲恃和议，以为自安之计，其可乎？况仇雠之邦，不共戴天，卑辞重币，祇自取辱，何益于事！惟当修政刑，明赏罚，选将帅，治军旅，备器械，利甲兵，峙糗粮，积财用，士气既振，乘机大举，以恢复中原，是战之可成中兴之业"。"夫胜负兵家常势，大计已定，愿无以细故动摇，益务自治自强。如汉高祖之坚忍，乃可得志，倘或且战且和，如六国之朝从而暮横，臣愚未见其可也"[2]。

如前所述，李纲特别重视襄阳府在反攻中原中的战略地位，《论襄阳形胜札子》说：

惟襄阳地接中原，西通川、陕，东引吴、越，如行于弓弦之上，地里省半；而又前临京畿，密迩故都，后负归、峡，蔽障上流。遣大帅率师以镇之，如置子于局心，真所谓欲近四旁，莫如中央者也。既逼僭伪巢穴，贼有忌惮，必不敢窥伺东南。将来王师大举，收京东、西及陕西五路，又不敢出兵应援。则是以一路之兵，禁其四出，因利乘便，进取京师，乃扼其喉，拊其背，制其死命之策也。

朝廷近拜岳飞为荆、襄招讨使，其计得矣。然驻军岳、鄂，未闻前

---

1. 此奏又见《历代名臣奏议》卷348。
2. 此奏又见《历代名臣奏议》卷85。

进。岂不以自兵火以来，襄阳焚毁尤甚，野无耕农，市无贩商，城郭隳废，邑屋荡尽，而粮饷难于运漕故耶？

臣观自古有意于为国家立功名之人，如刘琨、祖逖之徒，未尝不据形胜，广招纳，披荆榛，立官府，履艰险，攻苦淡，积日累月，茸理家计，然后能成功者。若欲坐待其事成，必无此理。愿诏岳飞，先遣将佐、军马及幕府官，径趋襄阳，随宜料理，修城壁，建邑屋，招纳西北之民，措置营田，劝诱商贾之伍，懋通货贿。稍稍就绪，然后徙大兵以居之。旁近诸郡，如金、房、随、郢见属我者，可以抚绥；如陈、蔡、许、颍见从贼者，可以攻取。不过年岁间，必有显效。如谓屯兵聚粮，运漕为难，则汉江出襄阳城下，通于沔、鄂，漕运之利，未有如此之便者。当以兵护粮船，使贼不得抄掠，则吾事济矣。今日天下形胜，臣愚以谓无出襄阳之右者。[1]

然而在事实上，岳飞后虽曾一度以大军进驻襄阳府，却终因后勤困难，最终仍只能以鄂州为岳家军的大本营。

李纲在离开临安前后，又另上札子，再次申述对用兵的各种具体建议，他特别指出：

臣蒙陛下面谕，以数十年来，训练士卒，今方可用。臣退而询之士大夫，咸以为然。区区愚虑，尚有可疑者，以谓吾之士卒，初未尝与大敌力战，则欲保其临敌用命，无奔溃之虞，犹未易也。金百炼则为精金，卒百战则为精卒。故臣欲试之山东者，使战得一胜，则士气百倍，乘破竹之势，所向无前矣。

臣昨在靖康中，与闻国论，当是时岂不愿和，但欲和得其是，则两国生灵，皆赖其利。今日朝廷之议，臣虽不得而与，然闻之士大夫，亦颇得其梗概矣。臣素以治兵为然，岂不愿战，但亦欲战得其是，则中兴之业，自兹以始。夫天下士民，凡有知识者，孰不愿陛下以战则胜，以守则固，而早致中兴之功。独议和者不然，袖手旁观，惟觊一有差失，以

---

[1] 此奏又见《历代名臣奏议》卷85。

售其说，臣愿陛下以持重用兵，以多算取胜，而无为议和者之所幸。天下不胜幸甚。

臣窃谓朝廷用兵，有横议沮师者，罪固不可赦。至于陈献利害，欲弥缝阙失，助成大功，则宜特留圣意，曲赐嘉纳。庶几有智虑者，皆愿自竭，有补国事，伏望圣察。[1]

南宋在绍兴四年先后取得仙人关、襄汉和淮南三次军事胜利，绍兴五年，岳飞又瓦解了杨么叛军，南宋的国力确有上升之势。但李纲仍深知宋高宗志在苟安，而不在抗金，尽管在表面上，朝廷似乎抗金气氛高涨，而皇帝其实根本不可能有坚定的抗金之志。他生怕皇帝的苟安之志逢机必发，加之"议和者""售其说"，"横议沮师"，而不得不先事劝诫。这表明他的见识和谋略，确是在同时的侪辈之上，不愧是当时最高明的政治家。往后的历史演变，更是证实了李纲的先见。

## 二、赴任后的艰难经营

李纲致赵鼎信中说："某已于二十（三）日到界首，交割职事讫。"[2]他另上奏称"伏奉告命，除臣江南西路安抚制置大使、兼营田大使、马、步军都总管、兼知洪州军州事、兼管内劝农使。臣已于今月二十三日到本路，交割职事讫者"[3]。说明他在三月二十日后，进入江南西路界抚州金溪县界，即行"交割职事"[4]。"四月一日，至洪州"[5]。又李纲四月初六日所写致赵鼎信说："某已次豫章，交割职事。"[6]豫章是江南西路首府洪州之别名。[7]

按宋制，一路军事长官为安抚使和经略安抚使，往往由文臣担任，简称"帅"，安抚使和经略安抚使兼本路首府的知州和知府。前引李纲奏，

---

1. 《梁溪全集》卷84《论进兵札子》，《历代名臣奏议》卷232。
2. 《梁溪全集》卷122《与赵相公第四书》。
3. 《梁溪全集》卷85《谢到任表》，另见卷131《谢宰相制置江西启》。
4. 《梁溪全集》附录二《行状》下，《要录》卷99绍兴六年三月庚寅。
5. 《梁溪全集》附录一《年谱》。
6. 《梁溪全集》卷122《与赵相公第五书》（四月六日）。
7. 《方舆胜览》卷19，《记纂渊海》卷11。

为他实职差遣之全称。因为他前宰相、观文殿大学士的资历出任，故使名特高，改为安抚制置大使，而权限其实仍是一路之帅。江南西路，宋时已简称江西，其面积比现在的江西省略小，主要是东北的饶州、信州和南康军属江南东路，而今属江西省。

事实上，李纲在朝见时，已有《论赈济札子》《论江西军马札子》《论江西钱粮札子》《论虔州盗贼札子》四奏，专谈江南西路的政务，提出本路缺粮，军力不足等情况和应对之策。他到任后，在谢表中说：

乃眷大江之西，近接长淮之境，屡更兵火，继以旱灾，流移众而田莱多荒，科敛烦而财力耗屈。欲御寇，则军马单弱；将养兵，则帑藏空虚。疆场弗宁，盗贼未殄。付以捍患御灾之政，宜得通方适变之才，顾臣何人，乃预兹选。[1]

此表以骈文描述了江南西路所处的困境，表明李纲更深深地感受到了一路政务的重担。今将李纲在洪州和江南西路的施政分述于下。

1.处理荒政，减轻税负，恢复生产，整顿财政

李纲"抵豫章，行四月矣。初至之日，适当旱暵之余，仓库匮乏，饥民满野"。他必须"料理钱粮，推行赈济，虽细务，率皆躬亲"[2]。他又"差干办公事韩岊前去诸州军，点检奉行宽恤事件。续据本官申，筠（今江西省高安市）、袁州（今江西省宜春市）、临江军（今江西省樟树市临江镇）系灾伤最甚去处，有不曾逃移人户，缘灾伤，草贼侵扰，死失佃户、耕牛，阙乏谷种"[3]，上述三州军"系灾伤最甚去处"，甚至连拥有佃户的地主，虽未逃移，也难于经营田产。李纲在上奏和致赵鼎的信中，对江南西路当前最迫切的灾荒和缺粮状况，以及自己的应对措置，作了更具体的叙述：

---

1. 《梁溪全集》卷85《谢到任表》。
2. 《梁溪全集》卷128《与陈国佐司谏第一书》。据《宋史》卷379《陈公辅传》，陈公辅，字国佐，他在北宋末与李纲的关系，已如前述。
3. 《梁溪全集》卷98《条具利害奏状》。

臣已到江西本路界首，交割职事，延见父老，询问民间疾苦。皆云去岁旱伤之后，谷价翔踊，民间乏食，第三等户止是食粥，第四、第五等户多是掘草根而食。官中见催绍兴四年积欠，无从可出。臣契勘下户积欠，有一二十户合纳一石者，虽数目不多，然民无从出，复有公吏索须之扰，情实可悯。伏望圣慈特降睿旨，将灾伤路分第三等已下人户绍兴四年积欠，特与蠲免，或权行倚阁，候秋成日随苗送纳。[1]

伏见湖南安抚大使吕颐浩，近蒙朝廷于邻路广西州军支米三万石应副。窃缘本路旱伤阙乏，与湖南路事体一同。今来若不申告朝廷支降，委是无可赈给，下户饥民不得趁时耕种同，将来秋成，更无指准。伏望圣慈详酌，特降睿旨，许依吕颐浩之例，于邻路江东或两浙州军支拨米三万石，许本路差雇人船前去般取，付臣科拨赈给。庶几实惠可及下户，将来岁事有望，不致阙误。[2]

江西去岁旱灾，次于湖南，而南昌视一路为甚，流移至多，道路相望，田亩有至今未耕垦者，绵亘阡陌。询之父老，以谓前此未尝有也。中、下户往往乏食，牛具多已不存，种麦亦甚稀少，未知向去何以接济？虽蒙朝廷许拨饶州上供米一万硕，本路遣人船般取，得回报云，已支遣尽。抚州、建昌军万四千硕，比到，亦只存数千硕。劝诱上户，数亦不多。此去秋成尚远，赈济殊为阙乏。已具奏，乞于浙西、江东朝廷有米斛处，支拨三万硕。本路自差人船般取，仍得严戒诸郡应副，庶几不失指准。[3]

本路唯临川、建昌去岁薄熟，今春耕种，亦渐成次叙。赣上虽稔，然颇为盗贼所扰，民顽，多不输纳。自余诸郡率皆旱灾，下户种艺无本，田业多荒。而豫章仓库空匮，尤可骇，赡养官吏、军兵，钱粮既无指准，而赈济斛斗又复阙乏，深虑将来有误岁计。近被亲笔诏书，令劝谕停蓄之家，减价出粜，既已奉行，已措置劝民入纳，专欲以赈济，给下户之无本者，但恐所得莫能遍及。已具状奏，及申朝廷，乞降钱米，以济目前

---

1. 《梁溪全集》卷85《乞蠲免灾伤路分人户四年积欠札子》。
2. 《梁溪全集》卷85《乞依吕颐浩例于邻路拨米赈济奏状》。
3. 《梁溪全集》卷122《与赵相公第四书》。

之急。¹

本路近来雨泽沾足，但下户乏本种田，殊可矜念。州县所养，多坊郭游手之民，虽能全其性命，不填沟壑，然不若实惠及农夫，使将来有秋可望。前此累尝拜恩，乞于邻路有米去处，支拨三万硕，正为此曹设也。万一朝廷阙米，辄援吕相（颐浩）例，乞支降茶引十万贯，当自招诱客旅，趁此时入纳，应副赈贷。²

江南西路在绍兴五年旱灾，虽然稍轻于荆湖南路，但如何救济，争取在绍兴六年得到丰收，是李纲赴任之初关注的中心。他上奏提出：

今来劝诱上户及积米之家，减价出粜，止是可济有钱籴米之人。其流移饥民与下户无钱籴米之人，官中见行赈济，支过米数已多，前去秋成尚远，难以接济。今措置委自知、通、县令，多方劝诱上户及有积米之家，如有情愿纳钱米入官，以助赈济者，许以其入纳之数，陈乞官告、度牒之类，依价折还。一户所纳价直不足，即许众户结甲，同共细计陈情，其入纳数目浩瀚之人，当议特行奏请，优与推恩。³

用卖官、卖僧道度牒的方式，"劝诱"地主们出粜余粮，以度灾年。这固然是宋朝常用的办法，却也见效。李纲"自到本路，与监司协力，行移州县，凡有流徙阙食之民，通融斛斗，尽令给米收养，共赈济五万九十二人。又给历州县，遣官检察，令劝诱积米之家减价出粜米、麦、谷二十一万八千一百二十四石五斗"。他为此上奏说：

臣到任之初，米一升价钱至一百三、四十文。近来雨泽沾足，早禾已熟，米价顿减，新米一升止四五十文。将来秋成，决有可望之理。此盖陛下勤恤民隐，至诚恻怛圣德，感召和气之所致。然今春小民乏本，田亩有

---

1. 《梁溪全集》卷122《与赵相公第五书》。
2. 《梁溪全集》卷122《与赵相公第六书》。
3. 《梁溪全集》卷86《画一措置赈济历并缴奏状》，《宋会要》食货59之27，68之59。

不曾种莳者甚多，人情方苏，未宜重取。更望朝廷宽假，有以涵养之，乃为得计。[1]

此外，他还请求皇帝说，"况本路所管诸州，去年亢旱尤甚，洪、吉、筠、袁、江、抚州，兴国、临江军皆是灾伤至重去处。所有第四等已下人户，多是贫困，官中见行抄札，给米赈济之人，何缘更有积蓄，非时预行输纳"。"伏望圣慈特降睿旨，将本路灾伤州县合起折帛钱，依条限催纳，其不系灾伤去处，自依今来立限指挥。庶几下户得被实惠，不致逃亡。臣已行下灾伤州县，更切听候朝廷指挥外，见不妨本职待罪"[2]。也就是说，他先"行下灾伤州县"，依己见处理，而自己以"本职待罪"。为了减轻百姓税负，李纲给右相张浚公文说：

纲窃见自军兴以来，取于民者非一，降官告，给度牒，卖户帖，理积欠，折帛、博籴、预借、和买，名色甚多。当此旱灾之余，民力已困，诚愿朝廷讲求理财之道，救弊核实，开阖贸迁，使不敛于民，而用度足，乃为长久之计。[3]

此外，李纲又上奏，请求将本路"桩发淮衣[4]䌷绢二万四千余匹"，予以"蠲免"[5]。关于户帖钱的杂税，他也请求"许将去年旱伤及四分以上州县，未卖户帖价钱，分作二年，随秋税起催给卖。如人户情愿以米斛依本处市价，抵斗折纳者，听，更不收纳加耗，凑作和籴之数起发。庶几稍宽民力"[6]。

---

1. 《梁溪全集》卷88《论赈济札子》，参见《梁溪全集》卷122《与赵相公第八书》。
2. 《梁溪全集》卷86《乞将本路灾伤州县合起折帛钱依条限催纳奏状》。
3. 《梁溪全集》卷103《与右相条具事宜札子》。
4. 关于"淮衣"，参见王曾瑜《宋朝的和买与折帛钱》，载《锱铢编》第511页："淮衣和福衣是淮南和福建路的军衣，宋徽宗时，淮南转运司奏：'本路合要军衣，系江、浙路供应。'淮衣和福衣是江、浙四路又一项负担。"
5. 《梁溪全集》卷92《乞蠲免（淮衣）䌷绢奏状》，《宋会要》食货63之6。
6. 《梁溪全集》卷92《乞将户帖钱分作二分随秋税起催给卖奏状》。

## 第九章 忧国维知重　谋身只觉轻（李纲）

幸好绍兴六年迎来了丰收，"赈济就绪，雨旸调适，遂成丰年"[1]，"早稻倍获，秋田可望，米价顿减，物情少苏"[2]。李纲于绍兴七年（公元1137年）追忆说："米尤可惜，去岁初到，升百三十，秋得一稔，升十数文。"[3]到绍兴六年岁末，尚书省奏："湖南制置大使吕颐浩、江西制置大使李纲抚存饥馑，招集流亡，甚称朝廷委寄之意。"，于是宋高宗"赐诏书奖谕"[4]。绍兴七年"春夏间，雨旸以时，早田既登，入秋顿阙再泽，已觉亢旱，祈祷虽应，殊未沾足"，李纲又"深虑晚田不免旱伤"[5]。他报告宋廷，叙述了江南西路经济恢复的实情：

江西一路，自兵火残破之后，又经旱灾，人户凋耗，虽去年稍得丰稔，人户未尽归业，田土荒废尚多。谓如洪州分宁、奉新等县，人户所存，才有十之三四，其余县分，号为多处，不过十之六七。通一路计之，多寡相补，才及承平之半，税赋自然难以及额。[6]

可知一直到绍兴七年，江南西路的户口大约"才及承平之半"，在古代农业社会的手工生产水平下，户口多少，其实就是经济总量的指标，距离完全恢复，尚须时日。经济虽未恢复，然而在战争年代，人民赋税负担却多于往时。"照对上供米数，旧额一百二十六万九千石，会计绍兴六年一路实催秋苗，止有九十八万三千三百五十九石一斗六升，虽蒙减免上供一十六万九千石外，犹有一十一万六千石，系是实催苗米外虚数，无所从出"[7]。

绍兴七年，江南西路"自春夏以来，雨旸以时，布种甚广"[8]。但

---

1. 《梁溪全集》卷122《与赵相公第八书》。
2. 《梁溪全集》卷128《与陈国佐司谏第一书》。
3. 《梁溪全集》卷104《与李尚书措置画一札子》。
4. 《要录》卷107绍兴六年十二月丁未，《宋会要》食货57之19，59之28。《梁溪全集》附录二《行状》下所载为绍兴七年正月，盖以李纲收到奖谕诏之时为准。
5. 《梁溪全集》卷126《与张相公第二十四书》（六月二十四日）。
6. 《梁溪全集》卷96《准省札催诸州军起发大军米奏状》。
7. 《梁溪全集》卷98《条具利害奏状》。
8. 《梁溪全集》卷126《与张相公第二十三书》（四月二十日）。

洪州"自七月以后不雨","晚田已是亢旱"[1],"螟螣渐生,岁事殊可虑"[2],"本路春夏之间,雨旸调适,早禾已自成熟,收割了当。自入秋以来,阙少雨泽,已觉亢旱,又生青虫,食害苗稼"[3]。李纲为此上奏,"窃见朝廷近降指挥,受纳秋苗及和籴米斛,并要一色晚米。窃虑既不籴纳早米,晚稻又失指准,有误大计"。请求皇帝"令朝廷更赐详酌施行"。[4]他还上奏批评说,"前年江、湖、闽、浙尝苦大旱,流离失业,殍踣相望"。绍兴六年"岁大丰穰,民以安乐。自经一稔之后,上下恬嬉,不复勤恤民隐。朝廷意民间之有蓄积,百色诛求。上供不以实数,而以虚额;和籴不以本钱,而以关子。丝蚕未生,已督供输;禾谷未秀,已催装发。州县困于转输,文移急于星火,官吏愁叹,闾里怨咨。感动天心,旱灾复作,江、湖、淮、浙,所被甚广,岁且艰食,人情惊疑,如居风涛,汹汹靡定"。"夫今日之患,欲民力宽,则军食阙矣;欲军储裕,则民财匮矣"。"养兵之费,有增无减,坐致耗屈,竭(取)于民,谓之有政事,可乎?此臣之所以日夜为陛下寒心者也"。他提出"救今日之弊,以修政事为先也"[5]。李纲上奏:

江西一路去岁旱(暵),及虔、吉州盗贼连年作过,全赖州县官抚摩讨捕。其州县官有事故,阙员去处,乞许差辟一次。其老疾疲懦不职之人,乞许本路择能吏,两易其任,各通理前任月日。其虔、吉州知县,乞依省罢法,许别行奏辟。

此奏得到批准。[6]然而在事实上,当时政治的贪腐,"上下恬嬉",是任何清官,也包括李纲本人所无力解决的。

财政当然是地方政务的经济基础,李纲在艰窘的财政收入之下,只能

---

1. 《梁溪全集》卷98《本路阙雨乞罢免奏状》。
2. 《梁溪全集》卷128《与张子公舍人书》(七月二十七日)。
3. 《梁溪全集》卷106《申省乞施行籴纳晚米状》。
4. 《梁溪全集》卷98《乞详酌见籴晚米奏状》。
5. 《梁溪全集》卷98《乞益修政事札子》,《要录》卷113绍兴七年八月,《历代名臣奏议》卷306。
6. 《宋会要》选举31之5。

筹划如何开源节流，据李纲自述，"洪州前此财赋所以匮乏者，非惟以年凶民贫，用度广阔之故，不治其源，使之然也。诸县者，财赋之源，置而不问，每遇缓急窘迫之际，乃召县令，使之甘认应副，岂非倒置乎？"他自"自到任，将诸县合纳窠名钱，一切根刷见名色，将本县合支用之数，分拨窠名，存留应副外，自余并诸司钱物，并令解州，次月五日前到，违限者治之。又每季因通判行县，委之划刷，以此源源而来不绝。官、吏、军、民请受，并按月排日支给，军衣之类，亦前期桩办不阙"。"去岁初到官日，大宁仓米止有四石六斗，军资库钱止有二百余贯。今钱贯、米数颇多于前日，春衣钱亦已桩下二万贯"。最终，安抚制置大使司"金谷颇有积蓄，未尝有毫发敛取于民者，皆系措置回易，均节用度，收拾失陷所致"。他卸任前，"交割与权官钱约计七十余万缗，米计八万余石，州县之数不在是也"。"寸积铢累，以及此数，若不妄散，以陈易新，可以常为洪州之根本"[1]。他是在财用困窘的情况下，多方设法，才造成洪州财政稍有盈余的局面。

李纲固然扶病而尽心竭力，筹划江西和洪州的财政，但居然还遭受了流言蜚语，"群小造谤不已，无罪无辜，谗口嗷嗷，必欲中伤"。他不得不在给妻弟张焘的信中加以澄清：

本州去岁实催到苗米一十三万八千余硕，皆系上供及朝廷支用所得，以赡养官兵者，耗剩之数而已。正耗每硕三斗（内五胜系转运司拨充明会耗），得二斗五胜，为米三万五千余硕；省耗每硕二胜，为米三千余硕；占米加一折纳，得每硕一斗，为米八千余硕。此皆遵奉朝廷，非创例也。盘量出剩六千余硕，通计前项，凡五万二千余硕。而州仓月支官兵粮米，并诸县支遣，以岁计之，凡八万六千余硕。除所得耗剩米外，两次蒙朝廷拨到，共二万硕，犹侵支上供米二千余硕。见具奏，乞销破，今以奏检录呈。以此观之，所传加耗以敛民，一硕至纳及二硕六七斗，其可信乎？

本州夏税、和买绢，去岁粗恶，朝廷督责甚峻，且退回数千匹，责以

---

[1].《梁溪全集》卷104《与李尚书措置画一札子》。

赔纳。盖缘揽纳人与受纳公吏通同作弊，今岁不免约束措置，立定价值，犹减他州十分之三，他州十千有余，本州十贯二百。今录朝旨指挥，并退回绢数，立定价例文字去看。以此观之，所传拣择太过，至民间倍有所费，其可信乎？[1]

此外，绍兴六年二月，宋廷"置行在交子务"，发行纸币交子，[2] 立即招致一些官员的反对。李纲也致公文札子给右相张浚说，"窃谓交子之法，行于四川则为利，行于他路则为害"。"交子之行，止凭片纸，民间得之，交手相付，不敢停留，良民折阅，转卖不得元直十之二三；兼并之家，贱价停蓄，坐享厚利，争竞既起，狱讼滋多，其为害有不可胜言者。某纲大观间，任真州司法参军、兼管常平仓库，是时朝廷推行交子之法，豪民挟形势户，竞以贱价得之，以代见钱输纳，官司不敢受。应系官钱，悉是交子。其后觉知不便，从而改法，仓库见钱为之一空。由此观之，非独不便于民，而官司尤甚"[3]。宋廷最终在五、六月罢交子，[4] 这也是李纲所做的一件好事。

2.召集军伍，创置军营，缮治器甲，镇压盗贼

江南西路安抚司原有的若干支军队，包括统制祁超、统领高道等部，约八千五百多人，统领丘赟所部，近一千五百人，都先后拨入岳家军。[5] 李纲鉴于本司兵力单薄，只能上奏，请求招兵和调拨军伍。他的《措置招军画一奏状》，详细报告了招军打算，还有必需的钱、粮、绌、绢、麻布之类预算数额，又谈及军器，说：

契勘本路帅司以前自造到器甲，昨系本司统制官祁超等军马关借披带使用。其逐项官兵，节次抽摘赴都督府、岳飞军前，尽数将带前去，见今

---

1. 《梁溪全集》卷128《与张子公舍人书》（七月二十七日）。
2. 《要录》卷98绍兴六年二月甲辰。
3. 《梁溪全集》卷104《与右相乞罢行交子札子》，卷124《与张相公第四书》。
4. 《要录》卷101绍兴六年五月乙酉。
5. 《梁溪全集》卷82《论江西军马札子》，卷85《乞差兵将讨捕虔吉盗贼及存留李山弹压奏状》，《乞将丘赟下存留洪州军兵充亲兵奏状》，卷87《措置招军画一奏状》，《斐然集》卷17《寄张德远》。

阙乏。今承朝廷指挥，合用军器，令帅司一面措置造作使用，如有合行事件，具条申取朝廷指挥。本司见开坐名件，行下诸州，令依应造作外，所有合用钱物，欲乞朝廷特降新法度牒二百道，应副支用。候将来支绝日，再行申请。[1]

李纲在致李光的信中谈及对洪州兵力单薄的担心：

修营房三千余间，见裁减、修治城壁，种种稍就绪，但所乏者军马耳。搜哀一路系将、不系将兵，近五千余人，数日前，辟广场大阅，器甲、旌旗皆一新。观者谓前此未之有，然皆乌合新募之众，何足倚仗？姑可以张声势耳。请兵于朝，不知次数，庙谟方谓屯重兵于淮、泗、襄、汉，此方为内地，兵不必遣。此大不然，兵家乘间，正如贼风之中人，避坚攻脆，声东击西，于不必防处政须著力。今王师布置疏阔，初无相应援之理，淮西既无屏蔽，沿江千余里要害之地，又无兵可以控扼，措置如此，岂不殆哉！[2]

可知李纲对江南西路的防卫，极为忧虞，"江西兵将，单弱之甚，沿江要害去处，并无兵可以控扼"[3]。他为此不得不花费很大精力，增强本路军力。

任士安部曾随经李纲自福建移屯荆湖。岳飞平定杨幺后，任士安部并归岳家军。经李纲争取，"朝廷许辟左武大夫、吉州团练使任仕安充"江南西路安抚制置大使司都统制。[4]李纲相当器重任士安，特别在致张浚信中说："任仕安老练兵事，粗细皆可使，但性颇褊急，故为其伍所不喜。昨在福建、湖湘，屡立奇功，中间废罢，实为无辜。某去冬警急之际，辟充本司都统制，委之训练，备见宣力。方朝廷多事之际，武夫中如仕安，未易多得，置之无军马可统之地，实为可惜。望相公特与收拾，湔洗用之，

---

1. 《梁溪全集》卷87《措置招军画一奏状》。
2. 《梁溪全集》卷127《与李泰发端明第一书》。
3. 《梁溪全集》卷128《与陈国佐司谏第二书》（十月初一日）。
4. 《梁溪全集》卷91《乞拨韩京等军马奏状》。

必有可观。"[1]他最终重新编组了安抚制置大使司的前、右、中、左、后五军。他"屡次申陈，蒙朝廷差到李贵、步谅军马各千余人，今（绍兴七年）秋并勾赴本司教阅。以申世景将本军为前军，贾和仲将诸州起发隶将、不隶将兵为左军，任仕安将洪州禁军为中军，李贵、步谅各将本部兵为右军、后军，共六千余人，团结教阅，军声粗振"[2]。

在编组军队的同时，也必须解决军营和器甲的问题。李纲说："有营房，然后士卒可用。"[3]"洪州自兵火之后，营房并无存者，厢、禁军与民杂处，不可钤束"。李纲遂下令"建置营屋，大使司支钱，与诸州收买木植，及令诸司根括户绝抛弃屋宇，拆移改造，置营房三千余间，并系瓦屋。除拨付本州厢、禁军逐营外，造客军营房一所，五百余间"[4]。尽管李纲创置军营，但当地"士卒营居、市居相半"的状况，实际上仍持续至南宋中期。[5]

由于原江南西路的大部分军队归并岳家军，"併与器甲、军须，一切席卷而去"。李纲上任之初，"检视甲仗库，空空如也"。他不得不上"奏朝廷，乞降告敕，以渐制造，督责两作院，严其课程，又分委诸州制造"。李纲为此申请"朝廷特降新法度牒二百道，应副支用"，却"未蒙降到。如不合以新法度牒应副，即乞将官告并助教敕牒准折价数支降"。到他罢任时，"已积三千余副，金、鼓、旗帜、弓、弩、刀、枪之类，率皆新置。又以格式造战船、战车、三胜弓、合蝉弩等"[6]。洪州驻军"前此并无教阅之所，为造新兵射厅及阅武堂。防城器具之类，不可无安顿去处，为造东南壁及西北壁防城库两所，共四十间"[7]。

自从岳飞在绍兴三年平定吉州和虔州（今江西省赣州市）的叛乱后，江南西路仍发生若干小规模民叛。绍兴七年初，李纲报告宋廷，"本路

---

1. 《梁溪全集》卷126《与张相公第二十三书》（四月二十日）。
2. 《梁溪全集》卷104《与李尚书措置画一札子》。
3. 《梁溪全集》卷78《奉诏条具边防利害奏状》，《历代名臣奏议》卷84。
4. 《梁溪全集》卷104《与李尚书措置画一札子》。
5. 《诚斋集》卷125《宋故华文阁直学士赠特进程公墓志铭》，《宋会要》兵6之28—29。
6. 《梁溪全集》卷104《与李尚书措置画一札子》，卷105《申省乞将修城造军器度牒给降告敕状》，《申省乞告敕造军器状》。
7. 《梁溪全集》卷104《与李尚书措置画一札子》。

虔、吉、筠、袁、抚州，南安、建昌军等处，常有盗贼结集作过。其初微细，正缘巡、尉不切用心，向前缉捕，渐至滋蔓"。"近日虔贼谢小鬼等侵犯吉州，及张大闲、周十隆等见在永丰、兴国县界首作过"[1]。"近日虔贼谢小鬼等八头项，约四千余人，冲突侵犯，逼近州城，残破吉水、永丰两县，为害甚大"[2]。到了二月二十五日，李纲又报告说："虔寇已遣本司兵将会合讨捕，剿殄数项，亦有受招安者。余党渐归巢穴，目前粗定。深虑官军既退，复出为恶，已留兵屯庐陵，及檄虔守措置。"[3]

六月二十四日，他又报告说："本路盗贼，除虔州、南安军数头项，已委张龙图、[4]提刑司就近措置外，吉、抚、筠、袁、临江军十余头项，本司遣发兵将，渐次招捕，皆已获其首领。筠贼熊清害捕盗官，尤为凶暴，幸已就戮。见督巡、尉搜捕残党。惟吉寇李安净者，最号狡狯，难于擒讨。近增兵前去措置，势已迫蹙，愿就招安。"后李安净也被捕获。[5] 李纲还特别为余应求和张翚请功，说：

> 契勘本路提点刑狱公事余应求、虔州张翚自到任以来，夙夜究心，同共协力措置，施设方略，遣兵杀获凶贼刘宣、温铁弹、罗十二、刘四花、魏照等贼徒，及生擒贼首刘洪，并招安到久不败获贼首周十隆、谢小鬼、赖十九、丁二十一、刘动天、谢先、谢聪、罗动天、尹宝、张大闲、方叔公等头项，（火）数不少。目即本路惟吉、袁州抵接湖南界，及虔州僻远去处，尚有些小败残徒党，已遣兵前去招捕外，今来盗贼委是衰息。所有逐官备见宣力，委有功效。[6]

余应求与李纲在北宋末年的关系，前面已提及，南宋初，他"与李纲

---

1. 《梁溪全集》卷95《乞差赵不华等充招捉盗贼官奏状》。
2. 《梁溪全集》卷106《申省相度吉州将兵状》，卷125《与张相公第十八书》（正月十五日）。
3. 《梁溪全集》卷125《与张相公第二十书》（二月二十五日）。
4. 按张龙图即张翚，参见《梁溪全集》卷106《申省应副张龙图米等状》。
5. 《梁溪全集》卷126《与张相公第二十四书》（六月二十四日），《与张相公第二十五书》（七月十一日）。
6. 《梁溪全集》卷101《乞施行余应求张翚捕盗功效奏状》。

连姻"[1]。张觷与李纲在此前也有交往和通信关系。[2]李纲举荐，以张觷取代孙佑，"守虔，必有显效"。"所荐张觷，非以尝识其人之故，实以智略材术，正可治虔"[3]。

正是由于"虔寇"的活动，李纲"以盗贼纷扰之故，屡次申陈"宋廷，才终于组建了安抚制置大使司的五军。[4]

绍兴七年四月，宋高宗因李纲"典藩踰年，民安盗息"，文阶官由从二品左银青光禄大夫"特迁"正二品左金紫光禄大夫。[5]

3.修筑城池，建设官衙、仓库等

李纲为了洪州的修城，也支付了很多心血。"洪州城池，自建炎三年十月内，经金人残破之后，不曾修治，城壁摧毁，壕堑堙塞，并无楼橹、器具。兼城北一带，皆无民居，尽是荒闲田土，地步阔远。又城外积沙，高与城齐，可以下瞰城中，缓急难以防守"[6]。绍兴七年正月三十日，李纲在致张浚信中说："今安抚司并洪州诸事，粗已就绪，惟修城一事，不欲劳民，随宜措置，以徐图之。楼橹、器具悉皆新创，异时成就，实为永利。"[7]他与宋廷商议，决定了"裁减、修治城壁"[8]的方案，上奏说：

今委武功大夫、权本路军马钤辖武登相度，合行裁减。自洪乔门至崇和门取直，修筑新城，开堀壕堑，却将旧城裁减，充防捍江水堤岸。又旧城向北一带，自来上有涨沙为患，几与城齐，难以措置。今来存留旧城为

---

1. 《要录》卷117绍兴七年十一月己亥。
2. 《梁溪全集》卷120《与张柔直左司书》。据《宋史》卷379《张觷传》，张觷字柔直。
3. 《梁溪全集》卷126《与张相公第二十一书》（三月十五日），《要录》卷109绍兴七年三月丙子误作"知处州"，卷112绍兴七年七月癸亥。又《梁溪全集》卷129《与张龙图第一书》《与张龙图第二书》《与张龙图第三书》《与张龙图第四书》《与张龙图第五书》，都是与张觷讨论平定盗贼问题。关于李纲支持张觷，而否决前虔州知州孙佑，可参《卢溪文集》卷28《与黄平国正字书》。
4. 《梁溪全集》卷104《与李尚书措置画一札子》。
5. 《要录》卷110绍兴七年四月丁未，《宋史》卷168《职官志》。
6. 《梁溪全集》卷101《乞施行修城官吏奏状》，卷104《与李尚书措置画一札子》，卷105《申省具截城利便无扰民户状》。
7. 《梁溪全集》卷125《与张相公第十九书》（正月三十日）。
8. 《梁溪全集》卷127《与李泰发端明第一书》。

堤，亦可以捍隔涨沙，为永久之利。

检计到合用工料、木植、砖、灰等，本司已一面那融，兑支钱物，计置收买材植、物料等，创造窑务，烧变成砖。又用砖数多，勾到南昌、新建两县窑户，高与价值，每一口砖，计价钱二十文（足），令结揽烧变，应副使用。及于诸州刷壮城兵士，量行差拨，及本州壮城、牢城厢军等，相兼修筑。又缘工料浩大，窃虑迟延，已将洪州管下县分，应干僧寺、道观有常住物业者，纽计税钱，量差夫力，本司支破钱米，贴助修筑。并不调发逐县人夫，亦无一事一件取于民间。[1]

由此可知，李纲对修城的规划，到人力、财力和物力的准备，考虑相当周详，并且尽可能不扰民，"不调发逐县人夫，亦无一事一件取于民间"。绍兴六年九月初七日，他又为此致信赵鼎说：

本州城壁，久不修治，类多颓毁，又太阔远，自城北一带皆是空闲去处，难于保守。累具状申朝廷，乞降度牒，措置修葺，及截去阔远空闲去处，未奉指挥。今时月已迫，不免将安抚司钱米那兑支用，收买材料，烧变砖甓，及工役夫力，并不及民。谨具图申呈，伏望钧察。所乞度牒，并昨蒙朝廷指挥，令制造军器，合用钱物，亦累具申请，併望行下支给。不胜幸甚![2]

等修城完工后，李纲上奏宋廷，开具"首尾宣力官吏"名单，请求嘉奖，进一步介绍了修城的情况：

恭依前项圣旨指挥，相度到合行裁减，自洪乔门至崇和门取直，修筑新城，开掘壕堑，却将旧城裁减，充防捍江水堤岸。

臣一面兑那本司钱物，计置木植、砖、灰等物料，于诸州刷壮城兵士，量行差拨，及本州壮城厢军，并于洪州管下县分，应干僧寺、道观有常住物业者，纽计税钱，量差夫力，各自支破口食粮米，相兼工役。已节次具因依奏

---

1. 《梁溪全集》卷105《申省具截城利便无扰民户状》。
2. 《梁溪全集》卷123《与赵相公第十一书》（九月七日）。

闻去后，续准朝廷支降空名承信告一十道，助教敕二十二道，应副变转支用。

自绍兴七年正月初五日起工，创新截筑城身，长七百一十二丈五尺，（根基）阔二丈五尺，面收阔一丈八尺，并护膝墙女头，通高二丈二尺，表里并用砖裹砌，及墁砌城面，炮台、墁道、瓮城，亦系用砖裹砌。计用过新砖一百余万口，并系置窑烧变，并令窑户断扑供应。及于城外开撅周回壕河，计长七百一十二丈五尺，面阔六丈，深一丈六尺。并造到马面、敌楼，大小共一百余座，计六百六十余间。及计备城上要用防城器具，笓篱牌、狗脚木、炮座、檑木等，修盖诸城门楼一十一座，瓮城两所，钓桥四座，防城器具库屋两处，计四十间，并皆齐备。

据都壕寨官申，十一月十五日，修城毕工，已将寺观人夫等犒设放散外，其有所用钱粮，收买砖、灰、木植等物，尽系本司措置应副，并无一事一件取于民间。[1]

李纲离任，与后任江南西路安抚制置大使李光交代时，又对修城一事作了若干补充，说：

因朝廷有蠲减指挥，具奏条陈利害，且乞给降空名告敕等，得旨，给空名告敕五万贯。自去年收买木植，烧变砖甓等，至今春兴工，止是本州厢军壮城及他州划刷到兵卒，共五百余人，渐次修筑。至夏末秋初，方借寺观庄夫，以助工役，日给钱米，月有犒设，皆大使司办给，并不支用漕司经费。至十一月半毕工，为城七百二十丈，壕与城等，为楼橹一百二十余座，计七百余间，为城门十有一所，计三十余间，器具、（笓）篱、炮座等，并旧城皆一新。未尝调发民户一夫，无颗粒分文敛于民者。用新砖百二十余万口，皆自置窑烧变，及令窑户高价揽扑。[2]

李纲主持修城，"用度既省，处画有序，不扰而办，城高池深，民

---

1. 《梁溪全集》卷101《乞施行修城官吏奏状》。
2. 《梁溪全集》卷104《与李尚书措置画一札子》。

有所依"[1]，终于在其任期内完成了洪州城的裁减和重修。[2]洪州城原来周长三十一宋里，共有十六门，其中十门滨江。此次李纲修城，"缩其北面"[3]，把北城墙南移，并且毁废了四门，只剩下十二门。[4]后真德秀称赞李纲"整治城郭，团结军伍，威声隐然"[5]。

李纲鉴于"洪州素无吏舍，止以设厅前廊屋为之，难以检察"。他"规度都厅之南，造吏院三十间，以居群吏"。当地"无馆宾客之所，为置候参谋宅，以充行衙"。他又新建仓廪，"以设厅前旧吏舍，分置甲仗、激赏、营田、仪从、添赐等库。下马门外，旧皆草屋，为造房廊数十间，收其直，归公使库"。"大丰仓自兵火后，全无屋宇，为造新厫八座，计四十余间，以贮大使司并常平司米斛"。此外，李纲又新增州学校舍，"州学旧未全备，为增修两廊斋舍等五十余间"。[6]

李纲对上任后的各种措置，有一个总结：

自去年四月初到任，至今年八月终，已及一年五个月。适值旱岁，遵奉圣旨，赈济劝粜，以活饥民。又依禀朝廷指挥，招填军额，建置营房，修筑城池，缮治器甲，增修官府，创盖仓库，催发钱粮，招捕盗贼。皆系纲逐一躬亲措置处画，心力殚耗，幸已就绪。[7]

他说自己"逐一躬亲措置处画，心力殚耗"，确非虚饰政绩和辛劳。

4.联系和支援岳家军，协调军务

绍兴二年，岳飞平定曹成后，六月，宋廷下令，岳家军自荆湖返回江

---

1. 《梁溪全集》附录二《行状》下。
2. 关于李纲主持修洪州城，参见王茂华先生《辽宋夏金时期城池体系研究》第三章《城址与城池考》。
3. 《西山先生真文忠公文集》卷9《江西奏便民五事状》，《历代名臣奏议》卷97。
4. 《嘉靖江西通志》卷1《城池》。
5. 《西山先生真文忠公文集》卷9《江西奏便民五事状》，《历代名臣奏议》卷97。
6. 《梁溪全集》卷104《与李尚书措置画一札子》。
7. 《梁溪全集》卷104《与宰执乞宫祠劄子》。李纲称将"修举到前件职事，厘为六状，已具奏闻"，此"六状"今已佚失。

州屯驻，他率本军应于七月起离荆湖南路。[1]李纲却在"八月十一日次茶陵县，入湖南界"[2]。估计双方失之交臂，未得会面，此后也无缘相见。但如前所述，李纲出镇荆湖的途中，已相当赏识岳飞，断言他"异时决为中兴名将"。

岳飞自绍兴五年平定杨幺叛军后，历任荆湖北路、襄阳府路招讨使，后襄阳府路复旧名京西南路，又任荆湖北路、京西南路宣抚副使和宣抚使。他的军事辖区与李纲主政的江南西路毗邻。事实上，李纲离荆湖退闲后，岳飞仍与他有书信往来，如在绍兴四年岳飞克复襄汉，即给李纲写信报告，李纲在当年九月二十二日给吕祉的信中说：

数日前得岳侯书，已退师岳、鄂。不知新复之地，以何人守之，秖付之数偏裨，果足恃否？[3]

李纲赴任江南西路，彼此往还更为密切。"岳家军的军需主要由江南西路，其次是荆湖南路和广南东路供应"[4]。就当时经济发展水平而论，江南西路高于荆湖南、北路，广南东、西路和京西南路，[5]江南西路成为岳家军最重要的后勤供应基地，势所必然。绍兴六年，江南西路"共实合发米一百三十八万三千六百八十二石五斗三合，依准逐次所降指挥科拨，内二十万石应副（刘光世）行营左护军，四十万石岳太尉，三十万石张少保（俊），十一万七千一百四十三石七斗六升三合就支外，只有三十六万四千八百七十二石一斗，系元拨付江州，及改拨行营左护军米，应副老小"[6]。可知江南西路的粮米不仅供应岳家军，连刘光世行营左护军和张俊的行营中护军也须供应。

---

1. 《要录》卷55绍兴二年六月戊戌，庚子，卷56绍兴二年七月己巳。据《鄂国金佗稡编》卷19《永州祁阳县大营驿题记》，岳飞在七月初七日尚在荆湖南路永州祁阳县。
2. 《梁溪全集》卷29《八月十一日次茶陵县入湖南界有感》。
3. 《梁溪全集》卷121《与吕安老龙图书》（九月二十二日）。
4. 史泠歌《岳家军研究》第三章第二节二、岳家军后勤供应区和总领的设置，第166—170页，河北大学出版社，2016年。
5. 关于宋代江西的经济和文化，最详尽的作品是许怀林先生《江西通史》第五卷和第六卷，江西人民出版社，2009年。
6. 《梁溪全集》卷96《准省札催诸州军起发大军米奏状》。

第九章 忧国维知重　谋身只觉轻（李纲）

除了粮米之外，江南西路"每月应副岳飞大军月桩钱九万余贯，自来系以轻赍、金银，相兼见钱起发。昨缘湖北随军运判刘延年移文，只令起发见钱。自后诸州不惟艰于应办，其装法靡费，亦不易出"。绍兴七年，李纲说："到任以来，催督至今，共起发过一百七十余万贯。"[7]李纲给李光的公文说："月桩钱最为难办，本州应副岳飞月六千余缗。"[8]这是指洪州一州。他又说："诸州所入财赋有限，并系转运司括责扣拨，令认定月桩，应副岳飞等大军支遣，除外别无赢余橐名钱物。"[9]

当时岳家军大致"月用钱五十六万缗，米七万余石"[10]，据此可以推断江南西路在各路供应岳家军钱粮中的比重。

此外，还有军器等原料的供应，在李纲离任后，"江西今将绍兴九年分本路十一州军合起岁额上供军器，下项物料径赴转运司交纳，发赴岳飞军，自造军器：铁甲叶六十九万九千四百三十八片，牛角六千三百三十四只，生黄牛皮九千一百八十三张，牛筋四千一十斤一十二两，生羊皮一万八千三百九十二张三十一尺三寸五分，箭笴一十八万四千七百九十四只，翎毛五十一万二千九百八十二堵，各长四寸八分，条铁七千六百九十四斤一十三两一钱二分"[11]。可知其数额也十分可观。

关于江南西路供应岳家军的运输路线，李纲上奏说，"契勘岳飞大军移屯襄阳，所有钱粮，并系本路应副，经由蕲、黄等州，自沔、鄂以趋襄汉，实以本路为根本，以蕲、黄等州为咽喉之地"。"诸路应副岳飞钱米，并津般至鄂州交卸，势须先有重兵屯驻，及修盖仓库，安顿去处。又自汉、沔至鄂州，千有余里，密迩伪境，须得军马防护，粮道乃可无虞"[12]。李纲设计应副岳家军的粮米供应，"每差使司回易官载米斛，前去湖北，回易兑拨，应副岳飞军中，既有利息，又省脚费"[13]。

李纲出任江南西路安抚制置大使后，在抗金目标上固然与岳飞志同道

---

7. 《梁溪全集》卷98《条具利害奏状》。
8. 《梁溪全集》卷104《与李尚书措置画一札子》。
9. 《梁溪全集》卷87《措置招军画一奏状》。
10. 《鸡肋编》卷下。
11. 《毘陵集》卷3《措置江西善后札子》。
12. 《梁溪全集》卷88《催差军马札子》，卷103《与右相条具事宜札子》。
13. 《梁溪全集》卷104《与李尚书措置画一札子》。

355

合，在地理位置上，其辖区也与岳飞的战区唇齿相依。岳家军固然依赖江南西路的后勤供应，而江南西路也仰仗岳家军的防护。

岳飞宣抚司参谋官薛弼在北宋末年，"李纲定议守御，众不悦"，而薛弼"意与纲同"。李纲"救太原"时，薛弼说："虏必再至，宜先事河北，且纲不当去。"他因支持李纲而罢官。[1] 今存《梁溪全集》中，有李纲致岳飞信四封，至薛弼信一封。至于岳飞和薛弼的书信，今已佚亡。李纲考虑的一个重要问题，是江南西路的防卫，而担心金军和伪齐军乘虚渡江侵轶。他致赵鼎信中说：

契勘舒、蕲、黄三州，系听本司节制，实为江西蔽障之地。舒州系刘光世地分，蕲、黄州系岳飞地分，并不曾屯驻军马。欲乞朝廷特降指挥，令光世分兵二千驻扎舒州，岳飞分兵四千驻扎蕲、黄两州，皆听本司节度。庶几将来二大将移屯合肥、襄阳，本路不至为敌人之所窥伺。[2]

他在致岳飞信中也强调说：

累日来探报纷纷，皆谓虏、伪聚兵陈、颍，有窥伺淮西、江右之意。闻朝廷已札下使司，摘那一项军马，顺流前来九江，措置防守，必已颐旨遣发。本路以朝廷不曾拨到兵将，沿江要害去处，并无控扼，方以为忧，今得依芘，为幸多矣。更冀选择精锐，早与调发，辱照素厚，想不待喋喋也。[3]

前书尝以朝廷探报，虏、伪于陈、颍间聚兵三万人，有窥伺淮西、江右之意。得旨于使司分拨一项军马，前来江州屯驻，拜恳早赐差拨，未奉来报。近据蕲、黄州探报，贼马已渡淮，攻围光州，今已半月余日，人数厚重。万一光州失守，即定犯蕲、黄。沿江一带，如兴国军、九江，皆是

---

1. 水心文集》卷22《故知广州敷文阁待制薛公墓志铭》，《宋史》卷380《薛弼传》。
2. 《梁溪全集》卷122《与赵相公第七书》。另可参见《梁溪全集》卷87《乞兵于舒蕲黄州驻扎奏状》，卷91《乞令岳飞兵前来江州仍许听本司节制奏状》，卷92《乞降旨岳飞遵依圣旨差兵屯戍江州奏状》，卷128《与陈国佐司谏第二书》。
3. 《梁溪全集》卷128《与岳少保第二书》（十月初二日）。按时岳飞有检校少保之虚衔，故称。

第九章 忧国维知重　谋身只觉轻（李纲）

要害去处，并无兵将控扼，势已危迫，日夕颙望使司遣兵前来屯九江。敢冀垂念，选择精锐军马，得万人左右，可以分布沿江控扼，保全一路，实受大赐。素辱知照，必蒙应副也。闻使司军马屯驻武昌者尚多，如得就便差拨，顺流前来，释此忧怀，良深感戴。仍先得公文，示及所差将佐、使臣、军兵等姓名、人数为幸。[1]

方作书，欲遣人间，得转运司公文关报，使司已遣发官兵五千人，并车战船等前来蕲阳屯驻。方本路阙兵控扼之时，乃蒙调发军马，隔江照应，岂胜感戴。但九江最为本路要害去处，与舒、蕲对境，沿流一带，并无防守，皆系使司钱粮经由之地，不可无兵，以备不虞。如得更遣发三五千人屯驻九江，庶几一路可赖以保全，受赐非浅浅也。荷照之厚，必蒙应副。[2]

李纲致薛弼信，是在淮西发生郦琼兵变之后，关于此次兵变，后面另有交代。他说：

承谕分屯九江，殊荷留念。近得太尉书，亦道此意，但欲候有警急，乃始遣兵，深恐后时。九江于今为上流重地，秋气之高，又近有郦琼淮西之变，岂得不过为备？沿江要害去处，并无一人一骑可以控扼。乞兵于朝，第云已委使司防捍，若必待警急乃遣，贼情狡狯，万一乘间捣虚，为其所先。探报往返，动须旬日，安得无噬脐之悔。今淮西新变之后，重以沿江无兵，人心忧疑。如蒙使司辍那五、七千人，先屯九江，以绝敌人之窥伺，以安人心之动摇，使某得赖余芘，何幸如之！平时荷太尉相照，正有赖于今日！[3]

在李纲看来，不仅是淮西的舒州（今安徽省潜山县）、蕲州（今湖北省蕲春县）和黄州（今湖北省黄州区），就是本路的江州和兴国军（今湖

---

1. 《梁溪全集》卷128《与岳少保第三书》。
2. 《梁溪全集》卷128《与岳少保第四书》（十月十六日）。
3. 《梁溪全集》卷129《与薛直老宝文书》。据《宋史》卷380《薛弼传》，薛弼字直老。

357

北省阳新县），也须由岳飞分遣本军守护，本路方保无虞。但事实上，金军和伪齐军根本上已无能力，冒险渡江，进犯江南西路。

前已交代，李纲是在三月下旬直入江南西路，四月到洪州。岳飞母姚氏则于三月二十六日病逝。[1]李纲得知此事，立即上奏说："臣访闻岳飞已丁母忧，飞孝于其亲，将来朝廷起复、辞免，往来必费日月，伏乞早降处分。"[2]尽管两人并未相见，但岳飞是大孝子，李纲却早有耳闻，认为岳飞要求守孝丁忧，另一方要"起复"，势必大费周折，故请宋廷为此"早降处分"，以免耽误大事。他给岳飞的第一封信，就是为此专门劝说：

伏惟哀慕之余，孝履支福，窃承有旨起复，再降指挥，不许复有陈请。宣抚少保以天性过人，孝思罔极，衔哀抱恤，犹未祗受，虽士论叹仰，而某深窃疑之。何则？君、亲之分，一也，孝于亲，忠于君，势难两全。古人执亲之丧，而有墨以即戎，经而从政者，不敢以私害公也。上眷倚之隆，以方面之重，夺情视事，固有常制。岂可稽留明命，以私恩而废公义哉！诚愿幡然而起，总戎就道，建不世之勋，助成中兴之业，上以副委任之意，下以慰士夫之望，方所以为达孝也。[3]

岳飞最终还是勉强服从朝命，率大军前往襄汉，"总戎就道"。七月至八月，岳家军举行第二次北伐，破伪齐镇汝军（大约是河南省鲁山县），复商州（今陕西省商洛市商州区）、虢州（寄治卢氏县，今河南省卢氏县）和伊阳（今河南省嵩县西南）、长水（今河南省洛宁县西南）、福昌（今河南省洛宁县东北）、永宁县（今河南省洛宁县）。但因后勤粮运困难，只能返回鄂州。李纲被此次北伐所鼓舞，他于十月初二日写信说：

屡承移文，垂示捷音，十余年来所未曾有，良用欣快。伊、雒、商、虢（间）不见汉官威仪久矣，王灵乍及，所以抚循之者无所不至，想见人情之欢悦也。继闻驻军襄、邓，其所摹画，想益宏远。朝廷遣使臣降赐轻

---

1. 《鄂国金佗续编》卷29赵鼎《乞起复》。
2. 《梁溪全集》卷86《乞催起岳飞军马札子》。
3. 《梁溪全集》卷128《与岳少保第一书》。

贵者，络绎于道，本路漕司亦竭力办集钱粮，转达郢、鄂，比来想不至匮乏。所愿上体眷注，乘此机会，早建不世之勋，辅成中兴之业，深所望于左右也。"[1]

他盛赞这次北伐为"十余年来所未曾有"，并非过誉。当年冬，金与伪齐军又大举进犯岳家军防区。由于后经宋高宗和秦桧举办文字狱之毁弃，岳飞的史料残缺甚多，而《梁溪全集》卷92《乞遣兵策应岳飞奏状》还保留了一件岳飞发给他的原始公文，竟成了解此战唯一史料。李纲得知此事，立即转奏宋廷，又于十二月七日写信给宰相张浚说，"今者伪、虏侵扰上流，虽岳帅勇锐，深虑孤军难以独抗不测之虏"，"欲望朝廷遣发策应之师"[2]。

但他的顾虑还是多余了，岳家军在他发信前已经转入了反攻。但因准备并不充分，在大败敌人，进抵蔡州（今河南省汝南县）坚城之下，决定旋即退兵，准备明年再次大举进击。李纲在十二月十八日两次致张浚信中说，"近得岳帅报，以偏师屡败敌人，然置蔡不取，已遂敛兵，岂有深意耶？""自淮上王师屡捷之后，边境宁谧。惟襄汉之间，尚有出没，岳帅累挫其锋，防冬遂可无虞"[3]。

到绍兴六年冬为止，抗金形势总的说来，是向好的方向发展。事实上，李纲虽退闲三年，却一直留意人才的考察。他虽未与岳飞会面，而从各种听闻中，无疑已深悉岳飞的志向、品行和军事才能，故在上任伊始，即能说岳飞"孝于其亲"。现在经过彼此书信、公文等往返，岳飞北伐的军事行动，自然了解更深。李纲对岳飞寄予最高度的器重，他致信说："窃承目疾为梗，迩来计已痊复。戎事方兴，朝廷以荆、襄大计仰成少保，愿言益励壮猷，早建大勋，为中兴功臣之首，诚所望于左右也。"[4]他真心诚意地期盼岳飞养好眼病，"早建大勋，为中兴功臣之首"，这当然

---

1. 《梁溪全集》卷128《与岳少保第二书》。
2. 《梁溪全集》卷125《与张相公第十四书》（十二月七日）。
3. 《梁溪全集》卷125《与张相公第十五书》（十二月十八日），《与张相公第十六书》（十二月十八日）。
4. 《梁溪全集》卷128《与岳少保第四书》（十月十六日）。

决不是客套话。在李纲眼里,中兴的期望,主要只能寄托于岳飞,而非他人可比。宋朝的官场有崇文抑武的传统积习,文臣往往自视高武将一等,甚至数等,瞧不起武将。李纲在绍兴二年,尚对岳飞有所不满和非议,而此时却期盼一员武将"为中兴功臣之首",说明在他的思想深处,已完全抛弃了崇文抑武的传统积习。

## 第五节  朝政变故与李纲谠论

李纲虽为江南西路的方面大员,却不能不关注朝政。凭他积年的经验,深知前述"上下恬嬉",以苟安一隅为得计的暗流,一直在小朝廷中汹涌。绍兴六年六月,发生地震。按中国古代传统的天人感应迷信学说,无非是上天示谴。宋高宗不得不为此下诏,要求"内外臣庶""各悉意以言,毋讳朕躬,毋悼后害"。李纲也乘机"列八事奏上"[1],奏中特别提出行在迁移的问题:

臣窃闻诸道涂,车驾将有建康之幸。既降旨,以趣营缮,又具例,以敕百司,此诚甚盛之举。然日俟一日,未闻下戒行之诏,岂犹有所疑而未决邪?夫建康在东南,为形胜之地,在今日为不可不驻跸之所。臣尝条具奏闻,屡矣。天时、地利、人事,皆当舍临安而幸建康。比者地震,不在诸郡,而在临安,不在他所,而在宫禁,此无他,天意欲陛下有所迁动,避危以趋吉而已。夫怀土以安,实能败名。昔公子重耳安于齐,子犯谋醉而遣之,自齐适秦,秦伯纳诸晋,遂成霸业。今陛下久驻跸临安,踌躇未

---

1. 《要录》卷102绍兴六年六月己酉,丁巳。

迁，无乃有安之之意邪？不然，天意何以丁宁告戒之若此。此天时之不可不幸建康者，一也。临安褊迫偏霸之地，非用武之国，又有海道不测之虞。曷若建康，襟带江、湖，控引淮、浙，龙盘虎踞，自古称为帝王天子之宅。此地利之不可不幸建康者，二也。诸将重兵，已皆分屯淮、泗，陛下时乘六龙，躬率六师，进临建康，则将士之气，百倍其勇，号令赏罚，皆出睿断，人人愿战，前无坚敌。与夫深居而遥制，岂可同日而语哉！此人事之不可不幸建康者，三也。臣愿陛下断自宸衷，不贰不疑，投龟而决，早降诏旨，以慰士（民）之心，庶几中兴之运，不日可致。[1]

绍兴四年冬，是赵鼎将张浚重新引入朝廷。但到绍兴六年，两人的分歧和矛盾就逐渐暴露和发展。张浚认为，"临安僻居一隅，内则易生安肆，外则不足以号召远近，系中原之心"，"力陈建康之行为不可缓"，但"朝论同者极鲜"[2]。可知李纲的主张与张浚相同，主张建康或临安，决不是行在设置的地点之争，其实质乃是抗金与降金之争；而"朝论同者极鲜"，正表明士大夫的多数，无非是狃于"上下恬嬉"的故习。这正是李纲十分忧心者。在众多的反对搬迁者中，最有力者是赵鼎。他提出一个折中性的方案，并得到宋高宗的同意，后于九月将"行在所"自临安府迁往平江府。[3]

李纲奏中还提及另一筑城的问题，说：

臣窃见朝廷前此数年，专以退避为策，亦不责州郡以捍守。又降诏旨，许令保据山泽以自固。城壁、守具率皆不治，循习既久，往往以修城壁为生事，建议官吏，反受罪责。如连南夫以修泉州城，委官体究；裴虡[4]以修衡州城，重加贬黜。州郡望风畏缩，无敢复议修城者。夫以偷惰苟且之习，而重之以朝廷威令，其谁敢复冒罪责，而建长久之计乎？臣恐自此

---

1. 《梁溪全集》卷89《应诏条陈（八）事奏状》，《历代名臣奏议》卷306。
2. 《朱文公文集》卷95张浚行状，《宋史》卷361《张浚传》。
3. 《要录》卷104绍兴六年八月甲辰。
4. 按裴虡曾为北宋末李纲宣抚司幕僚，参见《会编》卷56，卷61《北记》，《靖康要录笺注》卷14靖康元年十二月二十九日。《鄂国金佗稡编》卷4《鄂王行实编年》作"裴禀"，为同一人。

州郡城壁、壕堑颓毁湮塞，不复修矣。今与僭逆之寇，壤地相接，无数百里之远，而沿江表里数十州郡，朝廷所恃以为藩篱者，荡无城池，可恃以守。卒然贼马警急，迫摩封疆，不知何以御之？此臣之所不能晓也。[1]

李纲在此还是批评了宋廷"专以退避为策"，"偷惰苟且之习"。岳飞第二次北伐后，伪齐铤而走险，派兵进攻淮西。左相赵鼎面对虚张声势的攻势，颇为惊慌失措。他同签书枢密院事折彦质提出，命张俊、刘光世、杨沂中等军放弃淮西，又调发岳家军沿江而下，东援淮西，还主张皇帝将行在退回临安。右相张浚在镇江府得到确切情报，此次伪齐军的进攻并无金军配合，才得以说服皇帝，组织反击，伪齐军很快溃败。李纲得知伪齐进犯，屡次上奏，提出己策：

前日岳飞之举，我出奇也，惜乎以钱粮不继，而勾回干事军马，未能成功。今日贼马渡淮，彼出奇也，若能设策破之，则奇反在我。臣愿陛下速遣得力兵将，自淮南前来蕲、黄间，约岳飞兵相为犄角，以夹击之，期于必胜，以复陈、蔡，则淮、泗之师亦自当解，大功可成。[2]

他所主张的，其实还是其绍兴四年的旧策，行围魏救赵之计，命岳家军乘机"复陈、蔡，则淮、泗之师亦自当解"，当然是进取性的上策。但且不说宋高宗，就是最初反对岳家军东下的张浚，也改变初议，只是催促岳飞提师到江州，空跑了一个来回。尽管根本不用李纲的建策，但宋高宗还是"以纲所陈利害，切中事机，赐诏奖谕"[3]。

张浚在淮西胜利的形势下回行朝，宋高宗称"却贼之功，尽出右相之力"[4]。张浚与赵鼎的矛盾进一步发展，他主张废罢骄惰不战的大将刘光世，乘机进攻伪齐等，赵鼎都表示反对，双方已到不能共事的地步。左司

---

1. 《梁溪全集》卷89《应诏条陈（八）事奏状》，《历代名臣奏议》卷306。
2. 《梁溪全集》卷91《论击贼札子》，《历代名臣奏议》卷232。
3. 《要录》卷106绍兴六年十月丁未，《梁溪全集》卷92《奖谕防秋利害诏书》，《谢奖谕表》。
4. 《要录》卷107绍兴六年十二月戊戌，《朱文公文集》卷95张浚行状。

## 第九章 忧国维知重 谋身只觉轻（李纲）

谏陈公辅自北宋末以来，一直被指责为李纲的同党，[1]他出面劾奏赵鼎。既然措置淮西战事有得失之别，赵鼎只能求退。十二月，宋高宗遂发表赵鼎外任绍兴知府。[2]张浚逐走赵鼎，却又举荐和引入秦桧。绍兴七年正月，秦桧复出任枢密使。[3]

由于陈公辅身为谏臣，主张公论，也招致朝中的宵小辈出而寻衅，诬说他在靖康时挑动陈东率太学生伏阙上书的事件。陈公辅为此只得求退。此事自然牵连到李纲，李纲也不得不上奏求退，他说，"窃见都进奏院报，左司谏陈公辅乞去，以靖康间士庶伏阙，为人诬其鼓倡，至今犹未辨白为言"。"臣以积年往事，不敢复自辨明，至使谏臣援以求去，在臣愚分，其何敢安？"他"上疏乞奉祠"，而宋高宗"优诏不许"。[4]

在秦桧复任的同时，北方传来了宋徽宗的死耗。他不得善终，却又并不足道，但其凶耗也刺激了宋人的国耻感，特别是李纲本人，他为此上表慰问皇帝，其末段说：

恭惟皇帝陛下，备极人伦，敦崇圣孝。孺慕不忘于宵旰，深思欲见于羹墙。尝胆枕戈，凤讲奉迎之计；问安视膳，阻伸致养之诚。罹此闵艰，何以堪处？伏望为宗社之大计，副生灵之至情，少抑圣怀，俯从礼制。冀昊穹之悔祸，乘将士之奋忠。报不共戴天之雠，神人所助；建中兴复古之烈，华夏永宁。[5]

希望皇帝牢记杀父之耻，"报不共戴天之雠"，"建中兴复古之烈"。他又为此两次上奏说：

《礼经》曰："父母之仇不与共戴天。"为匹夫而能复仇者，前史美

---

1. 《会编》卷55，《要录》卷58绍兴二年九月庚辰。
2. 《会编》卷170，《要录》卷106绍兴六年十月癸亥，卷107绍兴六年十二月甲午朔，戊戌，壬寅，《宋史》卷360《赵鼎传》，《宋宰辅编年录校补》卷15。
3. 《要录》卷108绍兴七年正月丁亥，戊子。
4. 《梁溪全集》卷93《再乞官观奏状》，卷125《与张相公第十九书》（正月三十日），《要录》卷109绍兴七年二月庚戌。
5. 《梁溪全集》卷94《道君太上皇帝升遐慰表》。

之，况于万乘之主乎？金人不道，以其诈谋陵中国，破都城，邀两宫以北狩，而置之漠北苦寒之野，饮食、衣服、医药皆不得如意，以至此大故。此陛下不共戴天之雠也。讣音之来，既不以时，又以朝廷新有武功，始遣使回，具报凶问，皆其奸计，岂诚意哉！遣发使人奔问，讳日奉迎梓宫，在人情固不可后。然或从或违，处其度内，皆未可知。臣恐议者又以此为敌人之重，有害于吾自治自强之术，则在朝廷不得不先定其策也。

自建炎以来，为和议所误，专务退避，国势日蹙，主威日削，失天下者太半。方幸近年天启宸衷，悟和议退避之非，为治兵进讨之计，天声渐振，虏、伪震詟，将有恢复之期。傥或缘此堕其计中，小不忍以乱大谋，则为害有不可胜言者矣！

臣愿陛下顺人心，承天意，益广孝思，施之行事，枕戈尝胆，修政攘戎，以报不共戴天之仇，以刷中国之耻。一饮膳，一寝兴，无不以两宫大故为念，则必有合于天人之愿者矣！[1]

臣以固陋，自靖康以来，与闻国论，独持战守之策，不敢以和议为然，今十有二年矣。孤危寡与，屡遭谤诬，仰赖圣明，曲加照察，脱身九死之滨。今得承乏，待罪方面。恭闻戎辂临驻江干，将大有为，以成戡定之烈。欣幸之情，倍万常品，顾虽衰病，尚庶几未填沟壑间，获观陛下恢复中原，摅愤千古，志愿毕矣！[2]

    李纲将自己十二年来的素志和积愤，表白无遗。但对宋高宗与很多士大夫的降金乞和之初心，是否因宋徽宗之死，而真能有彻底的改变，却深以为忧，不得不先事劝诫。

    宋高宗也不能说全无一时的冲动，甚至决定将全国大部兵力归岳飞指挥，以行北伐大计。但因张浚和秦桧的反对意见，又很快收回成命。因宰相张浚处置失当，使岳飞一度愤慨辞职，而从此皇帝与岳飞的裂痕也愈来愈深。值得注意者，是陈公辅在不明真相的情况下，却出面为岳飞辩护，上奏说，"飞本粗人，凡事终少委曲"。"前此采诸人言，皆谓飞忠义可

---

1. 《梁溪全集》卷94《乞推广孝思益修军政札子》。
2. 《梁溪全集》卷94《论建中兴之功札子》，《历代名臣奏议》卷85，《景定建康志》卷35。

用，不应近日便敢如此。恐别无他意，只是所见有异"[1]。

张浚设法推行原议，罢刘光世兵权，却处置乖谬，结果淮西的行营左护军发生兵变，前沿部队四万余人投敌，小朝廷上笼罩了一片惶恐气氛。志大才疏的张浚因而下台，赵鼎回朝复相。

淮西之变后，李纲是很少数几个能正确对待这次事变的文臣；而在宋廷政策的转变关头，李纲又不得不对国事产生极深重的忧虞。他特别连上两奏，第一奏枚举"措置失当者五"，"深可痛惜者五"，又提出"鉴前失，以图将来者"五条，但他特别强调，"自古创业、中兴，艰难之际，叛将不能无也"。"今淮西一军数万之众，一旦叛去，固不为小变。若能应之于后，亦未足为吾害也"。"倘以一时之变，而议退避，则车驾一动，大事去矣！所谓坚圣心之守，而勿轻动，在今日为不可后也"。他特别感慨地说：

愚臣私忧过计，不识忌讳，激于忠愤，忘生触死，冒进狂瞽。然臣闻天地之变，不足为灾；人不尽言，国之大患。侍从者，献纳论思之官也；台谏者，耳目腹心之寄也。今侍从、台谏以言为职，类皆毛举细故以塞责，所论不过簿书、资格、守、倅、令、丞除授之失当，至于国家大计，系社稷之安危，生灵之休戚者，初未尝闻有一言及之。陛下试察，如淮西之变，侍从、台谏之臣亦有见危纳忠，为陛下言之者乎？大臣怀禄而不敢谏，小臣畏罪而不敢言，此最今日之可忧者。

臣以蠢愚，夙荷睿奖，每思竭尽心力，以报大恩。第以人微迹疏，无阶自致，遇事辄发，罪当万死。伏望圣慈哀怜孤忠，留神听览，傥有补于万分之一，虽死之日，犹生之年也。[2]

末段文字说尽了自己空有"孤忠"报国的激情，却不得匡世济时，而处于"人微迹疏，无阶自致"的辛酸和感恸。他所批评的侍从、台谏之臣，事实上也并非全无例外。如他的同道，时已任权礼部侍郎的陈公辅，就主张在"淮西军叛"之后，"正当镇静"，他对"回跸"临安，"深以

---

1. 《要录》卷110绍兴七年四月壬子。
2. 《梁溪全集》卷99《论淮西军变札子》，《要录》卷114绍兴七年九月辛未。

为不可",说"臣乡奏事,亲闻玉音,谓建康若不可居,临安又岂能保,坚断如此。但恐群臣主进者少,主退者多,则陛下不能无惑。更望陛下勿因小害而沮,则中兴之功可望"[1]。李纲的第二奏说:

今浚之罪,乃在于志广才疏,力小任重,不能谘诹良策,而专于自用,不能辑睦将帅,而轻务改移,遂致士卒携离,舍我就敌。以此罪浚,夫复何辞!若以王恢为比,咎其始造兵谋,则是因噎废食,惩羹吹齑,以细故而摇大计,恐非策之得也。

今方强虏凭陵,僭逆窥伺,国势未定,人心惊疑。若不注意治兵,以为自强之计,则何以安宗社,保生灵,固边疆,御外侮?徒以措置一失之故,遂欲尽弃前日之所为,归罪于始造兵谋者。臣恐智谋之士卷舌,而不敢谈兵;忠义之臣扼腕,而无所发愤。将士解体,而不用命,州郡望风,而无坚城。陛下将谁与立国哉?且今日朝廷之势,固自若也,襟带江、淮,保据荆、襄,连接川峡。韩世忠、张俊、岳飞、吴玠之军,分屯要害,不下数十万人,兵未为弱。去冬败刘麟、刘猊之徒甚众,用兵未为不利。倘因淮西之变,益自惩创,审号令,明纪律,徙诸军家属于江南,以便粮饷,教战舰水军于沿江,以备不虞。姑辍进取之谋,且为固守之计,和协辑睦,静以待之,使国势渐定,人心渐安,士气渐振,乃可徐议恢复。譬犹病人调治向安,又为药饵所误,伤其正气,岂可遽欲康强哉!不察此理,经变故而亟动摇,使外寇得以乘其间隙。譬犹弈棋,前着既差,后着复错,是谓自败,欲求胜敌,不可得也。

臣顷年尝因贼马入寇淮甸,献陈愚计,以谓退避之说不可行于今。何哉?前之为寇者,金人也,利于掳掠,得所欲则还师。今之为寇者,伪齐也,利于土地,得一郡则守一郡,得一邑则守一邑。翠华退避之后,将士奔溃,贼势鸱张,将安所定止哉?误蒙采择,特降褒诏。今日之说,亦犹是也。伏望陛下坚圣心而勿动,修军政以自强,无为趣时献言者之所摇。古语曰:"临大难而不惧,圣人之勇也。"惟陛下留神幸察。

夫张浚措置失当,诚有罪矣。然其区区徇国之心,有可矜者。愿少宽

---

[1]《要录》卷114绍兴七年九月辛巳。

假，以责来效。昔汉高祖用兵丧师，跳身走者屡矣。然卒与成功者，皆曰臣也。借使每败必逐，则张良、陈平之流，不胜其诛矣。臣前所论淮西事宜，指陈浚措置失当，非党浚者；今此论奏，亦非为浚游说也。因言者引王恢造兵谋之喻，深恐退避讲和之议复出，以眩惑圣听，则大事去矣！宗社安危，自此而分，故敢披露肝胆，冒昧有言，死有余罪。

臣以衰病，累请宫祠，未奉俞允，迩来犬马之疾益深，将填沟壑。已别具奏，乞骸骨，以归山林。贪恋明时，何可言喻，爱君忧国之志，虽在畎亩，岂敢弭忘！伏望陛下哀而怜之，干冒天威，无任惶惧战越之至。

他在此奏的小帖子中更重复强调：

臣契勘朝廷所恃以御敌者，将士也。新失淮西之军，将士之心未定，正当静以养之，频降诏旨，慰劳抚谕，使明知陛下德意所在，庶几士心复安。若先为退保之计，以示怯敌，臣恐诸军将士解体，人人无固守之志，为盗之招。[1]

李纲的健康状况愈来愈差，绍兴七年"自春、夏间，所苦疮疡，久不痊愈，近因中湿，得痉挛之疾，行步蹇缓，拜跪艰难，加以痰眩，动多遗忘"[2]。然而他所反复强调和告诫者，还是最为忧心"退避讲和之议复出"，"大事去矣！"其忠心报国之言，流自肺腑，真可谓是语重心长，而切中要害。早在绍兴六年，李纲已看出张浚的弱点，恳切致信：

窃以相公膺大任，绾重权，以图恢复大计，正宜虚己广谋，以屈群策，愿听逆耳之言，勿受逊志之语，则辅成中兴之功，不难致矣。某特荷照知，愿为直谅之友，以裨补万一。言或激切，幸冀容恕，而察其区区之心，可也。[3]

---

1. 《梁溪全集》卷100《奏陈利害札子》，《要录》卷115绍兴七年十月戊戌。
2. 《梁溪全集》卷128《与张子公舍人书》（七月二十七日）。
3. 《梁溪全集》卷124《与张相公第二书》（四月二十一日）。

他至此又专门写信给张浚说：

然自今春阁下专任大政以来，荐进人材，调护将帅，措置边防，均理财用，皆未闻卓然有以慰天下之心者。声誉损于前时，规模爽于旧说，论中兴气象，邈未有期，不知何为而然耶？且以近日淮西叛将之事观之，官吏、军民二十余万，一朝相率而北去，将佐遇害者甚众。阁下平日信任，以为可属大事如吕祉者，被执以往，挫威辱国，中外震惊，于谁责而可乎？

纲辄不自揆，激于忧愤，上疏指陈朝廷措置失当，深可痛惜，及鉴前失，以图将来者十有五事，达于冕旒之前，情迫言切，抵忤必多。其知我者，以为见危纳忠，孳不恤纬，而忧宗（周）之陨；其不知我者，以为出位侵官，汲黯之戆，又复妄发。知与不知，（是曲是直），且置是事。今日国家危急存亡之秋，尝为大臣，历事三朝，怀孤忠而同休戚者，苟有所见，其可缄默而不言乎！

恭惟圣上登用阁下，委任之专，听信之笃，古所未有。往年富平之役，三十万众一战而溃，恕而不问。（去）春纲入觐轩墀，亲聆玉音："张浚自富平败，始练军事。"呜呼！虽秦穆之于孟明，光武之于邓禹、冯异，何以如此！阁下所宜益务慎重，（谘）诹良策，图不世之功，以盖前愆，以报知遇，使后世称之，视古无愧。今乃以措置（失当），坐失二十万人，（使）虏、伪得之，增其气焰，此岂小变？虽圣度兼容，未以此罪阁下，天下谓何？阁下材识高（远），自任以天下之重，前无古人，而事有出于意外者。愚谓所以致此，知任而不知所以为任之道故也。

今阁下以一人兼将相之权，总中外之任，而无与人共功名之心，软美者进，鲠谅者疏，逆耳苦口之言不闻，曲突徙薪之谋不至，变生所忽，不足怪也。

方今国势日蹙，人心弗宁，强虏凭陵，僭窃窥伺，加以旱暵为灾，财用殚竭。而阁下独斡化钧，佩天下之安危，岂可使措置多失，以蹈覆车之辙哉！因淮西之变，痛自惩创，辑睦将帅，博询众谋，唯其是之为从，幡然改图，则未必不转祸而为福也！《语》曰："过而不改，是谓过矣。"虽古圣人不称其无过，而称其改过。阁下诚能知措置之（多失），而图所以改之者，岂惟宗社安，而生灵蒙休，阁下永膺多福；而纲将归老于山林，亦有奠枕之安。阁下不自知其为非，而无改之之意，岂惟宗社倾危，而生灵告病；阁下之祸，可立以待；而纲虽欲退休，亦莫知税驾之所矣。安危休戚，纲与国家及阁下同之。荷照之深，敢忘忠告，以致朋友责善之义乎！纲素愚直，私忧过计，其言激切，阁下亮而恕之，非独纲之幸也，天下之幸也。[1]

李纲此份书信，真可谓"致朋友责善之义"。他虽在局外，看来可能已知张浚对岳飞淮西可能会有兵变的事先警告，置若罔闻，反而怪罪岳飞只图扩大兵权，[2]故劝他"辑睦将帅，博询众谋，唯其是之为从"，这自然也为时已晚。但当时已退闲的前宰相朱胜非《秀水闲居录》，说李纲"贻书于浚，痛诋其过，以副本传示远近，欲挤浚而钓奇，且示于浚不厚也"，以此证明李纲与张浚乃是"势利之交"[3]。这显然是其恶意度君子之腹。对照前引李纲的奏语，"然其区区徇国之心，有可矜者。愿少宽假，以责来效"。"臣前所论淮西事宜，指陈浚措置失当，非党浚者；今此论奏，亦非为浚游说也"，则其本旨更明。最明显的事实，是当事人张浚不以李纲此信的严责为忤，至少是继续敬重李纲。

细味李纲上奏和书信，他尽管深知张浚"志广才疏，力小任重"，却仍希望他留任。因为他还是主张抗金，而肯定其有"爱君忧国之诚，乃心无不在王室"。[4]但淮西之变后，张浚成了众矢之的，根本不可能再留在朝廷。

然而在事实上，自称"每惟和好是念"的宋高宗，[5]淮西兵变正好成了使其表里一致，追求降金苟安的转折点；而又辅之以回朝主和的赵鼎，他与继续任枢密使的秦桧，共同主张将行在从建康府退回临安府，这实际上是推行和谈苟安政策的第一步。朝政的变故已不可扭转。赵鼎

---

1. 《梁溪全集》卷126《与张相公第二十六书》（九月二日），《会编》卷199《秀水闲居录》，《要录》卷114绍兴七年九月辛未。
2. 《鄂国金佗稡编》卷7《鄂王行实编年》。
3. 《会编》卷199，《要录》卷116绍兴七年闰十月辛巳注。
4. 《梁溪全集》卷126《与张相公第二十七书》（十二月二十一日）。
5. 《要录》卷159绍兴十九年四月戊辰，《宋宰辅编年录校补》卷16。

重新掌政后，力劝皇帝，减轻对张浚处分，似乎为人宽厚；但对张浚在位期间一切有利于抗金的政事，就必须"一切更改"[1]。陈公辅去年的弹劾，赵鼎也耿耿于怀，将他视为张浚一党，必欲排除出朝，[2]则反映了其气度的另一方面。

李纲不得不专门写信给赵鼎，苦口婆心地劝说，"深虑随时献说者，浸失本旨，而避退讲和之说复行，则宗社安危，未可知也"。"论者皆谓宰相还朝，必守前议，请车驾还幸平江"。"今既驻跸几年，徒以淮西叛将，遽复舍去，使虏、伪得以窥伺，非良策也"[3]。他在又一信中，也反对悲观估计国势，"朝廷累年经营恢复之计，渐有气象；而以措置一失当之故，淮西之军尽归伪境，国势稍弱"，但"退避之说，不可施于今日"，"转弱为强，以启中兴之运，有不难也"[4]。

李纲闻知"赵鼎、秦桧已协议回跸临安"[5]，又义不容已，上奏说：

臣近因上疏，论淮西事宜，尝献狂瞽，窃谓车驾不宜轻动，正当静以镇之，诸将重兵不宜抽回，正当分屯要害，益为自固之计。

臣闻自昔用兵，以成大业者，必先固人心，作士气，据地利，而不肯先退，尽人事，而不肯先屈。

今日之事，岂可因一叛将之故，望风怯敌，遽自退屈。果出此谋，六飞回驭之后，人情动摇，莫有固志，士气销缩，莫有斗心。虏、伪乘之，谁为陛下坚守苦战，以御大敌者？……我退彼进，使贼马南渡，得一邑则守一邑，得一州则守一州，得一路则守一路，乱臣贼子，黠吏奸氓，从而附之，虎踞鸱张。虽欲如前日返驾还辕，复立朝廷于荆棘瓦砾之中，不可得也。偷取目前之安，不顾异时噬脐之悔，非策之得者。借使虏骑冲突，不得已而权宜避之，犹为有说，今幸疆场未有警急之报，兵将初无不利之失。朝廷正可惩往事，修军政，审号令，明赏罚，益务固守，而遽为此扰

---

1. 《朱子语类》卷131。
2. 《要录》卷114绍兴七年九月壬申，辛巳，卷115绍兴七年十月丙申，《宋史》卷360《赵鼎传》，卷379《陈公辅传》。
3. 《梁溪全集》卷123《与赵相公第十三书》（十月初一日）。
4. 《梁溪全集》卷123《与赵相公第十四书》（闰十月初二日）。
5. 《要录》卷116绍兴七年闰十月辛巳。

扰，弃前功，蹈后患，以自趋于祸败，岂不重可惜哉！臣故曰车驾不宜轻动，正当静以镇之者，此也。

臣以愚拙，每进狂直之言，必蒙褒纳，有君如此，其忍负之？故敢于艰虞之时，复进苦口逆耳之说，言或可采，愿陛下与三四大臣熟议利害，断而行之，庶几有补万一，徒能容纳而不用，无益也。……今臣以孤陋，远在千里之外，每有所闻，辄献臆说，仰裨庙谋，尚庶几于数子。伏望圣慈赦其罪，而取其忠，天下不胜幸甚。[1]

如前所述，李纲在建炎初，是主张"关中为上，襄阳次之，建康为下"。如今在关中失守，襄阳又处前沿的形势下，他只能以建康作行在为上，而非临安和平江可比。[2]上引文字表明，在满朝文官中，真正具备远见卓识的大政治家，唯李纲一人而已。尽管李纲"进苦口逆耳之说"，已至无可辩驳，无以复加的地步，言之谆谆，而宋高宗、赵鼎等人却听之藐藐，而至少感觉厌烦，他们苟安一隅，退避临安的主意已定，更不论秦桧了。

史称李纲"又具防冬画一事件[3]言之，遂忤当路意"。一些台谏官起而弹劾李纲，"时江西大旱，而纲课民修城，民不以为便"。这当然是得之错误传闻，前引李纲奏已说，修洪州城，"未尝调发民户一夫，无颗粒分文敛于民者"，"并无一事一件取于民间"。然而殿中侍御史金安节、左正言李谊、右正言辛次膺却"论纲违法虐民，毒流一路，乞赐黜责"。侍御史石公揆上劾奏说：

纲妄自尊大，恣为苛扰，在江西尤无廉声。张浚初谪居福州，纲意其复用，欲以为援，所以交欢浚者，无所不至。近闻其置将不善，致淮西之变，势必谴责，遂贻书痛诋，传布行朝，欲以欺众取誉，为进用之计。继闻已用赵鼎，其意大沮，乃自言指陈朝廷措置失当，必有抵牾，乞行黜

---

1. 《梁溪全集》卷100《奏陈车驾不宜轻动札子》，《历代名臣奏议》卷85，《要录》卷116绍兴七年闰十月辛巳。
2. 王瑞明：《李纲全集》的《前言》第13页，岳麓出版社，2004年。
3. 参见《梁溪全集》卷101《条具防冬利害事件奏状》。

责，闻者窃笑。[1]

对照前引李纲奏和书信，恰好是上《论淮西军变札子》在前，而致张浚信在后，其诬罔不实，无须另辨。石公揆、金安节和辛次膺后来都有较好的政治表现，但弹劾李纲的问题上，看来不免揣摩"当路意"，而在他们的人生轨迹上留下了决非光彩的记录。

事实上，李纲在江南西路的两年，一直是抱病工作，他在绍兴七年六月二十四日致张浚信中说：

某自春夏，久苦疮疡，近复中湿，得筋挛之疾，行走蹇缓，拜跪艰难，加以疲眩，动多遗忘，忧患之余，血气凋耗，自应如此。惟滥当一路帅守之寄，深虑别致疏虞，有误国事，夙夜震惧，不遑宁处。已累具奏，愿置闲散，以（养）衰病，未蒙矜从。[2]

其上奏和信件中的类似文字不少。[3]李纲又曾在绍兴七年七月致张焘的信中说：

大抵今日士风浇薄，不知大体，而惟小廉曲谨之为务。如帅一路，当今日兵革扰攘之际，修城池，缮器甲，整军伍，理财赋，皆是合做底事。稍加意，为朝廷立家计，以备不虞，则傍缘为谤纷纷。惟端坐不事事，苟爵禄，以度岁月者，则绝口不道，往往反称誉之，以为镇静。此俗不革，欲任贤使能，以成中兴，难矣！[4]

李纲又在给陈公辅的信中说：

---

1. 《要录》卷116绍兴七年闰十月辛巳，《宋宰辅编年录校补》卷15绍兴二年。
2. 《梁溪全集》卷126《与张相公第二十四书》（六月二十四日）。
3. 参见《梁溪全集》卷98《乞宫观札子》，卷123《与赵相公第十三书》（十月一日），《与秦相公第二书》，卷128《与张子公舍人书》（七月二十七日），卷129《与张龙图第三书》。
4. 《梁溪全集》卷128《与张子公舍人书》（七月二十七日）。

士大夫奔竞之风，兴讹造讪之态，尤甚于往日，变换黑白，颠倒是非，此风不除，实为中兴之害。[5]

以上两段话，虽然说在事前，却正好是对台谏官劾奏的最好回复。李纲甚至在翌年上奏时，公开对宋高宗说：

臣昨任江西安抚制置大使日，因淮西郦琼之变，以己见利害，具奏以闻。误蒙圣恩，降诏奖谕，以疏中论及侍从、台谏，以谓侍从者，论思献纳之官，台谏者，耳目腹心之寄。以言为职，类皆毛举细故以塞责，所论不过簿书，资格，守、倅、令、丞除授之失当，至于国家大计，系宗社之安危，生灵之休戚者，初未闻有一言及之。遂犯台谏之怒，厚诬丑诋，以无为有，群起而攻之。[6]

"厚诬丑诋，以无为有"，表达了十分愤懑之情。闰十月，宋高宗发表"观文殿大学士、江南西路安抚制置大使兼知洪州李纲提举临安府洞霄宫"，十一月，又发表"端明殿学士、知温州李光为江南西路安抚制置大使、兼知洪州"[7]。前已交代，李纲与李光在北宋晚期已有交谊，此后也通书信。李光比李纲年长五岁，但其体力和精力却非时年五十五岁的李纲可比，李纲为此准备了一件给李光的交接公文，即今存的《梁溪全集》卷104《与李尚书措置画一札子》，他在札子的开头说：

某窃观六朝于上流重地，必择名臣，为之帅守，使自为家计，乃能镇抚一方，屏翰王室，皆有实效，不事虚文，私窃慕之。故自到豫章以来，修筑城池，为可守计，创置营房，使兵民不相杂处，缮治器甲，修造官府、仓库，措置财赋，蓄积金谷，团结军伍，招捕盗贼，皆幸稍稍就绪。庶几古人之万一，少副朝廷委任之意。

---

5. 《梁溪全集》卷128《与陈国佐司谏第一书》。
6. 《梁溪全集》卷102《论使事札子》。
7. 《要录》卷116绍兴七年闰十月辛巳，卷117绍兴七年十一月丁酉。

他将所有的事项和账目都交代清楚，请"泰发到豫章日"，"稽考"。通篇文字，其实也是对台谏官们无端指责的回复。但台谏官们即使在李纲罢官后，"论李纲罪未已。初谓朝廷检举纲前后屡请宫祠，使之善去，则长恶不悛，何所忌惮"。宋高宗"乃诏言章报行"[1]，继续将此类劾奏转发李纲本人。江南西路提点刑狱公事余应求"坐与李纲连姻"，也被弹劾罢官。[2]李光自称"今月十七日，到洪州交割职事讫"，应为十二月。虽然是老朋友，他对李纲也有一点不满："今前安抚制置大使李纲却尽将本司所有金银、钱物缴献，其间官告敕牒钱等，散在诸部，实未出卖，朝廷为见数目稍多，既行下漕司，尽将应在取拨前去江州桩管，府库为之一空。"[3]然而李光后在祭文中，对李纲江南西路之政的总评价为"洪都之政，不苛不私。有如见公，只今怀思"[4]，表明他根本不认可针对李纲的劾奏。李纲大致在绍兴七年岁末离开洪州，翌年正月返回福州长乐县。[5]

　　烈士暮年，壮心不已，此次罢官，使李纲又遭受了一次打击。依其体力和精力，固然本来就一直请求退闲，也不大可能勉力继续长期从政；真正使他遭受打击而伤心者，自然是朝政向着屈辱降金媾和的走向演变。

---

1. 《要录》卷117绍兴七年十一月癸巳，《宋宰辅编年录校补》卷15绍兴二年。
2. 《要录》卷117绍兴七年十一月己亥。
3. 《庄简集》卷12《乞令漕司拨还本司钱物状》。
4. 《梁溪全集》附录三《李参政》祭文。
5. 《梁溪全集》附录一《年谱》。

## 第十章

## 英风成昨梦　遗恨在燕山

（李纲）

## 第一节　壮志深忧国　正论薄云天

从绍兴八年（公元1138年）正月开始，李纲在长乐县过着彻底的退闲生活。因体力衰退，他的写作能力也明显下降，但著有《制置江右录》二十卷，应定稿于此时，[1]可惜今亦佚失。李纲此时的生活与心情，正如其《永遇乐》（秋夜有感）词中所描述：

秋色方浓，好天凉夜，风雨初霁。缺月如钩，微云半掩，的烁星河碎。爽来轩户，凉生枕簟，夜永悄然无寐。起徘徊，凭栏凝伫，片时万情千意。

江湖倦客，年来衰病，坐叹岁华空逝。往事成尘，新愁似锁，谁是知心底？五陵萧瑟，中原杳杳，但有满襟清泪。烛兰缸，呼童取酒，且图径醉。[2]

李纲人虽归老故乡，"年来衰病"，依然心系故土，"往事成尘，新愁似锁"，每每念及"五陵萧瑟，中原杳杳"，自己徒然"满襟清泪"，却完全无补国事。

依宋高宗、赵鼎、秦桧等人的决定，行在终于在绍兴八年（公元1138年）二月又迁回临安府。在张浚"极费调护，已自定叠"之余，赵鼎决策，"毅然"迁都，无非是说明宋廷新的大政方针即在于"主和议"，图

---

1. 《梁溪全集》附录一《年谱》。
2. 《丞相李忠定公长短句》。

苟安而已。这是淮西兵变后政治风向的一个全局性的变化。迁都本身标志着"和议已有萌矣"[1]。

绍兴七年（公元1137年）十二月，宋高宗派遣的迎奉梓宫使王伦回到行朝，转达了金方的议和意图，说："金人许还梓宫及皇太后，又许还河南诸州。"宋高宗"大喜"。他自即位之日始，其本意就是愿和不愿战，金方的议和提议，正合其屈膝媾和愿望。宋高宗随即又命王伦充大金国奉迎梓宫使，再次出使金朝。[2]以王伦回朝和再次出使金朝为标志，宋廷对金政策已完成了重大转折，但这种转折一时尚未完全公开化和明朗化。

在此重要关节点上，绍兴八年三月，宋高宗将秦桧由枢密使升右相。[3]对此次任命，朝士如辛次膺、晏敦复、常同等都持强烈反对意见。左正言辛次膺弹奏秦桧，指责他"容私营救"妻党，"有蔽朝之渐"，而被罢官。[4]御史中丞常同也对宋高宗说："桧自金归，受其大帅所传密谕，阴为金地，愿陛下察其奸。"[5]吏部侍郎晏敦复面有忧色，说："奸人相矣！"[6]但李纲至此却仍未看穿秦桧的本质，而致启祝贺。如前所述，李纲强烈反对行在南迁临安，曾专门致信左相赵鼎，因信息不灵，似未知秦桧也是皇帝和赵鼎的同谋。李纲的贺启并非是一般的礼节性客套文字，而是对这位新相寄予厚望：

伏审显奉册书，延登揆路，丝纶所播，朝野交欣，恭惟欢庆。伏以平章仆射相公，毓德高明，养气刚大。临危著难夺之节，奉上肩匪懈之心。

---

1. 《会编》卷183，《要录》卷118绍兴八年二月癸亥，戊寅，《朱子语类》卷127，卷131，《后村先生大全集》卷86《进故事·丙午十二月初六》。
2. 《会编》卷182，《要录》卷117绍兴七年十二月癸未，丁亥，《宋史》卷371《王伦传》，《攻愧集》卷95王伦神道碑，《金史》卷79《王伦传》，《宋会要》职官51之12—13。
3. 《要录》卷118绍兴八年三月庚寅，壬辰，《宋宰辅编年录校补》卷15。
4. 《会编》卷180，《要录》卷118绍兴八年正月丙午，《宋史》卷383《辛次膺传》，《文史》第26辑第264页《宋干道六年资政殿学士辛次膺墓志》。关于辛次膺的谏官衔，《宋史》卷383《辛次膺传》和《夷坚甲志》卷15《辛中丞》作"右正言"。
5. 《文定集》卷20《御史中丞常公墓志铭》。据《要录》卷121绍兴八年七月庚寅，常同罢御史中丞，他论奏秦桧，当在此前。
6. 《要录》卷118绍兴八年三月壬辰，《宋史》卷381《晏敦复传》，卷473《秦桧传》，《宋宰辅编年录校补》卷15。

顷膺考慎之求，未究经纶之业。果符梦卜，再秉钧衡。居东三年，政复归于姬旦；辟国百里，日有望于召公。当天步艰难之秋，繄庙谟开济之力。冀茂建于宏烈，以光辅于中兴。某罪庚余生，衰迟晚景。山林屏迹，方远托于姘懔；钟鼎篆铭，愿遹观于勋绩。其为瞻咏，罔既敷宣。[1]

此启仍如既往，称赞秦桧"临危著难夺之节"，竟将秦桧比拟为周公旦和召公，说此回拜相，"果符"自己的"梦卜"，"冀茂建于宏烈，以光辅于中兴"，能够"日""辟国百里"。但史实很快就证明，李纲的估计和期盼，当然是大错特错了。当然，此后李纲也不可能再写此类文字。

宋高宗和秦桧推行降金政策，宰执中左相赵鼎和参知政事刘大中也是倾向于降金，只有枢密副使王庶反对和谈。当年冬，宋高宗为了压制不同政见，断然罢免了赵鼎、刘大中和王庶三人，命秦桧以右相的身份总揽大政，全力推进和议。十一月，金朝"诏谕江南使"张通古携带金熙宗诏书，协同王伦南下。金朝以"诏谕"为名，要求宋高宗必须跪拜在金使张通古足下，接受金熙宗的诏书，"奉表称臣"[2]。对宋高宗的屈辱求和，许多文臣群情激奋。"诸将韩世忠、岳飞皆以议和为非计"[3]。

罢政赋闲的李纲，也为此进行着他有生之年最后的抗争。据《梁溪全集》附录三《邵抚干》祭文追述：

术者或言，公命畏"己"。己亥己酉，祸患立至。前年之冬，国有大议。公尝语我："此非至计。我如不言，心则有愧。奈何明年，岁属己未。我罪南行，此事决矣！"亦遂抗章，激奋不已。

邵才担任安抚司干办公事，与李纲一家人非常熟识。正好在九年前，李纲贬责，南下瘴烟的岭南，历尽辛酸。古人不免迷信，明年又将是己未

---

1. 《梁溪全集》卷131《贺秦相公启》。
2. 《会编》卷185，卷188，卷189，《要录》卷123绍兴八年十一月甲申，戊申，卷124绍兴八年十二月戊午，《宋史》卷473《秦桧传》，《金史》卷4《熙宗纪》，卷60《交聘表》，卷79《王伦传》，卷83《张通古传》。
3. 《要录》卷123绍兴八年十一月壬寅。

年了。当时李纲四十七岁，体力尚健，如今却已届"衰迟晚景"。他明知"抗章"的可怕后果，却不顾"衰迟""南行"的风险，"激奋不已"，毅然决然，满怀激愤地上奏。

他说，"臣窃见朝廷遣王伦使金国，奉迎梓宫，往返屡矣。今者伦之归，与虏使偕，乃以'江南诏谕'为使名。四方传闻，无不骇愕"。"乃今不著国号，而曰'江南'，不云通问，而曰'诏谕'，此何礼也？""自古夷狄陵侮中国，未有若斯之甚者。原其所自，皆吾谋虑弗臧，不能自治自强，偷安朝夕，无久远之计，群臣误陛下之所致也"。此处首要目标已是不点名地指责秦桧。"金人变诈不测，贪婪无厌，纵使听其诏令，奉藩称臣，其志犹未已也。必继有号召，或使亲迎梓宫，或使单车入觐，或使移易将相，或使改革政事，或竭取赋税，或朘削土宇，从之，则无有纪极，一不从，则前功尽废，反为兵端"。"今土宇之广，犹半天下，臣民之心，戴宋不忘。与有识者谋之，尚足以有为。岂可忘祖宗之大业，生灵之属望，弗虑弗图，遽自屈服，祈哀乞怜，冀延旦暮之命哉！""今兵民财用，皆祖宗之所以遗我者，而陛下不思所以用之，遽欲委身束手，受制于仇雠之手，此臣之所不晓也。陛下纵自轻，奈宗社何？奈天下臣民何？奈后世史册何？""陛下一受制于强敌，号令赏罚，皆不由于己出。士气日索，人心日离，将士益桀骜，而不可驭，民庶益泮涣，而不可蓄，威令一去，如神龙之失水，为蝼蚁所困，后虽悔之，噬脐何及！此臣所以夙夜痛愤而寒心也！""今陛下藉祖宗二百年之基业，纵使未能恢复土宇，岂可不自爱重，而怖惧屈服，以贻天下后世之讥议哉！"

李纲剖析说，"臣在远方，虽不足以知其曲折，然以愚意料之，虏为此名以遣使，其邀求大略有五：必降诏书，欲陛下屈体降礼以听受，一也；必有赦文，欲朝廷宣布，颁示郡县，二也；必立约束，欲陛下奉藩称臣，禀其号令，三也；必求岁赂，广其数目，使我坐困，四也；必求割地，以江为界，淮南、荆、襄、四川，尽欲得之，五也。此五者，朝廷从其一，则大事去矣"。"倘屈体降礼，权时之宜，以听其诏令，则君臣之分定矣。君臣尊卑，如天地相远，降尊就卑，以天为地，可乎？其不可者一也。天子之恩曰赦，臣民则以遇赦该恩为幸。倘朝廷宣布，颁示郡县，则天下知朝廷之势去，士民之心离矣，其不可者二也"。"倘奉藩称臣，禀其号令，则事不在我，国家之势倾矣，其不可者三也"。"今日保据东南，财用鲜少，又有养兵之费，日益窘迫，而欲增赂以求全，盖亦难矣，其不可者四也"。"淮南、荆、襄，江、浙之屏蔽也，四川，天下之上流也，不能措画屏蔽，保有上流，资天险，结人心以为固，而欲割要害之地，弃民以求安，必无之理，其不可者五也"。

李纲尖锐地抨击说，"方今朝廷自十数年来，议论不一，执守不坚，无规模素定之计，玩岁愒日，苟且过时，无积累就绪之功。唱为和议者，纷纷趣度目前，而不以后艰为念，以致今日之陵侮，非偶然也。忠义之士，怀才抱智，不能自达者，顾岂乏人"。"今日之事无它，遣使议和不已，使敌人得窥伺谋画，皆引惹之所致也。臣愿陛下为宗社大计，万机之余，长虑却顾，览前古之兴亡，究今日之利害。倘或权时之宜，禀其号令，自后别有须索，如前所陈，复禀正朔，易服色，趣朝会，擅诛赏，尽取鞍马、器甲之类，当如何处之？而吾之士气既索，如何可以复振？人心既离，如何可以复收？国势既倾，如何可以复定？今日执和议主事者，果能任其责，而保其必不然乎？"此处斥责"执和议主事者"，又是不点名地以秦桧为首要目标。

李纲一如既往地表达他激愤的爱国之情，"臣世受国恩，奉事三朝，蒙陛下知遇尤厚，常愿奋不顾身，以徇国家之急。今事势危迫，所以应之，一失机会，则祸难相寻，为害有不可胜言者，又非前日之比。区区孤忠，愿效愚计，第恐朝廷不能用之。夫用不用在朝廷，而臣激于义，有不得不言者，惟陛下留神幸察"。"臣窃观国家之与金人，势不两立，而今日之事，止在于绝之与通，亦不难决也。与之通，则听其号令，而臣属之，动为所制，身危国蹙，必至于亡而后已；与之绝，则图所以自治自强者，选将励兵，待其来而御之，胜负之势，犹未定也。与其事不共戴天之雠，仰愧宗庙，俯失士民之心，而终归于亡，贻羞无穷；曷若幡然改图，正仇雠之名，辞顺理直，以作士民之气，犹可以履危而求安，转亡而为存，未为失策也"。

李纲在此奏的末尾说，自己"归休山林，养疴藏拙"，"蒙垢忍辱，不敢自明，缄口结舌，不敢复与世事，故刍荛之言，久不上达。然惓惓之心，未尝一日不在赤墀之下也。今闻使事方亟，所系国体非轻，存亡之端，非独安危而已。臣不胜愤懑，敢以狂瞽，干冒天听"[1]。

李纲的这篇奏议，实际上完全可以看作李纲为国事的最后呼号与呐喊。当宋高宗以独夫式的专断，全力支持秦桧压制沸腾的群论以后，李纲也不再上奏了。

李纲的奏议，发自肺腑之言，至今读来仍然令人感动不已。看到李纲奏疏后，据称宋高宗"不以为忤，尝降玉音，谓宰执曰：'大臣当如此矣。'"[2]这是因为抗议的群臣太多，而首当其冲者，自然是抗疏要求斩秦桧等，以谢天下的枢密院编修官胡铨，震动一时，影响最大，也果然激怒宋高宗，而有流放岭南之重贬。在宋高宗眼里，李纲作为一个退闲之老臣，已来不及过多计算了。

但另一方面，李纲奏议不仅不能警醒和感动宋高宗，也必然招致他的嫌恶。《建炎以来系年要录》卷153绍兴十五年六月戊戌记载，可以为证：

秦桧为上言："士大夫多横议，无益国事。"上曰："靖康之事是也。朕见当时士大夫奏状，多是李纲、耿南仲等纷纷争议，无肯以国事为虑者。"桧曰："靖康之初，金主自令斡离不就便酌中施行，诚有人肯任国事，则大计久已定矣。"上曰："后来生灵涂炭之甚，皆由于此，所以国家大事，须在得人肯任。"桧曰："非人主圣志先定，岂臣下所能决？"

在宋高宗看来，如秦桧那样力主和议，向女真贵族屈膝投降者，自然是"肯任国事"者，李纲等力主抗战，与宋高宗"屈己议和"之方针相悖，自然"无益国事"。

当时秦桧的权势尚未扩张，达到稳居相位，甚至皇帝不可能罢免的地步。他的政敌太多，他深恨如吕颐浩、王庶、胡铨、岳飞、韩世忠等人，还有在政府内逐渐与他相抗的参知政事李光等人，另有虽然同意和议，却

---

1. 《历代名臣奏议》卷85，《梁溪全集》卷102《论使事札子》，《要录》卷124绍兴八年十二月戊午。
2. 《梁溪全集》附录二《行状》下，《宋史》卷359《李纲传》。

可能东山再起，威胁其相位的赵鼎，而李纲作为皇帝根本不可能再起用的退闲者，肯定构不成其打击目标。故李纲及其亲故十分担忧的再次贬责"南行"，事实上并无可能。

值得一提者，是李纲妻弟、兵部侍郎兼权吏部尚书张焘，还有好友李弥逊在当时的表现。

前已交代，张焘曾与秦桧交往，甚至在绍兴二年秦桧罢相时，他"坐秦桧党，为吕颐浩所斥"，"落职与宫观"[1]。但到绍兴八年，却在朝堂与秦桧对立。张焘上奏进谏说，"金使之来，欲议和好"，"庙堂以为信然，而群臣、国人未敢以为信然也"。"使其果愿和好，如前所陈，是天诱其衷，必不复强我以难行之礼。如其初无此心，二三其说，责我以必不可行之礼，要我以必不可从之事，其包藏何所不有，便当以大义绝之。谨边防，厉将士，相时而动。愿断自渊衷，毋取必于彼而取必于天而已。乃若略国家之大耻，置宗社之深雠，躬率臣民，屈膝于金而臣事之，而觊和议之必成，非臣所敢知也。"他又与试吏部侍郎晏敦复，户部侍郎李弥逊、梁汝嘉，起居舍人薛徽言等同班上奏，恳切地规谏宋高宗说："传曰：众怒难犯，专欲难成。合二难以立国，危乱之道也。"

十二月，金使张通古至行在临安府，"朝议欲上拜金诏"，张焘又进奏说："陛下信王伦之虚诈，发自圣断，不复谋议，便欲行礼，群臣震惧罔措。必已得梓宫，已得母后，已得宗族，始可议通好经久之礼。今彼特以通好为说，意谓割地讲和而已，陛下之所愿欲而切于圣心者，无一言及之，其情可见，奈何遽欲屈而听之。一屈之后，不可复伸，廷臣莫能正救，曾鲁仲连之不如，岂不获罪于天下万世。"[2]

张焘神道碑说，秦桧"素厚公，命楼炤问疾，许直翰苑，公曰：'今日进退在我，迁官则在他人，某惟有去耳！'秦语人曰：'张子公守正，官职不能动也。'"[3]说明张焘至此已与秦桧完全分道扬镳。

---

1. 《要录》卷57绍兴二年八月壬子。
2. 《要录》卷123绍兴八年十一月壬寅，卷124绍兴八年十二月丙子，己卯，《会编》卷185、卷186、卷187、卷191、卷248张焘行状，《宋史》卷382《张焘传》。
3. 《周益国文忠公集·平园续稿》卷21张焘神道碑，《宋名臣言行录》别集下卷3《张焘》。

与李纲"总角之交"[1]的户部侍郎李弥逊亦是再三上疏反对,"陛下受金人空言,未有一毫之得,乃欲轻祖宗之付托,屈身委命,自同下国而尊奉之,倒持太阿,授人以柄,危国之道,而谓之和可乎?借使金人姑从吾欲,假以目前之安,异时一有无厌之求,意外之欲,从之,则害吾社稷之计,不从,则衅端复开,是今日徒有屈身之辱,而后患未已"。"陛下率国人以事雠,将何以责天下忠臣义士之气"?面对秦桧封官许愿的利诱,李弥逊也强调自己"何敢见利忘义"[2]。张焘、李弥逊以及试吏部侍郎晏敦复等人,与李纲一样,视富贵如浮云,表现了在中国传统儒家思想熏陶下,作为正直士大夫应有的高风亮节。但不论他们如何辞正理直,宋高宗还是运用专制淫威,通过秦桧,与金朝订立了屈辱和约。

绍兴九年(公元1139年),由于金朝暂时归宋河南之地,因范如圭的提醒,宋高宗命张焘与皇叔、同判大宗正事赵士㒟为祇谒陵寝使,同去朝拜八陵。返回临安后,张焘上奏说:

臣窃惟国家遭百六之灾,致夷虏肆蛇豕之毒,祸流海宇,上及山陵。臣猥被使命,恭修祇谒之事,至于柏城恸哭。深惟虏罪,义难戴天,虽穷诛极讨,殄灭之,未足以雪此耻,而复此雠也。

恭惟陛下圣孝天性,岂胜痛愤之情,顾以梓宫、两宫之故,方且与和,未可遽言兵也。然祖宗在天之灵,震怒既久,岂容但已。异时躬行天讨,得无望于陛下乎?矧惟自古戡定祸乱,非武不可,狼子野心,不可保恃久矣。伏望睿慈仰思历圣责望之重,俯念亿兆祈向之切,益励将士,益修武备,夙兴夜寐,念兹在兹,以俟衅隙,起而应之,电扫风驱,云撤席卷,尽俘丑类,告功诸陵,使天下诵之,万世美之,如是然后尽天子之孝,而为子孙之责塞矣![3]

张焘陈词之愤慨痛切,使宋高宗一时十分难堪,他又不得不发问说:"诸陵寝如何?"张焘不再正面回复,只是说:"万世不可忘此贼!"宋

---

1. 《筠溪集》卷23《祭李伯纪丞相文》。
2. 《宋史》卷382《李弥逊传》。
3. 《会编》卷195。

高宗只能报以十分窘迫的沉默。张焘针对自己此行所探到的金方动静，提出了一系列应变和备御之方，"切中时务"，史称"秦桧方主和议，惟恐少忤虏情，故事皆不行"。此说其实也无非是为宋高宗避讳之词。[1]

绍兴九年（公元1139年）二月初八日，宋廷发表李纲知潭州。[2]当时宋高宗与秦桧商议，为庆贺对金媾和成功，不惜以各种滥恩，收买人心，所谓"肆因庆泽，式表高勋"[3]。其中也包括发表若干前任宰相出任地方大员，如张浚也出任福建路安抚大使兼知福州。[4]但颁发此类浩荡的皇恩，秦桧也不忘夹杂自己的私货，宋高宗"欲得元臣，调护陕西诸将"，秦桧乘机提名吕颐浩，实际上仍念念旧仇，要将这个政敌"置之危地"。但已得重病的吕颐浩根本无法从政，随即逝世。[5]

李纲体力固然已经不支，似乎也多少猜到小朝廷的用心，他当然更不愿分沾屈辱媾和带来的"庆泽"。在当月二十日上奏辞免：

伏念臣受材谫薄，赋分奇穷。误被使令，荐更方面。无丝发之功，以报殊遇；有丘山之咎，以致烦言。闲废以来，岁月未久。遽蒙拔擢，复畀藩维。自顾何人，可以当此？矧湖湘之重地，乃东南之上流，兵火之余，寇盗未靖，帅司之选，授受惟难。如臣忧患余生，疾疢交作，血气凋落，精力弗强。自藏寂寞之滨，尚嗟衰瘁；倘膺繁剧之寄，必致颠隮。[6]

二月十一日，宋廷令李纲兼荆湖南路安抚大使，二月十五日又催促李纲"不候受告，般接家人，疾速前去之任"。李纲连续上奏辞免，他在奏疏中说，"窃念臣自朝廷多事以来，每被使命，不敢辞难。而臣禀性迂

---

1. 《会编》卷195，《要录》卷129绍兴九年六月己巳，《宋史》卷382《张焘传》。
2. 《要录》卷126绍兴九年二月己未，《会编》卷193，《梁溪全集》附录一《年谱》。
3. 《鄂国金佗续编》卷4《辞免开府仪同三司加食邑五百户食实封三伯户不允诏》。
4. 《要录》卷126绍兴九年二月壬戌。
5. 《会编》卷193，卷194，卷220《中兴姓氏录》，《要录》卷126绍兴九年二月癸丑，卷127绍兴九年三月乙未，四月庚戌朔，《宋史》卷362《吕颐浩传》，《宋宰辅编年录校补》卷15，《景定建康志》卷48吕颐浩传。
6. 《梁溪全集》卷102《辞免知潭州奏状》。

愚，动辄妄发，易犯众怒，自致烦言。昨者蒙恩起废，两帅江湖，但知激励以向前，不虞弹射之在后。皆遭白简，公肆诋诬，以是为非，以无为有。凡乡党自好之士所不为者，猥琐污蔑，无所不至"。"然长沙乃臣旧治，当时不以善去，今日何可在行"[1]。"今者罢自江西，为日未久，又蒙湔洗，畀以帅权。虽陛下日月之光，幽隐必烛；而微臣蝼蚁之迹，局蹐靡容"[2]。李纲说了些表面的理由，确是反映了他对是非黑白完全颠倒，十分昏暗的朝政和官场，早已极度厌恶。宋高宗看到李纲再三辞免的奏章，"可依所请，依旧提举临安府洞霄宫，任便居住"[3]。四月，宋廷以尚书吏部侍郎刘岑充徽猷阁直学士，知潭州。[4]

从此之后，对降金苟安政治已彻底绝望的李纲，虽"壮志深忧国"[5]，"孤忠尚握拳"[6]，只能无可奈何地完全退闲了。他在晚年的诗中写道，"一纪（十二年）此身浑似梦，中原回首不堪思"[7]，"回头睇中原，郡国半沙漠。犬羊污宫殿，蛇豕穴城郭。畴能挽天河，一洗氛祲恶"[8]，抒发了怀恋故土，渴望山河重新一统，却有志难伸的苦闷。

---

1. 《梁溪全集》卷102《辞免知潭州兼荆湖南路安抚大使奏状》。
2. 《梁溪全集》卷102《辞免第三奏状》。
3. 《梁溪全集》卷102《允诏》，《谢免荆湖南路安抚大使兼知潭州依旧宫祠表》，《要录》卷127绍兴九年四月壬申。
4. 《要录》卷127绍兴九年四月壬申。
5. 《梁溪全集》附录三张元幹挽诗。
6. 《梁溪全集》附录三李光挽诗。
7. 《梁溪全集》卷32《次韵郑顾道侍郎用师字韵见赠》。
8. 《梁溪全集》卷32《冬日来观鼓山新阁偶成古风三十韵》。

## 第二节　独立三朝属望深　忽摧忠义泪沾襟

### 一、整顿乾坤第一人　儿童草木亦知名

尽管李纲彻底退隐，似与世隔绝，但朝野有血性的士大夫却绝不可能忘记李纲，拱北辰而敬仰，特别是因朝政的昏暗，而更殷切地寄予重望。

在中国古代儒家思想的教育和影响下，剥削和统治阶级中确实也有少量真正意义上的社会精英。然而其大多数在等级授职制的大染缸里浸沉后，只能是贪污腐化有种，横征暴敛有能，奉承拍马有才，结党营私有份，钩心斗角有术，文过饰非有方，妒贤嫉能有为，无非是国家和民族的蠹虫。李纲曾为宋高宗起草《戒励士风诏》说："士大夫奉公者少，营私者多，徇国者希，谋身者众。乞去则必以东南为请，召用则必以疾病为辞。沿流以自便者，相望于道途；避寇而去官者，日形于奏牍。甚者至假托亲疾，不俟告下，挈家而远遁。夫礼义廉耻，正所以责士大夫也，所守如此，朕何望焉？"[1]此为国难当头之时，士大夫辈的普遍情况。李纲又说："大抵为身计巧，则所以谋国者必疏；为国计深，则所以谋身者必拙，二者不可得而兼。"[2]"谋身性虽拙，许国心独苦"的诗句，[3]正是他一生特立独行、"殉国忘身"[4]的自我写照。

李纶所撰的李纲行状，公正地、客观地、充分地展现了兄长的形象。

---

1. 《梁溪全集》卷34，卷180《建炎时政记》下。
2. 《梁溪全集》112《（贵）州答吴元中书》。
3. 《梁溪全集》卷19《建炎行》。
4. 《梁溪全集》附录三《邓通判（祚）》祭文，郑昌龄挽诗。

## 第十章 英风成昨梦 遗恨在燕山（李纲）

"资父事君，移孝为忠，一心不忘所以为天下国家者"，"受知三朝，以身之用舍，为社稷民生安危，其所论列，无非天下大计，勤勤恳恳，古人所谓恸哭流涕长太息者，其事未足道也"。人们"固以任天下之重期之"，然而"道直则身危，功高则谤多，群奸方以公去位为得计，而国家之事，有不可胜讳者矣"。待到"闲居无事，一话一言，未尝不在国家也"。"平日以爱君忧国为心，筹划计策，胸中素定，故遇事成章，如是之易也"[1]。

李纲虽然不断遭受宵小辈的毁谤，"谤书兴众枉"[2]，"谗口肆风波"[3]，然而"流言空似锦"，"大节终难掩"[4]。绍兴六年（公元1136年），李纲出任江南西路安抚制置大使时，江西士人王廷珪，他在"宣和初，得官湖南，见上下怠玩，无益于时"，辞官归隐。"归卧山间十五年"，"未尝识中朝士大夫"，却"仰服相公之勋德"，上书李纲说：

宣和之末，变生仓猝，虏骑临东都城门，公卿大臣，搏手无他策，进不能战，退不能守，其计止于求和。惟相公力陈攻战之策，出身为社稷，犯不测之险，几成大功。是时，京师甲马劲卒尚可以战，若席卷以出，可一鼓而俘也。至今忠臣义士愤惋叹息，以谓当时若用相公之谋，岂复有后来之祸。其事昭若日星，今皆可覆，不惟当时可用，而至今犹可用也。岂非气有以盖天下之人，而谋虑有以审天下之势耶！自憸人柄朝，十年之间，宰相更用事，率不过一二岁罢黜，大抵规摹一律，皆出于卑陋浅近，不足以兴起天下之大事。……然相公之志气，已见于靖康之初，其关天下所以治乱存亡者，固非一介愚儒所能窥测。[5]

尽管自绍兴以来，已登用了如吕颐浩、朱胜非、赵鼎、张浚等相，在王廷珪看来，"皆出于卑陋浅近，不足以兴起天下之大事"，而"非气有

---

1. 《梁溪全集》附录二《行状》下。
2. 《梁溪全集》附录三张元幹挽诗。
3. 《梁溪全集》附录三陈公辅挽诗。
4. 《梁溪全集》附录三李光挽诗。
5. 《卢溪文集》卷26《上李丞相书》。

以盖天下之人，而谋虑有以审天下之势"，则非"李相公"莫属。朱熹之父朱松也在《上李丞相书》说：

靖康、建炎之初，群邪并进，争为误国之计，以售其奸，独仆射所建白，皆天下国家，所以安危之大计。至今焯然在人耳目，非徒其言不用，又放窜而濒于死，且身虽流落，而益尊；食祠官之禄，优游江海，而望益重。身去朝廷，无杀生赏罚之柄，而天下之善类，有戮力王室之心者，皆以为归。[1]

陈渊也在《与李丞相》书信中说：

跂踵引领，不胜饥渴之至。相公立不世之勋，熏穹缠壤，贯于幽眇，忠诚义气，有生之类，所同爱戴。至于出处进退，为社稷安危所系，天下士夫视以去就。[2]

李璆后在祭文中说："其在相位也，不得以展尽其经纶之才。而释位而去也，天下惜之，尚冀其复用，以终其经济之功"[3]。李纲正是大家所公认的，万口一音，"终赖高名重，来扶大业全"[4]，"愿公还朝，归秉钧轴。跻治中兴，雪此大辱"[5]，"骞骞三朝社稷臣，儿童草木亦知名"，"整顿乾坤第一人，堂堂真相足仪型"。[6]但大家的深切期盼却终于落空。

## 二、孰谓仁人寿　空怜吾道贫

李纲晚年耿耿在怀的一件事，是李夔"无恙时"，"每欲于邵武置义庄，以赒宗族，有志未就"。直到绍兴八年，李纲才了却父亲未竟的心

---

1. 《韦斋集》卷9。
2. 《默堂集》卷18。
3. 《梁溪全集》附录三《李侍郎（璆）》祭文。
4. 《梁溪全集》附录三曾开挽诗。
5. 《梁溪全集》附录三《邵抚干（才）》祭文。
6. 《梁溪全集》附录三张致远挽诗。

愿，在邵武置办义庄，"远迩欢欣，非独被惠者怀感也"[1]。

绍兴九年（公元1139年）秋，李维以右朝奉郎、直秘阁出任浙东提点刑狱。[2]在上任之前，李维以与李纲久别，"有请于朝，乞因巡历来闽省"，兄弟相逢，李纲"款曲再旬"[3]。赋诗送别：

朝路纷纷厌送迎，乞归恩予绣衣荣。稍知物外烟霞好，便觉尘中富贵轻。飞凫已能同叶令，叱羊何必效初平？[4]坐忘我欲师前躅，为过天台访赤城。

诏告来归若骏奔，友于真可裕祎冕。共伤庭玉先埋土，怅望鸰原增断魂。白发自嗟临药灶，一瓶端欲寄空门。浙东耆旧如相问，为道衰迟愧主恩。[5]

其诗中自叹烈士暮年之"白发""衰迟"，整日依赖"药灶"，只能纵情于"物外烟霞好"，而厌弃于"尘中富贵轻"。李纲兄弟情深，却不知自此一别，便是天人永隔。

三个弟弟中，李纲对"博学多识"的李经，期望甚高。任校书郎的李经"不幸早逝"，李纲"悼恨不已"。绍兴十年（公元1140年）正月上元日，李纲"具家馔致祭"，"抚几号恸，不胜手足之痛，仓卒感疾"，当日即逝于楞严精舍。[6]宋廷令任浙东提刑的李维与福建路提刑宋孝先互换，回来料理李纲的丧事。[7]

---

1. 《梁溪全集》附录一《年谱》，附录二《行状》下。
2. 《会稽续志》卷2《提刑题名》记载，"李维绍兴九年九月以右朝奉郎、直秘阁到任，十年四月，与福建提刑宋孝先两易"。
3. 《梁溪全集》附录一《年谱》。
4. 《史通通释》卷17《诸晋史》："孝明帝时，有河东王乔为叶令，尝飞凫入朝。"葛洪《神仙传》卷2皇初平载"叱石为羊"的典故。皇初平，后世书中往往作黄初平。
5. 《梁溪全集》卷32《次李泰发韵二首送仲辅提刑弟还浙东》。
6. 《梁溪全集》附录一《年谱》，附录二《行状》下，《要录》卷134绍兴十年正月辛卯，《会编》卷199。
7. 《梁溪全集》附录一《年谱》，附录二《行状》下。《淳熙三山志》卷25《提刑司官》载，"宋孝先，左中大夫、直秘阁，绍兴八年八月二十二日到任，十年二月十六日准朝旨，与浙东提刑李维两易其任。李维，右朝散郎、直秘阁，绍兴十年三月二十五日到任"。

李纲在建炎二年的流放途中，曾写《病牛》诗说：

耕犁千亩实千箱，力尽筋疲谁复伤？
但愿众生皆得饱，不辞羸病卧残阳。[1]

难道不是他一直身处困厄，却始终怀抱兼济天下的壮志宏愿，而精诚奋斗一生的最好写照！

就在李纲辞世后数月，金朝都元帅完颜兀术（宗弼）撕毁和约，夺据不设防的河南地区。宋军反攻，岳飞大举北伐，在郾城、颍昌、朱仙镇等战大破金军，金军被迫逃出开封城，却被宋高宗和秦桧合谋，用十二道皇帝手诏，迫令班师。

绍兴十一年（公元1141年），宋高宗伙同秦桧，与金人签订了更为屈辱的和约，史称"绍兴和议"，并杀害了李纲殷切期盼其"早建大勋，为中兴功臣之首"[2]的岳飞。

宗泽、李纲、岳飞等梦寐以求的山河一统，终成了梦断旧山河！

## 三、痛悼和缅怀

一位最坚定、最有威望、最有号召力的举大纛的忠贤，一位真正具备大勇敢、大气魄、大器局和大智慧的伟人辞世，举世同悲共悼，"义士忠臣，心摧涕零，武夫悍卒，拊髀失声"[3]。人们"陈词而祭，哀歌而挽，远者数千里，重者至再三，而诗篇或累十数"。"后数十载，表祠者为之记，奠祠者为之文，瞻像者为之赞"[4]。

前宰相张浚当时正任职福州，所献的祭文和挽诗最多。如前所述，他曾弹劾李纲，此人又是志大才疏，而自视甚高，如今却表达了深切的哀痛和诚挚的敬意。"十相从明主，惟公望最隆"，"痛为黎民惜，谁扶大厦颠"？他追数宋高宗登基以来任命的十名宰相，有李纲、黄潜善、汪伯

---

1. 《梁溪全集》卷20。
2. 《梁溪全集》卷128《与岳少保第四书》（十月十六日）。
3. 《梁溪全集》附录三《李侍郎》，《筠溪集》卷23《祭李伯纪丞相文》。
4. 《梁溪全集》附录三李大有《梁溪先生谥议祠记祭文挽诗画赞序》。

彦、朱胜非、吕颐浩、杜充、范宗尹、秦桧、赵鼎和自己，公开承认九人的相业都不如李纲，确是很不容易的，证明对死者确是心服口服了。"爰极将相之任。凡三朝之历事，惟一德以自持。虽屡易于祠宫，实乃心于王室。每当艰难之际，力陈忠谠之言。慨功名未副于所期，而泉壤遽成于永诀"。"缙绅大夫，幸公春秋之未高，神明之无恙，望公秉钧轴而再相，整车书而混一。何斯人之无禄，弃人世如陈迹"。"倘百身之可赎，其孰惮于捐躯？"[1]此类语言的深挚，就不须另作说明了。

作为李纲故交的参知政事李光，从江西调任朝廷后，在绍兴九年，成了政府中对抗秦桧最后一个骨鲠人物。如今也被宋高宗赋闲，只拥有提举临安府洞霄宫的头衔。他在祭文中也表述了一直盼望李纲再相的大愿，"离合艰难，垂三十载。丹心不磨，耿耿终在。庶几公归，复冠鼎萧"，却事与愿违，"南国忽闻梁木折，中原犹望衮衣归"[2]。

另一曾任参知政事的张守的祭文说，"惟公识洞古今，气涵宇宙。高明之学，成于夙习；经济之具，得于天资。进说言于群邪拱默之时，定大业于国势阽危之际"。"俄谗谮之阴乘，遽飘零而远引"。"谓宜遄归上宰之班，永弼中兴之运。国之不幸，人之云亡，呜呼哀哉！"[3]与李光表述了同样沉痛的感情。

与李纲有"总角之交"的李弥逊祭文，表达了极度的悲叹，"道之将行，国之将兴，天其或者，佑此老成，胡不慭遗？上为列星。栋折榱崩，何以支倾？""公之云亡，有国有君，孰与卫之？有社有民，孰与任之？有兵有戎，孰与令之？奸回憸佞，孰与抑之？而忠鲠端毅之士，孰与激之耶？"[4]

另一与李纲有长期交谊的潘良贵祭文，发出十分沉痛的呼号："呜呼哀哉！孰谓如公之光明硕大，抱经纶康济之业，而竟不得施乎？孰谓如公之巍巍堂堂，慷慨义烈，而功不及于中原乎？"[5]

---

1. 《梁溪全集》附录三《张丞相》祭文和挽诗。
2. 《梁溪全集》附录三《李参政》祭文和挽诗。
3. 《梁溪全集》附录三《张参政》祭文。
4. 《梁溪全集》附录三《李侍郎》祭文，《筠溪集》卷23《祭李伯纪丞相文》。
5. 《梁溪全集》附录三《潘舍人》祭文。

一直被指为李纲同党的陈公辅，时已为提举江州太平观的闲官，他恭敬地致挽诗三首，今录其二：

豪杰不出世，为时斯闲生。有心安社稷，无计避功名。忧国维知重，谋身祇觉轻。徒令青史上，永永著英声。

材大古难用，功多忌更多。忠怀冲日月，谗口肆风波。此老今亡矣，苍生独奈何？应遗一时恨，千载不能磨。[1]

他强调虽然积毁销骨，李纲必然在青史上永垂不朽。

同样闲居，时任提举亳州明道宫的曾开挽诗强调，"追数中兴相，公居第一人"，"谁知千载后，遗恨在燕山"[2]。

曾任岳飞参谋官的薛弼写祭文说："志大则难行，才大则难用，谋大则难合，功大则难成。自古在昔，以是为喟，公亦如尔，非天尔耶！"[3]薛弼身处险恶的宦海风波，也有明哲保身的方面，但内心良知不泯，自北宋末以来，一直是李纲的知音，非真正的知音，绝不可能有前四句十分精当的提炼和概括。

另一李纲的知音程瑀，也对这位伟人的一生和死之哀痛，作了富于哲理的评论：

天未遽丧斯道，必有魁磊杰立之伟人，离群绝类，望古圣贤而无愧者，堪人之所不能堪，辨人之所不能辨。由是方其未得位也，人固以宰相期之；幸其既得位也，必欣欢庆忭，日冀事功之成；及其既释位而去也，又咨嗟骇叹，冀吾君之复用。忽其梁木坏而逝也，人所愿欲者，于是已矣。诗曰："人之云亡，邦国殄瘁。"斯痛也，岂适私于一人也！[4]

自称是李纲"门生"的广南西路静江府通判邓祚，"闽、越相辽，踰

---

1. 《梁溪全集》附录三陈公辅挽诗。
2. 《梁溪全集》附录三曾开挽诗。
3. 《梁溪全集》附录三《薛待制》祭文。
4. 《梁溪全集》附录三《程尚书》祭文。

三千里，致诚一觞，有泪如洗"，而致祭文：

呜呼！上帝不仁，歼我耆哲。士失司南，国丧人杰。搢绅士夫，闻公之亡。识与不识，莫不为之痛伤。而况于门下士，抠衣升堂、受恩最深者，义岂能忘？

呜呼！公乎！学足以究理乱之本，智足以周事物之微，才足以任天下之重，识足以断古今之疑，言人之所不敢言，为人之所不能为。天之生斯人也，其将有意于世，故何又遽夺之？年未至于下寿，而深谋长策，百不一施；虽秉钧当轴，位极人臣，然中心所存，有志未就，仅同于山林不遇之人。……

小人得志，青蝇竞起。周公遭谤，仲尼被毁。与道进退，了无喜愠。虽三黜穷荒，终以殁世；而忠义之气凛凛然，可以贯日月，而塞天地。[1]

爱国词人张元幹以"门生"的身份，再致祭文和五致挽诗：

呜呼哀哉！大钧播物，造化茫昧，笃生豪杰之士，常与厄运会焉。王室多艰，肇自先朝。拨乱反正，扶危救倾，奋不顾身，孰如公者？然孤忠贯日，辄蔽于浮云；正色立朝，俄伤于贝锦。虽用每不尽其所学，一斥则终不复收用。岂黔黎命轻，而善类深否耶？此殆外侮间之，后进忌焉，使不得一日安于庙堂之上者，天也。……

公今云亡，殆将安仰？几筵肆设，恍惚平生。读公遗藁，永无负于国家；视仆孤踪，果何报于知遇？幽明之中，宾主不愧。皇天后土，实闻此言。抆血填膺，公其歆止。呜呼哀哉！尚飨！[2]

其他如刘子翚在挽诗中发出了"人亡今孰赖，忧国意如惔"，"长恸穗帷前"的悲号。[3]吕本中的挽诗极其沉痛地悲号，"如何事未济，此老下重泉"，"流风有余烈，志士只长叹"，"向来知己泪，南望不曾

---

[1]. 《梁溪全集》附录三《邓通判》祭文。
[2]. 《梁溪全集》附录三《张致政》祭文。
[3]. 《屏山集》卷19《李丞相挽诗三首》。

干"[1]。王洋挽诗悲叹李纲坎坷一生，说："进退系安危。见梦英灵在，成功命数奇。"[2]

当时的祭文和挽诗都是作者们泪尽继之以泣血，发自心坎的悲痛和呼号，熔铸而就，意匠高超，文采秀发，属中华古典诗文的精品。即使千百年后，读来仍令人感恸和震撼。但也有不可避免的缺点，就是深受占主导地位的皇帝专制意识的影响。一方面痛恨奸臣，另一方面又迷信皇帝。本朝人不得说本朝皇帝坏话，不论皇帝如何作恶多端，亦须顶礼膜拜，敬若神明，这已成世代相传的中国特色的陋习。在祭文和挽诗，如"圣主兴不慭之叹""十相从明主"[3]"天子圣明""圣主本如天"[4]"圣上龙飞"[5]"吾皇方愿治"[6]之类谀辞，不一而足。难道南宋臣子辈真不知荒淫无道、卑屈事仇的今上为何许人么？当然不是。宋高宗因白昼宣淫，而在维扬之变中丧失生育能力的宫廷绝密，早成尽人皆知的丑闻秽事。张浚还曾主张斩因进献女色等，而受皇帝宠幸的宦官冯益。但是，此类颠倒是非黑白的谀辞，在当时反而成了臣子辈侍奉君父的天经地义。尽管对李纲的饱受委屈和打击，伟志不得伸，大才不得展，抱有最大的不平和痛愤，也决不能对"明主"和"圣上"，流露出一丝一毫的不满，而必须恪守臣规。在今人看来，岂不荒唐透顶，而可悲可叹！当然，在宋代的历史条件下，也是可以理解，而不必苛责。

此后，如袁燮在《絜斋集》卷8《跋李丞相论和议稿》中，赞扬李纲"扶颠持危，国家重寄，非英伟奇杰之士，孰能胜之，若李公者，足以当乎此矣"。

南宋中期，最有名望的理学家朱熹为李纲奏议作后序，说"其在绍兴，因事献言，亦皆畏天恤民、自强自治之意，而深以议和退避为非策，恳扣反复，以终其身"。"其言正大明白，而纤微曲折，究极事情；绝去雕饰，而变化开阖，卓荦奇伟。前后二十余年，事变不同，而所守一说，

---

1. 《梁溪全集》附录三吕本中挽诗。
2. 《东牟集》卷3《李丞相挽章》。
3. 《梁溪全集》附录三《张丞相》祭文和挽诗。
4. 《梁溪全集》附录三《李参政》祭文和挽诗。
5. 《梁溪全集》附录三《程尚书》祭文。
6. 《梁溪全集》附录三贺允中挽诗。

如出于立谈指顾之间"[1]。

南宋末年的戴表元，在《题渡江诸贤帖》评论李纲等人："渡江以来，人品如李伯纪丞相，固当第一，张魏公（浚）、李庄简（光）固可相伯仲，然皆流离困踬百折，而忠纯骨鲠之气，滨死不衰。"[2]元人陈旅仍深深感喟李纲经世之才不得施展："李伯纪丞相，备文武之资，能却大敌，平大盗，天下惜其呕黜而不用，至今士大夫论宋世之事，未尝不于公之出处，而三叹焉！"[3]

## 四、盖棺论未定

宋人常说："事到盖棺方始定。"[4]李纲自己也说："惟盖棺兮事始定。"[5]事实上，虽盖棺事定，而毁谤未止。朱胜非在至少成书于绍兴十二年（公元1142年）的《秀水闲居录》中，谤言"李纲私藏，过于国帑，乃厚自奉养，侍妾歌僮，衣服饮食，极于美丽。每飨客，看馔必至百品，遇出，则厨传数十担。其居福州也，张浚被召，纲赆行一百二十合，合以朱漆镂银装饰，样致如一，皆其宅库所有也"[6]。朱胜非诽谤赵鼎、张浚、李纲三人，是"势利之交"[7]。对于朱胜非诋讦李纲之文字，李心传在《建炎以来系年要录》中作了部分辩驳。《宋史》卷362《朱胜非传》载："然李纲罢，胜非受黄潜善风旨草制，极言其狂妄"。"及著《闲居录》，亦多其私说云"。

宋高宗虽对李纲十分嫌忌，但对他的后事尚予几分礼遇，然而却与汪伯彦形成鲜明的对照。宋高宗对李纲丧事的处置是"赠少师，徙其弟两浙东路提点刑狱公事维于闽部，以治其丧，令所居州量给葬事"[8]。汪伯彦死

---

1. 《朱文公文集》卷76《丞相李公奏议后序》。
2. 《剡源文集》卷19。
3. 《安雅堂集》卷5《送俞伯康巡检序》。
4. 《安岳集》卷1《与蒲宗孟传正察推》，《相山集》卷4《赠淮西运干徐伯远》，《清献集》卷3《挽陈将仕》。
5. 《梁溪全集》卷2《拟骚》。
6. 《中兴小纪》卷18绍兴五年三月乙酉注。
7. 《要录》卷116绍兴七年闰十月辛巳注，《会编》卷199。
8. 《要录》卷134绍兴十年正月辛卯。

于绍兴十一年（公元1141年），宋高宗"悼之"，"赠少师，赐其家田十顷，银、帛千匹、两，官给葬事，又官其亲属二人于饶州，后谥忠定"[1]。除了赠赙从厚外，两人最重要的差别是有谥和无谥。

古时对谥号看得很重，人称"谥以节惠"，"百世不能易"。直到宋高宗死后，宋孝宗在退位前的淳熙十六年（公元1189年），方下令"谥李纲曰忠定"[2]。为李纲定谥的叶适感慨地说，"为国家惜者，所以哀公之心，而深悲其相之不终"。"盖公之贤，自当时市井负贩，莫不喜为之道说。然而谤公者亦众矣"。"顾独有可恨者，夫是非毁誉之相蒙布，必至于久而后论定"。他提出谥"忠定"的理由是"虑国忘家曰忠，安民大虑曰定"[3]。李纲的谥号，直到他身后五十年，而方得以确定。宋人也注意到，他最后竟与汪伯彦都得到"忠定"之谥。[4]这件事实本身就是耐人寻味的，反映了历史上一种常见的现象，某些看来似乎是至神至圣的荣誉，经专制权力的魔法的变幻，完全可以贬为分文不值的赝品。李纲不得谥，而汪伯彦得美谥，也仅是宋高宗颠倒黑白的小小德政而已。

朱熹为李纲感叹说，"使公之言用于宣和之初，则都城必无围迫之忧；用于靖康，则宗国必无颠覆之祸；用于建炎，则中原必不至于沦陷；用于绍兴，则旋轸旧京，汛扫陵庙，以复祖宗之宇，而卒报不共戴天之雠，其已久矣！""顾乃使之数困于庸夫孺子之口，而不得卒就其志。岂天之爱人有时，而不胜夫气数之力，抑亦人事之感，或深或浅，而其相推相荡，固有以迭为胜负之势，而至于然欤！呜呼！痛哉！"[5]他将李纲的坎坷一生归之为"气数"，这当然是现代的研究者所无法同意的。

《历代名臣奏议》卷158载牟子才奏："秦桧当国，力主和议，一时说论如胡铨等三十二人，不肯附丽，如李纲等八十余人，率皆摈弃，或死于囹圄，或死于贬所，或流落于魑魅之区，累赦不移，或栖迟于林泉之下，屏逐不出。是绍兴之人才，散于多主战。"牟子才亦将"绍兴之人

---

1. 《要录》卷140绍兴十一年五月丙辰。
2. 《宋史》卷35《孝宗纪》。
3. 《水心文集》卷26《李丞相纲谥忠定议》。
4. 《挥麈后录》卷5。
5. 《朱文公文集》卷76《丞相李公奏议后序》。

才，散于多主战"的原因，归罪于秦桧。李纲孙李大有，在李纲去世七十年的嘉定二年（公元1209年）亦书："宣和、靖康、建炎、绍兴间，中原变故，国步艰难极矣，一时谋划之否臧，处置之不当，虏骑之所以既却而复至，王业之所以再造而偏安，莫不系于小人之进退，世多梏于成败已然之间，鲜有智者"[1]。李大有也将金军南侵、王朝兴衰归因于"小人之进退"。

此类议论的共同缺点，也与前述祭文和挽诗同样，是恪守据说是孔夫子传下来的古老原则——为尊者讳。事实上，没有皇帝作主宰，"小人"又如何得势？"谗口"又如何得以"肆风波"呢？

李纲和宗泽的悲剧，既是他们个人的悲剧，又是时代悲剧的重要组成部分。造成他们悲剧的罪魁祸首当然是宋高宗。宋高宗固然有其个人的品性和政治倾向，而其所作所为，却又与中国传统的专制帝制息息相关。从根本上说，正是专制帝制养成了其种种劣根性。所谓君子与小人之争，是中国古代哲人们常说的话题，李纲和宗泽也对皇帝强调这个问题。然而无论是前朝还是后代，皇帝包庇腐恶，亲信小人，黜杀君子的事件，却不断地重复演出。李纲之孙李大有感叹说："自古及今，天下未尝无君子，亦未尝无小人，而小人常右，君子常左。故治世少，乱世多。"[2]今天看来，此说只是对中国古代专制政治重要表象的概括。

马克思主义强调事物的必然性，必须从事物的偶然性中，探寻其必然性的本质。中国古代是个农业为主的阶级社会，自秦汉而下，又是实行专制主义中央集权的等级授职制，与之相应，则建立了一整套的专制主义意识。马克思憎恨专制，深刻地批判说，"君主政体的原则总的说来就是轻视人，蔑视人，使人不成其为人"。"专制制度必然具有兽性，并且和人性是不兼容的。兽的关系只能靠兽性来维持"[3]。他也特别强调："用等级授职制去代替普选制是根本违背（巴黎）公社的精神的。"[4]故在中国古代的阶级社会和政治体制下，皇帝的大多数就必然具有兽性。皇帝亲小人

---

1. 《梁溪全集》附录三《跋》。
2. 《梁溪全集》附录三《梁溪先生谥议祠记祭文挽诗画赞序》。
3. 《马克思恩格斯全集》第1卷第411、414页。
4. 《马克思恩格斯选集》第2卷第376页。

是正常状态，而亲君子却是非常状态。中国传统儒家思想十分强调士大夫的名节，然而在专制政治下，士大夫失节是正常状态，而守节却是非常状态。亲小人，用各种手段威逼和利诱士大夫失节，正是专制腐败政治的必然需求。其结果也必然是邪道炽盛以嚣张，正气屈抑而摧折，导致"治世少，乱世多"。这正是专制政治的必然性。宗泽、李纲、岳飞等人的遭际和悲剧，是皇帝专制政治的必然性，而岳飞的惨死，更是专制政治兽性之极致。可见与其将李纲和宗泽的悲剧归之为"气数"，倒不如归之为传统的专制政治之不可救药。

但是，尽管在中国古代，正气经常处于似有或无，若存若亡，却不绝如缕，又是千百年来，维系中华民族生存和发展的元气。时至今日，宗泽、李纲、岳飞等人爱国正气，依然滋养着中华民族的神魂，是中华民族生存和发展的元气和巨大的精神能量，砥砺着中华的后世子孙，为着祖国和民族的民主、进步、统一和富强而奋斗不息。

# 附录一　宗泽年表

宋仁宗嘉祐四年，一岁。
　　十二月十四日巳时，在祖贯两浙路婺州义乌县出生。
宋哲宗元祐五年，三十二岁。
　　在婺州解试合格。
元祐六年，三十三岁。
　　正月，省试合格，御试策"几万余言""直陈时病"，殿试被降为第五甲、同进士出身。
元祐八年，三十五岁。
　　为将仕郎，调大名府馆陶县尉，"摄邑事"。"不奄月，讼庭闃然"。
宋哲宗绍圣二年，三十七岁。
　　十月，知大名府吕惠卿知延安府，欲辟举宗泽为其帅府幕僚，宗泽却"固辞不就"。
　　冬，吕惠卿冬离任前，令县尉宗泽与馆陶县令一起巡视河堤。适值长子宗顺病故，宗泽忍痛执行公务。
绍圣三年，三十八岁。
　　冬，宋廷重修御河工程兴工，"役夫僵仆于道"，上书，为民请命，宋廷准许明年
　　春动工。
绍圣四年，三十九岁。
　　宗泽"身任其责"的重修御河工程完工，"所活甚众"。

宋哲宗元符元年，四十岁。

　　由将仕郎升为通仕郎，调任两浙路衢州龙游县（今属浙江省）令。清除县内黑恶势力，兴建龙游县学。

元符三年，四十二岁。

　　宗泽曾撰写了一篇《龙游县义学记》。

　　调任京东东路登州文登县（今属山东省）令。

　　母刘氏去世，回乡奔丧守孝。

宋徽宗建中靖国元年，四十三岁。

　　宗泽在家守母孝。

宋徽宗崇宁二年，四十五岁。

　　守孝期满，出任京东东路莱州胶水县令。整治"豪奸"温包，亲率弓手等捕获"强贼百余人"，去邻县救被"贼"掠走"士族女"。由通仕郎升为文林郎。

　　照顾在莱州任职、病亡的同学林迪的遗孀、子与女。

崇宁五年，四十八岁。

　　父宗舜卿逝世，回家守孝。

宋徽宗大观三年，五十一岁。

　　守孝期满，升为承直郎，出任河东路晋州赵城县令。上任伊始，修娲皇祠，新赵简子庙，上书建议升赵城县为军。

宋徽宗政和三年，五十五岁。

　　超升为奉议郎，调任为京东东路莱州州治掖县知县。不惧得罪上级，拒绝向民间摊派牛黄。

政和四年，五十六岁。

　　被知青州、兼京东东路安抚使王䩄"辟置幕府"。建议继任安抚使梁子美勿拆齐州之楼橹，以助增修青州城，梁子美从之。

政和五年，五十七岁。

　　由梁子美举荐，升任登州通判。

宋徽宗宣和元年，六十一岁。

　　主管南京鸿庆宫。回义乌临近东阳县，欲在此终老。道士高延昭控诉"改建神霄宫不当"，除名，镇江府编管。

宣和四年,六十四岁。

  妻陈氏逝世。

  十一月,经郊恩,叙宣教郎,差遣为监镇江府酒税。

宣和六年,六十六岁。

  春,任利州路巴州通判。

宋钦宗靖康元年,六十八岁。

  御史中丞陈过庭荐举"可任台谏,召赴阙"。

  八月,借宗正少卿,欲被任为和议使,出使金军求和,后改著作郎刘岑代替出使。

  九月,除朝奉郎,直秘阁,知磁州。到任后部署磁州战备,加秘阁修撰、河北义兵都总管。

  十月,上奏边防要策与勤王之议。

  十一月,金军攻打磁州城,率义兵守城,追击金军,斩首数百级。畏避出使的康王、王雲等,不南下追赶业已渡河的金军,而北上磁州,与宗泽发生龃龉,王雲被州民所杀,康王等潜行南下相州。

  闰十一月,充河北兵马副元帅。夺李固渡,夜破金军三十余寨。

  十二月,康王正式宣布宗泽出任河北副元帅,授正六品集英殿修撰。元帅府中,宗泽与汪伯彦激烈争议,最终是康王与汪伯彦拥大部兵力东逃,而宗泽率孤军南下救开封,并命宗泽对外扬言康王在军中。从此宗泽实际上被排除在元帅府谋议和决策之外。

宋钦宗靖康二年,六十九岁。

  正月,自大名府至开德府,与金军十三战,皆捷。

  二月,孤军救援开封,在南华县被金军击败。

  三月,金军攻开德府,遣统制官孔彦击败之。在韦城县击败金军。

宋高宗建炎元年,六十九岁。

  五月,宋高宗即位,"覃恩",转朝请郎。

  六月,除龙图阁学士、知襄阳府、提举随、房、郢州兵马巡检事。

  七月,由李纲力荐,出任知开封府,除东京留守。金使到开封,予以拘押,拒不奉朝命释放。

八月，除延康殿学士、京城留守，兼开封府尹。措置京城守卫事宜，招王再兴、丁进等"巨盗"，号称兵力达百余万。

十月，开始感觉身体"衰瘁"。

冬，岳飞投奔宗泽。十二月，命岳飞战汜水关，升岳飞为统领。

建炎二年，七十岁。

二月，进朝奉大夫。

三月，进资政殿学士、宝文阁直学士，部署北伐大计。

去年冬十二月至当年四月，指挥东京留守司等军，在开封等地击败金军凌厉攻势，双方进行激烈的滑州争夺战，以重夺滑州城而取胜。战后，与岳飞讨论阵法，升岳飞为统制。

四月，北方五马山抗金义军信王赵榛派遣马扩到开封，联络宗泽，于四月到行在扬州。

五月，宗泽自赴任开封至本月，接连上二十四份奏表，严厉抨击投降派黄潜善、汪伯彦等，吁请皇帝还都，主持北伐大计。

五月、六月，联络北方抗金义兵，部署大举北伐。

七月，忧愤成疾，疾呼三声"过河"逝世。

# 附录二　李纲年表

宋神宗元丰六年，一岁。
  闰六月十日，祖贯福建路邵武军邵武县八龙乡庆亲里，生于两浙路秀州华亭县。
宋哲宗绍圣三年，十四岁。
  随父李夔赴延州，西夏军进犯，李纲骑马巡城，却并不邀赏。
宋徽宗建中靖国元年，十九岁。
  正月，母吴氏逝，在常州无锡县为母守孝。
宋徽宗崇宁三年，二十二岁。
  补国子监监生第一。在国子监学，"每试必上列"。
  与张根之次女张氏结褵。
崇宁四年，二十三岁。
  举进士预贡。
宋徽宗大观元年，二十五岁。
  闰十月，假将仕郎。
大观二年，二十六岁。
  前往真州任司法参军。
宋徽宗政和二年，三十岁。
  一甲进士及第，官从九品承务郎，任相州学教授，改任镇江府府学教授。
政和四年，三十二岁。
  除行国子（监）正。
  十二月，除尚书考功员外郎。

政和五年,三十三岁。

  请假,前往湖州省亲。

  九月,出任监察御史兼权殿中侍御史。

  因抨击弊政。十一月,改任尚书比部员外郎。

政和六年,三十四岁。

  升正九品承事郎、比部员外郎。仍上奏议论弊政。

政和七年,三十五岁。

  充任礼部贡院参详官。

宋徽宗重和元年,三十六岁。

  五月,任太常少卿。

  八月,除起居郎。

  十二月,兼国史院编修官。

宋徽宗宣和元年,三十七岁。

  春,同知贡举。

  六月,因上奏议论水灾和弊政,降为从九品承务郎,监南剑州沙县税务。

宣和二年,三十八岁。

  六月,复承事郎。

  十月,"复本等差遣",启程北还。

宣和三年,三十九岁。

  升两官,为从八品宣教郎。

  闰五月,父李夔病逝,在家守孝。

宣和五年,四十一岁。

  八月,丁忧期满。

宣和六年,四十二岁。

  权发遣秀州(治今浙江省嘉兴市),未赴任,仍克尽救民之责。

宣和七年,四十三岁。

  三月,改任太常少卿。

  十二月,金军南侵,急向宋徽宗上"封事",提出革除弊政,拯救危难的建议。与吴敏建议宋徽宗禅位事。宋钦宗即位,又提出与金军谈判，抵御金军的建议。升通直郎、兵部侍郎。

宋钦宗靖康元年，四十四岁。

正月三日，兼任亲征行营使司参谋官。四日，超升尚书右丞，随即又命为东京留守。

五日，充亲征行营使。七日夜至九日，指挥宋军抗击金军，力保开封城。在朝中争议，坚决反对割地求和。

二月初一日晚，姚平仲夜袭金营失败，原不知情的李纲"力疾"，在班荆馆一带指挥宋军杀敌。三日，罢尚书右丞、亲征行营使。五日，因陈东领导伏阙上书爱国运动驱迫，宋钦宗复李纲尚书右丞，充京西四壁守御使。十四日，除知枢密院事，仍反对割让三镇，力主部署防秋。

三月，迎请宋徽宗回宫。

五月，宋钦宗强令李纲任河北、河东宣抚使。

七月，到达河阳，整军备战，又往前沿怀州督战。宋军第二次救援太原城失败。

九月，金军破太原城，李纲罢宣抚使，除观文殿学士、知扬州。

十月初，责授保静军节度副使，建昌军安置。

闰十一月，急召任资政殿大学士、领开封府。

宋高宗建炎元年，四十五岁。

四月，率义师勤王。

五月，拜右相。

六月，至应天府赴任，部署安内攘外的大政和措施，力荐宗泽镇守开封，张所和傅亮招抚和经制河北、河东。

八月，迁左相。十八日，罢为观文殿学士，提举杭州洞霄宫，凡李纲所部署的大政和措施，悉予废罢。

十月，到镇江。

十一月或十二月，接落职、鄂州居住之令，遂前往。

建炎二年，四十六岁。

八月，到鄂州崇阳县。

十月，移澧州。

405

冬，接责授单州团练使，移万安军安置令，南行。

建炎三年，四十七岁。

十一月，抵琼州，旋得赦令，北归。

建炎四年，四十八岁。

七月，复银青光禄大夫。

八月，抵饶州德兴县，与家人团聚。

宋高宗绍兴元年，四十九岁。

三月，提举杭州洞霄宫。

夏，寓居福州长乐县。

九月，复资政殿大学士。

绍兴二年，五十岁。

闰四月，受命除观文殿大学士、荆湖、广南路宣抚使兼知潭州。

五月，启程赴任。

八月，入湖南路界。

九月，罢荆湖、广南路宣抚使，改湖南路安抚使。

绍兴三年，五十一岁。

正月、二月接罢官令，改提举西京嵩山崇福宫，遂退养长乐。

绍兴四年，五十二岁。

十月，力陈捍御三策。

绍兴五年，五十三岁。

正月，诏询边防利害，条具以闻，重申反对屈辱媾和。

二月，复观文殿大学士。

十月，除江南西路安抚制置大使兼知洪州。

绍兴六年，五十四岁。

二月、三月，赴临安朝见，共上十六份札子。

四月，到洪州赴任，安民整军，治理地方。

绍兴七年，五十五岁。

八月，上《论淮西军变札子》。

九月，上奏，劝说行在不宜自建康退居临安。

十二月，接罢命，提举临安府洞霄宫，与继任的李光办移交。

绍兴八年，五十六岁。

　　正月，还长乐。

　　冬，上《论使事札子》，反对屈辱求和苟安。

绍兴九年，五十七岁。

　　二月，除荆湖南路安抚大使兼知潭州。三上章力辞。

　　四月，依旧提举临安府洞霄宫。

绍兴十年，五十八岁。

　　正月，感疾，十五日，逝世于楞严精舍。